中国口腔医学年鉴

YEARBOOK OF CHINESE STOMATOLOGY

2009 年卷

主　编　周学东

副主编　王　兴　俞光岩　张志愿
　　　　赵铱民　边　专　凌均棨
　　　　王松灵　夏　刚

四川出版集团·四川科学技术出版社

图书在版编目(CIP)数据

中国口腔医学年鉴. 2009年卷/周学东主编. -成都:四川科学技术出版社,2010.9
ISBN 978-7-5364-7070-5

Ⅰ.①中… Ⅱ.①周… Ⅲ.①口腔科学-中国-2009-年鉴 Ⅳ.①R78-54

中国版本图书馆CIP数据核字(2010)第172877号

中国口腔医学年鉴2009年卷

主　　编　周学东
责任编辑　任维丽
责任校对　薛玉萍
责任出版　邓一羽
出版发行　四川出版集团·四川科学技术出版社
　　　　　成都市三洞桥路12号　邮政编码610031
成品尺寸　185mm×260mm
　　　　　印张19.25　字数500千　插页2
印　　刷　成都市富生实业有限公司
版　　次　2010年9月第一版
印　　次　2010年9月第一次印刷
定　　价　75.00元
ISBN 978-7-5364-7070-5

《中国口腔医学年鉴》第十二届编辑委员会

李秉琦　四川大学
李铁军　北京大学
李新春　开封市卫生学校
李德华　第四军医大学
杨丕山　山东大学
杨四维　泸州医学院
沈　刚　上海交通大学
谷志远　浙江中医药大学
邱蔚六　上海交通大学
阿达莱提·艾合买提江　新疆医科大学
陆支越　卫生部北京医院
陈　力　哈尔滨医科大学
陈　刚　天津医科大学
陈　智　武汉大学
陈万涛　上海交通大学
陈吉华　第四军医大学
陈扬熙　四川大学
陈谦明　四川大学
周　洪　西安交通大学
周　健　安徽医科大学
周　诺　广西医科大学
周延民　吉林大学
周学东　四川大学
周曾同　上海交通大学
屈志国　内蒙古自治区人民医院
易新竹　四川大学
林友港　香港牙科医学院
罗颂椒　四川大学
郑立舸　泸州医学院
郑家伟　上海交通大学
金　岩　第四军医大学
侯玉东　滨州医学院
俞立英　复旦大学上海医学院
俞光岩　北京大学
姜　婷　中华口腔医学会
宫　苹　四川大学
胡　敏　解放军总医院
胡　静　四川大学
胡勤刚　南京大学
赵士芳　浙江大学
赵云凤　四川大学
赵守亮　同济大学
赵志河　四川大学
赵怡芳　武汉大学
赵铱民　第四军医大学
钟良军　新疆医科大学
钟德钰　广东省口腔医院
倪龙兴　第四军医大学
凌均棨　中山大学
唐瞻贵　中南大学
夏　刚　卫生部疾控局口腔卫生处
徐　欣　山东大学
徐礼鲜　第四军医大学
徐　韬　北京大学
栾文民　卫生部北京医院
袁　林　广州医学院
高　军　银川市口腔医院
宿玉成　北京协和医学院
巢永烈　四川大学
康　宏　兰州大学
曹选平　郑州大学
梁景平　上海交通大学
章锦才　广东省口腔医院
章魁华　北京大学
阎福华　福建医科大学
麻健丰　温州医学院
黄世光　暨南大学
黄洪章　中山大学
傅民魁　北京大学
彭贵平　澳门牙医学会
曾祥龙　北京大学
温玉明　四川大学
程祥荣　武汉大学
葛建埔　台北牙医师公会
董福生　河北医科大学
蒋欣泉　上海交通大学
谢志坚　浙江大学
路振富　中国医科大学
漆　明　宁夏医科大学
樊明文　武汉大学
潘可风　同济大学
潘亚萍　中国医科大学
翦新春　中南大学
魏奉才　山东大学

序　言

《中国口腔医学年鉴》是中国口腔医学发展的一部史记性、综合性、实用性和资料密集型的连续出版物，每年一卷。编辑出版本书的目的是全面、客观、及时、准确地记载，并向国内外读者介绍中国口腔医学在学科建设、人才培养、科学研究、国内外学术交流、医疗技术、医院建设、社会服务等各个领域取得的成就和经验。《中国口腔医学年鉴》自1984年创刊至2008年卷已连续出版了17卷，它既是了解和研究中国口腔医学发展史的珍贵资料，也是中国口腔医学与国际口腔医学广泛交流的重要平台。

本卷为2009年卷，选材时限为2009年1～12月，设回顾、论坛、博士后出站报告摘要、优秀博士学位论文摘要、文选·述评、教育、人物、口腔医学组织机构、记事、文献法规和索引11个栏目。

回顾栏目对2009年中国口腔修复学、口腔颌面外科学在学科建设、基础及临床研究方面所取得的丰硕成果进行了回顾与展望；另外，对教育部批准建设的2009年口腔修复学国家级教学团队以及2009年度国家精品课程口腔解剖生理学、口腔解剖学、牙体牙髓病学的建设情况作了介绍。论坛栏目对中国高等口腔医学教育、口腔再生医学和口腔种植学等口腔医学领域一些新颖、前沿性研究课题的研究现状和研究成果进行了全面综述和展望性评述。博士后出站报告摘要栏目来源于国内部分口腔医学科研流动站研究人员所从事的国内外前沿性课题研究成果报告。优秀博士学位论文摘要栏目选自2009年度全国优秀博士学位论文、我国口腔医学博士学位授予单位推荐的获全军、省级、校级优秀博士学位论文。文选·述评栏目由国内知名的口腔医学专家精选出2009年度公开发表于中国口腔医学、生物医学以及其他综合性医学期刊、高校学报等核心期刊中能代表中国口腔医学最新研究水平的论著，并客观、公正地评述其研究价值和学术水平。教育栏目介绍了2009年度中国口腔医学博士和硕士研究生及本科生招生培养简况，教育部批准建设的2009年国家级教学团队、国家精品课程名单，教育部关于公布2009年度高等学校专业设置备案或审批结果以及学科评估高校排名结果等。人物栏目介绍了2009年第六届中国医师奖口腔医学界获奖医师先进事迹，2009年新增列博士研究生导师等。口腔医学组织机构栏目介绍了中华口腔医学会新成立的口腔医学专业委员会和部分换届的专业委员会委员名单，新成立的地方口腔医学会等组织机构。记事栏目介绍了2009年度中国口腔医学领域发生的重大事件，在中国召开的国际、国内口腔医学学术会议，中国口腔医学院校科技成果获奖和获得的科研基金资助项目，2009年度公开出版发行的口腔医学专著和教材等。文献法规栏目收录了中华人民共和国教育部、卫生部2009年度发布的有关口腔医学领域的重要文件、通知等。

《中国口腔医学年鉴》在编纂出版过程中得到了全国口腔医学院(系)、口腔医院以及众多口腔医学专家们的鼎力支持和热心帮助，受到广大读者的厚爱和关心，出版单位与编委会长期友好的合作，在此谨致衷心谢意。为进一步办好《中国口腔医学年鉴》，不断丰富和充实其内容，提高质量，欢迎广大读者提出宝贵的意见和建议。

《中国口腔医学年鉴》第十二届编辑委员会

2010年6月

目　次

口腔修复学研究回顾

上海交通大学口腔医学院
中华口腔医学会口腔修复学专业委员会　张富强

近年来，随着口腔基础医学和与口腔相关的临床学科的迅速发展，随着材料学、分子生物学、计算机科学等基础学科研究的不断深入，我国口腔修复学研究进入了一个新的快速发展时期，在生物力学、口腔修复材料、色彩学、口腔微生态等方面的基础研究以及数字化技术研究、牙齿美白、种植修复等临床诊断与治疗新技术、新方法的研究及应用方面都取得了显著的成绩。现就近两年来我国口腔修复学领域的基础和临床研究成果及进展简要回顾如下。

一、口腔修复学基础研究

（一）口腔修复生物力学研究

三维有限元法、光弹分析法以及细胞力学等多种生物力学研究方法在口腔修复学领域中得到了更多的应用。采用三维有限元法探讨精密附着体义齿修复牙列缺损的应力分布规律发现，双基牙支持的附着体义齿应力分布较单基牙支持的附着体义齿均匀。对微种植体支持的可摘局部义齿和传统 RPI 卡环组可摘局部义齿进行三维有限元法应力分析发现，微种植体可以减小基牙、缺牙区黏膜及牙槽骨应力水平，有利于保护基牙和缺牙区软硬组织健康。对不同材料桩核的三维有限元力学研究表明，上颌中切牙采用不同桩核材料修复时，在无箍效应存在的情况下，黄金桩核的应力分布均匀且对根管壁影响较小，而镍铬桩核牙颈部桩体处有明显的应力集中区；玻璃纤维桩弹性模量接近牙本质，受外界载荷能更好地分散牙本质的应力，减少根折的发生。对石英纤维桩和金属桩的光弹分析研究发现，弹性模量与牙体组织接近的石英纤维桩在牙根内的应力分部比较均匀，有利于防止牙根折裂。单侧上颌骨缺损分别采用传统卡环固位修复体和附着体固位修复体修复的光弹应力分析显示，附着体固位修复体后牙应力分布均匀，符合生物力学要求，中切牙及邻近牙槽嵴应力较集中，可通过增加基牙数目的联冠设计提高支持作用和对抗转动扭转力。

近年来，国内细胞力学研究也蓬勃开展起来，运用体外细胞力学加载装置对牙周膜细胞、成骨细胞、破骨细胞等进行了力学加载实验，探讨口腔修复中力学的细胞生物机制。对牙周膜细胞的力学加载研究显示，应力应变可以使牙周膜细胞发生一系列生物学变化，整合素-细胞骨架复合体以及涉及细胞通信、细胞周期、应力反应和钙离子释放等过程的多个基因参与了力学信号传递。

（二）口腔修复材料研制与改性

口腔修复材料的研究主要集中在对基托树脂的改进、合金材料和牙种植体材料表面改性以及抗菌修复材料等方面。聚甲基丙烯酸甲酯（PMMA）仍是目前应用最广泛的义齿基托树脂材料，但其机械强度较差，易折断。通过添加玻璃纤维、碳纳米管、聚乙烯纤维以及纳米二氧化钛等物质增强了基托树脂材料的机械性能。采用等离子体技术提高材料润湿性，改善了基托树脂与软衬材料之间的黏结性。

采用多弧离子喷镀技术在钴铬合金铸造支架表面制备氮化钛薄膜，解决金属支架的耐腐蚀以及提高生物相容性能。目前牙种植体多采用纯钛制作，对其表面改性从而提高其生物活性是近年的研究热点。有研究利用微弧氧化技术处理纯钛种植体，得到了富含钙磷元素并具有一定梯度、与基体结合牢固的表面形态结构，提高了其生物活性和耐腐蚀性。采用等离子喷涂技术在纯钛表面制备氮硅锆-羟磷灰石（ZrSiN-HA）复合涂层，也提高了种植体的耐腐蚀性。将釉原蛋白、精氨酸-甘氨酸-天冬氨酸（Arg-Gly-Asp，RGD）等生物活性分子固定在钛表面，使其具有更好的生物活性，也取得了初步的效果。

修复材料的抗菌性能研究包括基托树脂、赝复用硅橡胶以及种植等方面。针对甲基丙烯酸甲酯义齿基托树脂材料易黏附细菌和真菌，而引起龋病、牙周病及义齿性口炎的问题，在树脂基托表面进行处理或向树脂中添加抗菌剂以减少或抑制菌斑沉积是近年的研究热点。树脂基托表面镀纳米非晶金刚石薄膜，减少了义齿基托表面链球菌和白色假丝酵母菌的黏附，而且其与基托结合强度满足临床要求，具有较好的生物相容性，有可能成为一种长效的基托抑菌材料。

目前基托中添加的抗菌材料主要是无机抗菌材料和有机抗菌材料。纳米载银抗菌剂和纳米 TiO_2 抗菌剂是实验中较广泛添加的无机抗菌剂，基托树脂中添加纳米载银抗菌剂和纳米 TiO_2 抗菌剂可达到比较满意的抗菌效果，而且具有良好的生物安全性，抗菌时效长。在基托树脂中加入氟化钙、单氟磷酸钠等氟化物，能缓释氟离子发挥抗菌作用，而且基本保持了基托树脂的机械性能。有机抗菌材料将抗菌基团共价键合在不溶性载体上发挥抑菌或杀菌作用，目前有机抗菌剂的研究主要集中于季铵盐、季膦盐两大类，具有一定的抗菌活性。

硅橡胶材料广泛用于赝复体的制作，在口腔中长期使用易黏附致病真菌，在硅橡胶赝复材料中加入载银抗菌剂，显示了一定的抗真菌黏附能力。关于抗菌剂对硅橡胶机械性能、颜色的影响、抗菌长效性以及体内抗菌效果需后续实验论证。采用阳极化处理、抗菌材料涂层、干法表面处理以及生物化学法等纯钛表面抗菌改性处理方法，以探讨钛种植体材料的抗菌性能。

（三）口腔修复色彩学研究

随着口腔修复技术的发展，患者对修复体的要求也越来越高。因此，修复体的配色能否与患者个体天然牙色协调一致成为修复成功与否的重要因素。目前，口腔修复色彩学研究主要包括对选牙色板的研究、对色彩识别、修复体色彩以及对选牙色仪器的研究。选牙色板仍是目前最常用的视觉选牙色工具。

比较天然牙色范围与临床上三种常用选牙色板的色度范围，发现选牙色板存在色度范围覆盖不全和色片分布不均匀的局限，总体上缺乏偏红色调的色片。现有选牙色板中，Vita 3D-Master 选牙色板采用了明度、饱和度、色相三元素等距分布方法，以明度—饱和度—色相的选色顺序设计选牙色系统，相对其他选牙色板设计更为合理，但其在颜色空间中的分布仍有欠缺，还需继续探索更均衡分配颜色空间的方式。比较修复专业医师和口腔全科医师使用选牙色板的重复性，显示修复专业医师的选色重复性高于口腔全科医师，充分证明了经验对色彩识别的重要性，同时提示可通过训练提高人眼对色彩的识别能力。国外已研究出色彩识别训练系统，效果良好，而国内也已有学者开发出了牙科选色训练系统，适用于口腔医学院校进行颜色识别训练。试色糊剂与树脂黏结剂应用于全瓷修复体，具有良好的颜色匹配性，铸瓷修复体中底层瓷和饰瓷厚度对全瓷修复体的颜色及透光性具有一定的影响。视觉选牙色易受光源以及观察者色彩识别能力限制，因此各种选牙色仪器开始应用于牙科选牙色。

牙科选牙色仪可分为色度计型选牙色仪、分光光度计型选牙色仪以及RGB选牙色仪。属于色度计的有ShadeVision、ShadeEye NCC和IdentaColor Ⅱ等，属于分光光度计的有Easyshade、Crystaleye和SpectroShade等，属于RGB系统的有ShadeScan和DCM ikam等。选牙色仪将被测物的色彩转化为数字化的客观测量值，准确性优于选牙色板选牙色，是今后牙科选牙色的发展方向。

（四）口腔修复微生态研究

义齿戴入后妨碍舌及口腔软组织对牙齿的自洁能力，局部唾液流速减慢、流量减少，唾液的冲洗及缓冲作用减弱，材料表面微孔隙结构等，易于附着细菌，导致患者口腔内致龋菌增加。义齿表面形成的生物膜为附着其上的细菌带来了营养物质，对菌斑的形成、成熟及代谢起到了促进作用。研究表明变异链球菌对牙面和义齿基托表面具有特殊的亲和力。因此，应对佩戴可摘局部义齿患者进行宣教，保持基牙及义齿的清洁卫生。全口义齿表面菌斑与义齿性口炎的发生有密切的关系，义齿性口炎患者的病损黏膜及义齿表面厌氧菌比例增高，而兼性厌氧和革兰氏阳性球菌比例降低。全口义齿修复后出现口臭的患者，舌苔越厚白色假丝酵母菌检出率越高，口臭症状越明显。

近来研究证实，口腔疾病和多种呼吸道疾病之间有密切关系，口腔是呼吸道感染的重要途径，口腔中存在着多种细菌可以通过呼吸作用吸入肺部导致肺炎。长期卧床不起、口腔卫生较差的老年人，吸入性肺炎的发病率较高。老年人全口义齿及舌背表面存在肺炎相关致病菌，通过吞咽和咳嗽进入呼吸道、肺部诱发吸入性肺炎。口腔修复专业医师做好口腔卫生维护可以降低老年人肺炎发生的危险性。

二、口腔修复学临床研究

（一）固定义齿修复

近年关于固定义齿修复的研究主要集中在瓷修复、桩核修复等方面。全瓷冠、桥、贴面、嵌体等全瓷修复体具有美观、生物安全性高等优势，在口腔修复临床应用中所占比例越来越大。其中通过智能设备制作的全瓷修复体也达到良好临床效果，所加工的氧化锆基底冠桥不仅具有良好的美观性和边缘密合性，还具备了很高的强度，扩展了全瓷修复的应用范围。

纤维桩最早于20世纪90年代初研制成功，但最近几年我国才广泛应用。近几年国内纤维桩的临床研究显示，碳纤维桩、玻璃纤维桩以及聚乙烯纤维直接增强树脂桩为主要应用的几种类型，其中应用最多的是玻璃纤维桩。因其弹性模量接近牙本质，能更好地分散应力，减少根折的发生，同时临床远期成功率高；可塑性纤维通过修剪后在根管内塑型，从而形成适合根管形态的纤维桩，也被学者重视。粘接技术的临床与实验研究，为瓷贴面的应用提供了理论基础，研究提示使用酸蚀剂和硅烷偶联剂都能提高瓷贴面的粘接强度，同时在粘接操作中还需注意提高贴面的密合度，均匀涂布黏结剂，使贴面在釉质层内全层粘接，临床设计时避免使贴面边缘与对𬌗牙对刃接触。

（二）可摘局部义齿修复

可摘局部义齿是牙列缺损修复的传统方法。近年随着固定-活动联合修复的广泛应用，这种传统的修复方式也焕发出了新的生命力。对38例圆锥形套筒冠义齿修复病例进行随访观察显示义齿保存率为100%，患者对义齿美观和功能的满意率为97.8%。研究显示，戴用圆锥形套筒冠义齿后，患者对美观和咀嚼功能满意度高，尽管套筒冠义齿可能发生内冠脱落、饰面材料崩裂、基托折裂、基牙脱落等情况，但通过修理一般不影响义齿的继续使用。对 22 例采用磁性附着体与冠外附着体联合修复病例随访 2～4 年，显示了良好的临床效果。牙列末端游离缺损的义齿修复一直是口腔修复医师关注的问题。对 20 例附着体义齿修复下颌牙列末端游离缺损病例进行的临床随访显示，义齿修复 1 年后远中基牙的牙龈指数高于修复前，提示冠外附着体义齿修复游离缺损时应注意维护基牙的牙周健康。

（三）全口义齿修复

全口义齿修复技术在口腔修复临床应用已经相当系统化和成熟，但是当面对剩余牙槽嵴低平的患者时，传统全口义齿在固位、支持和稳定等方面显示出了一定的局限性。近几年，随着种植体支持的覆盖义齿、天然牙支持的附着体固位覆盖义齿和改良殆型全口义齿技术的研究和使用，这种情况已经得到一定改观。采用种植体及配套磁性附着体对下颌牙槽嵴重度吸收的无牙颌患者进行种植全口覆盖义齿修复，显著改善了修复效果。对解剖殆型、线性殆型和长正中殆型全口义齿的咀嚼效能测试结果显示，长正中殆型全口义齿在咀嚼运动的各个阶段均能保持良好的咀嚼效能，具有较高的临床应用价值。

（四）种植义齿修复

种植修复中，修复专业对种植修复体的牙齿排列关系和咬合设计非常关注。实验明确了种植修复后殆力分布特点，合理的殆力分布有助于提高种植修复成功率。对采用不同类型附着体的下颌覆盖种植修复的实验提示，不同附着体类型都能辅助可摘义齿的固位与稳定。随着种植修复的广泛开展，患者对种植修复美学效果的要求也随之提高。为达到良好的美学效果，游离结缔组织移植技术、局部组织瓣技术、平台转换技术、全瓷技术、CAD-CAM 技术等被积极应用于种植修复。研究显示，伴有牙周病的牙列缺损患者，进行恰当的牙周治疗和维护后，严格掌握种植修复时机，种植修复后定期复诊进行牙周维护及种植体维护，其 5 年和 10 年的种植体存留率与无牙周病史患者比较无统计学差异。

（五）口腔修复 CAD-CAM 技术

制作修复体的几大品牌智能系统都已被学者熟知。国内学者立志开发具有自主知识产权的智能化口腔修复制作系统取得实质性进展，并已完成嵌体、全冠和固定桥基底冠等制作。采用选择性激光融化设备和配套软件成功地实现了可摘局部义齿支架的计算机辅助设计和制造，通过后续加工处理可以应用于临床。对肯尼迪Ⅱ类牙列缺损的计算机辅助设计，并用激光快速成形机可加工出可摘局部义齿支架的树脂铸型。采用计算机辅助设计和激光快速成形系统加工制造出了金属基托全口义齿。研发了全口义齿的数字化设计系统，采用快速成形技术制作全口义齿石膏阴模，手工插入人工牙完成了全口义齿的制作。

近年来，在颌面赝复体的 CAD-CAM 方面进行了许多有益的探索，建立了汉族人鼻外形数据库，为鼻缺损修复 CAD-CAM 系统的研究提供了数据。利用光学三维测量技术获取面部缺损患者完整清晰的外形信息，形成三维数字化模型后，结合快速成形技术成功制作了面部树脂模型，有助于临床医师设计制作赝复体。利用 CT 数据获得上颌骨缺损部位的三维影像数据，利用快速成形技术获得缺损部位的树脂模型，为患者制作阻塞器获得了较好的临床效果。

（六）牙齿漂白技术

自 1989 年国际上首次报道以过氧化脲作为漂白剂的牙漂白技术以来，各种各样的漂白产品陆续问世并显示了良好的漂白效果。目前临床上常用的牙齿漂白剂为过氧化氢或过氧化脲，较新的牙漂白方法有激光美白、冷光美白等。激光美白是借助激光进行的一种诊室漂白，将以过氧化物为主要成分的漂白药物涂布于染色、变色牙齿表面,再给予激光照射从而漂白牙齿,氩离子激光是其中最常使用的激光。激光的热效应能缩短漂白处理的时间,但不利于牙髓的健康,其确切的作用机制、长期美白效果、应用的安全性有待于进一步研究。冷光美白则是利用发光二极管中不具有或具有很少发热效应的光线辅助漂白剂进行牙齿美白。牙齿漂白的方法很多,为了满足患者的不同要求,还需要在临床工作中不断探讨及研究。

(七)颞下颌关节疾病研究

颞下颌关节紊乱病(temporomandibular disorders,TMD)的咬合病因至今存在着争议。有学者研究证实异常咬合可以作为独立的致病因素导致颞下颌关节发生退行性改变,从而引起TMD。临床上TMD患者常见的异常咬合以后牙缺失久未修复形成邻牙倾斜、对殆牙伸长的渐进性咬合紊乱多见。有学者建立了渐进性咬合紊乱致颞下颌关节退行性变的动物模型,进一步论证了异常咬合在TMD发生中的作用。异常咬合接触所导致的牙周力信号传导异常,反射性引起咀嚼肌收缩异常以及关节的异常运动和异常受力,是颞下颌关节异常改建的重要病理机制。TMD的咬合治疗,关键问题在于治疗内容,而治疗方法多是口腔咬合治疗的常规方法。治疗内容主要包括拔除异常的第三磨牙、修复缺牙、矫正错殆、咬合调改以及咬合垫治疗等,以建立能有效分散咬合力并正确引导咬合运动的咬合接触关系。

(八)口腔修复与心理学

近年来,随着患者对义齿修复后的美观效果、功能恢复及医疗服务态度等方面的要求提高的同时,医疗纠纷也屡见不鲜。除了修复体质量问题外,有些修复体质量已达到临床要求的病例,也会引起医疗纠纷和投诉,这些都与患者心理因素有关。因此学者们对此类问题进行探讨,现代医学已进入了生物-心理-社会医学模式,口腔修复医师掌握必需的心理学知识,术前、术中、术后充分了解、科学调节患者的心理状态,才可以在医疗工作中处于主动地位,尽可能避免不必要的医疗纠纷。

义齿满意度作为患者的主观评价,受到许多相关因素的影响,这些因素包括义齿质量、口腔解剖条件、医患关系、患者对义齿的态度、人格特征、经济因素、义齿使用经验等。患者的人格特征是影响义齿修复效果的因素之一。心理状况评定显示,口腔修复患者修复前普遍存在焦虑、抑郁等临床心理问题,有针对性的心理支持可改善患者的心理问题。研究表明,口腔修复患者本身的人格特点较大程度影响其对烤瓷冠外观的满意度。对无牙颌患者对全口义齿满意度的研究显示,人格因素影响患者对全口义齿的满意度,与患者对治疗结果的期望值以及医患关系也有关系。

研究发现,修复前心理干预可提高患者对可摘局部义齿满意度,医生应主动有计划地给予患者不同的心理支持,全面围绕患者修复过程及修复后可能产生的误解、缺乏信心等进行预防性心理干预,使患者在治疗过程中积极配合,增加满意度,提高修复效果。全口义齿初戴患者应在医师指导下进行适应性训练,这样既能缩短适应期,又能使患者正确对待义齿修复,经过不断反复训练,形成中枢-神经-肌肉条件反射弧,达到熟练控制义齿的目标。

口腔颌面外科研究回顾

北京大学口腔医学院
中华口腔医学会口腔颌面外科专业委员会　俞光岩

最近几年,作为具有中国特色的口腔颌面外科学,在各个分支学科均取得显著进展,其中突出地体现在功能性外科、微创外科、数字化外科、生物医学工程学等几个方面。

一、功能性外科

口腔颌面部解剖结构较复杂,不仅涉及语言、咀嚼、吞咽、呼吸等多种生理功能,而且其疾病及治疗过程直接影响到颜面美观。如何在治愈疾病的基础上,保存或重建相应器官的形态和功能,对口腔颌面外科医师提出了更高的要求,功能性口腔颌面外科的理念应运而生。功能性外科分为保存性与修复性功能外科。

(一)保存性功能外科

保存性功能外科在某些方面与微创外科的内容具有共性,在临床上应用较多的有以下方面。

1. 功能性颈淋巴清除术　这是口腔颌面外科领域最早开展的功能性外科术式之一。传统的手术方式为根治性颈淋巴清除术,切除胸锁乳突肌、颈内静脉及副神经,术后不仅颈部明显不对称,且出现肩胛综合征、转颈障碍等。对于 N_0 的口腔颌面部癌症患者,现已较少采用根治性颈淋巴清除术,而越来越广泛地采用肩胛舌骨上或全颈的功能性颈淋巴清除术,保留胸锁乳突肌、颈内静脉、副神经以及颈丛神经运动支,上述并发症得以避免或减轻。

2. 功能性唾液腺外科　对于腮腺浅叶的良性肿瘤,传统的手术方式是做腮腺浅叶或全腮腺切除术;耳大神经因其表浅,常在手术时切断;腮腺咬肌筋膜不保留,腮腺导管常结扎切断。以上手术术后可能出现程度不等的面部凹陷畸形,患侧腮腺功能丧失,耳廓皮肤麻木,味觉出汗综合征的发生率较高。近些年,对于位于腮腺后下部及体积在 2 cm 以内的腮腺浅叶良性肿瘤,较为广泛地开展部分腮腺切除术,将肿瘤及瘤周 0.5 cm 以上正常腮腺切除,而把大部分腮腺保留下来。术式的改进使术后面部凹陷畸形减轻,患侧部分腮腺功能得以保留。保留耳大神经后支,可避免或减轻耳廓皮肤麻木。在腮腺咬肌筋膜深面翻瓣,保留筋膜,可降低味觉出汗综合征的发生率。

3. 下颌下腺导管后部及腺门部结石　该病传统的处理方式是行下颌下腺切除。在唾液腺内镜辅助下,用网篮或取石钳摘除结石,或在口内切开取石,可以保存下颌下腺这一功能器官。

4. 下颌下腺转位预防放射性口干　需作放射治疗的鼻咽、口咽癌患者,其腮腺及下颌下腺被放射线照射后可致放射性口干。将对侧下颌下腺转移到颏下区,避开放射线照射,可明显减轻放射性口干及吞咽障碍。

但是,对于口腔颌面部肿瘤的保存性功能外科,必须建立在根治肿瘤的基础上,故应严格掌握适应证,并要求规范化操作,一般要求在熟练掌握传统术式的基础上,正确地进行保存性功能性外科术式的操作。

(二)修复性功能外科

修复性功能外科是在不能保存组织或器官的情况下,修复病变切除后的组织缺损,重建受损组织和器官的功能。

1. 肿瘤切除术后颌骨缺损的功能性重建　这是典型的修复性功能性外科。传统的处理方式,上颌骨缺损用赝复体修复,口鼻腔相通,语音功能差,义齿固位不佳,明显影响咀嚼功能。下颌骨缺损用重建接骨板、血管化或非血管化髂骨、腓骨瓣移植,面部外形可得到恢复,但牙颌系统不易建立,咀嚼功能较差。近些年来,采用血管化腓骨或髂骨复合组织瓣修复上颌骨缺损,不仅消除了口鼻腔漏,较好地恢复语音功能,而且用种植义齿或普通义齿修复,恢复了咀嚼功能。

为了克服移植腓骨高度不足的问题,采用折叠式植骨或垂直牵引成骨技术,增加了重建下颌骨的高度,在此基础上,进行种植义齿修复,不仅在颜面形态上,而且在咀嚼功能上得到满意的恢复,明显地提高了患者的生活质量。

2. 舌、颊、软腭等软组织缺损的重建　随着显微外科技术的日臻成熟,舌、颊、软腭等软组织缺损的重建可选择的供区不断增多,修复效果不断提高。口腔颌面外科医师比以前更注重供区的并发症,尽量避免或减少(轻)并发症的发生。但是,大面积舌缺损的修复,由于缺乏神经支配,其运动及感觉功能均不够理想。面神经缺损修复后常伴有面肌抽搐等继发症状,尚需进一步深入研究。

二、微创外科

微创外科一般指减少患者机体组织器官、生理及精神心理创伤的外科治疗方式,首例微创外科手术为 1987 年 3 月法国外科医生 Philippe Mouret 借助腹腔镜完成的胆囊切除术。借助于内镜,在根治疾病的同时,大大缩小手术创伤,明显降低手术并发症的发生率。

在口腔颌面外科领域,借助于内镜完成的微创外科手术有关节内镜、唾液腺内镜外科等。采用颞下颌关节内镜,可治疗骨关节病、关节囊内纤维性粘连、习惯性关节脱位、化脓性关节炎、滑膜软骨瘤病以及辅助关节重建手术等。唾液腺内镜适于下颌下腺或腮腺导管结石,慢性阻塞腮腺炎或下颌下腺炎等。

微创外科在牙槽突外科中得到充分体现。采用高速手机和切割钻,去除适量的牙槽骨,分割阻生牙,配合常规的牙挺及牙钳,使拔除阻生智齿的创伤明显缩小,术后反应明显减轻。对于拟做种植的牙拔除术,采用微创技术,保持拔牙窝的完整性,为牙种植术创造良好条件。

广义的微创外科还包括介入治疗、定向引导外科、导航外科、远程外科等。采用血管介入外科治疗血管畸形,特别是颌骨中心性动静脉畸形,可有效地封闭异常开放的血管腔,避免颌骨切除。在 CT、B 超等影像设备引导下进行射频温控热凝术治疗三叉神经痛,颅内外减压治疗面肌抽搐及三叉神经痛,深部肿瘤细针吸活检等,不仅明显提高手术操作的精确性和治疗效果,而且大大降低治疗的风险,增加操作的安全性。

微创外科在一定程度上与保存性功能外科不易区分,如缩小手术范围的部分腮腺切除术。对于大型颌骨囊肿以及壁性成釉细胞瘤(mural ameloblastoma),采用开窗减压术,不仅简化手术,而且可保留颌骨的连续性。

三、数字化外科

数字化外科技术又称计算机辅助外科技术(computer aided surgery techniques,CAST),是信息科学与生命科学的交叉融合产物。数字化外科技术包括三维重建技术(3-dimensional reconstruction)、计算机辅助设计技术(computer assisted design,CAD)、计算机辅助制造技术(computer assisted manufacture,CAM)、手术导航技术(surgical navigation technique)和机器人辅助手术(robot assisted surgery)。

数字化外科技术的应用是现代外科发展

的重要特征。计算机辅助设计的应用使术前诊断更加精确,手术方案的设计更加量化、直观、合理。计算机辅助制造技术使术前加工个性化植入体成为可能,明显改善手术效果,节省术中塑形假体的时间。手术导航技术通过术中患者解剖结构与术前影像学资料的融合,实时显示医师操作的手术部位,提高手术的安全性和准确性,也为微创外科和功能性外科提供技术保障。机器人辅助手术是数字化外科技术继术中导航技术以后的又一大突破,是外科手术与自动化控制与图像学技术的完美结合。利用机器人高精度、高稳定性的特点,可以有效提高手术的安全性和准确性。数字化外科技术的应用使远程医疗成为可能,为高水平外科技术的普及与推广、医疗网络化奠定了基础。

数字化外科技术最早被应用于神经外科与骨科手术中。近年来,该技术被逐渐应用于口腔颌面外科,并迅速发展。该技术可应用于颅底肿瘤的切除、颌骨缺损的功能重建、复杂颅面骨折的整复、眼球内陷矫正、关节强直的治疗、关节内镜手术以及^{125}碘放射性粒子植入等治疗中。

目前,国际市场已经出现商品化的手术设计系统、导航系统和辅助手术机器人。我国也开始了针对口腔颌面外科手术操作特点的颅颌面外科手术机器人系统的自主研发,该系统涵盖了计算机手术设计、术中导航与辅助手术机器人等技术。

四、生物医学工程学在口腔颌面外科的应用

生物医学工程学包括生物材料学、组织工程学、生物治疗学以及生物信息学等。

生物材料学研究和应用在口腔医学领域最具代表性的是钛及钛合金材料的应用,钛种植体应用最广。用于颌骨坚固内固定的钛板、钛钉均为口腔医学以及口腔颌面外科学的发展带来了革命性贡献。

再生医学是应用少量的种子细胞,借助成型的支架,形成各类软硬组织和不具特殊生理功能的器官(外耳、外鼻等)。目前能产业化的组织有黏膜和皮肤,我国学者研制的组织工程皮肤已成功应用于烧伤创面、供皮区创面和慢性溃疡创面的修复,显著缩短患者的创面愈合时间。

在骨组织工程领域,利用骨形态发生蛋白(BMP)进行颌骨再生已应用于临床。有人用恒河猴做实验,其研究结果显示,利用脱钙冻干同种异体骨-BMP2和珊瑚羟磷灰石-BMP2的异位成骨能力,可在恒河猴背阔肌内预构个性化、血管化组织工程骨瓣,成功地修复节段性下颌骨缺损。

生物治疗学已成为口腔颌面-头颈肿瘤综合序列治疗的一部分,具有靶向作用的单抗药物如尼妥珠单抗注射液(泰欣生)、基因治疗药物如重组人p53腺病毒注射液(今又生),已被用于口腔黏膜鳞癌的综合序列治疗之中。

通过对免疫防御机制研究的不断深入和免疫抑制药物的不断更新,在大面积复合组织缺损的异体移植方面出现突破性进展。继法国成功进行世界首例颜面部复合组织异体移植术后,我国学者也成功完成了国内首例颜面部复合组织异体移植术。

上述新技术有的已经成熟,在临床广泛应用,并取得显著成效;有的通过临床应用,积累了较多的经验,逐渐趋于成熟;有的从实验室走向临床为期不久,虽然显示良好的应用前景,但尚需积累更多的经验。我们还需开发更多的新技术,促进口腔颌面外科学更快发展。

口腔修复学国家级教学团队建设

第四军医大学口腔医学院　赵铱民　陈吉华　张少锋　张玉梅

第四军医大学口腔修复学教学团队经过多年的建设,形成了在教学上具有一定特色、师资队伍构成基本合理、教学成果较突出的教学团队,2009年被教育部(教高函[2009]18号文)批准为国家级教学团队。本团队的建设内容包括以下几个方面:

一、口腔修复学教学团队特色的形成

1.热心教育事业　重视教学工作是本科室的光荣传统,从口腔医学院创始人、正畸学教授陈华到年轻教员,都把教学工作作为最重要的任务来完成。团队带头人赵铱民教授每年为本科生授课,二级教授郭天文每年坚持工作在本科教学一线,本科教学轨道的教授授课比例达到87%,高于教育部本科创优标准。

目前,甘做人梯,献身教学已经成为全体教员的共识。在老一辈教授的带领下,青年教师们更是兢兢业业,他们放弃休息时间,按照国家精品课程的要求,用超出课时数十倍的时间来准备每一堂课,并利用新科技手段勇于创新,开发网络课程、第二课堂等学员喜闻乐见的教学手段,极大地提高了全院的本科教学质量。

2.注重名师效应　团队中有世界国防力量齿科勤务分会主席、国际颌面缺损修复学会理事、中华口腔医学会副会长、国务院学位委员会学科评议组成员、军队育才奖金奖获得者赵铱民教授;国家科学技术进步二等奖和军队医疗成果一等奖获得者、解放军总后勤部先进教师、军队育才奖金奖获得者、全军优秀教师郭天文教授;国务院学位委员会评议组成员、卫生部临床专业学位指导委员会委员马轩祥教授;陕西省科学技术进步一等奖获得者、总后科技新星陈吉华教授;军队育才奖银奖获得者张少锋教授;连续三届指导并获得全军优秀硕士论文、总后优秀教师张玉梅教授;主持2项国家“863”项目的高勃教授。他们在各自的工作领域有着较深厚的造诣,并取得了突出成绩,在口腔医学界享有很高的知名度和影响力。他们均承担国家和军队重点课题,并全部在SCI收录期刊中发表论文。骨干教员平均教龄为30年,他们以丰富的教学经验,把在日常医疗、科研工作中积累的大量专业知识和技能潜移默化地融入本科教学,极大地丰富了教学内容,同时他们以自己的人格魅力和敬业精神深深地教育着青年学员。

3.坚持学术至上　团队成员坚持学术至上,以全面、系统、深入掌握某一领域的知识为己任。团队带头人赵铱民教授从事的颌面赝复学是一门集医学、材料学、计算机科学、美学、力学于一体的综合性交叉学科。作为一名口腔医学专家,他广泛猎取相关专业知识,并将其有机融合,形成了学院目前的一大教学与临床特色;努力在学科发展前沿提出新思想、新见解,陈吉华教授提出的粘接技术和理论解决了临床粘接稳定性的问题,获得陕西省科学技术进步一等奖;形成了潜心研究、奋发向上的良好氛围,全军优秀教师郭天文教授从事口腔修复医、教、研工作44年,积累了丰富的经验,对全口义齿的印模、颌位关系、排牙、平衡咬合等有深入的研究;形成了团结协作、联合攻关的团队精神,“全口义齿固位的研究”及“钛义齿的系列研究和临床应用”经郭天文、赵铱民、张玉梅为代表的老中青三代人的共同努力，获2000年国家科学技术进步二等奖及2002年军队医疗成果一等奖，参与人员超过40人；学术成就不断涌现，2000年至今，获得国家科学技术进步二等奖2项，省部级科研成果一等奖2项，发表SCI论文50余篇。

4.推崇知识创新　知识爆炸时代，新知识、新技术的诞生速度远远超出了教材更新的速度，学生对知识的渴求和教材内容相对陈旧成为当今本科教学工作的主要矛盾。口腔修复学教学团队用现代观念审视和精选传统经典内容，及时充实现代科技、军事和社会发展的最新成果，实现教学内容的动态更新。在对传统经典教学内容（全口义齿、活动义齿、固定义齿、牙体缺损修复等）进行精炼的基础上，增加种植、颌面赝复、精密附着体等现代技术。并将修复科的科研成果与教学内容紧密结合，在全瓷修复技术、CAD-CAM技术、铸钛技术等方面与教学内容有机结合，使学员在掌握修复学基本理论的同时，更好地了解口腔修复学的发展方向。

5.培育创新人才　口腔修复学教学团队在70余年的教学历程中，始终坚持因材施教，以人为本的教育方针，最大限度地调动学生的学习积极性、主动性，通过开展启发式教学、讨论式教学等鼓励学生自主学习。

二、口腔修复学课程特色

1.涵盖领域丰富，突出交叉融合　口腔修复学具有丰富的内涵，涉及口腔医学、材料学、计算机、美学、口腔种植学、社会学等多个学科的内容。经过70多年几代人的努力，本团队已经形成了人才、知识结构合理的专业教学队伍。教学中始终坚持理论教学与实践教学相结合，经过多年的探索和锐意改革，摸索出了一条“理论大课-实验小课-动手实践-理论强化-动手实践-理论、实践双重考核”的教学模式，实现了理论教学与实践教学的有机交叉融合。

2.强调实践环节　口腔修复学是一门以实践操作为主的学科，经过多年的探索与研究，确定了实践教学和理论教学0.8:1的科学比例。本团队提倡在夯实基本理论与基本方法的基础上，突出动手能力的培养。2005年，本团队引进了国际先进的仿真头颅模型训练系统后，让学员在步入临床实习前在仿真头颅模型上反复进行规范的操作，全面提升了学员的临床实践水平。在临床实习阶段，培养和训练学员整体诊疗观，取得了良好的效果。

三、教学创新性改革

1.全程专业教学　本团队遵循口腔医学的教学规律，开展全程专业考核活动：第一学年开设口腔导论；第三学年开设口腔专题讲座及口腔修复学前伸课；第四学年进入专业教学；第五学年进行临床实习。全程贯穿专业教学内容，对培养学员专业素养起到了重要作用。

2.开展个性训练　积极、灵活地采用“复合式”教学法。在开课前及讲授过程中，根据学员不同特点，重视教学设计，灵活运用学导式、启发式及形象式等教学方法，使学员能够抓住所学专业的特点，学到好的思路，提高分析问题及解决问题的能力，开发学员的个性专长。

3.开设前沿课程及专题讲座　借鉴国际先进的口腔教学经验，在全国率先为学员开设了口腔医学导论，全面系统介绍口腔专业前沿与现状；开设口腔修复学前伸课，培养学员动手能力，熟练掌握技工操作；开设口腔医学美学、口腔铸钛技术、口腔粘接技术等专题讲座，拓展了学员的视野，加深了学员对口腔医学前沿与重要问题的理解，为以后口腔医学课程的开展奠定了基础。

4.革新教学方法　根据不同的教学内

容,采用了多样化的教学模式。强化形象化教学法,将教员个别示教与录像示教法及多媒体示教法有机结合,充分利用现代影像资料可反复的特点,彻底改变学员"看不清"的被动局面。摒弃了以往考试只重视书本知识的旧观念,采用理论加实践操作考核相结合的方法,作为学员成绩的依据。授课过程中布置课外读书任务,鼓励学员多阅读最新的英语专业文献,根据读书所得撰写读书心得或在此基础上进行自己的小课题设计,培养学生主动学习的意识。在课程结束前,安排学员读书报告会,让学员自己走上讲台,向大家展示读书成果。

四、教学研究成果

本教学团队承担教育部教学改革课题2项,军队教学改革课题1项。口腔修复学成功申报了国家级精品课程,连续4届担任《口腔修复学》卫生部规划教材及配套参考书《口腔修复理论与临床》主编,其中《口腔修复学》第3版获卫生部优秀教材二等奖,第5版《口腔修复学》教材获卫生部优秀教材一等奖。同时还主编了高等教育出版社出版的面向21世纪教材《口腔修复学》和全军重点教材《口腔修复学》,并获校教学成果三等奖。为了突出军事特色,结合口腔颌面部战创伤修复的特点,赵铱民教授主编了《颌面赝复学——颌骨缺损的赝复治疗》一书。该书填补了我国在颌面部修复方面的空白。

20世纪90年代,团队成员主编了《美容牙科与口腔粘接技术》、《实用口腔手册》、《口腔科铸钛理论和技术》、《口腔颜面美容医学》、《口腔医学实用技术(口腔修复学)》、《临床全口义齿学》、《名医名院口腔科特色治疗技术》等各类书目十余部。口腔修复学教研室还翻译了一系列图文并茂的参考书《金属-烤瓷桥》、《活动义齿设计与制作》、《全口义齿原理与实践》、《牙科修复学》等,这些译著极大地丰富了教学资料,受到了学员和教师的一致好评。

自20世纪80年代开始,教研室就将多媒体技术引入教学当中,制作的教学幻灯片多次获得军队及国家奖励。其中郭天文教授负责的《卡环》是我国第一部口腔教学电影,《预防儿童牙颌畸形》是我国第一部口腔医学教学录像片,多次在中央电视台播放,并由全军计划生育办公室下发全军各大单位,获军队教学成果二等奖。由马轩祥教授负责的《修复学多媒体教学系统》获卫生部全国高等院校优秀CAI评比二等奖,《烤瓷修复》获国家教委全国普通高校优秀CAI三等奖。《第四军医大学网络教学系统——口腔修复学》获第八届解放军总后勤部教学课件评比一等奖,《军队院校网络教学应用系统——口腔修复学》获第六届全军教学评比一等奖。

五、团队建设及人才培养

(一)团队建设

1. 师资队伍建设　教研室始终把师资队伍建设作为可持续发展的战略任务。2007年,学校开始推行精品战略,制定了完善的"精品课教员"评选制度。在此基础上,以高层次人才队伍和创新团队建设为目标,以培养教师的创新精神和创新能力为重点,推进校院两级管理和人事管理运行机制的改革,以提高教育教学质量、学科建设水平、科技创新能力和办学效益为目标,坚持以人为本,全面加强教学、科研和管理队伍建设,创造和谐的育才、选才、用才的可持续发展的思路。

2. 精品工程战略　以精品工程和培养优秀人才的"名师工程"、"学科带头人培养计划"、"骨干教师培养计划"、"精品教员评比"、"青年人才助推计划"等为依托,将师资队伍的培养制度化。目前已经形成对不同层次教师队伍培训计划,为实现教学团队人人是"精品"而努力。

3. 教学奖励机制　以教学、科研为导向,建立有效的竞争、激励和考核机制,促进教师业务水平的提高。教师必须要建立有自身特色的创新性强的研究方向,并着重于该领域的教学研究和实践工作,以科研促教学。对取得教学有关成果的教员实行院内经费支持和再奖励,极大激发教员参与教学、投入教学、献身教育事业的热情。

4.教员培训制度 根据院《教师培训制度》,设立专项经费,积极鼓励和选派教员出国留学,创造条件到兄弟单位参观学习,每年有计划地选派青年教师参加国内、国际学术会议。主办和参加大量国内外学术交流活动,邀请国内外知名学者讲学。与多所国外著名院校加强学术交流联系,签订人才培养和学术交流协议。教学经费专人管理、专项支出,在教研室经费分配上占有绝对优势的比例。

5.国际交流制度 大力促进国际交流,开拓教员视野,汲取国际先进名校、名院的教学经验。每年有计划地聘请国际知名专家学者来科室讲学、选派教师出国进修、参观访问、鼓励参加国内和国际学术会议。通过医院与国外多所大学签订了本科生定期互访交流的协议,从本科生中选取优秀代表,出国参观交流。

(二)人才培养

一流的课程必须要有一流的师资,而青年教师的培养是师资队伍保持先进性和延续性的基础。团队十分重视青年教师的培养,明确青年教师队伍建设在师资团队建设中的重要地位,号召全体教师团结合作、严谨治学、积极进取、勇于开拓。做到青年教员成长有目标、发展有规划、培养有措施,严格把好师资补充关,稳步开展教员队伍的建设。切实加强青年教师的师德教育和优良教学传统教育,使他们更加严格要求自己,提高业务水平,做学生的良师益友。以教学、科研为导向,加强现有师资队伍的素质建设,特别是年轻教师业务水平的提高和科研成果的积累。以科研促教学,青年教师要在学科建设中确定自己的学科方向,使自己成为学科发展梯队的一员。根据口腔修复学的教学内容,结合团队成员的科研方向及临床特点,合理分配教学内容和教学人员,优化教学效果。

建立开放、竞争、激励的师资管理机制,逐步建立起一支充满活力的教师队伍。采用岗位锻炼、送出去学习培养、鼓励教学研究等方式提高师资队伍的自身素质。加强国际交流,了解国内外口腔医学教育发展进展与趋势。每年均主办和参加多次国内外学术交流活动,依托医院的青年教师出国留学专门基金,资助多名骨干教师到国外著名机构深造学习,已初步显现成效。做好青年教员的传帮带工作,加快青年教员的成长。在校、院各级教学督导组的指导下,严格审核青年教员的授课等级资格,通过集体备课、试讲预讲,从教学内容、教学方法、教学手段等方面考察青年教员的业务能力和授课水平,考核合格后才能担任课程主讲,保障了教学质量的稳定提高。

以业务能力和实际需要作为引进人才的主要依据,积极探索引进人才新路子,取得了良好的效果。近年留用了多名优秀博士毕业生,并聘请意大利、日本、法国等国的多位权威学者作为客座教授,对推动教育国际化进行了有益尝试。

本教研室虽然在教学团队建设方面取得了一定成绩,但这些成绩的取得是落实国家教育方针的结果,也是在学习和借鉴国内外兄弟院校成功经验的基础上取得的。尺有所短、寸有所长,与兄弟院校相比,我们在教学团队建设方面存在的问题和不足,仍然十分明显,希望今后在相互交流、相互学习过程中,进一步完善和补强,为推进我国口腔医学教育事业的发展做出更大成绩。

2009 年度国家精品课程口腔解剖生理学建设简况

第四军医大学口腔解剖生理学教研室　王美青　于世宾

口腔解剖生理学是口腔医学的主要基础课程之一，以研究口腔、颅、面、颈等部位的正常形态结构、功能活动规律及其临床意义为主要内容。口腔解剖生理学理论课、实习课的学习，旨在使学生全面系统地理解和掌握口腔解剖生理学的理论知识、基本实践技能、学科特色以及学习本学科内容的方法，为学习口腔医学临床课程及以后的口腔医学实践与研究奠定基础。

第四军医大学口腔解剖生理学课程建设始终秉承“固守三基，强化实践，联系临床，与时俱进”的发展理念，以梯队建设为根本，以改革发展为主导，立足于创建中国特色的口腔解剖生理学教学体系。第四军医大学口腔解剖生理学被教育部批准为 2009 年度国家精品课程，下面就学校口腔解剖生理学国家精品课程建设、学科建设情况作一简介。

一、口腔解剖生理学课程建设

口腔解剖生理学是在基础医学以及基本的大医学通科教育基础上，针对口腔医学专业 5 年制四年级、8 年制五年级学生开设的口腔专业基础课程，授课对象不仅具有基本的医学理论知识，而且具备了一定的基础医学实践能力，并积累了一些临床实习或见习经验。课程内容主要由以下三大板块构成：1）牙、牙列、咬合相关的解剖学，2）口腔、颅、面、颈相关的解剖学，3）口腔生理学。

第四军医大学口腔解剖生理学教学始终以国家规划教材为基础，进行相应的理论与实践教学活动。针对学科特点，近 10 余年来在引进电化教学方法、强化动手能力训练、拓展知识结构、挖掘学习潜力等方面作了一系列教学改革，取得了可喜的成绩。

（一）电化教学提高教学效率

口腔解剖生理学课程具有基础性、理论性特征，由于口腔组织结构复杂、名词众多、生理特点抽象等特点，采用传统教学方法效率较低，学生学习负担较重，不同程度地影响着学生的学习积极性。

20 世纪 90 年代以来，学校口腔解剖生理学教研室不断探索适合于本课程教学内容的教学方法、教学手段，确立了形象化、信息化教学的教改方向，先后制作了口腔解剖生理学系列多媒体课件，随后又在此基础上建成了包含 855 张彩色图片、144 段视频文件、12 个授课幻灯、5 段授课录像、40 个 Flash 动画的口腔解剖生理学网络课程。该网络课程授课以丰富的素材、多变的授课模式、灵活的师生互动，使理论授课鲜活生动。

这一授课模式活跃了课堂气氛，激发了学生的学习热情，大大增强了学生的自主学习能力，从而提高了教学效率和教学质量。相关成果“口腔医学形象化建设与实践”1997 年获军队级教学成果二等奖，《牙体形态学》多媒体课件 1998 年获解放军总后勤部优秀电教教材二等奖，口腔解剖生理学网络课程 2004 年获解放军总后勤部优秀电教教材二等奖。此外，针对我国缺乏口腔领域专业图谱的状况，2002 年编著出版了我国第一部口腔解剖图谱——《实用口腔解剖学图谱》，该书深受广大学生和临床医师的欢迎。

（二）操作培训强化动手能力

口腔医学是一门实践性很强的学科，在

临床工作中，口腔科医师需要通过塑造牙冠外形来恢复咀嚼功能和牙齿美观特征。因此每一位口腔科医师都需要有较强动手能力，培养动手能力便成为贯穿整个口腔医学教学的中心环节之一。

美国、日本等发达国家的口腔医学生在校期间要接受大量、严格的牙齿雕刻训练，这不仅培养了学生的动手能力，而且对深入认识牙齿各种形态特征的功能意义很有帮助。然而过去由于牙齿雕刻相关教材缺乏等原因，我国的口腔医学生接受这种基础性技能训练的机会非常少，一些相应的技能训练只是零散地见于不同院校自行设置的课程中。针对这一现状，第四军医大学口腔解剖生理学教研室借鉴国外发达国家牙齿雕刻训练经验，于 2001 年率先在口腔专业大学二年级学生中开展了包括全部恒牙的石膏牙雕刻训练，在着力培养学生动手能力的同时，还让口腔专业学生提前接触“口腔”、了解“口腔”，这一改革大大激发了学生学习专业知识的兴趣和积极性，收到了良好的教学效果。

在教学过程中，教研室不断总结石膏牙雕刻教学经验，在参考国外雕刻技法的基础上，根据中国人自己的牙齿形态参数，创立了具有中国特色的石膏牙步骤雕刻技法，并于 2003 年总结出版了国内第一部石膏牙雕刻训练专用教材——《石膏牙雕刻艺术与技术》。该教材的成功应用对于加深学生对牙体形态的认识、训练其娴熟的临床操作技能、快速适应临床治疗工作具有极其深远的意义。时任中华口腔医学会会长的张震康教授评价说：《石膏牙雕刻艺术与技术》一书是我国口腔基础医学中一本很好的教科书和参考书，也是我国口腔医学图书百花园中的一枝奇葩，值得向口腔医学生、口腔技师、口腔医师和从事口腔医学教学的工作者推荐。短短 6 年间，该书已为国内多家口腔医学院、系采纳为专用教材。

鉴于该教材在国内口腔院校的广泛应用，2007 年该书被列入卫生部“十一五”规划教材，并改编为《石膏牙雕刻训练教程》于 2008 年 4 月由人民卫生出版社正式出版发行，《石膏牙雕刻训练教程》音像教材也于 2009 年 6 月由人民卫生电子音像出版社正式出版发行。

（三）课外科研拓展知识结构

培养学生的创新能力始终是高等教育的重要目标，教研室以拓展学生知识结构为目标，坚持将学科最新进展引入教学。每学期伊始教研室都会组织别开生面的师生交流会，了解每批学生的学习背景、特点和他们对该课程的期望，了解学生前期课程的学习情况，以此为基础，制定出灵活多样的教学形式。对基础扎实、自学能力强、新知识接受快的 7 年制、8 年制学生，更多地采用讲座式教学、PBL 教学、双语教学等方式。在突出师生互动、强化学生自学的同时，多角度拓宽学生的知识面。每批次教学过程初期，给学生布置课外读书任务，让学生在课程学习过程中根据自己的兴趣、特长，查阅某一研究方向上的最新文献，在本课程教学活动后期专门安排课时，让学生分组登台，向大家展示读书心得，并开展班级讨论，提出自己对相关文献的看法。

通过读书报告活动，培养学生发现问题、查阅文献、汇报表达等能力，并在活动中鼓励学生根据自己的读书心得，提出解决有关科学问题的方案，在教员的指导下完善课题设计。教研室根据具体情况，资助学有余力的学生开展相应课外科研活动。

二、口腔解剖生理学学科建设

一流的学科建设是精品课程建设的前提和重要保障。多年来，教研室不断在人才梯队建设和教研室硬、软件建设方面下工夫。

（一）优化人才梯队

10 年前，由于特殊的历史原因，教研室人才队伍尤其是中青年人才青黄不接，有时甚至无法保证医、教、研任务的正常完成。针对这一现状，教研室一方面鼓励科室的青年教员深造，不断扩充自身的知识深度和广度；另一方面为留任科室的优秀毕业研究生创造个人发展的空间和条件。通过多年的努力，目前教师队伍的年龄、知识结构日趋合理。目前教研室教授、博士研究生导师 1 名，40 岁以下青年讲师 3 名，4 位主系列教员不仅都具有博士学位，而且都有海外留学或交流经历。近年来，教研室先后主编出版的《实用口腔解剖学图谱》、《石膏牙雕刻艺术与技术》、《现代㕮学》、《石膏牙雕刻训练教程》以及副主编的卫生部“十一五”规划教材《㕮学》都是这一人才队伍的工作成果。除此之外，教研室先后获得国家自然科学基金 9 项，发表 SCI 论文 21 篇，先后获得军队科技进步二等奖、陕西省科技进步一等奖各 1 项。

（二）加强硬件建设

目前教研室的教学工作主要依托国家级教学示范中心——第四军医大学口腔医学院教学中心，该中心拥有多媒体教室、临床模拟训练室、技工操作训练室和网络教室等 4 个功能部分，由教学保障中心统一进行管理和维护。有关口腔解剖生理学以及㕮学的专业教育，则依托科室的实验室和颞下颌关节病与口颌面痛门诊的总资产愈 300 万元的实验及医疗设备。

目前，口腔解剖生理学实验室总面积约 100 m^2，可以支持动物实验，牙齿、骨与软骨等硬组织形态学观察，细胞与组织力学加载以及基本的生物化学实验，科室成为一个集医、教、研为一体的兼有基础（口腔解剖生理学）和临床（颞下颌关节病及口颌面痛）工作性质的机构。

（三）拓展对外交流

10 余年来，教研室始终坚持“送出去、请进来”的方式促进国际视野下的科室发展。教研室先后与芬兰 Oulu 大学，丹麦 Arhus 大学、Aalborg 大学、美国 Michigan 大学、Washington 大学、Emory 大学、美国 Southern California 大学等建立长期的合作交流平台。教研室先后将 3 名青年讲师送到这些大学先进的实验室进行合作研究，教研室主任王美青教授多次受邀赴欧、美、日进行学术交流，教研室也多次邀请上述大学的知名教授来院进行学术交流和合作研究，同时聘请美国 Michigan 大学的 Sven Erik Widmalm 教授、美国 Washington 大学的刘子军教授为客座教授。2005 年，王美青教授与丹麦 Aalborg 大学的王克伦教授联合申请并获得了国家自然科学基金国际合作项目资助——动物及人咬合变化相关的颞颌关节紊乱病疼痛的生理学评价；2009 年，王美青教授又与美国 Southern California 大学的施松涛教授联合申请并获得了国家自然科学基金海外及港澳学者合作研究基金项目资助——渐进性咬合紊乱所致大鼠下颌髁突改建活动中干细胞活动规律的研究。目前在国际合作研究方面已发表 SCI 论文 6 篇。

经过多年来的探索、建设和发展，第四军医大学口腔解剖生理学教研室已建成了一支学历层次高、梯队结构合理、热爱科室、钻研教学的教师队伍。教研室正在用先进的教学理念、现代化的教育技术、严谨的工作作风和创造性的工作，对口腔解剖生理学的教学方法和教学模式进行深入改革，不断提高课程建设的质量和水平。

积极传承 不断发展
——2009年度国家精品课程口腔解剖学课程介绍

上海交通大学口腔医学院 郭莲

口腔解剖学是口腔医学教育中非常重要的专业基础课程。1932年，震旦大学（上海交通大学前身之一）成立牙医系时即开设了口腔解剖学课程，为传统的两个主干口腔基础课程之一。可以说，口腔解剖学是衔接基础医学与口腔医学的重要桥梁课程。

早期的口腔解剖学以牙体解剖内容为主，重点讲授和探讨牙体、牙周的解剖结构特点、形态及其相关生理功能。几十年来，口腔解剖学有了不断的发展。一方面，随着科学技术的发展，对口腔解剖学的研究手段有了快速的提高；另一方面，随着口腔各分支学科的发展，尤其是口腔颌面外科学和其他学科突飞猛进的发展，极大地丰富了口腔解剖学的内容。20世纪七八十年代后，学校在口腔解剖学教研室主任刘善学教授带领下自编了《头颈部局部应用解剖》教材，将此内容逐渐加入了口腔解剖学的课程中；20世纪90年代初，潘可风教授将牙科美容中的内容首先引入了课程中；在多年的教学中这些内容得到不断的发展完善，为口腔医学教育做出了重要贡献。

目前，上海交通大学口腔医学院口腔解剖学教研室主要担任口腔专业长学制本硕连读学生及成人教育学院的口腔解剖学教学工作，理论和实验课程每年共计160学时左右。教研室自编了部分理论课及实验课教材，同时作为国家规划教材《口腔解剖学》第1至第6版的主要编写单位，参编了《口腔解剖学》教材。在多年的教学工作中，教研室成员积极动脑、动手，自行制作了各种适合教学的模型、标本。近年来，由于信息技术的不断发展，我们与时俱进，利用先进的技术平台，积极开展教学改革，获得国家教委及各级教育教学部门的资助，制作了许多形象生动、易于学生理解、掌握知识点的多媒体教学课件。2005年，教研室完成了卫生部CAI课件《牙体解剖学》，并且正式出版。同时，教研室的师资队伍建设也取得显著成效，一批基础与临床相结合的中青年教师得到了锻炼与成长。目前授课教师的高级职称比例已达100%，教师们的授课获得了广大师生的好评，多次获得学院授予的“优胜教研室”称号，本人也多次获得各级各类的教学奖励。口腔解剖学课程在2004年获得校精品课程，2007年获上海市教委重点课程建设项目，2008年获得上海市级精品课程，2009年获得国家精品课程。

近年来，学院口腔解剖学课程确立了全新的教学思想，其核心思想是重点突出理论联系实际，基础结合临床。学院的口腔解剖学教师队伍，有医学院临床医师加入，在教学中既重视基础理论知识又适当结合临床应用，注重强调动手能力的培养。2006年起，为进一步发挥学生潜能，培养学生发现问题、分析问题、解决问题的能力，教研室进行了课程改革，将头颈部局部解剖部分与前期基础课程大体解剖学整合，优化整合了教学资源，同时将基础与临床有机地结合起来，为医学生早期接触临床提供了有利的保证。同时为了适应双语教学需要，还逐步应用部分英语原版教材内容进行授课。

在不断的教学实践中，教研室逐渐形成了自己的教学特色。特色之一是理论与实际相结合。本课程为一形态学课程，强调理论课与实验课并重，让学生通过图像、标本的反复观察，包括亲手雕刻牙体模型操作等手段，以达到深刻理解、记忆口腔解剖特点的教学目的。特色之二是临床和基础的结合。本课程是一门临床基础课，通过基础课的学习，即过渡到临床课的学习。教研组重视此特点，在与前期课程的整合过程中，积极探索早期接触临床，同时在教学中充分注意与口腔临床专业课程的联系，如口腔颌面外科学及其他口腔专业课。

在形成特色的基础上，教研室积极进行教学理念的更新、课程模式的创新和教学梯队的积极构建。在教学管理方面，完善高素质的教学管理团队，建立一套新型的教学管理模式，即以教学大纲为根本，以教师为主体，以学生为中心，教学督导全程参加的教学系统工程管理。明确岗位职责，增强服务意识，健全评估系统，建立标准化计算机考试系统。将出人才、出成果作为教学的主要目标，将抓制度、抓服务作为教学成功的保障，将建立完善的教学质量监控和评估体系作为提升教学水平的工具。

在教学理念更新方面，教研室根据口腔医学发展现状及口腔医学生培养方向、培养模式的实际情况，口腔解剖学的教学结合学科特点，与时俱进地实现教学指导思想的转变。即口腔解剖学是一门重要的专业基础课，在教学中必须强调理论联系实际，基础结合临床。注重通过口腔解剖学的学习，丰富学生的知识结构，使学生顺利完成从基础课学习进入临床课学习的过渡。此教学思想的确立是口腔解剖学教学的一个创新。

在课程模式的创新方面，教研室主要完成了口腔解剖学前期和后期教学内容的整合：

1. 在课程整合中重视教学内容的深化，编写合适的教学大纲、实验教学，完善课程体系。

2. 充分利用前后期教师的专业特点，明确专业教师的分工，临床与基础紧密结合。

3. 以应用解剖为主导方向，利用医院教学资源，安排早期接触临床。

对每一阶段（以学期为单位）的课程改革效果，在结果-过程和教、学双方信息反馈的基础上进行分阶段评估，评估主要包括学生、教师、同行专家评议和上级教学部门检查评议。针对课程的模块、学时分配、内容整合、师资分布培养等方面进行比较全面的评估，通过整合，教研室完善了口腔局部应用解剖的多媒体教学课件及教学录像；建立了口腔解剖实验教学的考核评估体系，建立了计算机考试系统；丰富和完善了网上教学资源，建设成为国家精品课程。

在教学梯队的积极构建方面，教研室采取各种手段来加强师资力量建设。坚持德才兼备，努力建设一支素质好、能力强、水平高的优秀教学团队。重视在教师中选拔教学热情高、教学能力强的中青年教师进入骨干队伍，做到各模块教学责任到位，岗位到位，经费到位。采用“请进来、送出去”的双向方法，动态、连续进行骨干师资培养，形成相对固定但又有一定流动性的专业化教学团队。从政治思想上、业务能力上全面关心骨干师资的成长，加强对他们的业务培养和各种途经培训，进一步增强他们的责任意识，提高他们的敬业精神。口腔医学院和教研室积极为他们创造条件和机会，优先推荐他们参加各种学术会议和进修学习；对骨干教师建立信息档案，进行跟踪评估考核。教研室目前有专职教师 3 人，其中教授 2 人，副教授 1 人，教学辅助人员 1 人。硕士 3 人，其中 60 岁以上 1 人，45 岁以下 2 人。另外有两名兼职教师（一位为大体解剖学教师，一位为口腔颌面外科学教师），均为副高级职称。师资队伍学历、年龄结构合理，有利于教研室教学任务的合理安排及顺利完成，有利于梯队建设及年轻教师培养。其中有两名教师长期从事口腔临床工作及临床教学，有利于基础课程与临床应用的有机结合。目前教研室由原基础课教师及原口腔临床教师共同组成,优势互补,各取所长。教研室重视教师的专业分工,充分利用整合的教学资源,最大限度发挥教师的专业特长,口腔颌面外科专业的姚隆浩教授、兼职徐袁瑾副主任医师主要承担口腔颌面部局部应用解剖的授课,黄靖副主任医师长期从事口腔综合门诊的工作,熟悉牙体解剖的教学方法与内容;解剖教研室的李锋副教授是长期从事解剖学教学的专业人才,进行实物解剖操作。每位教师在从事口腔解剖学教学的同时都参加临床工作,注意教师自身知识结构的建设。通过这种由内而外的培养方式,较大地增进了教师的教学效果,凸显口腔解剖学的临床专业基础课特征,具有较强的实用意义。近几年,口腔解剖学教研室教学团队完成卫生部CAI课件项目1项(《牙体解剖学》);自编了口腔解剖学教学大纲,自编了《牙体解剖学》讲义,应用于各级学生,反映良好;完成了上海市教委课题1项(口腔解剖学实验课程多媒体仿真系统的建立——蜡牙雕刻技术);完成了上海交通大学医学院课题2项(构建口腔医学教育新体系的探索与实践和口腔实验课程标准化考核指标的建立);2005年获得上海市教学成果三等奖1项;2006年获得上海交通大学教学成果一等奖1项;2008年获得上海交通大学教学成果二等奖1项。

在今后的教学探索中,教研室还将积极进行模块式教学的改革尝试,即课程以系统概念组合起来,形成几个相互交织的模块,建立课程资源内容整合平台,进行模块式教学。配合讲课和小组讨论(BPL、CBL等),促进基础与临床课程内容的相互融合,加深学生对知识的理解、掌握和综合运用。

牙体牙髓病学精品课程建设的探索和思考

中山大学光华口腔医学院 凌均棨 霍丽珺 安少峰

精品课程建设是高等学校教学质量与教学改革工程的重要组成部分,是教育部为提高教学质量、促进教学改革而实施的重要举措。明确提出了精品课程建设的标准:"一流的教师队伍、一流的教学内容、一流的教学方法、一流的教材、一流的教学管理"。同时,精品课程的建设也是学科发展的重要体现和专业建设的重要依托。近年来,中山大学光华口腔医学院牙体牙髓病学教研室在培养青年人才、提高教学质量、促进学科发展等方面做了大量工作,取得一定成果,2009年,中山大学牙体牙髓病学被批准为国家精品课程。以下笔者从牙体牙髓病学课程特色、学科建设发展、师资培养、教学改革与教学研究等方面,阐述该课程建设过程的探索与体会。

一、明确课程特色,建设国内一流和国际先进的精品课程

以先进的教学理念为指导,以加强学生实践技能培养为中心,将教育现代化的特点引入教学体系,从教学内容、师资培养、教材建设、教学管理、教学研究等多方面进一步加强课程建设。强调教学与科研并重,坚持教学技术现代化、教学内容国际化、理论实践一体化的教学特色,使本课程成为国内一流、国际先进的精品课程。

(一)强化临床前训练,实现教学技术现代化

1998年,牙体牙髓病学教研室率先在全国引进30台多媒体仿头模系统并投入使用。

实验课程全部采用计算机辅助教学和多媒体仿头模系统，配以录像、幻灯、效果评估系统等多种先进的教学设施，激发学生学习兴趣，为学生进入临床实习打下了坚实的基础，取得了显著的效果。

（二）引进教学新理念，实现课程体系国际化

本教研室将传统教学中的“教为中心”改革为“教为主导、学为主体”，引进教学新理念，积极开展国内外学术交流活动，注重开发学生主动学习的潜力，并取得良好的成效。通过读书报告会，高年资医师与实习生举行定期座谈，介绍牙体牙髓病学新进展、新技术、新方法、新材料。此外，利用暑期和业余时间，通过 Summer's Student 和业余科研小组的形式，指导学生查阅资料、参与教师的科研课题及论文撰写。

（三）以研促教，实现理论研究与实践教学一体化

教研室在重视理论教学的基础上，鼓励教师积极开展科学研究。近五年，牙体牙髓病学学科获科研基金资助共 32 项，其中国家自然科学基金 4 项、省部级科研基金 26 项、厅局级科研基金 2 项，发表科研论文 217 篇，其中 SCI 论文 30 篇。连续两次获得卫生部临床学科重点项目资助，包括“牙体牙髓冠根联合治疗提高疑难病例临床成功率的研究”（2004 年）和“难治性牙髓根尖周病序列治疗提高远期疗效的研究”（2007 年），科研成果被写入凌均棨教授主编、人民卫生出版社出版的《牙髓病学》（1998 年）和《根尖周病治疗学》（2005 年）两部专著中，以基础科研促进教学，加强了“宽知识、厚基础、强能力、高素质”的口腔医学专业人才的培养。

二、构建高水平的教学梯队，实施严格的教学管理

精品课程必须拥有一支优秀的、利于课程持续发展的教学队伍，教师的知识结构、学术水平、创新能力及师德风范直接影响课程的教学质量与发展水平。目前，本课程拥有主讲教师 20 人，其中教授 5 人、副教授 6 人、讲师 9 人，助教 2 人，具有博士学位者 10 人、硕士学位者 10 人、学士学位者 2 人，教学梯队合理，中青年骨干力量雄厚。教学效果好，科研实力强，大部分青年教师已承担或参与国家级及省部级科研项目，部分青年教师已在国际有较高影响因子的杂志上发表论文。教师队伍积极申报教改基金课题，撰写教学研究论文，近五年获教学改革研究基金资助 13 项，其中省部级教改基金项目 1 项，校级教改基金项目 12 项；在 *Journal of Dental Education*、*International Dental Journal*、《西北医学教育》、《医学信息》、《中山大学学报论丛》等有影响的教学期刊上发表论文 10 余篇；主编教材 7 部、参编 15 部。全体教师具备良好的职业道德和团队协作精神，为培养高素质人才、深化教学改革及建设精品课程提供了有力保障。

为了适应教学需要、推进教学改革、提高教学水平与质量，课程组制定了对教授、副教授、讲师及助教的考核指标，加强对中青年教师的培养，鼓励中青年教师进一步深造，积极开展国内外学术交流活动。建立中青年教师教学效果动态反馈模式，由全体教师对青年教师的教学质量进行动态评估，并当场提出改进意见。在教学工作中认真贯彻执行各项教学管理制度。

为不断加强教学管理，教研室制定了一系列教学管理制度，包括集体备课会、新教师预讲、青年教师听课、实验课集体预做实验、指导研究生带理论课和实验课、教学研讨会、教学档案管理、师生座谈会、考试保密、集体评卷、教师教学效果动态反馈、教学分工负责、教学实验室管理制度等，在实施过程中分工具体、责任明确，保证了牙体牙髓病学课程教学质量的稳定和提高。在教务处组织的教学质量反馈体系的基础上，建立了教研室教

学过程“四期反馈”系统，一期：课后反馈，二期：不定期反馈，三期：阶段性反馈，四期：问卷调查和考试后试题分析。学生参加对教学全过程动态评价、监控，加强了学与教之间的信息反馈，保证了本课程的教学效果，是对教务处教学质量监控系统“宏观调控”的一种“微观管理”补充措施。

三、深化教学改革，提高人才培养质量

牙体牙髓病学是口腔医学专业的主干课程，是口腔临床医学的核心课程。课程主要采用理论课教学与实习操作课相结合的方式进行。理论课的目的是使学生掌握本专业的基本理论知识，实践课的目的是使学生巩固理论知识，结合实践内容掌握各种疾病的病因、诊断及治疗方法。

自20世纪70年代本校成立口腔医学系以来，牙体牙髓病学教研室结合专业特点，深化教学改革，注重培养学生的实践能力，在全国率先使用仿头模教学，并进行牙体牙髓病学本科生的教学改革，变学生被动学习为主动学习和探索性学习，取得良好效果，获得了中山大学教学改革成果一等奖。1999年起推行本科双语教学，并全面启用多媒体教学方式。2004年，开始实行7年制全英语教学，巩固了学生的专业外语基础并提高其对新知识的接受能力。同年在中山大学医学部的领导下，对学生进行“三早”教育，即早期接触社会、早期接触病人、早期接触科研，组织学生上理论课前进入医院预见习，提高学生的学习兴趣和对疾病的认知能力；同时，通过Summer's Student和业余科研小组的形式，使学生开阔视野、活跃思维、发展个性，培养其能力，提高综合素质。近五年共培养本科毕业生300人，培养硕士毕业生22人，博士毕业生6人。2006年，学院牙体牙髓病学被评为中山大学精品课程。2007年，牙体牙髓病学专科被评为广东省重点专科。2009年，学院牙体牙髓病学被教育部批准为国家精品课程。

四、采用灵活、先进的教学手段，增强教学效果

本课程主要采用理论课教学与实习操作课相结合的方式进行。理论课目的是使学生掌握本专业的基本理论知识，采用双语和全英语教学，以疾病为中心进行授课，强调理论联系实际；实践课目的是使学生巩固理论知识，结合实践内容掌握各种疾病的病因、诊断及治疗方法，以学生实践为核心，先在体外模型上进行初期操作练习，再在先进的多媒体仿头模系统上进行临床模拟训练。学生在实践中提出问题、分析问题、解决问题，充分发挥主观能动性，积极思考，提高学生的专业外语水平及动手能力，加强对理论知识的理解，为培养优秀人才奠定基础。录像教学结合临床示教以及教学后期的临床见习、实习，加深学生对疾病的认识。本课程灵活多样的教学方法使学生牢固掌握疾病的病因、诊断及治疗方法，具备基本的临床操作技能，培养了“宽知识、厚基础、强能力、高素质”的口腔医学专业人才，取得了良好的教学效果。具体教学方法及手段如下：

1. 采用启发式教育，理论课与实验课相结合　重点讲透，难点浅出，帮助学生对课程重点的深入和扩展，对难点的过渡。每年设立本科生教学小组，由一名副高级职称以上教师担任组长，全国知名教授(博士研究生导师)参与授课，使本科生能够听到大师级讲课，开阔眼界。实验课中开展互动教学，充分调动教学各方面的积极因素，使教师有一个可展示的平台，促使教师根据不同教学内容设计典型病例，提出问题，设想学生可能提出的各种问题，并进行整理、归纳、补充完善和因材施教。使老师由传统的授业解惑者变为引路导航者；使学生从填鸭式的教学中解放出来，变“以教师为中心”为“以学生为中心”。学生知识的获得是动中学、学中动的自然过程，既提高了学生的自觉性、主动性，

活跃了课堂气氛；同时也提高了学生的综合素质和灵活的思维方式及处理问题的能力。

2. 多媒体教学方式及多媒体仿头模教学系统的应用　自1998年开始，本教研室率先在口腔医学院采用了多媒体教学。多媒体幻灯能生动地演示龋病、牙髓根尖周病的进展和窝洞预备、根管预备、根管充填等的过程。1998年，本教研室率先在全国口腔医学院内使用多媒体仿头模教学系统，使学生直观地学习牙体牙髓病治疗的各种临床技术，为学生进入临床实习打下坚实的基础，取得了显著的效果。

3. PBL教学法及改良PBL教学法的应用　2001年，本教研室进行了教学方法的改革，采用了以问题为中心（problem based learning，PBL）的教学方法，除知名教授外，组织教研室近20名讲师职称以上教师进行PBL教学。该方法将学生分成小组，每组8人，每次同时有5～6位教师参加。主要通过讨论的形式，提高学生学习的主观能动性。大约60%的教学任务以PBL的方式进行，获得学生的一致好评。2004年，经过3年的PBL教学实践，本教研室将PBL教学法进行了改良，将每小组学生人数由8人减至6人，教师增加到6～8名，为学生创造出更多的发言机会。此外，每次讨论结束后由教师进行30分钟总结，提高了学习效率，达到更好的教学效果。

4. 开通网络课件制作及网上课程　自2004年起，本教研室开展了口腔医学院院内网牙体牙髓病学的教学工作。教师课件定期挂在口腔医学院院内网上，学生通过院内网进行预习和复习，增加了学习兴趣，提高了学习效率。

5. 研究与实践GBL（goal based learning）教学方法，改革学生临床见习　提倡早期接触临床，开展了牙体牙髓病学理论课程结合早期接触临床教学方法的探索。从2005年起，学院以5年制和7年制学生为教学对象，在进行专业理论课教学前，进入附属医院预见习。以临床问题为讨论核心，使学生了解牙体牙髓病科医师的临床工作性质和解除病人痛苦的迫切性。早期接触临床，使学生初步学会如何将基础理论应用到临床，同时培养了临床思维能力，取得了良好的教学效果。

6. 双语教学的应用　本教研室在牙体牙髓病学5年制本科教学中所应用的powerpoint电子教案的专有名词均配有相应的英文注释。教师在教学过程中需朗读英文注释，使同学重视专业外语的学习并掌握。7年制教学采用全英语powerpoint电子教案及讲授方式，辅以中文讲解，极大地提高了学生专业外语水平。

7. 定期举办讲课　每周定期举办小讲课一次，介绍牙体牙髓病学的新进展、新技术、新方法、新材料等，使学生紧跟学科发展的新潮流，把握学科发展的新动态。通过多种形式的读书报告和竞赛，使学生广泛接触各种专业期刊，学习文献检索方法，了解该领域的科研新动态，提高自主学习积极性。

8. 提倡早期接触科研　通过Summer's Student和业余科研小组的形式，利用暑期和业余时间，教师指导学生查阅资料、进入实验室参与科研课题并撰写论文。近五年，先后有10名教师带领学生100余人次开展了暑期科研，完成了10余篇学生暑期科研论文。通过此过程达到了开阔视野、启迪思维、发展个性、培养能力、提高综合素质的目的。

经过多年的努力，中山大学光华口腔医学院牙体牙髓病学科逐渐形成了强化临床前训练，实现教学技术现代化；以研促教，实现理论研究与实践教学一体化；引进教学新理念，实现课程体系国际化的课程特色。我们认识到，精品课程的建设不可能一步到位，只有不断创新和改进才能进一步完善牙体牙髓病学课程的立体化教材体系，提高教学质量，实现课程建设的信息化、系统化，并充分发挥网络化教学的优势。

中国高等口腔医学教育发展现状研究

教育部高等学校口腔医学专业教学指导委员会 周学东 吴婷

中国高等口腔医学教育是中国口腔医学教育的主流，肩负着口腔医学专业的高、精、专、深人才培养重担与人民口腔健康卫生工作者的供给任务。中国高等口腔医学教育发展的循序渐进，促使人才供给源源不断，同时也推动了口腔医学学科的发展。

一、中国高等口腔医学教育历程

口腔医学教育在培养口腔医学专业人才以解决口腔病患问题，产生新知识以引导和促进基础学科与应用学科的发展方面，具有独一无二的重要作用。中国高等口腔医学教育正是在这个过程中发展了自身，并且推动了人才培养进程。

（一）中国口腔医学学科的发展

中国现代高等口腔医学教育起源于华西协合大学。加拿大牙医学博士、医学教育家艾西理·渥华德·林则博士（Dr. Ashley W. Lindsay，1884—1968）开创了中国现代高等口腔医学教育。1907年，林则博士在四川成都创立仁济牙科诊所。1912年，建立中国第一个牙症医院。1917年，林则博士在华西协合大学创立中国第一个牙医学系。他认为牙医学是医学的重要组成部分，口腔疾病与全身疾病有重要联系。林则博士还开创性地扩展了研究范畴，引入了口腔颌面外科部分，发展牙医学教育为口腔医学教育。1928年，林则博士将华西牙症医院更名为华西协合大学口腔病院，林则博士任院长。1936年，林则博士建立了华西协合大学医牙学研究室，开展口腔医学领域基础与应用基础的研究。1942年，他将医牙学研究室扩建为华西协合大学口腔病研究室。1946年，创办《华大牙医学杂志》英文刊。至此，林则博士的口腔医学学科思想及医、教、研一体化教育模式已经诞生。口腔医学作为一门独立的医学学科，有独特的学科内涵和地位，并非普通的医学分支专业。他认为中国口腔医学教育培养的是通晓病人全身状态的复合型人才（combined personnel），而不是只关注于牙齿的“匠人”。

当口腔医学学科范畴进一步扩展的时候，沿袭英美教育模式的“牙医学”已经不能正确反映学科内容。林则博士开创的医、教、研一体化模式开始了中国现代高等口腔医学教育，使牙医学医疗、教学、研究的范围更加广泛，内容更加详细，将欧美那种单纯的牙医学范畴扩大为现代口腔医学的范畴，为培养高素质的口腔医师打下坚实的学科基础。1949年，毛燮均教授在《中国今后的牙医教育》一文中提出革新牙医教育。1950年6月，中华人民共和国教育部召开全国卫生工作会议，研究医学教育改革问题，会议将“牙医学”规范命名为“口腔医学”。

中国高等口腔医学教育完成了内容的升级与形式的过渡，成为有别于欧美、日本等发达国家的研究口腔医学教育现象及其规律的一门学问。毛燮均、陈华、席应忠、夏良才和宋儒耀等华西协合大学于20世纪30年代培养出的优秀毕业生，参照母校的培养目标与模式全面推动了中国高等口腔医学教育发展，成为中国口腔医学事业发展的精英和栋梁。半个世纪以来，中国高等口腔医学教育经历了诸多波折,最终通过厚实的基础支撑与积极的可持续发展,形成了具有中国特色的多中心的口腔医学教育群体,在全国范围内形成了多学制、多区域、多办学主体的格局与体系。

(二)中国口腔医学院校规模的发展

新中国成立 60 年来,中国进行高等口腔医学教育的院校经历了数量的扩张与质量的提升过程。新中国成立初期,全国只有 4 个口腔医学系,至 1984 年,全国高等医学院校中设置的口腔医学系已达到 23 个。截至 1984 年 5 月,全国已招生的 21 个口腔医学专业中,共有正、副教授及讲师 561 人,在校 5、6 年制本科学生 3 637 人,攻读博士及硕士学位研究生 128 人,新中国成立后的历届毕业生约 7 800 人。口腔医师从解放初期的 600 余人发展到 1984 年的 1 万余人,口腔医师总数占全国人口的比例还很低,个别省份竟低到 1∶27万。1996 年,全国 34 所高等医药院校中有 10 所建立了口腔医学院,24 所建立了口腔医学系。2007 年,全国约 180 所院校进行口腔医学专业人才培养。目前,中国口腔医师人口比已达到 1∶1万;口腔医师占全国医师总数的百分比从新中国成立初期的1.3 曲折上升到 3.6;每万人口中的口腔医师从新中国成立初期的 0.0 114 人上升到 0.389 人。通过新中国成立 60 年来的口腔医学教育的发展,中国口腔医学事业已能更多更好地满足中国人民的需要。

二、中国高等口腔医学教育现状和问题分析

中国高等口腔医学教育已经历了规模的扩张时期,口腔医学专业院校数量增长许多,并且培养机构不再单一。

(一)口腔专业培养院校的近况

根据教育部信息中心提供数据,至 2007 年,全国 180 所口腔专业人才培养院校除西藏地区空白外,共覆盖了 30 个省、自治区、直辖市。全国口腔医学院校分布以华东地区为集中地,累计达 32.8%;相对于东部地区来讲,西部口腔医学教育略显弱势,西部地区累计百分比仅 15.6%;两地院校数差距达一倍(表 1)。

表 1　2007 年中国口腔医学教育主体院校地区分布

项目	地　区							
	华东(北)	华东(南)	华中	东北	华北	华南	西北	西南
院校(所)	32	27	27	25	25	16	14	14
百分比	17.8	15.0	15.0	13.9	13.9	8.9	7.8	7.8

具体分析数据有如下特点:1)口腔专业培养院校在全国分布较广。七大地区均设有口腔医学院校,其中东部与北部为中国口腔医学教育集中地。2)西部口腔专业培养院校力量较弱。西北与西南地区各有 14 所院校,院校比例各占全国口腔培养院校总数的 7.8%,占较低比例。结合每 10 万人口中的口腔医师人数分析,院校分布较少的西部地区的该值最小,分别在云南省(0.95)、贵州省(1.39)及西藏(1.50)等;院校分布较多的东部及华北地区该值最大,分别在北京(15.85)、上海(11.08)、吉林(9.24)、天津(8.45)。

口腔专业培养院校的分布,直接关系本地区口腔医学卫生事业的发展。院校分布差异在一定程度上表现为本地口腔医学卫生事业发展的差异。因为口腔专业培养院校可以引导本地口腔卫生文化的发展,传播口腔卫生基本知识,带动口腔卫生预防与保健工作的开展,从而推动本地口腔医疗卫生事业的发展。西部地区的口腔专业培养院校很少,西藏地区甚至空白的状况反映出这些地区口腔医学教育事业对于卫生事业发展推动作用的缺失与不足。

（二）口腔专业培养的层次

根据教育部信息中心数据，考查 2005—2007 年口腔医学教育招生情况，其总数分别占同年医学招生的 3.75%、3.69%、3.68%；占同年普通高校招生的 0.29%、0.29%、0.27%，招生力度略显下降。这三年招生环节中，3 年制专科虽然处于逐渐退出的局面，但是招生总量还偏多，本科各项比例均不足 50%。

从办学层次来看，有如下调查结果：1）从招生情况来看，2007 年本科占本、专科招生比例处于近年高位，但招生比例尚不足 34%。2）从在校生人数来看，本科占本、专科比例在近三年呈现逐年单调递减，本科学生培养数量后劲不足。3）从毕业生情况来看，近三年本科占本、专科的百分比徘徊在 26% 左右没有突破，直接制约口腔医学专业高级人才的供给，限制需求。总的来说，无论哪个环节，本科比例明显低于专科比例，没有处于主导地位，将会导致口腔医师供给的紧缺，也会导致研究人员的选拔环节受到资源限制。

中国高等口腔医学教育，曾经有过 2、3、4、5、6 年制，还有新中国成立前的 7 年制和文革时期的 1 年制。通过优化、整合后，学制主要集中在 3、5、7、8 年制，进行专科、本科及研究生培养。中国高等口腔医学院校口腔专业人才培养以优秀高中毕业生为招生对象，通过全国高等学校入学考试后，择优录取。3 年制专科曾经是口腔专业人才培养的快速通道，5 年制本科培养则是目前专业人才培养的主体部分，7 年制学-硕连读是高层次人才培养的重要形式。经过规划与调整后，弱化了 3 年制的口腔类专科招生，重点发展 5 年制本科，在资质较好、配套完善的院校中实施了 7 年制本-硕培养，个别具有优秀文化底蕴、实施严格口腔医学基础训练以及能够促进学科创新发展的院校实施 8 年制本-硕-博教育。

（三）口腔医学专业培养资质的调查

2008 年，教育部高等学校口腔医学专业教学指导委员会对全国 179 所进行口腔专业培养的高等院校调查结果显示，进行本科及本科以上教育的院校有 94 所，占院校总数的 47.5%。这次调查的主要方面是对专业培养资质相关的师资与实验设备等。本次调查共收到回函 109 份，覆盖了全国 29 个省、市、自治区与直辖市。94 所进行本科以上层次培养的院校有 76 所回函，回函率为 80.85%。85 所单纯进行 3 年制专科培养的回函率偏低，仅 33 所。

中国口腔医学专业培养院校资源总量增长很大，其中教学实验室面积从 2005 年的 63 423 m^2 增长到 2007 年的 99 604 m^2，年增长率为 28.5%；实验教学设备固定资产总值从 2005 年的 24 778 万元上升到 2007 年的 35 246万元，年增长率为 21.1%；仿头模从 2005 年的2 740套上升到 2007 年的 3 913 套，年增长率为 21.4%。

口腔专业培养院校的各项资质在近年有很大提高，特别是教学实验室面积的增长很快。在资源总量增长的同时也出现了个量资源供给不足的现象。按照生师比小于 16∶1、师资项目本科大于或等于 30% 和专科大于或等于 15%、生均椅位大于或等于 1 作为合格线考查，中国口腔专业培养院校的生师比、师资、生均椅位数三项调查结果显示，57 所主要分布在北京、广东、上海及浙江等地的院校三项指标均合格，52 所主要分布在湖南、山东、吉林及湖北等地的院校不合格项共有 79 所次。三项指标都不合格的院校有 4 所，均为含专科层次培养；两项指标不合格的院校有 19 所，其中培养本科及以上层次的院校有 8 所，涉及专科培养层次的院校有 14 所，都集中在华中、华东（北）地区；另外一项指标不合格的院校有 29 所（表 2）。

三项调查项目出现的问题主要集中在专科层次，并且以新设置专业为主。通过以上调查可知，3 年制专科模式培养院校资质较弱，由于制度的缺失与监督的缺位，这些不具备完全资格的部分影响了口腔医学专业教育质量,成为人才质量提升的制约部分,并且失去了存在的时代意义。5年制本科模式培养院校资质较高,成为目前口腔医学人才培养主体;7、8年制模式培养院校的资质上乘,既是目前的前沿,也应该是未来发展的主流。

表2　2008年中国口腔医学专业培养院校资质调查不合格项地区分布表

项目	东北		华北		华东(北)		华东(南)		华南		华中		西北		西南	
	n	%	n	%	n	%	n	%	n	%	n	%	n	%	n	%
生均椅位	3	3.80	4	5.06	7	8.86	4	5.06	4	5.06	4	5.06	3	3.80	2	2.53
生师比	3	3.80	4	5.06	4	5.06	3	3.80	1	1.27	6	7.59	0	0.00	1	1.27
师资	3	3.80	4	5.06	5	6.33	0	0.00	2	2.53	8	10.13	2	2.53	2	2.53

三、措施与建议

中国高等口腔医学教育已经历了启蒙、成长时期,学科范畴得到扩展,学科名称得到确立,学科人才数量得到增长,社会口腔卫生需求得到较大满足。60余年来,口腔专业人才培养直接推动了中国口腔卫生事业的飞速发展。面对未来中国高等口腔医学教育的发展战略,可以从以下方面考虑:

(一)加强专业人才培养数量,满足区域需求

中国口腔医师人口比在近年有很大增长,但是从国际环境来看,仍然处于中下水平。一方面,中国的口腔医师人口比仅处于全世界的经济低收入组与下中等收入组国家之间。另一方面,区域条件的差异促使毕业生向自然、经济或者社会条件比较好的地方流动。中国高等口腔医学专业培养院校呈现出的区域差异反映在区域人才数量方面的差异更大。即使是西部院校培养的学生,很大部分也会将各级政治中心与经济中心作为就业首选地。此外,西部院校本身数量的欠缺与培养出的人才游走,使得西部口腔医学专业人才的缺乏成为无法短期改变的事实。因此,应该加大口腔医学专业人才培养数量。数量的增加以满足区域需求为主,提高西部地区的口腔卫生人才数量,改善中国口腔卫生人才结构和需求分布。

(二)以5年制教育为主体,适度发展长学制教育

5年制本科教育是培养中国口腔医学专业人才的基础。主要目标是培养适应社会主义现代化建设实际需要的德、智、体、美全面发展的从事临床口腔医疗、保健和预防工作的临床医学人才。大量专业临床医学人才的需求要求坚定5年制教育形式,而长学制教育(含7年制和8年制教育)则是在资源供给充实情况下的未来发展对象。学科发展离不开基础研究,对专、精临床应用型人才的需求也越来越大,长学制口腔基础研究人才与口腔临床研究人才培养都是一个国家口腔医学综合实力提升的重要元素。中国高中毕业后的长学制口腔医学教育与国外大学毕业后的4年制牙医学教育正好接轨,这样的博士水平,无论在学识还是学位上都具有较大通性,利于人才的国际交流,应该成为未来补充发展的对象。但是,这样的展望是有限制的,即要控制质量和学校的档次,在客观资源条件与主观培养意愿完整结合的前提下,才能真正保证5年制的培养质量与长学制的发展质量。

(三)引入评估制度,推动整体质量提升

按照教育部"以条件控制规模,以改革保障条件,科学发展,合理调控"的精神,对口腔医学教育办学院校进行专业评估审查,确保相应规模下的条件保障,必要条件之后的改革保障。第三方评估制度的建立,旨在通过非利益相关者作出合理评价,督促口腔医学教育质量的整体提升。从质量管理的角度来讲,这种制度的建立需要消除非常态的心理。即评估的目的不是通过找毛病、挑刺来否认客观现实,而是通过寻找优势、长处来巩固与

提高。评估结束后，通过改革可以保障基本条件或资质有盈余的继续办学或者升级，并且要发挥人的最大主观能动性，保证规模最大化，从而利于规模效益的产生。而通过改革也不能达到要求的院校，由于条件限制，无法进行科学发展，有必要引出退出机制。使全国口腔医学教育整体质量得到提升。

口腔再生医学的发展与展望

第四军医大学口腔医学院 金岩

再生(regeneration)是指生物体的整体或器官因创伤而发生部分丢失，在剩余部分的基础上又生长出与丢失部分在形态和功能上相同的结构。简而言之，即机体的一部分在损坏、脱落或被截除之后能够重新生成的过程。20 世纪末，随着生物学的分子革命和干细胞再生潜力的发现，再生医学(regenerative medicine)应运而生，它是通过研究机体的正常组织特征与功能、创伤修复与再生机制及干细胞分化机制，寻找出有效的生物治疗方法，促进机体自我修复与再生，或构建新的组织与器官，以改善或恢复损伤组织和器官的功能的科学，集中用于解决人体组织器官再生、形态修复以及功能重建的关键科学问题及临床治疗问题。再生医学是一门内涵十分丰富的边缘学科，它综合了生物材料学、细胞生物学、发育生物学、分子生物学、生物工程学、临床医学、组织工程、细胞和细胞因子治疗、基因治疗、微生态治疗等多学科的优势。

口腔再生医学(oral regenerative medicine)是近十年来发展起来的一门新兴学科，是将再生医学的基本理论和方法引入口腔医学领域，以研究口腔颌面部各种组织器官的正常组织特征与功能、发育与疾病发生机制以及创伤修复和再生机制，以此促进机体自我修复与再生，或构建新的组织与器官，以改善或恢复病损口腔组织和器官的结构及功能。口腔再生医学作为再生医学的分支，随着再生医学领域不断发展，使得牙与其他口腔器官的再生逐渐接近现实。作为一门交叉学科，随着口腔发育生物学、细胞生物学、分子生物学、遗传学等学科的迅猛发展以及干细胞和组织工程技术在现代口腔医学基础及临床的应用，已取得令人瞩目的突破和发展，特别是在有关口腔器官发生发育相关的基因调控、器官形态发生中的细胞相互作用与分化、口腔发育再生相关干细胞的发现等研究进展以及组织工程技术在口腔医学领域的应用等，已呈现出良好的发展前景。

一、口腔再生医学研究现状

20 世纪 70 年代开始，随着组织工程、基因工程、克隆技术和干细胞生物学等的发展，使得学科间发展互相促进，推动着再生医学的高速前进。特别是干细胞技术在探索再生医学新方法的基础研究方面取得了令人瞩目的发展，为再生医学开辟了一块崭新的空间。口腔再生医学的运用为大量牙缺失、颌面缺损畸形患者的治疗提供了不同于常规疗法的全新治疗手段。牙再生生物学、牙发育学和近十年来干细胞尤其是成体干细胞生物学研究飞速发展，极大地推动了牙再生研究。2004 年第 7 期《牙科学研究杂志》(美国)主编史密斯教授认为牙再生研究为再生修复缺牙创造美好前景，尽管目前还存在许多困难，但这项研究已经成为基础研究向临床应用转化的典范。同时，有研究机构预测，在未来的数十年内，利用再生医学实现牙再生将成为现实。

在口腔再生医学领域,我国口腔医学学者紧跟世界步伐,无论是研究开展时间、研究内容,还是研究成果都保持与世界同步,并在某些领域形成自身优势。目前已形成以第四军医大学组织工程研发中心、口腔疾病研究国家重点实验室、组织工程国家工程研究中心、首都医科大学牙再生实验室等为核心的口腔再生医学研究学术团队,先后承担国家"863"计划重大专项、"973"计划重大专项、国家自然科学基金等多项相关的国家科研计划,通过不懈的努力和探索,使我国的口腔再生医学保持世界先进水平。

二、口腔再生医学研究进展

(一)干细胞在口腔医学领域的研究

干细胞是组织再生的源泉和基础,根据分化能力可分为胚胎干细胞(embryonic stell cell,ESC,简称ES)和成体干细胞。有研究报道,在口腔医学领域,胚胎干细胞可以对牙源性上皮来源的诱导因子产生应答,显示出牙源性基因的表达。笔者的研究表明,小鼠胚胎面突外胚间充质干细胞(EMSC)可以被诱导分化为平滑肌细胞、神经胶质细胞、成骨细胞、成牙本质细胞、内皮细胞等终末分化细胞,与牙源性上皮细胞复合后,在体内可发育成典型的牙胚样结构。尽管胚胎干细胞具有很大的可塑性,但由于其来源涉及伦理学和法律问题,因此多数研究均取自患者或其亲属成体干细胞以进行干细胞治疗。2006年8月,Takahashi和Yamanaka报道可以通过转导*Oct-3/4*、*Sox-2*、*c-myc*和*Klf*四个基因从成体和胚胎源性细胞中得到诱导多能干细胞(induction of pluripotent stem,iPS),使iPS被广泛认为是一种符合伦理和有效的胚胎干细胞替代细胞。iPS的发现将能有力推动干细胞研究,在口腔再生医学领域也开始了相关尝试。近年来,各种出生后牙干细胞因为其明显的自我更新和多向分化能力相继从牙及牙周组织中被成功分离培养,例如牙髓干细胞(dental pulp stem cell,DPSC)、牙周膜干细胞(periodontal ligament stem cell,PDLSC)、根尖牙乳头干细胞(stem cell from apical papilla,SCAP)、脱落乳牙间充质干细胞(stem cell from human exfoliated deciduous tooth,SHED)等。实验表明,SCAP、SHED、PDLSC、根尖蕾干细胞(apical bud stem cell,ABSC)、骨髓源性干细胞(bone marrow-derived stem cell,BMSC)、根尖乳头间充质干细胞(dentalpapillamesenehymal,DPMC)、DPSC等都具备形成牙体及牙周组织的潜能。因此,出生后的牙源性和非牙源性的干细胞都可以作为牙再生比较理想的候选细胞。

随着对干细胞性质研究的深入,研究人员逐渐认识到:干细胞的行为,特别是自我更新和分化的平衡,不是单纯由干细胞自身决定的,而最终是由其内在因素和周围微环境外在影响共同作用控制的,称为干细胞龛。龛内释放的信号能够调节干细胞自我更新、存活和保存;干细胞和支持细胞之间的特殊空间关系可以使干细胞产生极性,促使干细胞的不对称分裂;干细胞与支持细胞和/或细胞外基质的黏附将干细胞固定在龛内,使其与自我更新和生存信号保持紧密相关性。

(二)牙再生

由于牙的结构复杂、发育时间长以及与周围组织的关系密切,需要有重大突破才能够真正实现全牙的再生。也正因为这些因素,对于牙再生的研究有不同的策略。

生物牙(bio-tooth)是指能够精确再生并重新整合至牙缺失患者颌骨内的一类生物性牙。它能够发挥天然牙的所有功能,包括一定的再生能力和对损伤反应,将是未来治疗牙缺失的最佳选择。目前已经研究出多种不同的制造生物牙的方法,这些方法代表了生物牙构建的不同理念和方向,具有各自的优缺点,但要构成真正意义上的生物牙还需要进一步研究。

1. 传统重组实验(recombination experiments)　此实验用来评估不同器官内细胞分化和组织再生必须进行的上皮-间充质反应,包括组织和组织、细胞和组织以及细胞和细胞重组重建生物牙。因为人类胚胎阶段的细胞/组织来源十分有限,而且从潜在的间充质成分中完全分离胚胎口腔/牙上皮十分困难,所以利用出生后细胞/组织进行重组实验对于临床牙再生来说更为重要。

2. 支架为基础的牙工程(scaffold-based tooth engineering)　即利用合适的支架材料构建组织工程牙。例如:聚合物支架、聚乙醇酸纤维网或其他可降解支架,羟磷灰石/磷酸三钙(HA/TCP)粉末。目前对于支架材料的要求也不再仅仅限于可降解和提供外形及支撑,未来的挑战包括掺入活性分子(生长因子、DNA质粒、血管形成因子、药物)、表面功能化和三维支架构建。水凝胶、自我组装分子(molecular self-assembly)等新的支架材料的应用将大大促进生物牙构建的发展。

3. 细胞团或细胞聚合体工程(cell pellet engineering)　这是一种不需要支架材料,直接使细胞形成聚合体后用于体内或体外构建三维的组织结构。

4. 嵌合体牙组织工程(chimeric tooth engineering)　Nakao等通过分别将来自于正常和GFP转基因小鼠的上皮和间充质细胞合成嵌合体生物工程牙胚。笔者的研究团队以前的研究也证明,从相似发育阶段的多个切牙牙胚来源的分离牙乳头细胞可以在牙上皮成分缺失的情况下形成牙本质-牙髓复合物。嵌合体牙的实现将能解决生物牙细胞来源和取材的困难,为研究成果的商品化提供可能。

5. 基因操纵牙再生(gene-manipulated tooth regeneration)　将牙再生技术与基因治疗相结合,在体内或体外基因操控牙形成,即利用基因转移技术来促进生物牙的制作。

(三)牙周再生

牙周组织再生是组织形成和生长的关键,包括细胞迁移、增殖或凋亡、分化、诱导或抑制作用和牙周组织的模式或形态发生。牙周组织再生需要有适当数量能够形成新的杂合牙周组织的反应性祖细胞或干细胞;有合适的细胞外基质和载体结构以作为支持细胞的支架和合适的信号调节水平及程序以引导细胞形成牙周的多种组织类型。实验表明牙周膜来源的细胞(例如PDL细胞)是细胞疗法和组织工程牙周再生理想的候选细胞。支架一般采用多孔的、可降解的天然材料构成,如胶原、纤维素或合成聚合物(聚乙交质、聚乳酸化合物和共聚乙交质),探索包括水凝胶(hydrogel)及具备释放生长因子能力的支架在内的未来三维支架。随着细胞生物学和组织工程技术的研究不断深入,科学家们已经开始利用组织工程技术修复大面积牙周缺损,而使患牙摆脱拔除的命运。将拔除的牙经处理后,利用种子细胞的特定生物学功能以及各种生长因子特定诱导功能在体外进行牙周组织初级结构重建,再植入体内以达到治疗牙周组织大面积缺损的目的,可望在牙周病的治疗上取得实质性突破。

(四)颌面部骨及软骨组织再生

口腔颌面骨和软骨组织工程及骨组织工程有相似性。骨组织工程研究中的理论和成果可以应用于口腔颌面部骨的修复中。口腔颌面骨和软骨组织工程运用了骨组织工程的基本理论和方法,包括骨诱导支架、骨诱导和血管化的生长因子以及具有成骨潜力的细胞。但口腔颌面骨和软骨组织工程又具备自身特点,其修复过程中至少有一种关键的细胞成分(颅成骨细胞)在细胞分化中展示出多种特性。在下颌髁突的研究中,软骨的修复质量明显提高,为颞下颌关节病变的治疗带来了希望和转机。国内外均有学者利用软骨细胞移植修复实验家兔的髁突软骨损伤,将异体培养的软骨细胞与胶原膜载体复合后植入实验软骨损伤区,与单纯胶原膜植入进行对照。结果表明,软骨细胞植入区能够形成类似正常关节软骨的结构,使髁突软骨缺损得以修复。有研究报道,利用一种间充质干细胞来源的软骨层和骨层结合,可以得到具有人体颞下颌关节形状和尺寸的组织工程化下颌髁突。一些研究团队已开始利用成像技术或计算机辅助设计(CAD)手段设计出具备解剖形状的人工三维支架,然后通过固体自由成型构造技术(solid free-form fabrication, SFF)来直接或间接地制作出三维支架,以进行功能性下颌髁突和其他口腔颌面结构再造。

在干细胞研究方面,多种干细胞已从口腔颌面组织内分离出,并不断纯化后用于口腔颌面结构的组织工程,通过和生长因子、生物材料的共同作用,得到组织工程的口腔颌面骨。其中,脂肪来源干细胞(AMC)已成功地从脂肪抽取物中获得并扩增培养,被看做是治疗颅盖缺损细胞治疗的可行来源。治疗颅骨缺损的重要进展还包括各种生长因子的运用,特别是血管内皮生长因子(VEGF)、BMP2、BMP3 和 BMP7。细胞移植和基因治疗相结合以及微血管构建的进展与血管形成因子作用的研究,都为口腔颌面骨及软骨组织工程的临床应用带来希望。

(五)唾液腺再生

唾液腺组织工程处于起步阶段。现在认为可能的细胞来源是唾液腺的祖细胞或干细胞和来自其他组织的多能干细胞。早在 1974 年,Brown 就开始了培养唾液腺上皮细胞的先驱工作。在早期,一种被称为人颌下腺永生化细胞系(HSG 细胞)的人唾液细胞系曾被使用。由于唾液腺上皮细胞为高度分化的组织细胞,体外培养增殖受限,很难满足组织工程对种子细胞的需要。随着人们对干细胞增殖和分化过程、机制的认识及研究的不断深入,干细胞可能会在唾液腺组织工程方面有较大的应用前景。至今,在干细胞研究方面取得的成果是在成人唾液腺中发现了多能性干细胞群,在新生小鼠中和成熟大鼠中发现了可增殖、多能性的干细胞或祖细胞。胚胎干细胞由于其具有多向分化潜能,理论上应能诱导分化为腺泡上皮细胞。成体干细胞,如骨髓基质干细胞和脂肪基质干细胞等,都具有长期无限增殖及向多种组织细胞分化的能力。例如,骨髓基质干细胞可以经化学试剂、生长因子或植入体内的方法诱导分化成心肌细胞。Lin 等利用双腔非接触共培养系统将鼠骨髓基质干细胞与自体腮腺腺泡细胞共同培养,发现骨髓基质干细胞可以转化为腺泡样细胞(表达 α-淀粉酶),转化率最高可达 50%。显示鼠骨髓基质干细胞可以转化为腺泡样细胞,初步展现了干细胞作为“无限种子细胞库”的应用前景。有研究报道,发现间充质干细胞在放射损伤模型中对唾液腺有再生的潜力。此外,最近的一项研究表明,SGIE 移植细胞可能是未来唾液腺组织工程的合适的候选细胞。

如果能够获得唾液腺干细胞或祖细胞,或者更具潜能的干细胞能从骨髓中分离出来,则利用组织特异性细胞或骨髓来源干细胞以恢复损伤的唾液腺细胞,将为未来提供一条可行的新的治疗方法。然而,值得注意的是,不仅干细胞,已分化细胞,包括基底细胞、肌上皮细胞和纹管及分泌管细胞、成熟腺泡细胞、闰管细胞和肌上皮细胞也可能在唾液腺组织再生中发挥重要作用。唾液腺组织工程的另一个要素是合适的支架材料。迄今为止,采用的都是培养的唾液腺上皮细胞和可降解材料的简单结合,采用人工合成的高分子可降解材料主要有聚 L-乳酸(PLLA)、聚乙醇酸(PGA)或 PGA/PLLA、壳聚糖和聚(乙二醇)对苯二酸盐(PEFT)/聚丁烯对苯二酸盐(PBT)。为了促进细胞在支架材料上黏附、生长,常需要在支架材料上覆以衬里材料,如:FN(纤维粘连素)、LN(层粘连素)、I 型胶原、明胶和基质胶(Matrigel)等。也有研究者选用 PEGT(ploly-ethylene-glycol,聚乙烯乙二醇)/PBT(ploly-butylene-terephthalate,聚丁烯二苯酸酯)共聚物(70% PEGT 加 30% PBT)应用快速成型技术构建三维立体管道支架。在诱导条件方面,研究表明成纤维细胞生长因子和表皮生长因子都具有促进细胞增殖的作用。虽然已有报道结果对于使用培养的唾液腺细胞和可降解支架来构造人工唾液腺的最初尝试证明了唾液腺组织工程的潜力,而另一种细胞移植方法也开始在唾液腺组织工程中进行尝试。但是唾液腺组织工程仍面临着大量的难题以待未来的研究解决。目前唾液腺再生仍处于起步阶段,其瓶颈及关键问题在于种子细胞。种子细胞的来源、提取、分离及培养,细胞在支架材料上的迁移、附着及分化过程都需要深入研究。能否将干细胞诱导分化为腺泡细胞,能否在唾液腺组织中分离提取到干细胞,从而解决种子细胞的来源问题,都有待深入研究。

三、口腔再生医学研究展望

口腔再生医学与干细胞研究是目前研究热点,21 世纪是基因治疗时代,是再生医学时代。随着干细胞基础与临床研究的深入,干细胞将在再生医学中有着广泛的应用前景。由于组织工程解决了组织器官移植的供体有限问题,且可采用自体组织细胞体外扩增技术为医疗个体化提供条件,因此其大有前途和希望。口腔颌面部组织工程遵循组织工程学一般的研究原则和方法,而颌面部对美观和功能的要求更高,面临的难题和未知数就更多,更需要付出长期艰苦不懈的努力。在进行再生医疗过程中,我们必须遵循科学性、安全性、伦理性、社会性、公开性。随着再生生物学、发育生物学、比较生物学、细胞生物学、分子生物学、免疫学、遗传学、基因及蛋白组学、药物学及材料学领域研究的深入,为再生医学领域带来希望。新观念、新发现和新技术手段的不断出现,多学科协同攻关和交叉融合,为再生医学创造出美好未来。但是,在再生医学的探索中,我们仍然面临着大量艰巨而困难的挑战。迄今不明确生物是如何由受精卵发育成多细胞生物的过程,什么因素控制着器官的再生,而对于再生系统的分子机制还缺乏更深层次的了解,还有许多问题未完全解决,各方面的阻碍使得真正意义上的再生还没有实现。

口腔再生医学中,尚有许多需要研究的科学问题,包括分离最理想的种子细胞,自体细胞的简易培养、扩增,使短时间内获得足够数量种子细胞并且成本低;最适合的生物材料的选择以及三维环境内扩增细胞的可行方法。如何控制再生器官组织的形状和大小,如何利用基因调控器官再生,如何通过空间和时间依赖性的方法来传递各种因子,如何创造干细胞再生的合适微环境,如何使生物牙在颌骨内发生并正常萌出,这些都是需要深入研究的问题。尽管如此,近 10 年来口腔再生医学高速发展所取得的成绩仍然使我们对未来充满了信心。采用干细胞工程及组织工程学技术对干细胞进行体外扩增或诱导,使之成为所需要的细胞类型,形成组织工程化牙髓、牙周组织、牙齿及骨组织,应用于颅面部牙缺失、颌骨缺损或神经、血管和肌肉等的再生修复治疗,特别是对生物牙的构造研究,在未来的数十年内将很可能为口腔医学带来惊喜,创造出一种完全不同于传统临床方法的再生治疗手段,为无数的缺牙患者带来福音。有学者预言,今后一段时间内,生物技术产业将会产生 5 000 亿美元的市场价值。因此,加强再生医学研究,努力推动再生医学产业,必将为临床医师提供更多、更好的医疗技术及产品,为广大伤病员服务,同时也会促进经济的发展。

口腔种植学研究现状与展望

四川大学华西口腔医学院　刘福祥

一、口腔种植面临的基本问题

以钛基种植体与牙槽骨形成机械锁结式骨性愈合的骨整合种植体系成为当前临床的主流种植技术系统，并在相当大程度上为临床医师、患者所接受。对于单纯牙缺失、牙缺失伴有轻度骨及软组织缺失的患者能得到满意的修复效果，并长期行使咀嚼功能。对于牙缺失伴有严重骨及软组织缺失的患者，通过适当的骨增量手术，拟或使种植体进入颌骨体内，或越过上颌向颧骨内寻找可以包埋种植体的骨空间，使之稳定，从而获得骨结合而承受咀嚼力，亦可获得有限成功。

这揭示了骨整合种植体系成功的一个重要前提条件，必须有足够的有效骨量(质)容纳种植体才能使种植牙成功。事实上，牙缺失与骨缺损是同时出现的。对于多数牙缺失伴有骨缺失及软组织缺失、长期失牙和年龄偏高的患者，不仅骨量损失严重，骨质也明显改变。Ⅲ、Ⅳ类骨质的比例大幅增加，上颌窦气化加剧，窦底向𬌗方移动，下齿槽神经管因牙槽嵴吸收而向𬌗方抬升，导致骨容纳种植体的窦嵴距和管嵴距减少，容纳种植体的能力大幅度下降。面对这类患者要么放弃在后牙区的种植努力，要么通过损伤较大的上颌窦外提升和下牙槽嵴植骨、下牙槽神经移位术，在颌骨体内获得容纳种植体的骨空间，甚至直接越过上颌窦将长达 6 cm 的种植体直接植入颧骨体。

这类手术可能因为年龄与身体条件而不能实施，即或实施后，也将暴露一个严重问题，即因牙槽嵴的实际丧失，虽然种植体可将咬合力直接传入颌骨行使咀嚼功能，但因缺失牙槽嵴得不到重建导致了一系列附加的修复难题：

1. 冠根比例倒置使人工牙不能承受较大的侧向力。这要求种植体植入骨内的长度和直径较大，埋得更深，才能减少冠根比例倒置的问题。

2. 冠根比例失调使种植牙上部结构体量变大，因为要用修复体重建人工牙槽嵴，过重的上部结构成为加速种植体周围骨吸收的潜在危险因素。

3. 在美学上，这种种植条件下的牙槽嵴重建成为一个问题，以全口义齿义龈方式修复重建的人工牙槽嵴，除了影响口腔卫生以外，形成了严重骨缺失患者的第一个重要问题，即“牙龈不能看”，患者较大张口时，暴露的是“高架桥式的种植体结构”。

而那种以前牙区杆卡、球帽方式制作的覆盖义齿，虽然可以在义齿固位上获得改善，并不能增强磨牙区的咀嚼负重、改善咀嚼功能。并且杆卡式或球帽式固位体设计并不符合生物力学原则——以杆卡为绞结点形成了一个远中的绞支悬臂，主承载区没有种植体的支撑，从而对杆卡以下的种植体形成较大的力矩，有可能促进骨吸收，甚至导致种植体松动义齿失败。

大体量的义龈和牙槽人工修复体，不仅不利于改善口腔修复体的美观，而且向𬌗方抬高的修复体重心，使义齿的冠根比例恶化，加重种植体与骨的界面负担，这使得种植体需要更大的埋入体量，以满足义齿承受咀嚼力时最低限度的骨整合需求。该种植体系对可容纳种植体的牙槽骨质(量)有一个最低需求阈限,超出该阈限,即不能依靠种植体直接向颌骨传达𬌗力,意味着不能实施种植修复。此时植入的种植体,更多地承担义齿固位的作用。

对于骨缺失严重的患者,如果不解决后牙区的窦嵴距和管嵴距过小的问题(例如实施上颌窦提升、下齿槽神经移位术),能够为种植体提供骨空间的只有双侧上颌窦前壁之前和双侧颏孔之前的区域,大体上在$\frac{4+4}{4+4}$的区域,少数患者可达$\frac{5+5}{5+5}$区域。临床上表现为要么是由前牙区种植体提供固位作用的覆盖总义齿,要么是只有前牙种植固定修复、没有后牙的看上去很美的状态。即患者大张口时,只看见有前牙(义齿)没有后牙的第二个不能看——严重骨缺损种植患者的"后牙不能看"。虽然 Brånemake 提出了用颧骨内种植体解决上颌后牙区的种植难题,对于不能接受上颌窦外提升术的患者,颧骨内种植同样不易实施。同时,不解决下颌后牙区管嵴距过小的问题,没有下颌后牙的种植修复,单独的颧骨内种植没有更切实际的临床意义。

通过对容纳种植体的骨体的处理方式,种植技术的发展可以大致分为两个阶段:初期很少做骨增量手术,只在可容纳种植体的已有骨体空间进行种植。为此,早期需要为各种有限骨空间研制相应形状的种植体,如叶片状、锚状、短小种植体等。就此意义而言,颧骨内种植体也是为特定骨空间研制的专用种植体。当早期种植体演变为目前以螺旋植入方式为主的种植体时,种植体的直径和长度构成了种植体骨结合界面面积的重要参数,这要求容纳种植体的骨空间要有一定的体量。对于骨结合种植系统,骨量和骨质是种植牙成功的先决条件。

对中度以上骨缺失的患者,大多先实施骨增量手术,为种植体植入创造足够的骨空间。牙槽骨的吸收趋势是高度降低、宽度变窄、骨质变疏松,使用现有技术方法,增加牙槽骨宽度似乎容易一些,但增加高度比较困难,骨质密度的改善也是比较困难的。虽然通过 Onlay 方式整块植骨可以有效增加牙槽嵴高度,但大幅度增加牙槽嵴高度、宽度受到三个限制:1)第二术区的开劈和骨源受限;2)受植区软组织不足导致植骨区覆盖不良;3)植入的骨块易吸收且有一定的坏死率。另外的潜在限制是,需要大量植骨的患者其身体条件及心理承受力常常难于接受这类手术。因此,现行的骨增量手术解决骨缺失问题的能力是有限的。

问题出在这类种植系统的适应证选择上,该系统的最佳适应证范围是单纯牙缺失、骨及软组织保存较好的牙种植,而将其扩大应用到解决严重骨、软组织缺失问题的领域,这类种植系统的问题就凸显出来了。

二、种植系统的发展及其影响因素

目前临床使用的骨内种植体基于 Brånemark 教授提出的骨整合(osseointegration)理论发展而来,已经有了越来越明显的共有特征:1)有长度的旋转体,以圆柱体、圆锥体、锥台圆台等组合而成,2)表面有螺纹,3)接近植体顶端有自攻丝作用的刃口,兼具止旋功能,4)二段式结构,上部结构与体部采用螺栓或紧配合联接,5)植体表面采用粗化、纯化或生物活性化处理(大多数种植体采用粗化与纯化表面处理)。这些技术特征反映了相对于早期种植体的一些重要进展,但离更适合生物体的需求还有一定差距。

(一)钛基种植体

虽然纯钛材料以其良好的生物惰性可以在机体内长期存留并与骨产生机械锁结式骨整合,形成骨整合式骨内种植体的技术基础,但因其相对骨组织较高的弹性模量,使得二者间的弹性模量不匹配,解决这一问题的办法是在二者间增加一个缓冲层——牙周膜。

种植体-骨界面之间没有牙周膜样的缓冲结构，大多数失败脱落的种植体不是因为自身结构的力学破坏，而表现为种植体-骨界面的骨破坏，提示种植体的高弹性模量有可能是导致种植牙失败的一个潜在因素，这应该引起种植体设计者的思考。近期的生物仿真技术解决这一问题仍有较大难度。解决这一问题目前有两个途径：1）设计新的植体结构，降低高弹模量钛对骨的影响；2）寻找与骨弹性模量相近的新型材料。

（二）旋转体外形种植体

旋转体这种结构毋宁说是为了加工方便而不得已的选择。因为在机体内找不到这种结构（除了在活动的关节上可以见到球面结构），其原因在于这种结构抵抗沿径向扭转力矩的能力最差，容易旋转，造成种植体-骨结合破坏、种植体松动脱落。这种结构不易在骨的有限空间内使种植体的表面积最大以提供最大结合力。不过这类种植体适合于旋转纵切加工，在骨内制备种植床也是容易的。可以高效生产高精度种植体和以最小组织损伤制备高精度种植床，提高骨结合率。螺纹是人类发明的一种简捷高效的联结方式，以旋转推进方式植入有螺纹的种植体，能使种植体获得足够的初期稳定性，并具有较高的椅旁工作效率。

这种方便性挤占了机体对种植体力学相容性优化形态的要求。在津津乐道这种结构优势的时候，不应忘记这种结构先天的性能缺陷，特别是种植体要长期存留在口腔内行使咀嚼功能，这种缺陷经时间放大，其后果是可观的。

（三）二段式结构

二段式结构是为解决标准化的种植体与个性化的骨及随意性的种植体植入之间产生的位置误差的一个折中办法。大多数种植系统采用这种结构表明这一解决方案的有效性：首先旋转植入的种植体和沿长轴方向戴入的牙冠必须由一个联接装置来匹配；其次多个种植体联冠必须的共同戴入道与随意植入的多个种植体之间的不共轴问题亦应由该结构逐一协调；最后在牙冠长轴与植体长轴之间的角度亦可由该结构实现。该结构的脆弱联接在大咀嚼力下的破坏，可以中断咀嚼力对种植体骨界面的应力损伤，从而实现保护种植体的设计意图，在这种意义上二段式设计可以被看做是一种保护性设计。

二段式联接体至少应具备五种能力：1）防止基桩相对种植体体部旋转，2）防止基桩三向移位，3）在长轴向可置入并脱出，4）有一定的结合强度，5）耐疲劳失效，可长期行使功能。实现这些目标的联接结构设计和加工制造有较高的难度，也成为评价种植系统品质的一个重要技术指标。

是否可以取消二段式结构，采用更简单直接的一段式结构呢？目标是显而易见的，一段式设计因为摈弃了这一复杂环节，大幅度提高种植体的可靠性，降低种植体的制作成本、临床工作时间和操作难度，但随之而来需要解决的问题：

1. 采用在长轴方向插入式植入植体，需要解决插入式种植体的初期稳定性，种植体与植入床的高精度配合，患者骨与种植牙高精度配合以及手术植入精度等一系列问题。

2. 种植体与牙冠一体化个性化的设计与制作问题，以及非工业化、非标准化的高成本问题。

3. 解决一段式设计中大咀嚼力对种植体破坏的应力中断、保护及时间效应问题。这样才能使一段式种植体在临床得到较广泛的应用。

（四）种植体表面处理

在机械锁结骨整合和种植体结构确定的前提下，钛基种植体的表面处理变成了改进种植体性能的另一个重要手段，通过增加种植体微表面积以增加骨结合界面表面积和通过改变界面结合性质而增加结合强度是两个主要的发展方向。改变种植体钛表面与骨的机械锁结结合方式为化学结合或生物结合意味着已经突破了 Brånemark 种植体系的基本含义，成为一个改良的种植技术系统，并将影响种植系统的设计、制造、植入理念及技术方法。化学结合方式的出现依赖材料学的改进，生物学结合方式则涉及更广阔的领域。毋庸置疑，这些未来的结合方式应该能经受住时间考验。化学结合方式有可能生成稳定的结合结构，并沿时间等效。生物结合方式则面临着与骨更新、同步的能量、信息与物质交换，事实上更接近一个生命过程，这种外部材料与机体的全新界面尚缺乏大量的科学研究支撑。

如果将 Brånemark 无意中发现的钛材料在骨中形成牢固嵌合支持并传导外力的结构，通过增加微表面积从而增加总面积以提高结合强度，这似乎是一条简单有效的改良途径，这就是目前为什么大多数种植体采用粗化表面的原因。

三、口腔种植技术的发展预见

未来的口腔种植技术如何发展，其影响发展的因素众多，因此有较强的不确定性。但一些较为明显的确定性因素给我们很多重要的提示。

（一）口腔种植应向解决牙颌系统重建方向发展

口腔种植只是一个特定技术条件下的技术系统，自身技术发展不能支撑它的存在，只能在强烈临床需求的推动下不断完善、更新。恒牙颌建颌以后，由各种疾病、外伤、感染、肿瘤等造成的咀嚼系统的缺损缺失，对修复与重建的需求是强烈、持久而广泛的。

从上述讨论可见：典型的 Brånemark 种植系统的最佳应用范围是单纯性失牙的修复重建，结合骨与软组织的增量与整复技术，可用解决失牙伴随轻度骨及软组织缺损的修复重建问题，可以解决部分伴随中度骨缺失的咀嚼器官重建问题。在不考虑手术损伤与美学修复的前提下，可以较复杂的手术操作部分恢复与重建咀嚼功能。

因此，口腔种植学发展的下一个重要方向是以较低手术损伤和手术复杂程度，解决中、重度骨、软组织缺失的牙颌系统重建问题。一个理想的前景是能够为患者定制个性化的缺失的颌骨、牙槽骨、种植牙及软组织一体化的人工器官，并且这种人工器官最终可以与机体相容为一体，为患者提供美容、咀嚼与语言功能重建。需要解决的主要问题包括器官本体与机体界面、时效及微创伤低风险手术植入、康复应用与时效等重大科学、工程与医学问题。相信在实现牙再生之前，这一代新型综合性人工咀嚼器官，将成为牙颌系统重建的主流技术。

（二）Brånemark 种植系统有较大的改良空间

虽然 Brånemark 种植技术系统取得了较大的实际效果，但在易用性、可靠性、复杂口腔环境适应性方面仍需要较大的性能提升和改进，以获得更好的临床效果。Brånemark 种植技术系统核心的技术支撑点是钛基种植体机械锁结式的骨整合界面，并在加工、植入、修复等外界条件限制下形成了目前的主流形态。

在满足骨整合条件的前提下，可以对种植体表面、形态结构、联接结构、植入方式、修复方式、低骨量与微创手术、手术器械等诸多方面加以改进；对种植床制备方式、刺激调控骨生长与软组织生长、改善生物封闭区设计、新型骨增量用人工骨材料研制与改进、新型骨增量手术等多方面改进以提高该种植体系的性能，扩大临床适用范围，提升该技术系统解决伴随中、重度骨缺损患者牙颌系统重建问题的能力。

（三）临床诊断和植入修复技术系统的改进及发展

从种植体到种植牙，主要依靠临床技术系统实现。包括临床检查诊断、植入与修复设计、手术植入与修复、应用维护保健的全部临床过程。这一过程是将种植体、牙冠修复体与患者牙周支持组织整合成一个新的咀嚼单元，重要的是利用一切临床条件发挥种植体的优势，规避种植体的技术缺陷，优化设计制作种植牙及其有效的种植体牙周支持结构。

临床过程是种植的二次设计与制作过程。虽然现代制造技术可以制作出临床能够想象到的任何空间形状与结构，但是若以较低的手术损伤，将人造器官非常吻合地植入机体，则需要进一步发展临床技术方法、设备与技术规范。

例如，广泛采用 CT 技术进行诊断设计，采用逆向工程技术及导航技术提高手术制备植入床的精度，降低风险；采用除旋转切削以外的多种骨切削技术制备植入床，发展多方向与多方式种植体植入技术，用外源材料解决软组织不足，发展植入体、牙冠、冠桥联合体预成技术减少椅旁操作与复诊时间，发展微创种植技术、盲种技术，发展轻质高强度修复材料与牙冠制作技术，发展清洁种植手术方法而不需要严格的无菌操作环境与技术，发展长效的抑、抗菌修复体材料，发展口腔菌群的调控技术以利于种植牙在口内长期存留及行使功能，发展简捷易行的手术植入技术，以解决在更广阔的范围内面向大众开展种植修复的问题。

牙种植技术发展到今天，主要沿着钛—骨整合—骨增量单一的技术路线不断吸收新技术，不断改进而发展形成当前主流的种植技术系统，这一种植技术系统虽然在很大程度上解决了牙缺失的种植修复重建，但面对牙、骨、软组织联合缺损缺失重建的临床基本需求，除了继续改进 Brånemark 种植技术系统，更大范围地适应临床需求。新的牙、牙周支持组织复合人工器官的基础理论、应用技术及工程实现的研究发展势在必行。

博士后出站报告摘要

肌肉注射骨髓间充质干细胞对大鼠腭中缝快速扩大局部组织改建影响的研究

（摘 要）

北京大学口腔医学院博士后研究人员 郭杰 合作导师 曾祥龙

快速扩大腭中缝是口腔正畸中常用的矫治上颌骨宽度不足的一种治疗方法。对于青少年，其旨在促进上颌骨的横向发育，使上下颌骨协调；对于成年人，则是在外科手术辅助下，牵张力引导的腭中缝及其周围组织的骨重建和再生。但是长期观察结果显示，采用该方法矫治的病例都出现一定程度的复发。对于成年人来说，除了生长型等遗传因素外，机体细胞数量下降，细胞活力降低等也是造成损伤后改建不完全的原因。因此一些学者在建立相应动物模型的基础上，探讨采用一些辅助措施，如在扩大腭中缝后局部注射二磷酸盐等方法促进骨改建速度，取得了一定成效。

本研究通过体内的动物实验探讨肌肉注射骨髓间充质干细胞（bone mesenchymal stem cell，BMSC）移植是否有利于促进腭中缝快速扩大治疗的效果和维持疗效的稳定。研究分为三个部分。

第一部分，建立成年大鼠腭中缝快速扩大造成骨软骨损伤的实验模型，体外培养小鼠 BMSC，并在腭中缝扩大 2 天后经口周肌肉注射入体内，观察注射前后的组织学变化及护骨素（osteoprotegerin，OPG）和破骨细胞核因子 κB 受体活化因子配基（receptor activator nuclear factor kappa B ligand，RANKL）在腭中缝及其周围组织中的表达，判断局部成骨和破骨情况。

第二部分，用溴脱氧尿苷（bromodeoxyuridine，BrdU）标记 BMSC，通过口周肌肉注射入快速扩大腭中缝的大鼠体内。使用激光扫描共聚焦显微镜（laser scanning confocal microscope，LSCM）观察标记的阳性细胞在腭中缝和其周围组织中的分布及其在体内的运行轨迹，探讨其参与快速扩大腭中缝造成局部骨软骨损伤的修复机制。

第三部分，采用实时定量 PCR 技术检测快速扩大腭中缝和细胞移植前后神经生长因子（NCF）及其受体在腭中缝与周围组织中的表达变化，探讨神经因素在骨再生中的作用。

研究一结果显示，肌肉注射骨髓间充质干细胞对快速扩大的腭中缝局部组织的成骨方式产生影响。在自然状态下，成年大鼠腭中缝为透明软骨组织，以软骨内成骨方式在腭中缝区域形成新骨，当实验切开大鼠腭中缝造成软骨全层损伤后，引发骨软骨损伤的修复过程。在快速扩大腭中缝未注射骨髓间充质干细胞组，2 周后腭中缝区仍为软骨内成骨结构，但在拆除矫治器复发 2 周后，显示为膜内成骨。在细胞移植组，无论是扩大腭中缝后 2 周，还是复发后 2 周，腭中缝局部组织内均可见大量细胞增殖，以膜内成骨方式成骨。结果还显示，OPG/RANKL 在腭中缝及其两侧新形成骨组织中的成骨细胞、骨髓基质细胞和骨基质中阳性表达；在腭中缝扩大组，尤其是同时注射细胞组 OPG/RANKL 表达明显增强，说明肌肉注射骨髓间充质干细胞后，腭中缝受损组织成骨、破骨活动增强。细胞移植后，腭中缝损伤组织的成骨方式在本实验观察期内的改变以及 OPG/RANKL 表达增强可能与细胞移植后的前体细胞数量增多有关。这是否最终加快了损伤愈合的进程以及使骨改建的效果更稳定，因实验观察时间过短，尚不能做出这样的判断，其最终结果需要更长时间的观察。另外研究一还发现，肌肉注射骨髓间充质干细胞后，成年大鼠腭骨板区两侧的骨质出现类疏松化现象，质地松脆，梭形细胞增加，髓腔扩大，类似含大量小梁骨的编织骨形态。虽然有文献报道异体间充质干细胞系统性移植可引发机制不清的骨质疏松，但通过肌肉注射的方式进行间充质干细胞移植引起局部损伤骨组织骨质疏松的变化还未见报道，推测这可能与髓腔来源的细胞数量增加有关。

研究二结果显示，供体细胞的移植方式明显影响细胞在受体内的存活、增殖及分化。在戴用扩大腭中缝矫治器 2 天后，经口周肌肉注射到大鼠体内的 BrdU 标记 BMSC 阳性细胞出现在口周肌肉的肌纤维内和腭中缝新形成的骨组织中，尤其在血管内和血管周围高频率出现。在包括骨和软骨的局部组织损伤改建过程中，血管分布、密度与骨软骨主体组织结构的形成密切相关，同时 BMSC 移植具有向骨髓归巢（homing）和向缺血或损伤组织迁移的特征。本研究结果说明肌肉注射的供体细胞异位参与了快速扩大腭中缝引起的腭骨及其周围肌肉组织的改建，证实了损伤初期血管发生对骨修复的重要性。提示阳性移植细胞在受体内可能的行走途径、作用方式和行为机制。这些结果也为今后研究干细胞在体内参与组织修复的途径及机制提供一些新的思路。同时，阳性移植细胞在口周肌肉内的分布特征也提示，现在在正畸临床对正畸矫形与复发机制的研究中，高度关注骨软骨等硬组织生物学行为的同时，也应重视肌肉改建在畸形矫治中的作用。

研究三结果显示，神经生长因子（NGF）及其受体在骨组织中的发现，提示 NGF 在骨组织正常生理代谢、骨折愈合和骨修复过程中的作用。快速扩大腭中缝 2 周组 NGF 表达增高，细胞移植组增加更明显，说明 NGF 参与了快速扩大腭中缝引起的腭中缝局部组织的改建，移植的骨髓间充质干细胞增加了 NGF 的表达强度，因而增加了 NGF 诱导受损神经再生及对骨组织生理活动的调控作用。同时该研究还发现，NGF 的两种受体 TrKA 和 p75LNGFR 在骨损伤后修复的不同时段表达出现变化，快速扩大腭中缝 2 周引起 TrKA 表达降低，而 BMSC 移植则增加了 TrKA 的表达，但复发后 2 周均出现表达降低。快速扩大腭中缝 2 周后，p75LNGFR 表达均降低至以本实验条件不能检测出来，而 4 周后出现急剧上升，说明 TrKA 和 p75LNGFR 两种不同亲和力受体在骨组织修复的不同阶段表达比例不同，提示两者在骨组织修复中承担不同作用，这与神经对骨组织修复损伤的调节直接相关。具体机制值得进一步探讨。

综上所述，本研究的实验结果显示，局部口周肌肉注射 BMSC 对腭中缝骨软骨损伤后的修复活动有明显影响，无论是腭中缝局部组织的成骨方式、成骨和破骨细胞的活性，还是局部神经活动都有变化。本实验结果说明进一步研究 BMSC 对局部组织修复作用机制和应用研究的必要性及可行性，也为今后研究 BMSC 的给入途径、体内分化与诱导提供一些参考。

［关键词］　骨髓间充质干细胞；移植；骨改建；骨再生；神经生长因子

（郭杰现工作单位：山东大学口腔医学院）

无症状志愿者及颞下颌关节滑膜炎患者磁共振成像研究

（摘　要）

北京大学口腔医学院博士后研究人员　张娟　　合作导师　马绪臣　金真

本出站报告主要由以下五部分组成。

一、无症状志愿者颞下颌关节关节盘位置的磁共振观察

通过对无症状志愿者颞下颌关节磁共振图像上关节盘位置的视觉评价，了解无症状志愿者颞下颌关节关节盘位置及其与年龄和性别的关系。

将 100 名无症状志愿者分为 5 组（11 ~ 20 岁，21 ~ 30 岁，31 ~ 40 岁，41 ~ 50 岁，51 ~ 60 岁），每组男女各 10 例；利用 Siemens Trio Tim 3.0 T 磁共振扫描系统对双侧颞下颌关节进行开闭口斜矢状位扫描，共 200 侧关节；并对每侧关节中间层及其相邻内外各一层磁共振图像进行视觉诊断，层厚 3 mm。

结果显示，100 名无症状志愿者中 59 名（59%）双侧关节盘位置均正常。关节盘位置正常、关节盘前移位和隐匿性前移位的关节侧数分别为 140 侧（70%）、14 侧（7%）和 46 侧（23%），在 5 个不同年龄组及不同性别之间三类关节盘位置的分布差异均无统计学意义（$P > 0.05$）。受试者最大开口度平均为 46.3 mm ± 5.5 mm，不同关节盘位置的受试者间最大开口度比较差异无统计学意义（$P > 0.05$）。

结果表明，在无症状志愿者中，颞下颌关节盘移位确实存在，且其分布与年龄和性别无关；盘移位以隐匿性前移位为主要类型；关节盘移位的影像学诊断与临床症状不互为必要条件。

二、无症状志愿者颞下颌关节关节盘-髁突位置关系的定量分析

通过对无症状志愿者颞下颌关节磁共振图像上关节盘-髁突位置关系的视觉评价和测量分析，了解不同关节盘位置时关节盘、髁突、关节窝的相对位置关系。

利用 Siemens Trio Tim 3.0 T 磁共振扫描系统对 100 名无症状志愿者双侧颞下颌关节进行开闭口斜矢状位扫描；对每侧关节中间层及其相邻内外各一层磁共振图像进行视觉诊断；对每侧关节中间层图像关节盘-关节窝、髁突-关节窝、关节盘-髁突之间的相对距离及关节盘-髁突的相对角度进行测量。

结果显示，正常关节盘位置、隐匿性前移位、前移位（分为可复性和不可复性盘前移位）三组之间两两比较，关节盘-关节窝、关节盘-髁突相对距离及关节盘-髁突相对角度差异均有统计学意义（$P < 0.05$）。髁突-关节窝相对距离仅在关节盘位置正常组与各类型盘移位组间差异有统计学意义（$P < 0.05$），而各类型盘移位组间两两比较，髁突-关节窝相对距离差异均无统计学意义（$P > 0.05$）。140 侧关节盘-髁突关系正常，平均角度为 0.74° ± 10.31°，其中 95% 参考值范围为 -19.46° ~ 20.94°。

结果表明，关节盘前移位可能包含关节盘相对髁突和关节窝的前移位及髁突相对关节窝的后移位两种因素，关节盘后带与双板

区交界和髁突 12 点位垂线间的夹角在 ±20°之内应视为正常变异。

三、无症状颞下颌关节骨关节病与性别和年龄及其关节盘移位的关系

了解无症状志愿者中存在颞下颌关节骨关节病者的性别和年龄分布及其与关节盘移位的关系。

利用 Siemens Trio Tim 3.0 T 磁共振扫描系统对 100 名无症状志愿者双侧颞下颌关节进行开闭口斜矢状位扫描，受试者共分为 5 组(11 ~20 岁,21 ~30 岁,31 ~40 岁,41 ~50 岁,51 ~60 岁)，每组男女各 10 例；对每侧关节中间层及其相邻内外各一层磁共振图像进行视觉诊断，层厚 3 mm；利用锥形束 CT 对磁共振成像诊断为骨关节病的受试者进行复查。

结果显示，100 名无症状志愿者 200 侧关节中，磁共振成像发现并经锥形束 CT 证实有骨关节病影像学表现者共 16 例(16.0%)23 侧(11.5%)关节，平均年龄 49.5 岁，在 51 ~60 岁组多见(10 例)，男性(11 例)多于女性(5 例)。骨皮质硬化检出比例最高(87.0%，20/23)。有骨关节病的关节发生关节盘移位(可复性和不可复性盘前移位)的比例显著高于无骨关节病的关节($P<0.05$)。

结果表明，无症状志愿者颞下颌关节骨关节病可能与老龄因素有关，骨关节病与关节盘移位关系密切又彼此独立，骨关节病的影像学诊断与临床症状间无确定的一致性关系。

四、无症状志愿者颞下颌关节滑液量的磁共振成像测量

利用磁共振成像测量无症状志愿者颞下颌关节滑液量，并评价其与关节盘移位的关系。

将 100 名无症状志愿者分为 5 组(11 ~20 岁,21 ~30 岁,31 ~40 岁,41 ~50 岁,51 ~60 岁)，每组男女各 10 例；利用 Siemens Trio Tim 3.0 T 磁共振扫描系统对双侧颞下颌关节进行开闭口斜矢状位扫描，判断关节盘位置；采用斜冠状面闭口位三维快速自旋回波序列 T2 加权像测量滑液量。

结果显示，100 名无症状志愿者 200 侧关节中，67 例(67%)受试者共 113 侧(56.5%)关节有滑液高信号影像学表现。滑液量为 0 mm^3 ~195.4 mm^3(中位数 8.0 mm^3)。除带状和池状滑液量二级间差异无统计学意义($P>0.05$)外，其余各级滑液量间比较差异均有统计学意义($P<0.05$)。滑液高信号的出现和分级与关节盘移位及盘移位类型间均无统计学意义($P>0.05$)。

结果表明，将磁共振成像 T2 加权像上颞下颌关节腔内高信号区分为无、点状、线状和池状四级，可代表滑液量的不同等级，正常范围内滑液的积聚与关节盘移位无必然联系。

五、颞下颌关节滑膜炎开口痛及利多卡因镇痛脑功能变化的静息态功能性磁共振研究

利用静息态功能性磁共振探讨颞下颌关节滑膜炎开口痛及利多卡因镇痛的脑功能活动。

对 10 例单侧颞下颌关节滑膜炎开口痛的女性患者于关节上腔注射 5% 利多卡因，对进行封闭治疗前后及 10 名相匹配的无症状志愿者(对照组)分别进行开口和闭口静息态功能性磁共振扫描及局部一致性(regional homogeneity，ReHo)分析。选用症状自评量表(symptom checklist，SCL-90)对患者和无症状志愿者的心理状态进行评价。

结果显示，经多重比较校正，对照组、患者组治疗前及治疗后开闭口 ReHo 值的差异均有统计学意义($P<0.05$)，患者组治疗前开口时左小脑山顶 ReHo 值增高，而左右枕叶枕下回 ReHo 值降低；患者组治疗后开口时右颞叶梭形回和右丘脑腹外侧核 ReHo 值升高；对

照组开口时左海马旁回 ReHo 值增高，而左内侧额回 ReHo 值降低。SCL-90 测试结果表明，TMD 患者躯体化、强迫症状、人际关系敏感、抑郁、焦虑、敌对、精神病性等因子分值均显著高于对照组($P<0.05$)。

结果表明，小脑和枕叶可能是颞下颌关节滑膜炎开口痛的疼痛相关脑区，丘脑和颞叶可能在利多卡因镇痛中发挥调节作用，心理因素对颞下颌关节紊乱病相关疼痛有一定加强作用。

［关键词］ 无症状志愿者；颞下颌关节；磁共振成像；关节盘移位；骨关节病；滑液量；疼痛；利多卡因；小脑；定量分析

（张娟现工作单位：天津医科大学口腔医学院）

大鼠口腔黏膜固有层前体细胞的生物学特性及向成牙表型细胞分化能力的实验研究

（摘　要）

武汉大学口腔医学院博士后研究人员　董蕊　　合作导师　樊明文

一、研究背景和目的

在干细胞研究领域中，成体干细胞的发现，可以解决胚胎干细胞研究存在的技术难题及伦理问题，是再生医学研究的理想细胞。目前证实在皮肤中含有多种成体干细胞，可以在体外分离培养，在组织工程种子细胞、细胞的生物学行为及横向分化机制等细胞的生命活动研究中有广阔的应用前景。作为与皮肤相类似的口腔黏膜，理应含有类似的成体干细胞，口腔黏膜上皮干细胞的研究已颇为常见，但对口腔黏膜固有层细胞的研究较少，尤其是有关前体细胞的研究报道更是少见。

已知牙齿发育是一个长期、复杂的生物学过程，发育的关键细胞是牙源性上皮细胞与牙源性间充质细胞，牙齿则是在这两种细胞的相互作用下形成。目前已开始将成体干细胞用于牙齿再生研究，在出生后的机体中能否获得这些具有增殖分化能力的细胞对于牙齿的再生具有重要意义。

已有研究结果表明微环境控制着细胞的生物学行为，是细胞在体内赖以生存的条件。现有研究提出了细胞龛的概念，通常不同成体组织细胞群的维持和调节由局部微环境按照宿主组织的要求进行调控。同样对于牙齿细胞、生长因子与细胞外基质共处于一个动态环境之中，其相互作用构成了牙齿发育、萌出、发挥功能的生物学基础。现已证明在特定的微环境中，非牙源性细胞可以转化为牙源性细胞。

基于上述认识，本研究以大鼠口腔黏膜固有层前体细胞(oral mucosa lamina propria progenitor cell, OMLPPC)为研究对象，对其生物学特性进行探讨；并利用不同生长因子刺激、细胞共培养、基因转染等方法，观测 OMLPPC向成牙表型细胞的分化情况。

二、研究方法

1. OMLPPC 的筛选培养及生物学特性研究　利用免疫磁珠技术体外筛选口腔黏膜固有层的巢蛋白(Nestin)阳性细胞 OMLPPC，体外扩增培养后，以免疫组化、RT-PCR 等方法检测其细胞来源及生物学性质，并在不同诱导培养体系中体外诱导培养后，利用 RT-PCR

方法检测相关分化指标——过氧化物酶体增殖物激活受体 γ2（PPARγ2）、脂蛋白脂酶（LPL）、Ⅰ型胶原、Runt 相关结构域转录因子 2（Runx2）、骨涎蛋白（BSP）、骨钙蛋白（OCN）等；并利用不同支架材料构建细胞-支架复合体，移植入裸鼠体内，观测其在体内环境中的生物学特性。

2. 诱导 OMLPPC 向成牙表型细胞分化的研究　用转化生长因子-β1（TGF-β1）和成纤维细胞生长因子（bFGF）刺激、牙胚细胞条件培养基与牙胚细胞共培养以及利用腺病毒载体转导骨形态发生蛋白 7（BMP7）等方法，利用免疫组化法检测牙本质涎蛋白（DSP）并检测其碱性磷酸酶活性变化，用实时荧光定量（real-time）PCR 法检测 Runx2、BSP、OCN、牙本质涎磷蛋白（DSPP）等相关分化指标和检测 OMLPPC 的体外分化情况，并结合不同支架材料构建细胞-支架复合体，观测其在体内的分化。

三、研究结果

1. OMLPPC 的筛选培养及生物学特性研究　利用免疫磁珠技术体外筛选口腔黏膜固有层的 Nestin 阳性细胞 OMLPPC，免疫组化分析结果显示，Nestin、Vimentin 阳性，CD44、Stro-1 部分阳性表达，Cytokeratin 阴性；RT-PCR 技术检测显示 OMLPPC 表达 OCT4（细胞全能/多能状态相关转录因子），在成骨、成脂肪诱导培养体系中培养，诱导后细胞分别生成矿化结节、脂滴等特异结构，利用 RT-PCR 方法可检测到相关分化指标；并利用不同支架材料构建细胞-支架复合体，移植入体内环境，发现在陶瓷化骨组，可以形成骨样组织。

本部分实验表明所筛选细胞具有高增殖性、多向分化能力；提示 OMLPPC 的前体细胞特性，也同时表明细胞所处微环境对其生物学行为具有显著影响。

2. 诱导 OMLPPC 向成牙表型细胞分化的研究　利用不同方法作用于 OMLPPC，观察其分化情况。结果发现，单纯利用生长因子诱导效果不明显，而利用牙胚细胞共培养体系，OMLPPC 明显具有向成牙表型细胞分化的趋势；同时转染 BMP7 通过内源性调节 OMLPPC 也取得一定成效。

研究表明 OMLPPC 在合适的微环境中具有向成牙表型细胞转化的趋势，可以作为组织工程牙齿候选种子细胞。

综上所述，利用神经嵴细胞早期的表达标志——Nestin 阳性筛选，可以得到口腔黏膜中具有一定间充质源性干细胞（ASC）特性的 OMLPPC，并在特定的微环境中可以向成牙表型细胞分化，能作为牙齿等组织器官修复重建的种子细胞。

已有研究证明发育中的口腔黏膜上皮能被成牙信号诱导转变为牙源性上皮并参与牙齿的发育。本实验结果证明，口腔黏膜还可以提供牙齿发育的另一基本细胞——牙源性间充质细胞，提示口腔黏膜可为牙齿再生研究提供必需的两种细胞，即从一个部位取材同时获得牙齿发育所需两种细胞用于组织工程牙齿构建；同时，口腔黏膜在微创条件下可以通过自体获得且部位隐蔽，具有其他部位取材不可比拟的优势。

另外，由于成体干细胞的进一步分化是成体组织和器官再生及修复重建的基础，在再生医学中具有重要作用，因而对 OMLPPC 的研究，在明确口腔黏膜生物特性、口腔黏膜成体干细胞的生物学特性以及成体干细胞在再生医学及损伤组织的修复重建中的应用，尤其是自体细胞的应用等领域也具有一定的意义。

［关键词］　口腔黏膜；前体细胞；分化；组织工程；牙齿

（董蕊现工作单位：首都医科大学口腔医学院）

人牙髓干细胞向成骨细胞样细胞分化及钛合金对其分化的影响

（摘　要）

北京大学口腔医学院博士后研究人员　张晓艳　　合作导师　曾祥龙

人牙髓干细胞（human dental pulp stem cell，HDPSC）是指存在于恒牙牙髓组织中具有自我更新和多向分化潜能的间充质干细胞。第三磨牙来源的HDPSC在适当的诱导条件下可以分化为成骨细胞，故被认为是十分有希望应用于骨组织工程的种子细胞。在不给患者增加额外痛苦的前提下正畸拔除的前磨牙较第三磨牙有更加广泛的组织来源。种植体现正处于发展和普及阶段，然而牙槽骨骨量不足制约了它的应用。借助HDPSC的成骨能力将其与种植体主要材料——钛合金复合，进行骨组织再生诱导，有望解决种植体使用中的部分稳定问题。

本研究旨在从正畸拔除的前磨牙牙髓细胞中分选HDPSC，检测其在矿化液诱导条件下向成骨细胞样细胞分化的能力，探讨钛合金对HDPSC向成骨细胞样细胞分化的影响。研究包括三部分。

一、人牙髓干细胞分选的实验研究

选择因正畸目的而拔除的健康完整前磨牙，采用酶消化法进行牙髓细胞培养，并进行来源鉴定。单抗Stro-1标记HDPSC，免疫磁珠分选系统进行分选。

二、矿化液诱导人牙髓干细胞向成骨细胞样细胞分化的实验研究

将HDPSC在矿化液诱导培养皿中诱导28天，于7、21、28天时，采用酶化学染色检测碱性磷酸酶（AKP）表达；在21、28天时用茜素红染色观察钙化结节形成情况。取诱导0、3、5、7、14、21、28天时的细胞，用RT-PCR技术检测其AKP、牙本质涎磷蛋白（DSPP）、骨涎蛋白（BSP）和骨钙素（OCN）的mRNA表达；相同时间点分别应用蛋白质印迹技术、免疫学染色检测BSP及OCN蛋白表达。

三、钛合金对人牙髓干细胞向成骨细胞样细胞分化的影响

观察HDPSC在钛合金表面生长状态；以完全培养液培养接种的HDPSC 28天，RT-PCR检测DSPP、AKP、BSP、OCN的mRNA表达；矿化液诱导28天检测成骨细胞相关因子的表达。

本研究主要得出以下结论：

1. 从正畸拔除前磨牙中可以分离出HDPSC，并具有向成骨细胞样细胞分化的能力；与第三磨牙相比，前磨牙是更易获得的自体干细胞来源。

2. 前磨牙来源的HDPSC在钛合金表面经矿化液诱导向成骨细胞样细胞分化，分化进程有所改变。

3. 研究结果为增强种植体稳定性、扩大其应用范围提供了新思路。

［关键词］　人牙髓干细胞；免疫磁珠分选系统；钛合金；成骨细胞样细胞

（张晓艳现工作单位：首都医科大学附属北京口腔医院）

自体颌下腺移植术后神经再支配及卡巴胆碱促分泌作用的研究

（摘　要）

北京大学口腔医学院博士后研究人员　刘筱菁　　合作导师　俞光岩

角结膜干燥症，简称干眼症，是一种由于全身或局部因素引起泪膜功能障碍而导致的以角结膜干燥症状为主的疾病，严重者可引起角膜透明度下降，视力减退，甚至失明。20世纪80年代后期，Murube-del-Castillo尝试将自身的颌下腺包括导管、动静脉完整游离出来，转移到颞部并进行血管吻合，将颌下腺导管转移到眼眶，以颌下腺分泌液代替泪液，收到良好效果。此后血管化自体颌下腺移植成为一种治疗重症角结膜干燥症的新方法。

1999年以来，北京大学口腔医院与北京同仁医院合作，在系列动物实验的基础上，经北京市卫生局批准，对138例重症干眼症患者的147侧患眼进行手术治疗，成功率达88.7%。患者术后眼干症状消失，角膜病变减轻，部分患者视力不同程度改善，成为目前国际上病例数量最多的一组临床研究。

然而，这一新的治疗方法尚存在一些问题：1）颌下腺移植术后5天至3个月进入休眠期，移植颌下腺其分泌量明显减少，容易导致导管阻塞，影响手术成功率；2）移植3个月后颌下腺的分泌量基本稳定，但部分患者的移植颌下腺分泌过多，出现泪溢现象，需通过移植颌下腺的减量切除手术来矫正。由于移植术后失神经支配的颌下腺分泌机制尚不清楚，临床对于上述问题的处理缺乏系统有效的手段，影响了治疗效果。因此，探讨移植颌下腺分泌的机制，特别是失神经移植后神经再支配的可能性，针对不同时期分泌特点，探索有效调节腺体分泌量的临床方法，具有重要的理论和临床应用价值。

笔者从移植颌下腺对M受体激动剂的敏感度和神经再支配两个方面，研究失神经移植颌下腺的近、远期分泌调控机制，并采用M受体激动剂卡巴胆碱开展休眠期促分泌治疗的临床研究。内容分为四个部分。

一、移植颌下腺分泌功能及其影响因素的研究

为了观察移植术后颌下腺分泌功能的变化规律及其影响因素，探讨移植颌下腺神经再支配的可能性，本研究对2008年5月至2009年4月期间实施自体颌下腺移植手术的18名患者进行随访。采用问卷调查方法评价气温升高、体力活动、进食高温和酸味及辣味食物对移植颌下腺分泌功能的影响；采用临床检测的方法观察舌背涂抹柠檬酸、快速饮用热水、辣椒素涂抹对移植颌下腺分泌功能的影响。

结果发现，移植颌下腺分泌功能在术后1个月处于最低值；术后3个月开始，分泌功能逐渐恢复；术后6个月开始，分泌功能趋于稳定。气温升高、体力活动、饮用热水对移植颌下腺的促分泌作用出现在术后1个月，提示腺体可能出现交感神经再支配；酸味刺激的促分泌作用出现在术后6个月，提示腺体可能出现副交感神经再支配；辣椒素霜剂涂抹可促移植颌下腺分泌，提示可能与辣椒素受体的活化有关。

二、移植颌下腺^{99m}锝放射性核素功能显像

为了观察移植颌下腺对 M 受体激动剂敏感度的变化，探讨移植术后副交感神经再支配的可能，本研究采用^{99m}锝放射性核素显像的方法动态观察自体颌下腺移植术后腺体功能变化。对 2008 年 5 月至 2009 年 4 月期间实施自体颌下腺移植手术患者进行序列^{99m}锝放射性核素检查，分析动态功能曲线形态变化；通过摄取指数、分泌指数、潜伏指数等指标观察腺体分泌及 M 受体对激动剂的敏感程度。

结果发现，移植术后 7 天、3 个月，移植颌下腺处于失神经分泌状态，对酸刺激不产生促分泌反应；术后 6 个月至 9 个月，部分移植颌下腺对酸刺激出现促分泌反应，提示腺体出现神经再支配；术后 7 天移植颌下腺体 M 受体对卡巴胆碱的反应性与术前相比处于敏感状态，术后 3 个月受体的敏感度较术后 7 天有所降低，但仍高于术前水平；术后 6 个月、9 个月敏感程度与术前相同；移植术后 3 个月，对侧颌下腺分泌功能出现代偿性增加，并维持在较高水平，而腮腺分泌功能代偿增加不明显。

三、移植颌下腺副交感神经再支配的形态学初步研究

为了观察移植术后颌下腺的副交感神经分布状况，本研究选取移植术后^{99m}锝放射性核素动态功能曲线对柠檬酸刺激无促分泌反应、明显促分泌反应和部分促分泌反应的 3 例患者移植颌下腺减量切除标本进行乙酰胆碱酯酶染色以及腺体血管蒂表面筋膜组织神经丝蛋白免疫组织化学染色。

结果发现，移植颌下腺中，可以见到副交感神经纤维的分布，其分布面积、数量具有明显的个体差异，副交感神经纤维的分布与^{99m}锝放射性核素显像显示的移植颌下腺对酸刺激反应程度一致；自体颌下腺移植术后，受区的神经纤维可经由腺体血管蒂周围筋膜长入腺体，提示其可能为神经再支配形成的病理基础。

四、卡巴胆碱对休眠期移植颌下腺的促分泌作用

为了观察 M 受体激动剂卡巴胆碱对休眠期移植颌下腺分泌功能的影响及全身反应，评价其作为促分泌治疗的可行性，本研究对 2008 年 5 月至 2009 年 4 月期间，在北京大学口腔医院口腔颌面外科实施自体颌下腺移植术的 18 例患者于术后不同时间皮下注射卡巴胆碱。连续观察给药后移植颌下腺的分泌量，并采用自主设计的不良反应量表评估卡巴胆碱对全身的副作用。

结果发现，皮下注射卡巴胆碱对于休眠期移植颌下腺具有显著促分泌作用，全身副作用不明显。表明该方法可作为移植颌下腺休眠期促分泌治疗、预防导管阻塞的有效手段。

[关键词] 自体颌下腺移植；神经再支配；M 受体；^{99m}锝放射性核素显像；卡巴胆碱

优秀博士学位论文摘要

口腔黏膜癌变相关分子蛋白组学分析及RACK1蛋白表达验证和功能研究

（摘　要）

四川大学华西口腔医学院博士研究生　王智　　导师　陈谦明

（该论文获2009年教育部全国优秀博士学位论文）

一、研究背景

我国是全球口腔癌六大高发国家和地区之一，其发病率仍呈上升趋势，而口腔的特殊解剖部位为研究肿瘤发生过程中多分子事件的临床意义提供了良好观察模型。

口腔癌在全身最常见的恶性肿瘤中排位第六，在第三世界国家中为第三，每年有50万例新病例出现。我国是全球口腔癌六大高发国家和地区之一。对于早期患者，随着近年来外科手术、放疗及化疗技术取得的进步，口腔癌患者的5年存活率可达80%，但晚期口腔癌患者5年生存率不到40%。所以如何获取可靠的早期临床诊断手段，阐明导致口腔癌发生的分子生物学机制，从而针对性地采取措施加以预防与治疗十分必要。

在口腔癌中，约90%的患者为口腔鳞状细胞癌（oral squamous carcinoma，OSCC），绝大多数的口腔黏膜鳞状细胞癌都具有明确的癌前损害阶段，而口腔黏膜癌变位置表浅，反复取材方便，易于观察，并具有早期干预的可能性，成为日益受关注的研究肿瘤发生过程中多分子事件的良好观察模型。

蛋白组学与基因组学、计算机药物辅助设计、纳米技术等技术的整合及相互关联的“技术链”的应用为研究口腔黏膜癌变诊断、治疗、防治新策略提供了新契机，但相关研究与临床差距较大。

OSCC的发生、发展、恶化是多分子、多事件呈网络结构共同作用的结果，而经典的分子生物学同时对一个或几个兴趣点的研究显然不能很好地揭示肿瘤的实质。在整体水平上以高通量分子扫描手段为基础的基因组学、蛋白组学、转录组学与新兴计算机药物辅助设计、纳米技术的整合为OSCC研究提供了新的契机，而蛋白组学因其更能动态真实地反映细胞生理状态变化而受到持续的关注。它的目的是筛选出各种肿瘤在发生、发展不同时期包括转移与复发中的特异蛋白，以构建肿瘤发生、发展中的蛋白特征谱，发现与评估组织、血清、体液中的特异蛋白作为候选生物标记物。结合后期的验证和功能分析，这些研究结果可望运用于临床无创伤早期诊断、预后判断及为药物治疗提供靶标。

近年来，随着蛋白组学技术的应用，学者们在口腔鳞癌研究中揭示了一些含量变化明显的肿瘤候选标记蛋白，包括热休克蛋白家族、角蛋白、碱性磷酸酶（AKP）合成酶β鳞状上皮细胞癌抗原、谷胱甘肽转移酶、二氧化锰歧化酶、膜联蛋白等。但以上对口腔鳞癌差异蛋白组学的研究更侧重于经典蛋白组学的内容，仅对疾病发生的差异蛋白谱进行分析，未对筛查蛋白进行大规模临床样本验证，亦未对筛查出的蛋白在肿瘤发生、发展中的分子机制进行深入的功能分析，这离临床诊断与治疗的实际应用仍差距较大。现研究者们达成共识，认为肿瘤蛋白组学的巨大挑战在于如何整合生化、基因、蛋白组学所获得的高通量数据，从而更好地应用于临床。

二、研究目的

本研究拟通过口腔鳞癌与癌旁正常组织的差异蛋白组学研究，高通量筛选与口腔黏膜癌变相关的候选分子标记物，并整合功能基因组学技术，对此类标记物进行表达验证和功能分析，以寻求有效诊断预后标记和药物的靶标。

三、研究方法

1. 运用双向电泳-质谱（LC-MS/MS-ESI-Q-TOF）-生物信息学为核心的蛋白组学技术，分析 10 例手术切除的新鲜口腔鳞癌组织及其癌旁正常组织的蛋白表达谱，鉴定表达差异蛋白。

2. 选取其中的活化态 C 激酶 1 受体（receptor for activated C-kinase 1，RACK1）蛋白进行 mRNA 和蛋白水平的验证，评估其在口腔鳞癌细胞系和正常细胞系中的表达。

3. 采用 144 例临床样本（20 例正常、48 例不同异常增生程度的癌前组织，76 例口腔鳞癌组织），验证 RACK1 在肿瘤细胞与临床癌前、癌组织中的表达水平及其与临床预后、临床流行病学指标的相关性。

4. 以复发与不复发作为预后判定指标，纳入常用预后相关因子 Ki67，进行单因素和多因素逐步 logistic 回归，探讨 RACK1 与 Ki67 相比作为预后判定因子的价值。

5. RNA 干扰：设计 4 对 RACK1 特异性干扰序列，使用有效序列转染 OSCC 细胞，进行增殖与凋亡相关分析（MTT assay，流式细胞术，集落形成实验）。

四、研究结果

1. 双向电泳得到 10 对口腔鳞癌及配对癌旁正常组织的蛋白图谱。经 PD-Quest 分析软件选取差异点并定量分析，得到 77 个重复表达、差异量大于 1.5 倍的差异点。ESI-Q-TOF 质谱成功鉴定这 77 个蛋白点，合并相同蛋白共得到 52 个蛋白，其中 38 个蛋白在肿瘤中表达量上调，14 个下调。52 个蛋白中有 8 个蛋白在肿瘤组织或口腔鳞癌中第一次检出，包括 RACK1，calcium binding protein P22，protein DJ-1，Rho GDP-dissociation inhibitor 1，proteasome activator complex subunit 2，S-100 family proteins，translationally-controlled tumor protein 和 peroxiredoxin-4。

2. RT-PCR 及 Western-blot 结果显示 RACK1 在口腔鳞癌细胞系中高表达。

3. 免疫组化分析结果显示：RACK1 蛋白在口腔正常组织、口腔白斑组织（未伴异常增生）、口腔白斑组织（伴异常增生）、口腔鳞癌中的染色值分别为 1.30 ± 1.26、1.52 ± 0.98、2.81 ± 2.21、5.55 ± 2.42。随着异常增生程度增加，RACK1 表达量递增，差异有统计学意义（$P < 0.001$）。OSCC 转移组较未转移组 RACK1 表达量增加，差异有统计学意义（$P = 0.003$）。

4. 多因素逐步 logistic 回归结果显示：RACK1 染色值与 Ki67 均为口腔鳞癌预后判定因子，且两者密切相关（Pearson's 相关系数 0.66，$P < 0.001$）。RACK1 与 Ki67 ROC（receiver-operating characteristic）曲线值分别为 0.72 和 0.70，显示出 RACK1 与 Ki67 相似的灵敏度和特异性。

5. RNA 干扰结果显示，沉默 *RACK1* 基因可显著上调口腔鳞癌细胞的凋亡。MTT 法测定结果显示，转染 0、24、48、72 小时后检测细胞活力，以 0 小时所测细胞活力数为 100%，24、48、72 小时干扰组细胞活力数分别为 83%、40%、41%，48 小时细胞生长率明显下降。集落形成实验显示，对照组与干扰组集落数分别为 210 ± 13、188 ± 9、173 ± 6、103 ± 8，干扰组集落生成数明显下降，组间比较显示差异有统计学意义($P<0.001$)。流式细胞术显示转染 48 小时后,细胞凋亡率干扰组与 3 个对照组相比凋亡率(早期凋亡和晚期凋亡)由 2.1% 增加到 20%,凋亡率明显增高。

综上所述,可得出以下研究结论:

1. 蛋白组学技术可高通量筛选口腔鳞癌发生中的差异表达蛋白,这些蛋白均可作为潜在的分子标记物进行深入研究;

2. RACK1 蛋白随着异常增生程度增加而表达量递增,可作为临床诊断分子标记物;

3. RACK1 蛋白表达量 OSCC 转移组显著高于未转移组,可作为潜在临床预后指标;

4. RACK1 染色值与 Ki67 相关,ROC 曲线值略高于 Ki67,是一个较好的预后判定因子;

5. *RACK*1 基因表达量下降可致口腔鳞癌细胞凋亡增加,RACK1 可调节口腔鳞癌凋亡途径,可作为候选药物靶标;

6. 差异蛋白组学与基因组学相结合的功能蛋白组学有助于全面解析口腔鳞癌发生发展的分子机制,提供临床诊断和药物治疗靶标,并最终指导临床诊断与治疗。

本研究以"蛋白组学筛查-功能分析-药物开发"为技术链,从临床大样本资料回访到细胞机制水平研究,从体外实验到体内实验,多层次、多角度,新老技术结合,集中、高针对性、有序地研究所筛选出的候选标记物及其群组在黏膜癌变发生与转移中的分子机制,相关结果可与临床前期与临床期应用衔接。这一完整的技术流程可应用于本研究后续其他关键分子事件的药物开发。

[关键词] 口腔鳞癌; 蛋白组学; 肿瘤标记物; RACK1; RNA 干扰

牙髓干细胞形成牙体组织能力及其制备嵌合体牙齿的实验研究

(摘　要)

第四军医大学口腔医学院博士研究生　于金华　　导师　史俊南　金岩

(该论文获 2008 年全军优秀博士学位论文)

一、研究目的

牙齿组织工程中局部诱导微环境的建立,主要是通过支架材料或单因子诱导的方式来促进牙髓干细胞的分化。由于牙齿发育期微环境异常复杂,涉及上皮-间充质相互作用以及多种基质成分、矿物离子、生长因子的参与,单纯依靠支架材料或某几种生长因子等非生理诱导方式局限性较明显,不能满足组织工程牙齿的形态发生要求。本研究拟通过模拟牙髓干细胞的体内生长发育环境,以重组微环境的方式来调控牙髓干细胞的分化和形态发生,并在此基础上,尝试利用牙髓干细胞研制同种异体"嵌合体牙齿",以期为组织工程牙齿最终的临床应用探寻一条新的研究途径。

二、研究方法和结果

(一)组织工程牙齿异位再生环境的筛选和验证

比较出生后 4 天的封闭群 S-D 仔鼠磨牙牙胚器官在同种异体宿主体内不同部位的生长发育情况,结果显示肾被膜下的牙胚发育状况接近正常;进一步将相关的牙齿组织块移植至肾被膜下，同样生长发育良好；单独将牙乳头细胞团进行肾被膜下移植，可以形成牙尖样的牙本质-牙髓复合体。另外，还比较了传代前后的牙胚细胞团在肾被膜下构建组织工程牙齿的可行性。结果发现，原代牙胚细胞团体内可发育成典型的牙胚样结构，而第二代牙胚细胞团仅形成极少量的釉质，覆盖在牙本质-牙髓复合体表面。上述结果证实肾被膜下环境有利于牙胚及其相关组织、细胞的继续生长发育。在肾被膜下的生长环境中，出生后的牙乳头细胞、牙胚细胞可分别再现牙齿间充质和牙胚早期的发育模式，提示牙齿形态发生所需的遗传信息是储存在离散后的单个牙源性细胞中的。

（二）牙胚细胞诱导牙髓干细胞分化实验

为了验证牙胚细胞所提供的发育微环境是否适合成体牙髓干细胞的增殖、分化，本实验通过三种不同的培养方式：牙胚细胞条件液、分层培养、混合培养，以观察牙胚细胞对牙髓干细胞生物学活性的影响。结果显示，牙髓干细胞在与牙胚细胞条件液培养、与牙胚细胞分层共培养的情况下，可向功能性成牙本质细胞谱系分化，诱导分化后的牙髓干细胞团移植至肾被膜下，形成了规则的牙本质-牙髓复合体结构。而牙胚细胞与牙髓干细胞混合培养方式不能提供良好的促增殖、促分化的诱导环境，以致诱导后的牙髓干细胞不能形成典型的牙本质-牙髓复合体。结果提示，牙胚细胞与牙髓干细胞非接触式培养时，所提供的可溶性信号分子，有利于牙髓干细胞的牙向分化、牙本质形成；而接触式培养条件下，牙胚细胞分泌的胞外基质蛋白以及不溶性表面分子，可能对牙髓干细胞的增殖起抑制作用，进而影响其牙向分化的可持续性。

（三）牙髓细胞对牙髓干细胞增殖分化的影响

为验证来自成体牙髓细胞的微环境能否促进牙髓干细胞的增殖、分化，笔者采用酶消化法结合组织块法，获取原代牙髓细胞，与 STRO-1$^+$（间充质干细胞标记物）的牙髓干细胞以三种方式（条件液、分层培养、混合培养）进行共培养。结果表明，缺少上皮信号的成体微环境（牙髓细胞）不能有效地诱导牙髓干细胞的牙向分化和形态发生，但可明显促进其增殖活性。提示成体微环境中缺少促进牙髓干细胞牙向分化的启动信号，但成体微环境中生长因子、细胞外基质以及细胞表面分子等对牙髓干细胞的促增殖效应明显。

（四）用牙髓干细胞制备嵌合体牙齿

为进一步验证牙胚细胞的诱导作用是来自其中的上皮还是间充质成分，将取自不同个体的大鼠切牙根尖蕾细胞、牙乳头细胞分别与 STRO-1$^+$ 牙髓干细胞复合形成细胞团重组体，肾被膜下移植。结果显示，根尖蕾细胞-牙髓干细胞嵌合体在体内形成典型的牙冠样结构；牙乳头细胞-牙髓干细胞嵌合体所形成的含骨样牙本质和牙本质-牙髓复合体的结构中，红色荧光染料 PKH26 标记的牙髓干细胞并未直接参与成牙本质细胞分化和牙本质形成，说明在牙胚细胞诱导牙髓干细胞牙向分化过程中，是牙源性上皮成分起了决定性作用。在与非牙源性 STRO-1$^+$ 骨髓基质干细胞嵌合成牙的比较研究中，笔者发现，根尖蕾细胞能促进骨髓基质干细胞向成牙本质细胞谱系分化，但根尖蕾细胞仅发育成不典型的牙本质-牙髓复合体结构，无釉质形成。提示在嵌合体牙齿研究中，牙源性成体干细胞比非牙源性成体干细胞更具有临床应用价值。当牙髓干细胞与根尖蕾细胞按不同比例进行体内重组时，上皮细胞与牙髓干细胞的比例可影响嵌合体牙齿的形态发生，只有在1:1细胞比情况下，才会形成典型的牙冠样结构。

三、研究结论

尽管不同的重组微环境对牙髓干细胞分化和形态发生的影响各不相同，但其规则的形态发生离不开牙源性上皮信号的诱导，从根本上讲，仍离不开上皮-间充质的相互作用。利用这一发现，本研究成功地用牙髓干细胞构建出嵌合体牙胚样结构。

［关键词］ 微环境；成体干细胞；牙髓干细胞；组织工程；牙齿再生；上皮-间充质相互作用

（于金华现工作单位：南京医科大学口腔医学院）

压应力对骨髓间充质干细胞成骨分化早期阶段成骨和破骨生成能力的影响

（摘　要）

四川大学华西口腔医学院博士研究生　刘钧　　导师　赵志河

（该论文获 2009 年度四川省优秀博士学位论文）

一、研究背景和目的

间充质干细胞（mesenchymal stem cell，MSC）是目前公认的生成组织工程化肌腱、血管、骨等组织最有前途的种子细胞之一。有学者发现牙周膜细胞有诱导 MSC 呈现典型的牙周膜细胞的特点，提示 MSC 很可能是牙周膜细胞的前体细胞，在牙周组织修复和再生中有良好的临床应用前景。牙周组织重建作为正畸牙移动的生物学基础，其机制涉及错综复杂的生理和病理组织改变，MSC 很可能在该过程中发挥关键性作用。正畸力作用下 MSC 能分化为成骨细胞，并同时诱导生成破骨细胞，分别进行牙槽骨的沉积与吸收，实现牙周骨组织的重建。因此，以 MSC 为研究对象是进一步探索正畸牙移动机制的必由途径。应力作为正畸医师的"药"，其对正畸牙移动过程中的骨重建作用是不容置疑的。但应力是如何调控局部的 MSC 向成骨细胞早期分化并同时影响破骨细胞的诱导生成，目前尚未见报道。研究这一问题对于进一步阐明正畸牙牙周对矫治力的生物学反应至关重要。

目前，已有众多学者致力于以骨组织工程为代表的干细胞力学生物学研究，前期研究已显示了力学刺激应用于干细胞骨组织重建修复的优势，但相关力学作用机制研究尚较缺乏，这无疑制约着力学生物学在该领域的进一步有效应用。因此，深入研究应力对 MSC 成骨分化的调控及其机制，尤其是成骨分化的早期启动阶段，可能将会给干细胞骨组织重建修复提供新的思路。

本研究从细胞和分子水平上观察检测动态与静态压应力刺激对大鼠骨髓 MSC 成骨诱导分化早期阶段成骨和破骨生成能力的影响。研究分为三个部分：压应力对骨髓 MSC 成骨分化早期阶段成骨生成能力的影响；压应力对骨髓 MSC 成骨分化早期阶段促成骨生成的力学信号通路［细胞外调节蛋白激酶（ERK）/p38 丝裂原激活蛋白激酶（MAPK）］研究；压应力对骨髓 MSC 成骨分化早期阶段破骨诱导生成能力的影响。

二、研究方法

采用贴壁法分离培养大鼠（2～3 周龄 Sprague-Dawley 雄性大鼠，约 80～100 g）骨髓 MSC。根据细胞表面抗原、成脂与成骨分化检测对 MSC 进行鉴定，成骨诱导剂（OS）采用 0.05 mmol/L AsAp、10 mmol/L β-GP、10^{-8} mol/L Dex。根据前期预实验 MSC 成骨诱导检测碱性磷酸酶(AKP)比活性,选定MSC成骨诱导0、3和7天三个时间点代表其成骨分化早期阶段三个分化时间点。取生长良好的2~4代MSC以$2\times10^4/cm^2$接种,亚融合后分别成骨诱导3天和7天。然后将OS培养液换为普通培养液,使用本课题组与四川大学生物力学实验室合作研制的细胞压应力数控加载系统对大鼠骨髓MSC分化早期阶段(0、3、7天)分别施加动态压应力(10~36 kPa,0.25 Hz)和静态压应力(23 kPa)刺激,加力时间每天1小时,持续1、3、5天。动、静态压应力数控加载由基于Boland C++ Build 5开发平台自行设计的加载控制软件实现。

从细胞和分子水平上观察检测动态(10~36 kPa,0.25 Hz)与静态(23 kPa)压应力刺激对大鼠骨髓MSC成骨诱导分化早期阶段的影响。采用MTT法检测增殖活力,酶比活力定量检测AKP表达,实时荧光定量(Real-Time)RT-PCR技术检测成骨分化关键调控因子*Runx*2与*Osx*的基因表达、破骨诱导关键性决定因子核因子-κB受体激活物配体(*RANKL*)与护骨素(*OPG*)的基因表达。并将加力后的成骨分化早期阶段MSC与单核细胞株(RAW264.7)进行共培养,培养液中加入破骨诱导分化剂地塞米松Dex(10^{-7} mol/L)和1,25$(OH)_2$ $VitD_3$(10^{-8} mol/L),48小时半换液一次,共培养9天,重酒石酸盐抗酸性磷酸酶(TRAP)试剂盒染色观察其破骨诱导生成能力的变化。

本课题组还进一步研究了压应力对骨髓MSC成骨分化早期阶段促成骨生成的MAPK力学信号通路(ERK/p38 MAPK)参与情况,用Western Blot法检测了ERK与p38 MAPK蛋白的表达。根据参考文献和本实验前期浓度梯度实验确定ERK1/2信号通路特异性阻断剂PD98059作用终浓度为10 μmol/L,该浓度PD98059能有效抑制ERK1/2磷酸化,并且PD98059加入后对细胞生长无明显影响,细胞脱落凋亡现象很少。研究添加ERK通路抑制剂PD98059对力学诱导作用的影响。

三、研究结果

1. 动、静态压应力对MSC早期成骨分化增殖活力基本无影响,除了未诱导MSC(OS,0天)加载静压力5天后增殖活性有明显增强。关于静压力增强MSC增殖活性的机制报道目前较少,其具体机制尚不明确。

2. 加载动、静态压应力后成骨特异性表达的AKP比活性、成骨特异性转录因子*Runx*2和*Osx* mRNA基因表达变化趋势较为一致,即动、静态压应力均能增强MSC成骨分化,甚至对于完全未诱导MSC(OS,0天)动、静态压应力均能使相应成骨指标大幅度提高,其中动压力组增强幅度大于静压力组。*Runx*2基因对力学刺激反应极其敏感,这可能是因为本实验所选择的MSC分化阶段属于早期,完全未诱导MSC(OS,0天)*Runx*2基因表达量极低的原因;另一方面,该结果也提示压应力很有可能就是通过调控*Runx*2基因这一关键节点实现大鼠骨髓MSC的骨向分化诱导效应。

3. 本研究结果显示p38 MAPK未参与压应力诱导的MSC成骨分化过程,而动、静态压应力作用均能使各分化点MSC ERK1/2发生不同程度的磷酸化激活。

4. ERK1/2特异性阻滞剂PD98059处理后,加力组和未加力组成骨分化相关指标均有不同程度降低,压应力力学信号对施加阻滞剂PD98059组有一定的维持成骨分化状态的作用,提示ERK1/2通路参与了早期成骨分化过程及力学诱导的成骨分化作用,压应力力学信号促进MSC成骨分化。PD98059对加力各组*Runx*2基因表达均有抑制作用,但抑制后的*Runx*2 mRNA水平与对照组相比仍处于较高水平,这进一步证实*Runx*2 mRNA表达对应力作用反应敏感,在此过程中ERK1/2磷酸化有一定的参与,但可能不在整个压应力力学信号的传入与输出中扮演关键角色。

5. 动、静态压应力作用下 MSC 成骨分化早期阶段 ERK1/2 磷酸化高峰水平随诱导的时间增加而有增强的趋势，但高峰期出现时间有先后，总体上动压力组到达高峰期的时间要早于相应静压力组，这可能是静压力的促成骨分化作用较为缓慢的原因之一。

6. 动、静态压应力作用下 MSC 成骨分化早期阶段 RANKL/OPG mRNA 表达比值增高，静压力作用稍强于相应动压力组，与单核细胞株（RAW264.7）共培养 TRAP 染色结果相似。MSC 成骨分化早期阶段各分化时间点（OS，0、3、7 天）的破骨生成能力对压应力的反应敏感程度不尽相同，这也提示应力作用下的早期牙周组织重建生物学机制的复杂性。

7. 综合三部分的研究结果，发现加载压应力可以使成骨分化早期阶段的 MSC 进一步成骨向分化，同时其破骨诱导生成能力也有一定的增强，这可以由 *RANKL* 与 *Runx*2 之间可能存在的相互关联来解释。但这一猜想需要进一步的相关研究来证实，如通过抑制 *Runx*2 基因表达检测 *RANKL* 表达的变化，或对 *RANKL* 基因启动子区域的进一步研究可能将会有助于揭示 *RANKL* 诱导激活的机制。

四、研究结论

动、静态压应力均能促进 MSC 成骨分化早期阶段进一步成骨向分化，甚至对于完全未诱导 MSC（OS，0 天）动、静态压应力也均能使相应成骨指标有大幅度提高，其中动压力比静压力作用更快、更强。p38 MAPK 未参与压应力诱导的 MSC 成骨分化过程，而动、静态压应力作用均能使各分化点 MSC ERK1/2 发生不同程度的磷酸化激活，ERK1/2 通路参与了早期成骨分化以及力学诱导的成骨分化作用。压应力力学信号促进 MSC 成骨分化而抑制其成脂分化，该作用有可能不是仅通过 ERK1/2 磷酸化实现的。静、动态压应力均有较强的促 MSC 破骨诱导分化作用。MSC 成骨分化早期阶段各分化时间点对压应力的反应不尽相同，提示早期骨重建复杂的生物学机制。

［关键词］ 压应力；力学生物学；成骨早期分化；破骨生成；间充质干细胞

牙周韧带干细胞的分离鉴定及腺病毒整合组织工程支架的实验研究

（摘　要）

武汉大学口腔医学院博士研究生　张玉峰　　导师　程祥荣

（该论文获 2008 年湖北省优秀博士学位论文，2009 年教育部优秀博士学位论文提名）

种植体已在临床得到广泛应用，然而与天然牙周组织相比，骨整合种植体缺乏牙周韧带（牙周膜）这一特殊结构，其力学传递、生物封闭性均与天然牙有明显差异。如何使种植体-骨界面形成牙周膜样结构，使种植体成为真正意义上的“第三副牙齿”，是目前众多学者孜孜以求的目标。

生物医学组织工程是近年来继基因工程之后取得重大技术突破的生命科学领域新的研究热点。组织工程的三大要素是：具有增殖分化潜能的种子细胞、生物支架材料、生长因子。简而言之即在一定的支架材料上复合具有增殖分化能力的种子细胞，在生长因子的作用下体外构建具有活力的组织器官，然后将其植入到所需修复的组织或器官处直接发挥作用，促进组织器官的修复再造。随着组织工程理论的日臻完善以及组织工程技术的迅猛发展，牙周组织工程已成为牙周领域研究的重点和热点。将组织工程原理运用于牙周组织的重建，充分发挥牙周前体干细胞的作用，势必为牙周组织的修复再生开辟新的途径，拓宽生物医学新的领域空间。

本研究分离出牙周膜干细胞，并进行了多向分化诱导，证实了其干细胞特性。同时采用分子生物学手段，将重组人血小板衍生生长因子（platelet-derived growth factor，PDGF）-B 基因导入体外培养的牙周膜干细胞，观察转染基因的表达及对干细胞的分化诱导作用。在组织工程支架方面，笔者尝试了多种支架并将基因与支架整合，探讨其生物相容性，以期为今后应用这一新的治疗手段提供实验基础。

一、人牙周膜成体干细胞分离培养及其定向分化研究

从人牙周组织中分离培养成体牙周韧带干细胞，研究其定向分化的潜能。

选取 10 ~ 15 岁的年轻患者因正畸拔除的完好牙齿，刮取根中 1/3 的牙周膜，采用组织块培养法及酶消化法得到牙周膜细胞，待细胞达一定量后用有限稀释法进行单细胞克隆，筛选牙周膜干细胞（periodontal ligament stem cell，PDLSC），体外进行脂肪化及矿化诱导后，对各克隆从碱性磷酸酶（alkaline phosphatase，AKP）活性、矿化结节形成、Oil Red-O 染色、过氧化物酶增殖物激活受体 γ2（PPARγ2）及脂蛋白脂肪酶（LPL）基因表达等方面进行检测。同时采用离心管聚集体诱导法体外进行软骨化诱导培养，光镜下观察诱导细胞形态学的改变，甲苯胺蓝染色、免疫组化、RT-PCR 等方法检测其胶原和糖蛋白的体外表达情况。

结果显示，在矿化液诱导下，克隆细胞呈现明显高的 AKP 活性，能够形成矿化结节并向成骨细胞方向分化。成脂肪诱导后，Oil Red-O 染色阳性，检测到 PPARγ2 及 *LPL* 基因表达。体外离心管聚集体诱导培养 3 周后，实验组呈白色半透明状，甲苯胺蓝染色显示在外周区域有大量软骨基质成分沉积，组织学显示有较为明显的软骨陷窝。免疫组化及 RT-PCR 检测到Ⅱ型胶原表达，Ⅱ型胶原染色呈强阳性。对照组细胞团块逐渐收缩、崩解，组织学检测无软骨陷窝结构，Ⅱ型胶原免疫组化结果阴性。

结果表明，从成体人牙周组织中可分离培养出干细胞，在体外能有效增殖且保持低分化状态，能够在条件培养液作用下进行定向分化。

二、重组人 PDGF-B 腺病毒载体的构建与转染牙周干细胞的研究

构建人血小板衍生生长因子- B（PDGF-B）重组复制缺陷型腺病毒载体，使其感染牙周膜干细胞（PDLSC）并检测其相关生物学变化。

采用常规分子生物学方法，构建重组穿梭载体 PAdTrackCMV-PDGF-B，线性化后在细菌 BJ5183 内与腺病毒骨架载体质粒 AdEasy-1 同源重组，在人胚胎肾细胞（HEK293）中包装成重组腺病毒 Ad-PDGF-B。Western-blot 法检测其在 HEK293 中的表达情况，同时利用包装好的病毒 Ad-PDGF-B 感染 PDLSC，免疫组化鉴定 PDGF-B 在细胞中的表达；采用 MTT 法检测感染病毒后 PDLSC 的增殖变化，用 RT-PCR 检测感染后细胞分泌 I 型胶原的变化。

结果显示，该重组缺陷型腺病毒载体经限制性内切酶酶切分析鉴定，与预期结果一致。重组质粒转染 HEK293 细胞后，3 天即可观察到增强型绿色荧光蛋白（enhanced green fluorescent protein,EGFP)明显表达,Western-blot检测证实PDGF-B表达。重组病毒能够感染PDLSC,并表达蛋白,感染后细胞增殖明显增强,同时Ⅰ型胶原表达量增高。

结果表明,利用新型腺病毒载体AdEasy系统可快速构建同时表达EGFP和PDGF-B的重组复制缺陷型腺病毒Ad-PDGF-B,此病毒能够感染PDLSC,促进其增殖,同时增强Ⅰ型胶原的表达。

三、牙周组织工程支架的相关研究

(一)纳米羟磷灰石-壳聚糖复合支架的制备及组织相容性实验

构建三维羟磷灰石-壳聚糖支架,观察人牙周韧带细胞与其复合后的生长状况,以期为牙周组织工程化研究选择适宜的支架材料。

将纳米羟磷灰石加入壳聚糖醋酸溶液中,采用冷冻干燥方法制备三维多孔支架,用扫描电镜观察其结构。培养牙周膜细胞于支架上,采用MTT法检测细胞的增殖变化,用RT-PCR技术检测碱性磷酸酶(AKP)及Ⅰ型胶原的表达。同时将支架细胞复合物植入裸鼠皮下,观察支架材料的体内降解及其组织相容性。

结果显示,单纯壳聚糖支架具有多孔结构,孔径较大;加入纳米羟磷灰石后,孔径逐渐减少。壳聚糖和纳米羟磷灰石相容性好,无相分离。细胞在纳米羟磷灰石-壳聚糖多孔复合体支架内均匀生长,状态良好,细胞形态饱满。MTT结果显示1%纳米羟磷灰石-壳聚糖实验组能够从一定程度上促进细胞增殖。相对于空白壳聚糖组,AKP及Ⅰ型胶原的表达增强。

植入裸鼠皮下后两周,实验组支架间空隙逐渐被增生的细胞和细胞外间质填满,组织基本未降解。到第4周有大量新生毛细血管再生。

结果表明,纳米羟磷灰石-壳聚糖支架生物相容性较好,是一种具有潜在价值的牙周组织工程支架材料。

(二)复合基因的组织工程支架的制备

将携带转化生长因子-β1(*TGF*-β1)基因的质粒及病毒整合到三维壳聚糖-胶原支架上,观察人牙周膜细胞与其复合后的生长状况,以期为种植体周组织再生提供载体。

将携带*TGF*-β1基因的质粒及病毒利用二次冻干法整合到三维壳聚糖-胶原支架上,扫描电镜观察其结构。同时培养牙周膜细胞于支架上,激光共聚焦显微镜观察其生长状态,采用MTT法检测细胞的增殖变化,酶联免疫吸附测定法(ELISA)检测*TGF*-β1表达,用RT-PCR技术检测Ⅰ型及Ⅲ型胶原的表达。同时将支架细胞复合物植入裸鼠皮下,观察支架材料的体内降解及其组织相容性。

结果显示,电镜观察结果发现,支架具有良好的三维多孔结构,结合基因的支架在接种后都有基因的表达。整合质粒的支架表达量很少,而病毒组支架有大量细胞表达整合基因。ELISA结果显示接种在病毒组支架上的细胞产生*TGF*-β1量最多。MTT结果表明,整合*TGF*-β1病毒的支架材料对牙周膜细胞的增殖有明显的促进作用,同时Ⅰ型及Ⅲ型胶原的表达增强。体内试验表明了绿色荧光蛋白(GFP)的示踪效果,免疫组化结果显示*TGF*-β1的表达也与绿色荧光蛋白表达一致。

结果表明,携带*TGF*-β1基因的病毒能够很好地整合到三维壳聚糖-胶原支架上,复合支架生物相容性好。

[关键词]　组织工程; 支架材料; 壳聚糖; 腺病毒载体; 牙周膜干细胞; 胶原; 转化生长因子; 血小板衍生生长因子

福尔马林疼痛模型中枢脊髓环氧合酶表达及功能研究

（摘　要）

北京大学口腔医学院博士研究生　张非煜　　导师　张震康

（该论文获 2009 年北京大学优秀博士学位论文三等奖）

福尔马林（甲醛溶液）疼痛模型是常用的急性痛模型，这种模型主要表现是持续 60 分钟或 90 分钟的两时相的自发痛。以往笔者的研究发现，在注射甲醛溶液 48 小时后可以测试到大鼠对机械性刺激和热刺激表现出躲避反应，即痛敏反应，这种反应能持续 4 周。同时与这种行为学伴随的有脊髓小胶质细胞的激活。近年来，小胶质细胞在慢性痛机制中的作用越来越受到重视。现有研究表明，外周神经损伤会使脊髓的小胶质细胞活化。激活后的小胶质细胞是通过何种途径作用于痛觉系统，从而对疼痛的维持起作用的呢？有研究显示，环氧合酶（COX）-1 在脊髓可能表达在胶质样细胞中，在术后疼痛模型和神经损伤模型中激活的小胶质细胞中可能有 COX-1 的表达增加，而且，COX-1 特异性抑制剂能抑制术后疼痛模型和神经损伤模型动物的疼痛行为。

本研究通过免疫组织化学、免疫荧光和蛋白质印迹技术等方法观察了甲醛溶液模型 COX 两种亚型在脊髓背角的表达；比较甲醛溶液和完全福氏佐剂（CFA）足掌注射后脊髓背角小胶质细胞的活化和 COX 两种亚型在脊髓背角表达变化；观察了蛛网膜下腔注射 COX 特异性抑制剂对甲醛溶液模型大鼠疼痛行为的影响。结合以往研究结果对甲醛溶液疼痛模型中 COX 的作用进行了探讨，得到以下结果。

1. COX 两种亚型在脊髓背角的细胞表达　脊髓背角的 COX-1 免疫阳性细胞和神经元的标记物神经元核心抗原（NeuN）不共存，和星型胶质细胞的标记物胶质纤维酸性蛋白（GFAP）也不共存，但是与小胶质细胞的标记物Ⅲ型补体受体（OX42）有很好的共存，说明 COX-1 表达阳性的细胞是小胶质细胞；脊髓背角 COX-2 免疫阳性细胞和神经元的标记性物质 NeuN 共存，说明 COX-2 表达阳性的细胞是神经元细胞。而且，因为 NeuN 是神经元核蛋白，主要标记神经元的核上，从两者合并的图上观察到，两者几乎完全吻合，说明 COX-2 的亚细胞定位在神经元细胞核上。

2. 甲醛溶液足掌注射后 COX 两种亚型在脊髓表达的变化　甲醛溶液注射后，大鼠脊髓 COX-1 表达在第 1 天开始增多，达到对照组的 2.5 倍左右（$P<0.01$），持续到第 14 天表达仍然显著增多，达到接近对照组的蛋白水平的 3 倍（$P<0.01$）。这和免疫组织化学方法检测的蛋白变化趋势一致。COX-2 蛋白在正常大鼠的脊髓有表达。甲醛溶液注射后，大鼠脊髓背角 COX-2 蛋白的表达仅在第 2 小时显著增多（$P<0.01$），第 6 小时即恢复到正常，观察到第 14 天仍然没有变化。甲醛溶液模型大鼠脊髓 COX 蛋白的表达是：在急性期只有 COX-2 蛋白的表达上调，而在后期只有 COX-1 蛋白的表达上调。

3. 甲醛溶液模型和 CFA 模型注射后小胶质细胞活化情况以及 COX 两种亚型在脊髓表达变化的差异　甲醛溶液注射后 3 天和 2 周，大鼠注射侧脊髓背角小胶质细胞增殖，说明小胶质细胞有活化。并且可以观察到小胶质细胞明显增殖的区域是脊髓背角浅层和深层（Ⅰ～Ⅳ）的内侧，这与外周神经损伤模型结果一致；而 CFA 注射后大鼠脊髓背角小胶质细胞未观察到明显变化。CFA 模型早期 COX-2 表达增加，COX-2 蛋白表达在注射后 6 小时和第 3 天增加（接近对照组蛋白水平的 2 倍，$P < 0.05$ 和 $P < 0.01$），到第 14 天恢复到正常水平。但是，注射 CFA 后大鼠脊髓背角的 COX-1 蛋白表达量无明显改变。发现脊髓背角的 COX-2 蛋白在炎症痛的早期表达增加，可能参与炎症性疼痛的发生；而脊髓背角的 COX-1 在炎症痛中表达无变化。

4. 预先鞘内注射（*i. t.*）COX-1 特异性抑制剂 SC560 能够减轻甲醛溶液模型的长时程的机械性痛敏，3 天组有统计学差异；在甲醛溶液模型长时程的机械性痛敏高峰时（3 天）给予 COX-1 特异性抑制剂 SC560，对机械性痛敏有抑制作用（30 分钟，2、4 小时），从行为药理学的角度证实了脊髓背角的 COX-1 参与了痛的维持。同时，观察到预先鞘内注射 COX-2 特异性抑制剂 NS398 对甲醛溶液模型大鼠的Ⅰ期和Ⅱ期的自发性缩足行为有抑制作用，从行为药理学的角度证实了脊髓背角的 COX-2 参与了急性炎症痛的发生。

5. 在方法学方面，对足背皮下注射甲醛溶液的大鼠进行了长时程（14 天）的观察和分析，建立了这种操作简便的疼痛动物模型。甲醛溶液疼痛模型疼痛行为可分为三个时期，Ⅰ期：0 ~ 5 分钟，Ⅱ期：10 ~ 60 或 90 分钟，Ⅲ期：1 天后至 2 周。Ⅰ期和Ⅱ期表现为急性的自发性缩足行为，Ⅲ期表现为长期持续的机械性痛敏。

现有研究表明，外周神经受到损伤会使脊髓的小胶质细胞激活。许多研究还表明，在神经损伤引起的痛觉过敏中，激活了的小胶质细胞是疼痛信息传递的关键介质细胞，但是小胶质细胞参与疼痛的具体机制仍然不清楚。通过免疫组织化学染色观察到，注射甲醛溶液后 3 天和 2 周，大鼠注射侧脊髓背角小胶质细胞增殖，并且可以观察到小胶质细胞明显增殖的区域是脊髓背角浅层和深层（Ⅰ ~ Ⅳ）的内侧，这与外周神经损伤模型结果一致。

甲醛溶液疼痛模型是常用的急性痛模型，这种模型主要表现是持续 60 分钟或 90 分钟的两时相的自发痛。通过免疫荧光双标的方法确定甲醛溶液疼痛模型中激活的小胶质细胞中有 COX-1 的表达，发现 COX-1 在甲醛溶液疼痛模型的后期持续性表达增加，而 COX-2 在模型早期有一过性的表达增加；比较甲醛溶液和 CFA 足掌注射后脊髓背角小胶质细胞的活化和 COX 两种亚型在脊髓背角表达变化，两者有明显的不同，甲醛溶液疼痛模型更类似于神经损伤模型，发现 COX-1 特异性抑制剂能减轻模型大鼠机械性痛敏，而 COX-2 特异性抑制剂能够明显抑制模型大鼠急性的两时相自发痛行为。从而推论，激活的小胶质细胞可能是通过释放 COX-1 在脊髓参与痛的中枢机制。

COX 的抑制剂是非甾体抗炎药（NSAID），NSAID 是目前广泛用于治疗急性和慢性炎症及疼痛的药物，其作用机制主要是通过抑制外周和中枢的 COX，阻止前列腺素（PG）的合成。一直以来，因为认为 COX-2 是可诱导的，而 COX-1 是不能诱导表达的观点的主导下，对 COX-1 表达调控的研究一直很缺乏。临床上应用的 NSAID 多为特异性的 COX-2 抑制剂。该课题研究发现，通过预先蛛网膜下腔给予 COX-1 特异性抑制剂能够减缓机械性痛敏，而 COX-2 的特异性抑制剂没有这种作用，进一步支持了 COX 蛋白在脊髓表达上的变化，说明 COX-1 在疼痛的维持过程中起作用，而 COX-2 则没有，在中枢的 COX-2 只是在疼痛的发生中起作用。提示临床上预防性给予 COX-1 特异性抑制剂（鞘内注射）对外周神经损伤性质的疼痛能有缓解作用。COX 抑制剂被用作轻度或中度疼痛的一线用药，但随着新的 COX 抑制剂的开发，COX 抑制剂对神经病理性疼痛这样的强痛也逐渐显示出了效果。本文的研究结果为该药的这种临床应用前景有了新的提示。

1. 甲醛溶液疼痛模型疼痛行为可分为三个时期，Ⅰ期:0～5 分钟，Ⅱ期:15～60 分钟或 90 分钟，Ⅲ期:1 天后至 2 周。

2. 脊髓组织在生理状况下均可表达 COX-1 和 COX-2。

3. COX-1 表达在脊髓背角的小胶质细胞中，COX-2 表达在脊髓背角的神经元细胞中。

4. 甲醛溶液诱导的疼痛早期，脊髓 COX-2 表达上调；COX-2 抑制剂能抑制模型大鼠的疼痛行为。

5. 甲醛溶液诱导的疼痛后期（Ⅲ期），脊髓 COX-1 表达持续性上调；COX-1 抑制剂能抑制模型大鼠的机械性痛敏。

6. 甲醛溶液模型不同于 CFA 模型，早期的自发性疼痛行为是炎症性疼痛，而后期的慢性疼痛可能是神经病理痛。

7. 组织或神经损伤致中枢脊髓小胶质细胞增殖活化，可能通过表达 COX-1 合成前列腺素，参与慢性疼痛的维持。

[关键词] 甲醛溶液模型；环氧合酶；脊髓；小胶质细胞

移植颌下腺失神经支配后肾上腺素受体亚型的表达

（摘 要）

北京大学口腔医学院博士研究生 黄湛 导师 俞光岩

（该论文获 2008 年北京大学优秀博士学位论文三等奖）

唾液腺分泌主要由交感神经和副交感神经调节。交感神经节后纤维释放去甲肾上腺素，通过与腺泡细胞膜表面的肾上腺素受体相结合调节唾液分泌。但人体正常颌下腺有哪些肾上腺素受体亚型尚缺乏研究。

血管化自体颌下腺移植是目前治疗重症角结膜干燥症最有效的方法之一，但移植术后，失交感和副交感神经支配的颌下腺的分泌机制尚不清楚，肾上腺素受体各亚型对移植腺体分泌的影响国内外也未见报道。移植术后，有些患者在移植颌下腺分泌的“休眠期”因唾液分泌过少而出现腺体导管阻塞；另有一些患者因唾液分泌过多而发生泪溢。如能了解失神经支配颌下腺的分泌机制，人工调控移植颌下腺的分泌，则可进一步提高血管化自体颌下腺移植术治疗重症角结膜干燥症的成功率。

本研究利用血管化自体颌下腺移植术前后重症角结膜干燥症患者的颌下腺，观察失神经支配颌下腺的组织学和超微结构变化，重点检测了肾上腺素受体亚型在人体正常颌下腺以及失神经支配颌下腺的表达特点，旨在探讨失神经支配腺体的分泌机制。

一、人血管化自体颌下腺移植术后失神经支配腺体组织学特点和神经纤维再生

利用血管化自体颌下腺移植术前后重症角结膜干燥症患者的颌下腺组织标本，观察失神经支配颌下腺的组织学、超微结构变化以及神经纤维再生。

对 10 例人血管化自体颌下腺移植术中因腺体体积较大、预计术后可能做减量手术所切取的标本，4 例术后 3～6 个月因泪溢行移植腺体部分切除术时切除的腺体组织标本，3 例术后 6～12 个月二次减量手术所取腺体组织标本，进行免疫组织化学染色，光镜和电镜下观察失神经支配移植腺体的组织学特

点；测定微绒毛的面积和数量，神经肽 Y（NPY）阳性神经纤维的面积和强度。

组织学和超微结构观察显示，人血管化自体颌下腺移植术后 3 ~ 6 个月，失神经支配腺体发生部分变性和萎缩样改变，其中浆液性腺泡比黏液性腺泡更易受影响；移植腺体腺细胞间分泌管腔膜上微绒毛明显减少、变短，细胞质内有明显空泡形成。术后 6 ~ 12 个月移植腺体浆液性和黏液性细胞早期萎缩性改变明显改善，微绒毛的数量逐渐恢复。移植术后 3 ~ 6 月，移植腺体组织内 NPY 阳性神经纤维明显减少；术后 6 ~ 12 个月以上，NPY 阳性神经纤维广泛环绕于血管周围且可呈条索状分布于腺实质。

结果表明，颌下腺腺细胞形态、分泌颗粒和微绒毛分布可以作为移植术后失神经支配腺体的超微结构变化的主要特征，对术后腺体的功能状态进行判断和评价。失神经支配腺体组织内神经纤维再生，对移植腺体组织结构与功能的恢复可能有重要作用。

二、人正常颌下腺肾上腺素受体亚型的表达

检测肾上腺素受体亚型在人正常颌下腺的表达特点，并对其生理性效应的调控作用进行探讨，为研究肾上腺素受体的表达与人颌下腺分泌功能之间的关系提供形态学依据。

采用免疫组织化学染色方法，检测 10 例经功能性颈淋巴清扫术所获得，并经病理证实为正常的人颌下腺标本，肾上腺素受体亚型（α1A、α1B、α1D、β1、β2-AR）的表达部位和表达量；采用原位杂交技术，检测人正常颌下腺（10 例）肾上腺素受体亚型 mRNA 的表达部位和表达量。

结果显示，α1A、α1B、β1、β2-AR 广泛表达于人正常颌下腺腺泡细胞和导管细胞的细胞膜和/或细胞质，细胞核表达阴性；α1D-AR 未见表达。比较人正常颌下腺肾上腺素受体亚型蛋白表达积分光密度，在导管、浆液性腺泡和黏液性腺泡中 β1 > β2，α1A > α1B，其中 α1A、α1B-AR 在导管细胞中比在腺泡细胞中表达更明显。α1A、α1B、β1、β2-AR mRNA 广泛表达于人正常颌下腺的腺泡和导管细胞，其中在浆液性细胞表达明显，黏液细胞和导管细胞表达不明显，间质中，除毛细血管内皮外均不表达；α1D-AR mRNA 未见表达。对比人正常颌下腺各肾上腺素受体亚型基因表达的积分光密度，其表达水平为 β2 > α1a > β1 > α1b。

结果表明，人正常颌下腺中有 α1A、α1B、β1、β2-AR 的表达，可能影响所在器官或组织的生理功能。α1A、α1B-AR 在导管细胞中比在腺泡细胞中表达更明显，可能与其调控导管水分和离子转运功能的作用相关。肾上腺素受体亚型基因在浆液性细胞呈高度表达，与其调控唾液分泌功能相适应。肾上腺素受体亚型 β1、β2-AR 的蛋白表达和受体亚型 mRNA 表达水平不一致。

三、人血管化自体颌下腺移植术后失神经支配腺体肾上腺素受体亚型的表达

检测人血管化自体颌下腺移植术后，失神经支配颌下腺的 α1A、α1B、α1D、β1、β2-AR 及其基因表达变化，观察失神经支配颌下腺各肾上腺素受体亚型及其基因表达的形态学差异，探讨肾上腺素受体亚型表达与失神经支配颌下腺分泌的关系，为进一步明确失神经支配颌下腺的分泌调控机制提供参考依据。

对 10 例人血管化自体颌下腺移植术中因腺体体积较大、预计术后可能做减量手术的标本，10 例术后因泪溢行移植腺体部分切除术时切除的腺体组织标本，采用蛋白质印迹杂交的方法，定量检测血管化自体颌下腺移植术后，失神经支配颌下腺的 α1A、α1B、α1D、β1、β2-AR 的表达量，用 RT-PCR 的方法

半定量检测 α1A、α1B、α1D、β1、β2-AR mRNA的表达量，用免疫组织化学和原位杂交方法观察失神经支配颌下腺各肾上腺素受体亚型蛋白质和 mRNA 的表达变化。

结果发现，人血管化自体颌下腺移植术后，失神经支配颌下腺中，α1A、β1、β2-AR 的表达有不同程度地上调，其中 α1A、β1 上调明显，β2 略上调，α1B 无明显变化。失神经支配的颌下腺 α1、β1-AR 表达明显升高。而失神经支配颌下腺中，α1A、β1、β2-AR mRNA 的表达上调明显，α1D-AR mRNA 无明显变化。β1、β2-AR 在失神经支配腺体浆液性腺泡细胞表达强度明显升高，导管细胞和黏液腺泡细胞的表达强度无明显差别。人失神经支配颌下腺浆液性腺泡细胞中，α1A、β1-AR mRNA 的表达上调明显，α1B、β2-AR 无变化。

研究结果表明，人血管化自体颌下腺移植术后，失神经支配引发移植颌下腺腺细胞表面膜受体 α1A、β1-AR 发生了增敏。α1A、β1-AR mRNA 的变化和失神经支配腺体肾上腺素受体亚型蛋白表达变化相符合。β2-AR mRNA 的表达明显上调，但该亚型蛋白上调并不十分明显，提示失神经支配颌下腺肾上腺素受体亚型蛋白和 mRNA 的变化也可能不一致，受体亚型及其基因上调变化均主要发生在失神经支配腺体的浆液性腺泡细胞。

综上所述，本研究得出以下结论：

1. 人血管化自体颌下腺移植术后，腺体具有组织形态学、免疫组织化学及分子生物学特征性变化；

2. 多种因素可能参与失神经支配腺体的分泌过程，肾上腺素受体亚型的分布和数量进行自身调整，失神经支配导致腺细胞表面膜受体 α1A、β1 的表达增高，构成了腺体维持一定分泌功能的内在因素，而唾液分泌神经体液环境的改变及神经纤维再生则是外在因素，两者交互、协同，相互影响关系不可忽视；

3. 进一步研究失神经支配腺体多种生物因子和受体的关键作用，筛选决定性因子和受体并外源性进行某种干涉措施，可望改变失神经支配远期移植腺体的敏感性以提高血管化自体颌下腺移植手术的预期效果。

［关键词］ 肾上腺素受体亚型；G-蛋白；角结膜干燥症；失神经支配；血管化自体颌下腺移植；唾液分泌调控；信号转导

文选·述评

口腔解剖生理学

老年人和青年人咀嚼前后脑血流变化的对照研究[肖瑞,刘洪臣,邵龙泉.临床口腔医学杂志,2009,25(8):454~456]

为观察咀嚼运动对脑血流的影响,应用经颅多普勒超声诊断仪探测老年人和青年人大脑中动脉的收缩期峰流速、舒张期末峰流速及平均峰流速。结果发现咀嚼5分钟后、咀嚼10分钟后受试者大脑中动脉收缩期峰流速、舒张期末峰流速及平均峰流速均高于咀嚼前,咀嚼前老年人大脑中动脉舒张期峰流速低于青年人,而收缩期峰流速和平均峰流速与青年人差异无统计学意义。

述　评

咀嚼运动与脑功能的关系一直是学者关注的问题,该研究应用经颅多普勒超声诊断仪探测发现,咀嚼运动能增加大脑中动脉的血流量,为咀嚼运动能改善大脑机能提供了一定的实验依据。咀嚼运动调控大脑中动脉血流的机制有待深入研究。

(易新竹　王艳民)

慢性不可预知性刺激后大鼠咀嚼肌超微结构的变化[梁军,胡敏,鄂玲玲等.军医进修学院学报,2009,30(4):557~559]

应用12周龄雄性Wistar大鼠建立慢性不可预知性应激(CUS)动物模型,实验组大鼠接受随机的不可预知性应激。实验3周后,电镜观察发现实验组大鼠咬肌和翼内肌超微结构出现损伤,表现为肌丝排列紊乱、Z线弯曲、线粒体变性等;实验6周时,损伤更加明显。结果表明,长期CUS刺激可导致大鼠咀嚼肌出现超微结构损伤。

述　评

精神心理因素是颞下颌关节紊乱病(TMD)的一个病因,TMD常表现为咀嚼肌功能紊乱。该研究通过动物模型,发现慢性不可预知性应激会造成大鼠咀嚼肌超微结构的损伤,为精神心理因素作为咀嚼肌功能紊乱的病因提供了实验依据。但应该增加实验分组,观察去除应激因素后,咀嚼肌是否有恢复反应。

(易新竹　王艳民)

再定位殆垫戴入前后颞下颌关节盘和髁突的位置改变[陈慧敏,傅开元,李优伟等.华西口腔医学杂志,2009,27(4):408~412]

选择22例单侧或双侧可复性颞下颌关节盘前移位的患者,31侧关节盘前移位(前移位组),13侧关节盘位置正常(正常组)。分别在再定位殆垫(ARS)戴入前在闭口位、对刃位和下颌最少前伸位(ARS戴入后)进行磁共振成像扫描,测量不同下颌位置时关节的盘突角度、关节盘和髁突位置的变化。结果显示,1)盘突角度:闭口位时前移位组为54.23°,正常组为9.80°;对刃和下颌最少前伸位时,前移位组的盘突角度多回复至正常范围。2)关节盘位置:从闭口位至对刃位或下颌最少前伸位,正常组关节盘位置无明显改变,前移位组关节盘明显向后移动。3)髁突位置:从闭口位至对刃位或下颌最少前伸位,髁突在关节窝中向前下方移动。

述　评

可复性盘前移位是颞下颌关节常见的结构紊乱类型,再定位殆垫是治疗可复性关节盘前移位的常用方法,但ARS对盘突关系的影响缺乏直观的影像学证据。该研究通过MRI发现ARS戴入后髁突向前下方移动,关节盘向后回复,盘突关系得到改善,为ARS治疗关节盘前移位的机制提供了有益的实验参考依据。双侧TMJ为联动关节,如能设计正常志愿者作为对照组,将更有说服力。

(易新竹　王艳民)

正常受试者单侧咀嚼运动中的殆接触模式[陈

磊，张豪，冯海兰等. 北京大学学报：医学版，2009，41(1)：90 ~ 94]

采用虚拟颅颌运动仿真系统，分析了 18 例口颌系统功能正常的受试者用右侧咀嚼口香糖时，咀嚼循环闭口阶段 4 个时刻的殆接触面积。发现从殆接触初至牙尖交错位，在工作侧，殆接触总面积从 $(9.3 \pm 0.4)\,mm^2$ 增至 $(39.2 \pm 1.2)\,mm^2$，第一磨牙的殆接触面积从 $(3.7 \pm 0.2)\,mm^2$ 增至 $(14.8 \pm 0.7)\,mm^2$，第二磨牙的殆接触面积从 $(3.5 \pm 0.2)\,mm^2$ 增至 $(13.9 \pm 0.4)\,mm^2$。在非工作侧，殆接触总面积从 $(2.3 \pm 0.5)\,mm^2$ 增至 $(40.3 \pm 1.2)\,mm^2$，第一磨牙的殆接触面积从 $(0.5 \pm 0.2)\,mm^2$ 增至 $(13.6 \pm 0.5)\,mm^2$，第二磨牙的殆接触面积从 $(1.2 \pm 0.3)\,mm^2$ 增至 $(12.1 \pm 0.5)\,mm^2$。在殆接触初，18 例受试者中有 12 例出现了非工作侧殆接触；至 2/3 时刻时，所有受试者均出现了非工作侧殆接触。

述　评

利用虚拟颅颌运动仿真系统研究殆接触特征，不仅避免了传统咬合评价介质的干扰，而且可以观察不同时段殆接触情况。该研究初步说明了单侧咀嚼运动闭口阶段的殆接触特征，同时发现，组牙功能殆正常个体在咀嚼过程中普遍存在非工作侧的殆接触。

(易新竹　王艳民)

实验性咬合紊乱对大鼠髁突软骨局部雌激素表达的影响[李蓓，于世宾，李齐宏等. 华西口腔医学杂志，2009，27(5)：561 ~ 564]

通过正畸皮圈前移幼年及青春期雌性大鼠右侧上颌及左侧下颌第一磨牙，造成实验性咬合紊乱，观察髁突软骨改建过程中的雌激素表达变化。咬合紊乱组分别于 2、4、6、8 周后取材，去除咬合紊乱组则在实验 6 周时拔除第一磨牙，2 周后取材。免疫组织化学检测发现，雌激素主要表达于大鼠髁突软骨的成熟层和肥大层，表达强度随年龄增长而减少；咬合紊乱 2 周时雌激素表达显著增强，去除咬合紊乱后 2 周实验组雌激素表达仍高于正常对照及咬合紊乱 8 周组。

述　评

雌激素与软骨代谢关系密切，大鼠髁突软骨是雌激素的靶器官，该研究表明，实验性咬合紊乱可导致髁突软骨中雌激素的表达一过性升高，提示雌激素参与了咬合紊乱所致的髁突软骨改建过程。

(易新竹　王艳民)

慢性咀嚼肌疼痛患者面部和手指电刺激痛阈的初步观察[曹烨，谢秋菲，杨朝晖. 中华口腔医学杂志，2009，44(6)：373 ~ 376]

选择 12 例慢性咀嚼肌痛(MMP)患者和 12 例健康对照者，应用视觉模拟量表(VAS)对其双侧咬肌区、双侧颞肌区和左手中指的电刺激感觉阈和痛阈进行评分。结果发现，慢性 MMP 患者双侧咬肌、颞肌和左手中指的电刺激痛阈显著降低，而电刺激感觉阈无明显变化。

述　评

颌面部的感觉功能由三叉神经支配，长期慢性的面部疼痛刺激是否会影响三叉神经的功能缺乏定论。该研究发现，慢性 MMP 患者三叉神经的电刺激感觉阈没有明显变化，但电刺激痛阈显著降低，提示慢性 MMP 患者三叉神经感觉功能出现了变化，其调节机制可能涉及中枢神经系统，有待深入研究。

(易新竹　王艳民)

小型猪与小鼠腮腺、泪腺、垂体超微机构的观察与比较[颜兴，海波，孙异临等. 中华口腔医学杂志，2009，44(2)：108 ~ 112]

选用成年小型猪、昆明种小鼠各 5 只，对腮腺、泪腺、垂体的超微结构进行观察。结果发现，与小鼠比较小型猪腮腺腺泡细胞内分泌颗粒密度大，质地均匀，细胞器少见，血管内皮细胞内有较多分泌颗粒存在。研究结果提示，这些分泌颗粒可能进入血液发挥内分泌功能。小型猪与小鼠泪腺超微结构均与各自腮腺的超微机构相似。小型猪与小鼠垂体内细胞散在排列，细胞间充满血窦及毛细血管。

述　评

小型猪和小鼠是研究涎腺组织的常用动物模型,但其腺体结构特点有种属差异。该研究发现,小型猪和小鼠的腮腺和泪腺超微结构有明显的差别,超微结构的差异涉及涎腺的生物学特性,该对比研究对涎腺的基因治疗有一定的指导意义。

（易新竹　王艳民）

口腔组织病理学

钟状期成釉细胞的体外生长研究[田华,吕平,高岩等. 牙体牙髓牙周病学杂志,2009,19(6):309~313]

解剖分离因疾病原因引产遗弃的 19 周胎儿下颌骨,半侧固定后拍摄数字 X 线影像,连续切片 H-E 染色;另半侧未固定的组织分离乳牙牙胚成釉器,胶原酶消化法制成细胞悬液,采用差速贴壁和无血清培养基选择性培养成釉细胞。通过对乳牙牙胚成釉细胞的体外培养生长情况的研究,了解成釉细胞的生长和分化过程。将培养的乳牙胚成釉细胞通过细胞角蛋白 14 进行免疫细胞染色鉴定,并以 RT-PCR 方法检测釉质基质蛋白的表达。结果显示,X 线影像显示牙胚冠部有硬组织形成,组织学乳牙牙胚处于钟状期,可见分化的成釉细胞分泌大量细胞外基质,釉牙本质界处釉质已矿化。无血清培养基中牙源性上皮的生长分化良好,细胞角蛋白 14 染色阳性,RT-PCR 显示有釉蛋白、釉原蛋白和成釉蛋白的表达。表明无血清培养基可以选择性地培养乳牙胚钟状期成釉细胞,能够较好反映成釉细胞的生长分化状态。钟状期分化的成釉细胞进入细胞外基质分泌活跃期,并在釉牙本质界处最早出现釉质的矿化。

述　评

牙源性上皮和外胚间充质的交互作用调控着牙发育过程中的形态发生和细胞分化。该研究利用体外培养技术,通过组织学观察和无血清培养基体外培养人乳牙胚钟状期成釉细胞,观察了成釉细胞在体外的生长行为,为进一步研究牙齿发育过程中的细胞信号调控,理解釉质发育矿化机制提供了组织学依据和细胞学模型。

（周峻　金岩）

牙源性角化囊性瘤上皮细胞的体外培养及鉴定[潘爽,李铁军. 北京大学学报:医学版,2009,41(1):28~31]

采用组织块及酶消化法原代培养牙源性角化囊性瘤上皮细胞,以无血清的角化上皮细胞培养基进行体外连续培养,并进行细胞形态学观察及免疫组织化学鉴定。建立牙源性角化囊性瘤上皮细胞体外培养体系并进行初步鉴定。结果表明,体外培养的牙源性角化囊性瘤上皮细胞为多角形,细胞质均匀,轮廓清晰,表现上皮细胞特有的铺路石样外观,体外可传 2~4 代,生长周期 30~50 天。经波形丝蛋白、广谱角蛋白及角蛋白 10、角蛋白 14 免疫组化染色证实,分离培养的细胞为上皮来源,无间充质细胞混杂。表明采用无血清的角化细胞培养基可在体外进行牙源性角化囊性瘤上皮细胞的连续培养。

述　评

牙源性角化囊性瘤具有较高的复发倾向和独特的生长方式,其发病的始动因素及分子机制仍不明确,国内外关于牙源性角化囊性瘤上皮细胞体外培养的研究也相对较少。该研究建立起一个稳定的牙源性角化囊性瘤上皮细胞体外连续培养体系,从细胞生物学角度为牙源性角化囊性瘤发病机制及治疗提供有价值的体外实验基础手段。

（周峻　金岩）

DNMT1 干扰对唾液腺腺样囊性癌细胞系 ACC-M E-cadherin 表达的影响[黄枫豪,田臻,张春叶等. 中国口腔颌面外科杂志,2009,7(2):132~137]

设计靶向干扰 DNA 甲基转移酶 1(DNMT1)的短发夹 RNA(shRNA)序列,构建携带该序列的慢病毒载体并转导 ACC-M 细胞,对筛选出的抗性克隆采用 RT-PCR、荧光定量 PCR、免疫印迹方法检测 DNMT1 mRNA、蛋白质水平,筛选获得 DNMT1 表达稳定抑制的 ACC-M 细胞,并通过甲基化特异性 PCR 检测 E-cadherin 基因启动子的甲基化状态,荧光定量 PCR 检测 E-cadherin 的表达情况。筛选获得 DNMT1 稳定表达抑制的 ACC-M 细胞,其 mRNA、蛋白相对表达水平(0.156±0.008,0.163±0.013)显著低于空白对照组和空载对照组。E-cadherin 基因启动子甲基化水平明显降低,E-cadherinm RNA 表达水平显著增高($P<0.05$)。结果提示,shRNA 慢病毒载体介导的 RNA 干扰能够有效、稳定地抑制 ACC-M 细胞 DNMT1 的表达,并降低 ACC-M 细胞 E-cadherin基因启动子的甲基化水平,从而使 E-cadherin 基因表达增强。

述 评

腺样囊性癌中 RASSF1A、E-cadherin 等抑癌基因启动子甲基化引发基因失活是导致肿瘤进展和发生转移的重要原因。DNMT1 是细胞内基因组甲基化模式的维持甲基化酶,该实验针对 DNMT1 基因,设计 shRNA 序列,利用慢病毒载体可整合至靶细胞染色体,且外源基因能够稳定表达的优势,构建了 DNMT1 表达稳定抑制的 ACC-M 细胞系。结果发现,E-cadherin 基因甲基化水平降低并且表达升高,为观察 DNMT1 表达干扰的 ACC-M 细胞的体内外生物学特性奠定了基础,为研究 ACC 中抑癌基因去甲基化治疗提供了依据,为基因靶向治疗提供新途径。

(周峻 金岩)

hTERT 启动子靶向性驱动 Bax 诱导腺样囊性癌细胞凋亡机制的探讨[苏涛,于淑池,孟祥勇等.中华肿瘤防治杂志,2009,16(12):902~905]

脂质体介导 pACTERT-Bax 质粒载体转染端粒酶阳性的腺样囊性癌细胞(SACC-83)和端粒酶阴性的人胚肺成纤维细胞(HEL),通过 RT-PCR 检测 Bax 表达,MTT 法检测 Bax 基因表达对细胞增殖的影响,流式细胞仪检测细胞凋亡率,探讨人端粒酶反转录酶(hTERT)启动子调控 Bax 基因在 SACC-83 中表达的特异性以及 Bax 对 SACC-83 细胞增殖的影响。结果显示,hTERT 启动子调控 Bax 基因在 SACC-83 细胞中明显表达,对该肿瘤细胞的增殖有明显的抑制作用(相对活性 58.90%),且诱导细胞凋亡比例增加(11.62%);而在 HEL 细胞中 hTERT 启动子未能诱导 Bax 基因表达,对该细胞的增殖和凋亡无明显影响。提示 hTERT 启动子可以诱导 Bax 基因在 SACC-83 中特异性表达及诱导细胞凋亡,同时还能消除 Bax 基因对正常细胞的潜在毒性。

述 评

端粒酶由自身的 RNA 模板及数个相关蛋白构成,其中最主要的是其催化亚单位——hTERT,hTERT 启动子可能用于调控治疗基因的靶向表达,随着转基因技术的不断完善,含有 hTERT 启动子的基因治疗载体会发挥更好的作用。该研究利用 hTERT 启动子调控 Bax 基因表达的质粒载体转染唾液腺腺样囊性癌和正常细胞,对 hTERT 启动子特异表达外源基因载体进一步改造和完善、稳定转染,对其转录活性进行评价,为临床开展高效、定向和无创的涎腺肿瘤基因治疗提供可靠的理论依据和实践经验。

(周峻 金岩)

腺病毒介导 EGFP 共转染 p16 基因对腺样囊性癌细胞的影响[柯小亮,孙宏晨,臧光祥等.北京口腔医学,2009,17(1):20~23]

将含有增强型绿色荧光蛋白基因(EGFP)的腺病毒载体(Ad5CMV-EGFP)转染人涎腺腺样囊性癌细胞系(SACC-83)细胞,Ad5CMV-EGFP 为对照组,采用 Ad5CMV-p16 和 Ad5CMV-EGFP 共转染 SACC-83 细胞,作为实验组采用 RT-PCR 方法检测 p16 基因的表达。应用倒置显微镜观察细胞形态,MTT 法检测细胞的增殖率,软琼脂克隆形成实验检测细胞克隆形成,流式细胞仪检测细胞周期变化。探讨以抑癌基因 p16 为靶基因,腺病毒(Ad)为载体重组基因治疗药物 Ad5CMV-p16 对 SACC-83 的作用。结果显示,Ad5CMV-EGFP 在1 000 viral particles [vp] /cell 时转染效率达 95% 以上。采用 RT-PCR 法的实验组可检测到 p16 基因表达,而对照组未见表达。细胞单纯转染 Ad5CMV-EGFP 或共同转染 Ad5CMV-p16 后,随时间增长细胞增殖率逐渐下降,实验组较对照组变化更明显。实验组较对照组有更强的抑制细胞克隆形成能力;实验组 G_0-G_1 期细胞比例较对照组大。结果提示,Ad5CMV-p16 在体外能明显抑制 SACC-83 细胞增殖能力和活性,有望成为一种有效的基因治疗药物。

述　评

p16 基因是一种重要的细胞周期调控基因,在调控腺样囊性癌转移上可能起重要作用。近年来,利用腺病毒为载体构建的基因药物用于癌症临床研究已经取得了一些进展。该研究通过构建腺病毒介导的 p16 基因,并以绿色荧光蛋白作为报告基因,研究 p16 基因对人涎腺腺样囊性癌细胞的作用。由于腺病毒基因载体在国际上开始作为一种基因治疗药物进行临床研究,因此,该研究对于转基因治疗药物进一步应用到临床治疗提供了实验依据。

(周峻　金岩)

成釉细胞瘤中心体的检测及意义[洪岩松,于阳阳,钟鸣等. 中国口腔颌面外科杂志,2009,7(5):428 ~434]

采用免疫荧光及免疫组化方法检测 101 例成釉细胞瘤(AB)、5 例成釉细胞癌、10 例正常口腔黏膜及 10 例口腔鳞癌(OSCC)的中心体状况和 ki-67 的表达,检测细胞 DNA 含量,分析其与细胞 DNA 含量及细胞增殖能力的关系,探讨中心体异常与 AB 生物学行为的相关性。结果显示,29. 7% 的 AB 和 70. 0% 的 OSCC表现出中心体异常,而正常口腔黏膜上皮细胞无中心体异常表现(χ^2 = 165. 905, P = 0. 000);AB 细胞 DNA 含量平均为 15 420. 37,高于正常口腔黏膜组,低于 OSCC 组(F = 16. 523, P = 0. 000);AB 中心体异常组和OSCC 中心体异常组细胞 DNA 含量间存在显著差异,且均与正常口腔黏膜组存在显著差异(F = 10. 222, P = 0. 000)。AB 及 OSCC 的中心体异常组与中心体正常组间也存在显著差异(分别为 F = 40. 901, P = 0. 000 和 F = 7. 863, P = 0. 023); AB ki-67 LI 平均为 3. 41,且随 AB 的复发,与恶变有增强的趋势(F = 4. 344, P = 0. 017); AB 中心体的异常与 ki-67 的表达相关(r = 0. 156, P = 0. 017)。结果提示,部分 AB 中存在中心体的异常,与细胞 DNA 含量的增多有关,并可能与 AB 基因组不稳定相关。

述　评

中心体是维持染色体稳定的重要因素,中心体的改变与非整倍体的形成和染色体的不稳定密切相关,人类许多肿瘤都表现出中心体异常,包括中心体数目扩增、体积肥大或中心体蛋白异常磷酸化及其功能特性的改变。该研究检测了 AB 中心体的状况并分析其与细胞 DNA 含量的变化及细胞增殖活性的相关性,探讨中心体异常与 AB 生物学行为的关系。研究结果表明,AB 中存在中心体异常,且中心体异常可能与肿瘤上皮细胞 DNA 含量的改变及 AB 的增殖活性密切相关,提示中心体异常可能在成釉细胞瘤的发生、发展中发挥重要作用。

(周峻　金岩)

实时荧光定量 PCR 法测定成釉细胞瘤中肿瘤坏死因子基因的表达[蒋立坚,陈小华,吴新中等. 中华口腔医学杂志,2009,3(2):159 ~164]

用 10 对临床配对成釉细胞瘤(AB)和正常牙囊组织,提取和纯化 mRNA,反转录成 cDNA,在测定最佳反应条件后,采用实时荧光定量 PCR 技术验证肿瘤坏死因子(TNF)基因的表达情况,结合内参照 3 -磷酸甘油醛脱氢酶(GAPDH)管家基因进行相对定量分析,探讨 TNF 基因 mRNA 在 AB 中的表达水平及其与AB的相关关系。采用实时荧光定量PCR技术完成10对配对组织中TNF基因的检测，得到TNF基因mRNA在AB和牙囊组织的相对定量表达值分别(1.709±0.655)、(0.873±0.039)，经检验，其表达水平的差异具有统计学意义($P=0.001$)，TNF在9对临床配对标本中呈高表达。提示TNF可能是与AB密切相关的基因。

述　评

TNF是介导多向性炎症反应和免疫调节反应的细胞因子，具有广泛的生物学活性，它可以诱导肿瘤细胞的出血坏死，诱导血小板获得生长因子的释放和改变内皮形态等。TNF和它们的受体参与外胚层来源的器官发育，一些TNF家族成员的突变可以导致这些外胚层来源的器官发育不良和异常。结果提示，TNF基因在AB发生和发展的过程中起一定作用，可为AB的诊断和治疗提供一个新的思路，随着转基因技术和基因沉默技术等的发展，以TNF为靶点的基因治疗手段可能会成为治疗AB的有效手段之一。

（周峻　金岩）

口腔微生物学

义齿软衬材料表面微生物黏附的实验室观察［刘聪，张廷发，陈娜等. 北京口腔医学，2009，17(3)：146～148］

将树脂类软衬材料和硅橡胶类软衬材料分别制备成不同粗糙度的标准试件，以硬质基托树脂为对照组，分别置于变异链球菌、黏性放线菌和白色假丝酵母菌液体培养液中后脱菌、稀释、计数，分析比较3种细菌在试件表面的黏附量。结果发现，软衬材料比硬质基托树脂更易黏附变异链球菌和白色假丝酵母菌，而硅橡胶类软衬材料比树脂类软衬材料更易黏附变异链球菌和白色假丝酵母菌，表面粗糙度对口腔微生物的黏附有一定的影响。

述　评

近年来，有关义齿修复体表面，尤其是义齿基托表面微生物黏附对人口腔环境的影响研究越来越多。由于在临床义齿修复过程中，义齿软、硬衬底材料的应用而导致微生物的黏附，从而引发口腔细菌的聚集或菌群失调的报道也不少。故该研究对于基托材料选用及如何预防微生物的黏附具有很大临床意义，提示在临床工作中不仅要注意软、硬衬底材料的选用，而且要注意材料表面的光洁度以及指导患者在使用义齿过程中如何保持口腔卫生以及托牙的卫生、清洁。

（梁景平）

原发性感染、再感染根管中古细菌的RT-PCR分析［姜云涛，夏文薇，梁景平等. 牙体牙髓牙周病学杂志，2009，19(2)：84～87］

收集原发性根尖周炎感染根管31例及根管治疗失败再感染根管17例，提取总RNA并反转录为cDNA，古细菌通用引物扩增，比较分析两组样本中古细菌的检出率。结果显示，在所有根管样本中古细菌检出率为27.08%，虽然原发性感染根管和根管治疗失败再感染根管中检出率分别为35.48%和11.76%，但二者差异无统计学意义，提示古细菌可能参与了根管感染的发生和发展。

述　评

古细菌又称古菌，与细菌、真核微生物并列为三种主要的生命形式之一。其形态、大小与细菌类似，但结构和生理特性有明显差异。古细菌缺少肽聚糖细胞壁而没有胞膜，其膜脂由异戊烯醚构成。它可在高温、高酸碱、高盐及严格无氧条件下生存，而人体的肠道、生殖道适合古细菌的生存。该研究首次在国内采用RT-PCR方法对根管内古细菌进行了检测，其研究结果进一步丰富了根管微生物学研究内容，也提示古细菌在根尖周感染过程中可能具有重要的作用。虽然目前无法通过培养的方法进行研究，但可采用分子生物学技术进行诊断和研究，古细菌与根管及牙周感染疾病之间的关系及其致病机制尚需进一步研究，今后可在古细菌的分属、培养方面有所突破，为进一步研究古细菌的致龋特点、致龋机制打下基础。

（梁景平）

牙周炎患者唾液和龈下菌斑 3 种厌氧微生物的检测［冯向辉，张立，孟焕新等. 北京大学学报：医学版，2009，41(1)：44～48］

收集 50 例侵袭性牙周炎、48 例慢性牙周炎和 25 例非牙周炎患者的非刺激性唾液和龈下菌斑，应用 PCR 技术检测两种样本中的牙龈卟啉单胞菌、福赛斯坦纳菌和齿垢密螺旋体。结果发现，3 种微生物在同一患者两种样本中检测结果有较高的一致性。唾液中存在的 3 种微生物与牙龈出血指数密切相关，其中牙龈卟啉单胞菌的 OR 值高达 13.5，提示牙龈卟啉单胞菌、福赛斯坦纳菌和齿垢密螺旋体不仅存在于侵袭性牙周炎患者唾液和龈下菌斑中，而且存在于慢性牙周炎患者的龈下菌斑和唾液中。唾液中牙龈卟啉单胞菌、福赛斯坦纳菌和齿垢密螺旋体的检出状况与临床指标密切相关，唾液样本可用于口腔内牙龈卟啉单胞菌、福赛斯坦纳菌和齿垢密螺旋体的检测。

述　评

牙周病是人类常见病、多发病，与口腔细菌感染密切相关，尤其与牙龈卟啉单胞菌、福赛斯坦纳菌和齿垢密螺旋体密切相关，它不仅存在于牙周袋中，而且存在于口腔整个大环境中。而唾液作为牙周组织的大环境，牙周的情况可直接影响唾液中微生物的变化，反之，口腔中的微生物也可通过唾液流向牙周组织而定植到牙周袋内。因此唾液在牙周病微生物学方面的研究日益受到重视，且唾液来源丰富，临床易获取并且对患者无损伤，收集又无需特殊设备及训练。该研究的结果对于临床具有重要的应用价值，不仅适用于大样本流行病学调查，而且适用于临床疗效评估，当然其结果的准确、可靠还需进一步大量的临床样本来印证。

（梁景平）

牙髓炎及根尖周病患牙微生物的超微结构观察［邢田，梅陵宣. 现代口腔医学杂志，2009，23(2)：131～134］

分别收集健康牙 6 例、不可复性牙髓炎 10 例、牙髓坏死 20 例、慢性根尖周炎 20 例以及难治性根尖周炎 6 例，分为二组，一组采用扫描电镜观察根管内牙本质表面；另一组观察根尖周牙骨质表面。结果发现，除健康牙根管外，其余牙齿根管内牙本质表面均能观察到球状物质包裹的菌落构成生物膜，其中 26 例可见细菌不同程度侵入牙本质小管。2 例难治性根尖周炎根管内还可见共菌感染。在根尖周牙骨质表面，除健康牙、不可复性牙髓炎、牙髓坏死组外，根尖周炎患者可见牙骨质吸收，胶原纤维破坏及斑块状根尖生物膜，3 例难治性根尖周炎超充牙胶尖表面还覆盖细菌生物膜，生物膜的超微结构由于基质的多寡以及细菌组成的不同而表现各异。

述　评

近年的研究已发现细菌在牙髓、根尖周感染中不是由单一细菌或浮游状态存在于根管及根尖周牙骨质表面，而是以生物膜的形式存在于根管及其根尖周牙骨质表面。该研究结果进一步证实了此项发现，同时提出在根管治疗以及临场根管治疗药物使用过程中，必须以生物膜的概念为基础，因为生物膜的形式使得细菌对于器械、冲洗、药物的抵抗能力大大增加，是其主要的致病形式之一，今后应在此方面加大研究力度，从而提高根管治疗的成功率，同时此项研究结果还提示，根尖周牙骨质表面也有细菌生物膜的存在。目前应用的根管治疗方法无法去除根尖周牙骨质表面的细菌，这些细菌的存在对于根管治疗成功率的影响及根尖周组织的致病作用是今后应该研究的内容和方向。

（梁景平）

基因芯片技术分析慢性根尖周炎患牙产黑色素菌［唐子圣，曹慧敏，刘正等. 临床口腔医学杂志，2009，25(2)：82～85］

收集 76 例慢性根尖周炎患牙根管细菌样本，经 DNA 抽提，PCR 荧光标记后，与点样有牙髓卟啉单胞菌、牙龈卟啉单胞菌和中间普氏菌 3 种菌特异寡核苷酸探针的基因芯片进行杂交，采用激光共聚焦扫描仪分析杂交结果并进行统计学分析。结果显示，产黑色素菌与慢性根尖周炎关系密切，牙髓卟啉单胞菌和牙龈卟啉单胞菌与患者的瘘管和根尖周肿胀显著相关，采用芯片技术分析慢性根尖周炎患牙根管内细菌组成具有快速、灵敏、高效的特点。

述 评

分子生物学技术，如 PCR 的应用，对于根管中细菌组成的分析，相对于常规的培养方法具有更加准确、快速的优点，同时也大大提高了细菌的检出率。但 PCR 也存在着“一对一”的缺点，即一个 PCR 反应只能检测一种相对应的细菌，对临床样本中如存在多种细菌时，常需分别设计不同引物对应被检测细菌，分别进行多个 PCR 反应，存在较费时，同时被检细菌局限等缺点。基因芯片技术则具有大容量、高通量、快速准确的特点。该实验就是一次尝试，但仍存在所标记细菌量较少的缺点，尚未达到应用芯片技术进行细菌检测的目的，实验结果已初步说明在根管菌群分析中可以运用此项技术，同时也可以看到在口腔常见疾病如龋病、牙周炎感染的细菌群落组成分析中，此项技术的应用具有其他方法如细菌的培养和常规 PCR 方法所无法比拟的优点，可应用于临床治疗前后细菌组成分析、流行病学调查等。

（梁景平）

药物流出泵基因在白假丝酵母菌生物膜耐药性产生机制中的作用［亓庆国. 华西口腔医学杂志，2009，27（2）：191～194］

以 3 种咪唑类抗真菌药物，包括氟康唑、咪康唑和克霉唑以及结合盒转运子超家族的主要成分白色假丝酵母菌耐药基因 1 药物流出泵抑制剂作用于药物流出泵基因缺陷株形成的生物膜，采用二甲氧唑黄比色法（XTT）和菌落计数的方法，分析药物流出泵基因在生物膜耐药性产生中的作用。结果发现，药物流出泵基因对缺陷株形成的 24 小时生物膜 SMIC80 影响不大，生物膜表现型耐药株的产生与药物流出泵基因有关，抗真菌药物联合 CDR1 基因抑制剂在一定程度上能够帮助杀灭白色假丝酵母菌生物膜耐药株。

述 评

白色假丝酵母菌是人类口腔的常见菌和条件致病菌。生物膜的形式是其生存方式和抵抗杀菌药物作用的主要形式之一，而通过研究微生物生物膜的耐药性机制，发现新的针对微生物膜相关靶点的新型药物，从而控制临床上由耐药微生物及其生物膜导致的反复难以控制的感染性疾病是医学界长期研究的目标。该实验所采用的方法、技术以及实验结果为研究细菌的耐药机制提供了一种新的思路和方法，也为临床治疗反复真菌感染提供了一条新的途径，即在使用常规抗真菌药物的同时，辅以药物流出泵基因抑制杀灭耐药菌株。

（梁景平）

HIV 相关性口腔念珠菌 RAPD 多态性分析［武有聪，白丽，袁有华等. 微生物学通报，2009，36（5）：728～734］

运用随机扩增多态性 DNA（RAPD）技术对 60 株分离自 HIV 感染者口腔白色假丝酵母菌进行分析，其中 P2 随机引物扩增条带数量 0～5 条，大小 300 bp～2 000 bp，白色假丝酵母菌以 300、400、600 bp 3 个主条带为主，非白色假丝酵母菌也存在类似条带。进一步采用 SPSS 13.0 聚类分析，分为 5 个基因群，14 个基因型，假丝酵母菌主要为 B 群。其中 P385 和 P403 对 5 -氟孢嘧啶耐药，聚为 C1 基因型（欧氏距离平方为 0.115），P321 和 P522 对两性霉素 B 耐药，聚为 D1 基因型（欧氏距离平方为 0.221）。研究结果表明，HIV 感染者口腔来源的白色假丝酵母菌存在丰富的基因多态性，RAPD 技术对于白色假丝酵母菌的基因型鉴定具有重要意义；假丝酵母菌不同种间具有相对特征性的条带,同种不同株间存在相似的条带特征;某些条带特征可能与假丝酵母菌的耐药性相关。

述　评

HIV/AIDS 患者合并感染最常见的为白色假丝酵母菌感染,而抗白色假丝酵母菌药物的大量使用,白色假丝酵母菌耐药现象在临床上也越来越多见。因此对假丝酵母菌耐药的分子机制研究也是近年来的研究热点。RAPD 分析方法除了具有快速、简便、分辨率高、可大规模开展等优点外,其另一特点即为不需预先知道模板基因信息即可进行多态性分析,反应菌株基因水平上的差异。在该研究中,可根据扩增的 PCR 指纹图的多态性,转化为数值性数据,建立数据库进行数值型分类,计算相系数或距离值,并比较耐药相关性的基因型,以探讨假丝酵母菌基因型与表型鉴定和耐药性之间的关系,但缺点是使用此种方法不能将假丝酵母菌鉴定到种。其次,虽然已将耐 5 -氟孢嘧啶的白色假丝酵母菌聚为 C1 型,耐二性霉素的白色假丝酵母菌泵为 D1 型,但确切的证据应通过测序比对,寻找到耐药基因,克隆表达后用药敏实验来证明。由此可见,RAPD 多态性分析可作为白色假丝酵母菌或其他细菌学研究分子生物学分型鉴定的重要依据,但还应结合细菌的表型特征以及其他分析进行综合鉴定。

(梁景平)

口腔免疫学

特异性鸡蛋黄抗体对人工釉质龋形成的影响[江千舟,樊明文,边专等. 牙体牙髓牙周学杂志,2009,19(9):503 ~ 505,540]

菌斑的存在与龋病发生密切相关,牙菌斑内的产酸代谢活动是产生龋病损害的直接原因。细菌在摄取蔗糖后,牙菌斑中乳酸含量最高,乳酸和其他有机酸可造成釉质溶解、矿物质丧失,最终导致龋病的发生。该研究应用人工菌斑技术制备人工釉质龋模型,观察特异性抗变异链球菌鸡蛋黄抗体(IgY)对早期釉质龋形成和发展的影响。

述　评

抗体被动免疫一直备受人们关注,免疫防龋更是近年来龋病预防研究中的热点和难点。该研究中制备的特异性鸡蛋黄抗体 IgY 可以抑制变异链球菌的黏附,延缓早期釉质龋的发生、减少釉质脱矿量,从而减小细菌对釉质的破坏。该研究结果提示,抗体作为被动免疫防龋制剂将有良好的临床应用前景。

(石馨　牛忠英)

孕妇牙周病中牙龈卟啉单胞菌和血清炎性因子与早产低体重儿的关系[林垚,田宗蕊,陈宏柏等. 华西口腔医学杂志,2009,27(6):595 ~ 598]

近年来,流行病学、微生物学和免疫学的研究表明,孕妇牙周病可能是导致早产低体重儿发生的危险因素。该研究对分娩出早产低体重儿的产妇进行临床牙周检查,然后通过 16S rRNA PCR 法检测产妇龈下菌斑中牙龈卟啉单胞菌,并通过酶联免疫吸附试验对产妇和新生儿血样中的炎性因子进行检测,分析其与早产低体重儿的关系,以期对其病因学研究提供一定参考依据。

述　评

早产低体重儿对儿童的健康成长及家庭、社会造成巨大的经济、心理负担,明确其发生的危险因素,从而做好预防工作,降低其发生率具有重大的社会意义和学术价值。孕妇牙周病与早产低体重儿的发生是否存在关系,目前仍存在争议。牙周感染引起的局部细胞因子水平的释放可引起全身炎性因子整体水平升高,对妊娠结果造成一定影响。该研究结果表明,孕妇牙周病与早产低体重儿之间存在着相关可能性。

(石馨　牛忠英)

热休克蛋白 25 在大鼠牙囊细胞中的表达及生物学意义[杜宇,凌均棨,谷海晶等. 中华口腔

医学杂志,2009,44(8):492～496]

热休克蛋白 25 是一类分子伴侣,近年来研究发现其对组织发育,尤其在细胞增殖和分化中具有重要作用。该研究通过检测热休克蛋白 25 在大鼠下颌第一磨牙牙胚中随时间变化的分布情况以及在体外大鼠牙囊细胞中的表达,用不同质量浓度重组鼠热休克蛋白 25,作用于体外培养的大鼠牙囊细胞,初步探讨其对牙囊细胞增殖和碱性磷酸酶活性的作用,进一步了解其在牙齿发育中的作用。结果发现,高质量浓度的热休克蛋白 25,可以诱导牙囊细胞中碱性磷酸酶的活性增加,促进牙囊细胞向着成牙骨质或成骨质方向分化。

述　评

牙囊细胞作为牙周组织分化发育的前体细胞能分化形成牙周膜、牙骨质和固有牙槽骨。因其具有较强的增殖分化能力,一直以来都是组织工程学研究的焦点。已有多项研究认为热休克蛋白 25 是细胞增殖和分化间的重要标记物,发挥着调节开关作用。该研究发现,高质量浓度的热休克蛋白 25,可以诱导牙囊细胞中碱性磷酸酶的活性增加,促进牙囊细胞向着成牙骨质或成骨质方向分化。该结果对于探索相关因子对牙囊细胞的促分化作用提供了一定的实验依据。

(石馨　牛忠英)

贴壁组织块反复消化法培养新生大鼠下颌骨成骨细胞及鉴定[鄂玲玲,刘洪臣,王东胜. 华西口腔医学杂志,2009,27(2):130～134]

有研究发现儿童、青少年糖尿病患者发生牙槽骨缺失风险明显高于非糖尿病者,其发病机制目前还存在争议。新生大鼠下颌骨成骨细胞的培养对探讨未成年患者系统性疾病与牙周病互相关系的实验研究有广泛的实用价值。成骨细胞原代培养方法有多种,该实验拟建立一种简单、经济、高效的原代培养方法以获得高纯度的成骨细胞,为进一步实验研究奠定基础。

述　评

Ⅰ型糖尿病患者骨密度下降、骨折愈合延迟,影响牙齿存留及种植义齿修复成功率,使糖尿病性骨病成为研究热点。该研究中贴壁组织块反复消化法不仅适合培养新生大鼠下颌骨成骨细胞,也适合培养人及其他动物胚胎或新生时各种骨的成骨细胞,还适合不同年龄的人和各种动物软组织需用组织块法培养的细胞。改良后的组织块法操作简便、实用、经济,培养出的细胞从形态学、组织学和生化上都具有典型的成骨细胞特性,为进一步研究系统性疾病与牙槽骨的关系奠定了基础。

(石馨　牛忠英)

细胞外基质磷酸化糖蛋白在人牙髓细胞成牙本质分化中的表达[韦曦,吴莉萍,凌均棨等. 中华口腔医学杂志,2009,44(9):524～528]

细胞外基质磷酸化糖蛋白(MEPE)是 2000 年发现的细胞外基质非胶原蛋白,与体内钙磷平衡和硬组织的形成矿化密切相关,是牙本质发育不全的重要候选基因,但其在牙齿发育再生中的确切机制尚不清楚。该实验检测 MEPE、牙本质涎磷蛋白(DSPP)、牙本质涎蛋白(DSP)、骨涎蛋白(BSP)和Ⅰ型胶原在人牙髓细胞诱导成牙本质分化过程中的表达情况,探讨 MEPE 在成牙本质分化过程中的作用。

述　评

人牙髓细胞具有分化成成牙本质样细胞并形成牙本质的潜能,充分发挥这种潜能是牙髓牙本质复合体修复再生的关键。细胞外基质磷酸化糖蛋白是新近发现的小分子整合素结合配体 N-糖蛋白家族成员,对骨组织的发育和矿化具有重要作用,细胞外基质磷酸化糖蛋白主要表达与分化成熟的成骨细胞和骨细胞,具有抑制骨形成和矿化的作用,是一种矿化抑制因子。对其在牙齿发育与再生方面的研究目前尚处于起步阶段,该研究探讨其在矿化调节机制中担任的角色及对牙髓干细胞增殖分化的作用,对于牙体硬组织疾病的理论研究和临床的预防、治疗都有重要的学术意义。

(石馨　牛忠英)

口腔生物化学

人牙槽成骨细胞的体外培养和生物学特性检测[蒋少云,束蓉.实用口腔医学杂志,2009,25(5):630~633]

取临床埋伏阻生牙拔除时的骨组织进行组织块法体外培养成骨细胞,用倒置显微镜观察细胞形态、细胞生长情况,MTT 法检测细胞增殖;用酶动力学方法作碱性磷酸酶(AKP)活性定量测定、Alizarin red 染色和 von Kossa 染色作成骨特性检测,同位素^{3}H 掺入结合细菌胶原酶消化法测定Ⅰ型胶原的合成。结果显示,组织块培养第五天,细胞从组织块中爬出,再培养 14~16 天可以传代;在条件培养液中细胞 AKP 活性明显,Alizarin red 染色和 von Kossa 染色呈阳性,具有分泌Ⅰ型胶原的功能。表明体外培养的人牙槽骨细胞具有成骨细胞的形态和生物学特性。

述　评

牙槽骨吸收是牙周病变的一个重要特性。如何有效地防止牙槽骨的吸收和恢复被吸收的牙槽骨组织是临床急需解决的一个重要问题。该研究建立了牙槽骨成骨细胞的体外培养体系,检测了细胞增殖与分化的生物学特性,为进一步研究牙槽骨吸收和再生的调控机制和各种药物和方法治疗牙周疾病的实验研究提供了很好的基础,也为研究正畸牙移动的机制、调节牙周组织改建提供了参考。

(刘建国)

变异链球菌 gtfs 在不同 pH 值条件下表达的差异性[陆玉,刘天佳,杨锦波.华西口腔医学杂志,2008,26(6):667~669]

采用实时定量反转录聚合酶链反应方法检测血清 c 型的变异链球菌临床分离株 502(高产糖株)和参考株 UA159(低产糖株)在不同 pH 值条件下,变异链球菌葡萄糖基转移酶(GTFs)毒力因子编码基因 gtfA、gtfB、gtfC 和 gtfD 的表达变化。研究结果显示,在 pH 5.5 条件下,高产糖株和低产糖株 gtfA、gtfB 和 gtfD 的表达均有不同程度的升高,尤以 gtfB 表达升高最明显,而 gtfC 略降低,高产糖株 gtfB、gtfC 的表达水平高于低产糖株。

述　评

GTFs 是变异链球菌的重要毒力因子。该研究是作者的课题组对变异链球菌毒力因子与龋病发生关系的系列研究之一。在前期的研究中,分析了患龋水平与高、低致龋株之间的关系,观察到从部分高龋患者口腔中仅能分离出低致龋毒力株,而从部分无龋患者口腔中仍能分离出高致龋毒力株,这种现象仅由变异链球菌的血清型和致龋毒力因子遗传多态性难以完全解释,据此推测变异链球菌致龋毒力因子表达水平的高低也影响龋病的发生。经实验证实,gtfs 的表达差异与变异链球菌的致病力密切相关,并提出 gtfB 在特定 pH 值条件下的升高是变异链球菌作为一种致龋菌的特异性应激反应。研究结果为进一步阐明龋病发生的机制奠定了基础。

(刘建国)

人牙髓细胞向成牙本质细胞分化的蛋白质组学研究[韦曦,吴莉萍,凌均棨等.中华口腔医学杂志,2009,44(2):85~86]

对人牙髓细胞进行矿化诱导,提取诱导前后细胞总蛋白,双向电泳分离蛋白质,采用 DeCyder V6.0 软件确定差异蛋白点,质谱鉴定差异蛋白质。结果显示,双向电泳确认了 46 个差异蛋白质斑点,质谱鉴定了 20 个蛋白质斑点,差异蛋白质涉及细胞周期调节、能量调节、信号传导等细胞生物学过程。作者认为蛋白质组学技术可高通量筛选与人牙髓细胞向成牙本质细胞分化相关的功能蛋白。

述　评

蛋白质组学技术是近年来非常成熟和广泛应用的先进技术,通过比较分析,可以发现在细胞分化过程中各种功能蛋白差异表达,研究细胞分化的分子机制,寻找新的标记蛋白。此项研究采用蛋白质组学技术分析人牙髓细胞向成牙本质细胞分化过程中细胞蛋白表达谱的改变,为揭示特征蛋白在分化过程中所起的作用进行了有益探索。

(刘建国)

遗传性牙龈纤维瘤病家系永生化细胞的建立及染色体初步分析[陈冬,尹伟,石立松等. 口腔医学研究,2009,25(3):254~257]

采集5个常染色体显性遗传的遗传性牙龈纤维瘤病(HGF)家系外周血样本,通过EB病毒联合环孢霉素A转化处理获得外周血永生化淋巴母细胞系,并分析细胞系的中期染色体片,检测建系前后的遗传稳定性。结果显示,成功建立了5个HGF家系的永生化B淋巴细胞系,所建细胞系G带显色核型分析无明显差异。作者认为,EB病毒转化构建的永生化淋巴细胞系遗传学持性稳定,可永久保存HGF家系资源。

述 评

HGF是一种罕见的以全口牙龈组织弥漫渐进性增生为主要特征的良性病变。该研究采用EB病毒转化技术,将所采集到的HGF家系成员外周血B淋巴细胞转化成永生化淋巴母细胞系,构建HGF家系资源的永生化淋巴母细胞库,解决了庞大而又珍贵的HGF家系DNA资源的保存问题,避免了重复采样。实现了无限保存、复苏和增殖患者体细胞样本,建立了HGF遗传种质库,为今后HGF分子生物学和细胞遗传学方法的研究提供了DNA资料。

(刘建国)

口腔常见链球菌代谢组学鉴定的研究[郭强,肖丽英,周学东等. 华西口腔医学杂志,2009,27(5):553~556]

在液体TPY培养基中分别接种相同密度的血链球菌和远缘链球菌菌悬液,用比浊法测定菌悬密度,绘制生长曲线。取2种细菌生长稳定期培养液检测核磁共振图谱,对其主要成分进行分析。结果显示,2种细菌主要成分的数据内部有集中的聚类关系,核磁共振图谱分析法可以区分这2种细菌。作者认为代谢组学方法在口腔链球菌的快速鉴定中具有良好的应用前景。

述 评

代谢组学方法是一种快速、高通量、全面的表型分析方法,与传统的基于表型或者基因型的微生物分类方法相比,在鉴定微生物时操作简单,易获得微生物整体的细胞功能信息,可普遍用于细菌及细菌生态系。该研究利用基于核磁共振氢谱的代谢组学方法,通过比较人类口腔常见的血链球菌和远缘链球菌的代谢物图谱,对代谢组学方法应用于口腔常见链球菌的快速鉴定进行了有益的探索。也为建立口腔链球菌标准代谢物数据库提供了基础。

(刘建国)

牙周炎患者牙周袋内硫化物水平与牙龈卟啉单胞菌的关系[黄洁,孙正. 北京口腔医学,2009,17(4):203~206]

采集慢性牙周炎患者龈下菌斑,用定量PCR方法检测菌斑中牙龈卟啉单胞菌,同时用金刚探针牙周诊断仪测量同一取样点的硫化物水平,并记录临床探诊深度、出血指数。结果显示,牙龈卟啉单胞菌的检出率为92%,明显高于硫化物34%的检出率;在深牙周袋、出血的位点,硫化物的检出率、浓度均明显高于浅牙周袋、不出血的位点。而在深牙周袋、出血的位点,牙龈卟啉单胞菌的检出率和浓度无显著性增高;硫化物检测阳性的位点牙龈卟啉单胞菌的数量高于硫化物检测阴性的位点,但无统计学差异。结果提示,牙周袋内硫化物的水平不是反映牙龈卟啉单胞菌数量的敏感指征,但可在一定程度上反映牙周组织的破坏程度和炎症的存在。

述 评

牙菌斑是牙周炎发生发展的始动因素。慢性牙周炎的主要致病菌都是产硫化物的细菌,硫化物是它们的共同代谢物。牙周袋内细菌的代谢产物硫化物的变化直接受菌斑的影响,与牙周袋内细菌数量的变化密切相关。牙龈卟啉单胞菌是慢性牙周炎的最主要致病菌，它的存在与牙周病发生、治疗后复发或病情继续加重有着密切关系。该研究采用金刚探针牙周诊断仪检测了牙周袋内硫化物的水平，用定量 PCR 法测定了牙周袋内牙龈卟啉单胞菌的相对数量，分析了两者的相关关系，并提出硫化物的水平变化反映的是龈下菌斑整体活动情况，而不是单一菌群的变化情况。研究结果为牙周病的防治研究提供了一定的基础。

（刘建国）

菌斑生物膜原位干预模型的建立［鲁纯，胡凡，徐艳等. 口腔医学，2009，29(4)：174～175］

建立原位菌斑生物膜模型，运用激光共聚焦扫描显微镜结合荧光染色技术观察原位菌斑生物膜 0～48 小时的发展过程及 48 小时菌斑生物膜的活性和厚度。结果显示，应用该方法可以观察到 0～48 小时的菌斑生物膜从无到形成到成熟，细菌排列趋于密集，菌斑厚度逐渐增加的全过程。48 小时的菌斑生物膜活性和厚度均可检测。表明实验已成功地建立了原位菌斑生物膜模型。

述　评

牙菌斑生物膜是龋病和牙周病的主要致病因素，菌斑干预可用于龋病和牙周病的防治。菌斑干预生物模型的建立是筛选用于临床研究抗药物质的重要步骤。该研究利用激光共聚焦扫描显微镜结合荧光染色技术建立了体内的菌斑生物膜原位干预模型，该模型的建立将为研究药物、漱口液等化学制剂对生物膜发展过程及早期成熟菌斑生物膜的影响提供实验基础。

（刘建国）

口腔生物力学

持续性压低重力致牙根吸收动物模型的建立［张子川，张云飞，曹军. 牙体牙髓牙周病学杂志，2009，19(6)：327～331］

选取 12～24 月龄、体重 12～15 kg 雄性杂种狗 6 只，在上颌切牙临近的两牙根之间，靠前庭沟植入微型自攻正畸支抗种植钉，在上颌 6 个切牙粘贴托槽，每个结扎圈加力 300 g，每两周加力一次。对 6 个上颌切牙施加持续性压低重力，以处于非加力状态的下颌牙作对照，经 X 线影像观察：有 33 个实验牙出现牙根吸收，2 周后根尖周出现稀疏区，6 周后根尖区出现牙根组织缺损性吸收；形态学观察：牙根形态不完整，形成不规则形态截面；组织切片观察：可见根尖吸收区有大量单核、多核细胞聚集。通过持续性压低重力方法，可以建立起在 X 线片上可见的牙根吸收动物模型。

述　评

建立牙根吸收动物模型是研究正畸治疗中牙根吸收发生机制和防止措施的重要手段。目前牙根吸收动物模型多以近远中加过大力的方式建立。该研究采用持续过大矫治压低牙齿的方法，成功建立出具有 X 线影像特征的牙根吸收模型，这种模型对正畸过程中牙根吸收的机制和防治的研究有重要的应用价值。

（朱洪水）

深冷冻保存对牛牙本质力学性能影响的生物力学研究［郑秋林，刘宏伟. 牙体牙髓牙周病学杂志，2009，19(7)：390～392］

收集新鲜牛下颌切牙 70 个，用高速涡轮机切割成大小为 4.00 mm × 2.50 mm × 1.50 mm 70 个，标本长轴与牙本质小管方向垂直。将标本分成 7 组，每组 10 个，A、B、C 组分别在 －196 ℃液氮中深冷冻保存 1 周、1 个月、6 个月；D、E、F 组分别在 －80 ℃低温冰箱深冷冻保存 1 周、1 月、6 个月，G 组不经任何处理，作为对照组。测试时，将标本取出室温复苏 24 小时。经电子万能测试机测试发现，不同温度不同时间深冷冻保存后，牛牙本质压缩强度、弹性模量、比较极限没有明显差异($P>0.05$)。电镜观察：深冷冻保存 6 个月的牙本质的超微结构并未受到深冷冻保存而破坏，但在 －196 ℃液氮中保存的样本的牙本质表面暴露的胶原纤维丝比其他组多。

述 评

离体牙的保存关系到牙的再植、牙的生物性能的研究。目前对离体牙的保存方法有低温保存法和化学保存法。任何一种保存方法，对离体牙的物理的、生物性状是否有影响，都值得研究。本研究结果显示，深冷冻保存后的牙本质的力学性质差异无统计学意义，且不受冷冻温度高低和时间长短的影响，为牙库建立提供相应的实验室依据。

（朱洪水）

动态载荷下单端桥基牙牙周膜应力的三维有限元分析［郭莹，唐亮，潘燕环. 中华口腔医学杂志，2009，44(9)：553～557］

选用1个牙列完整的健康成人下颌骨标本进行CT描述，用AutoCAD 2002计算机图像处理系统二维成像，导入ANSYS 10.0有限元分析软件建三维模型。设计缺失 ⌉7，以 ⌉56 基牙，单端固定桥修复 ⌉7。在动态载荷周期内，以250 N平均骀力，分别对颊尖颊斜面、舌斜面垂直加载和45°斜向加载。在下颌后牙单端桥的咀嚼运动中，侧向骀力对基牙牙周健康影响最大，修复后对近缺隙侧基牙的牙周组织条件要求更高，连续多个动态载荷周期加载下牙周膜形成的应力积累不会对牙周膜造成损害，第二磨牙缺失的双基牙单端桥设计是可行的。

述 评

临床上因 ⌉8 阻生常导致 ⌉7 拔除，用单端桥修复存在争议。有不少的学者对磨牙游离缺失单端桥修复进行三维有限元应力分析。但多采用静态载荷下的应力分析，不能完全反映临床实际情况。而该研究采用瞬间动态分析不同部位加载时基牙牙周期的应力分布，更接近临床实际情况。

（朱洪水）

周期性张应变对人牙髓细胞形态、存活率和增殖活性的影响［余晶，谢亚佳，许多等. 上海口腔医学，2009，18(6)：599～603］

选取15～22岁青少年因正畸拔除的前磨牙的牙髓，采用组织块贴壁法培养原代人牙髓细胞，通过Flexcell细胞应力培养系统，使培养皿底部产生拉伸变形，从而使贴壁细胞受到机械牵张。分别加载2%和8%的周期性张应变，加载频率为1 Hz，加载时间分别为0.5、12、24小时，以未加载的静态细胞作为对照组。应用倒置相差显微镜、台盼蓝法及MTT法分别检测细胞形态、存活率和增殖变化发现：张应变加载后，贴壁的牙髓细胞形态为长方梭形，有明显的极性突起，且排列趋向一致，加载24小时变化更明显；2%、8%加载组细胞的存活率显著大于对照组，12小时加载组细胞存活率最高，24小时加载组略有下降；2%、8%加载组细胞的增殖能力与对照组相比增加，2%加载组24小时增加最明显。

述 评

细胞在机械应力的刺激下会影响到细胞的形态，且可作为一种细胞外的信号在细胞内传递，引起细胞内信号的级联反应，进而可调节细胞增殖、分化、分泌等生物效应。牙髓细胞中存在一定的牙髓干细胞，担负着重要的修复功能，在咀嚼力的作用下，对牙髓细胞的生物性能存在何种影响，目前研究较少。该研究应用Flexcell细胞应力培养系统，观察人牙髓细胞在张应变状态下形态、存活率、增殖活动等于力学效应，为应力在牙组织工程中应用提供参考。

（朱洪水）

2种牵张方向对下颌骨体部牵张成骨应力分布与移位的影响［刘春丽，刘志辉，秦绪喜等. 华西口腔医学杂志，2009，27(2)：217～219］

以颅颌面系统正常的男性青年为标本，采用螺旋CT冠状位扫描下颌骨，使用CAD计算机软件和I-DEAS软件建下颌骨三维实体模型。用空间梁单元模拟临床上使用的牵张器。根据牵张器放置方位不同建立二组模型：平行于矢状轴模型和平行于下颌体部模型，测量不同牵张位移加载条件下，下颌骨的Von Mises

应力,骨结合点移位。当牵张器平行于下颌骨体放置时,模型中的最大应力是牵张器平行矢状轴模型中最大应力的 2 倍。Von Mises 应力集中主要发生加载部位和髁突的颈部前下区域;当模型的加载位移增加时,最大应力与加载位移值成线性关系。

述　评

牵张成骨已经成为矫治牙颌面发育不足及整复颌骨缺损畸形的重要手段,在颌骨进行的牵张成骨是三维方向上的,牵张器放置的位置和牵张的方向将直接影响骨牵张的效果。该研究得出,平行于下颌骨体模型存在明显的侧方力,牵引装置所产生的反作用力使它的后臂产生向外侧位移;牵引装置平行于矢状轴放置时,这种反作用力降到最低。此项研究为牵张器在临床应用中的放置位置和牵引方向提供了理论根据。

（朱洪水）

机械扩张力作用下小鼠腭中缝成骨与破骨的研究[苗毅,王林,张卫兵等. 口腔医学,2009,29(4):169~173]

选取 90 只 6 周龄 SPE 级 C57BL/6 小鼠,随机分成对照组:1、3、7、14、28 天,实验组:1、3、7、14、28 天,每组 9 只。小鼠上腭第一、二磨牙邻接点之下,安放两眼簧扩弓器,施加扩张力 0.56 N。于加力后 1、3、7、14、28 天,通过 H-E 染色观察腭中缝组织形态学改变,碱性磷酸酶(AKP)染色和抗酒石酸酸性磷酸酶(TRAP)染色观察腭中缝组织中成骨细胞和破骨细胞的变化。实验组 1 天紧邻腭骨细胞 AKP 染色呈现阳性,7 天实验组腭中缝明显被扩张,缝边缘 AKP 染色显强阳性。TRAP 染色显示实验组第 1 天有破骨的骨膜细胞活动,而 3 天破骨细胞消失,7 天实验组破骨细胞主要分布于鼻底侧且较第 1 天多,14 天实验组与 7 天相似,而 28 天破骨细胞消失。

述　评

施力后的腭中缝,刺激腭中缝组织发生改建,与矫形治疗关系密切,目前对腭中缝受张力刺激后的新骨生成与改建机理尚未完全阐明,其中主要涉及成骨细胞和破骨细胞的活动。该研究发现对腭中缝施加扩张力能促进成骨与破骨活化增殖,二者在时间与空间的数量、分布存在差异,而导致了腭中缝扩张和骨改建,在生理性扩张的作用下,机体有自身的平衡体系而非简单的压力使骨吸收,张力刺激成骨。所以该研究有助于进一步阐明在机械力作用下成骨细胞和破骨细胞功能调节机制在腭中缝扩张改建中的作用。

（朱洪水）

静压力作用下人牙周膜细胞差异表达蛋白质的质谱分析[安源远,周洪,阮禹松等. 上海口腔医学,2009,18(1):56~60]

选取 12~17 岁青少年因正畸需要拔除的牙体牙髓、牙周健康的牙,刮取根中 1/3 的人牙周膜细胞(HPDLC)培养、传代,取生长良好的第 4 代 HPDLC 用于实验,加载 100 kPa 的持续性静压力作用 1 小时,分别收集压力前、后的细胞。对照组以同样的加力装置密闭培养,除不加力外,其余条件同实验组。采用固相 pH 梯度/SDS-PAGE 双向电泳和质谱技术,对人牙周膜细胞静压力干预组和未加力组细胞内总蛋白进行分析,鉴定 2 组细胞的双向电泳图谱,差异表达蛋白点为 30 个,选择其中 5 个新出现的差异点进行质谱分析和数据库检查,其中早老蛋白和儿茶酚胺-O-甲基转移酶二种蛋白在加力组中新表达。

述　评

牙周膜细胞组织中存在一种具有多向分化潜能的干细胞,其在一定的条件下可以分化为牙骨质细胞和牙周膜细胞,在牙周组织改建中起着重要的作用。在静压力作用下,牙周膜细胞可以向成骨细胞转化,但转化的信号传导的通路目前不是很清楚。该研究发现加力组出现早老蛋白与 Notch 蛋白具有相关性,而后者与牙周膜细胞生物力学改建的信号传导有关。儿茶酚胺-O-甲基转移酶与降钙素基因相关肽有关,而降钙素在骨代谢中发挥重要作用,该研究为今后进一步研究牙周组织改建提供新的思路。

(朱洪水)

口腔材料学

不同树脂黏固剂对瓷与牙本质粘接强度的比较研究[尹敏,骆小平,姚海等. 中华口腔医学杂志,2009,44(2):113~116]

选取无龋坏的青年人前磨牙,制备牙本质粘接面,铸造直径为 3 mm、高 3 mm 的圆柱状瓷块,分为 A、B、C、D、E 五组。分别选用树脂黏固剂 A(Variolink)、B(Multilink Automix)、C(MultilinkSprint)、D(Relyxuicem)和 E(Biscem)。将瓷块黏固于牙本质粘接面上,每组 16 个试样,37 ℃水储 24 小时后,每组 8 个试样,直接测试剪切粘接强度。另 8 个试样进行 5 000 次冷热循环后,测试粘接强度,用扫描电镜观察粘接面形态。结果表明,粘接强度依次为 A > B > D > E > C,与冷热循环前相比,冷热循环后 A、B、C 三组均有下降,差异有统计学意义($P<0.05$),D、E 组下降不明显。作者认为,以全酸蚀粘接技术为基础的树脂黏固剂的粘接强度大于自酸蚀的树脂黏固剂和自粘接型树脂黏固剂。

述 评

该项实验是紧密联系临床的基础研究,A(Variolink)是全酸蚀粘接技术为基础的树脂黏固剂,B(Multilink Automix)为自酸蚀的树脂黏固剂,其余均是自粘接型树脂黏固剂。实验结果表明,A(Variolink)树脂黏固剂在操作步骤上比其他黏固剂多,但从强度及稳定性而言,仍应是全瓷树脂黏固剂的最佳选择。从电镜中观察证实 A(Variolink)树脂与牙本质界面有明显混合层形成,B(Multilink Automix)树脂混合层较薄,其他各树脂无明显混合层形成,这也从形态上支持生物力学测试结果。该实验结果可供临床参考。

(潘可风)

钛表面 TiO_2 纳米孔对骨髓基质细胞黏附和铺展的影响[张梅,黄其煜,周晓健等. 上海口腔医学,2009,18(5):493~498]

采用电化学阳极氧化法和化学腐蚀技术,在纯钛表面制备出特定 R 度和形貌的 TiO_2 纳米孔层结构。以猪骨髓基质细胞(BMSC)为研究对象,应用激光共聚显微镜、扫描电子显微镜等技术,检测细胞黏附、铺展形态和骨架蛋白排列等生物学特性。实验结果表明,阳极氧化法和化学腐蚀技术制备的钛表面 TiO_2 纳米孔层结构孔径为 30 nm,深度为 15 nm,与对照材料比较,BMSC 接种后,处理组钛片细胞黏附数显著大于对照组($P<0.05$)。细胞铺展面积是对照组的 1.35 倍($P=0.001$)。因此,作者认为经处理后,钛表面 TiO_2 纳米孔层结构对 BMSC 的黏附与铺展具有明显促进作用。

述 评

无论体内体外,最先与组织细胞接触并发生作用的是材料表面。医用植入材料表面的特性,对细胞的黏附、生长等生物学特性有重要影响。而细胞的黏附又是基础,黏附特性差异将影响细胞的增殖和分化。该实验使用猪 BMSC 为研究对象,在体外特定条件下,可以分化为其他细胞如成骨细胞、软骨细胞、脂肪细胞等。该实验结果显示 TiO_2 纳米孔表面修饰的纯钛材料,与 BMSC 具有较好的生物相容性,该材料是一种较好的体内植入材料。但是否能在组织工程作为一种新型的支架材料,还有待进一步的实验加以证实。

(潘可风)

五种牙科合金对小鼠成纤维细胞毒性及凋亡相关基因表达的影响[孟贺,韩东,战德松. 中华口腔医学杂志,2009,44(8):497~501]

实验分别设金合金(A 组)、银钯合金(B 组)、钴铬合金(C 组)、镍铬合金(D 组)和铜合金(E 组)的浸提液,以含 10% 胎牛血清的培养基作为阴性对照组(F 组),各组体外培养小鼠成纤维细胞 L929 24 小时。用 MTT 法检测细胞毒性,反转录聚合酶链反应法(RT-

PCR)检测各组对细胞凋亡相关基因表达的影响。结果表明,除E组细胞毒性为4级外,其余各组毒性均为0级。各组mRNA表达水平由低到高,依次为E<A<F<C<B<D。除F组与A组差异无统计学意义之外,其余各组间均有统计学意义($P<0.005$)。结果又提示,五种牙科合金中,仅铜合金有明显细胞毒性。五种牙科合金浸提液诱导L929细胞凋亡,相关基因表达有差异。除金合金外,另四种材料可能通过线粒体通路诱导细胞凋亡。

述　评

仅从细胞形态学水平检测生物材料的相容性,往往还不能作出客观科学的评估。随着科技手段的不断发展,不少学者开始应用分子生物学方法检测生物材料性能,这也是研究生物材料的发展趋势。实验通过细胞mRNA水平表达,观察研究细胞-材料间反应。实验结果证实,金合金组织生物相容性最好,其他合金不同程度影响细胞活性;而铜合金则毒性最大。该实验结果有较高科学性,其结论对基础研究与临床应用均有较大的参考意义。

(潘可风)

树脂表面粗糙度对丙烯酸树脂与硅橡胶粘接强度的影响[李风兰,马兰,石勇等.中华口腔医学杂志,2009,44(9):558~561]

将90个丙烯酸树脂试片,随机分为9个组,每组10个,分别用不同目砂纸打磨、喷砂、抛光等处理,测试各组试片表面粗糙度Ra。制作硅橡胶-偶联剂-丙烯酸树脂试件,测试各组试件的粘接强度。实验结果显示,喷砂组粗糙度最高,1 500目砂纸打磨组粗糙度最低,各组间粗糙度差异具有统计学意义($P<0.05$)。喷砂组粘接强度显著低于处理组($P<0.05$)。600目砂纸打磨组粘接强度最高。结果表明,粗糙度过高并不利于提高丙烯酸树脂与硅橡胶间的粘接力,用较小粗糙度600目砂纸打磨可提高二者的粘接力。

述　评

粘接强度是衡量一种材料优劣的重要指标,常采用拉伸和剪切强度实验检测。该实验应用剪切强度测试粘接力是可行的。许多学者认为材料经粗化处理后,能增加粘接面积,从而增强粘接强度。但也有学者认为,粗化处理会破坏粘接面。该实验证实,过度粗化不利于硅橡胶之间的粘接,而只有适度粗化才能达到增加粘接面积和增强粘接强度作用。以上结论对临床有一定参考与指导意义。

(潘可风)

季铵盐单体改性牙本质黏接剂对变形链球菌的抑制作用[李芳,陈吉华,马赛等.中华口腔医学杂志,2009,44(10):621~625]

将季铵盐单体加入二甲基丙烯酸酯基牙本质黏接剂作为改性组,以二甲基丙烯酸酯基牙本质黏接剂作为阴性对照组。采用接触抑菌实验和黏附实验,比较无处理、老化处理和唾液处理后,两组黏接剂表面链球菌的生长和黏附情况。结果显示,无处理时,改性组变链菌落中位数为2.80×10^{6} CFU,显著低于阴性对照组2.60×10^{8} CFU。而老化处理与唾液处理后,改性组黏附细菌所制悬液A_{600}值,均显著低于阴性对照组($P<0.01$)。而细菌倍增时间与阴性对照组差异无统计学意义。结果表明,改性的牙本质黏接剂固化后,其表面变链菌生长和黏附受到抑制。

述　评

继发龋是影响有关材料临床效果的重要因素,因此,研制具有一定抗菌性能的修复和粘接材料,抑制窝洞内残留的细胞生长,是预防继发龋的重要课题。该项实验是紧紧围绕临床关注的热点进行有意义的实验。但该实验仅研究改性后对变链菌的抑菌效果,实验虽然考虑一定的相关因素,但与真正口腔内的微环境还有很大差异。因此,如有可能,模拟口腔环境再做进一步实验,研究材料抗菌谱和防龋作用,则更有临床指导意义。

(潘可风)

镁合金表面沉积β-磷酸三钙涂层的单细胞凝胶电泳实验[郝玉全,谭丽丽,颜廷亭等.中华

口腔医学杂志,2009,44(10):626 ~ 628]

采用化学沉积法,在镁合金表面沉积 β - 磷酸三钙涂层(镁合金涂层组),同时设镁合金组、阴性对照组(纯钛)和阳性对照组(质量浓度为 0.5 mg 的博来霉素)进行单细胞凝胶电泳实验。每组观察 60 个细胞,计算 4 组尾矩和尾部 DNA 百分含量,进行单因素方差分析和 SNK 检验。实验结果显示,镁合金组尾矩为 0.52 ±0.12;尾部 DNA 百分含量为 6.82% ± 1.81%;镁合金涂层组尾矩为 0.51 ±0.12,尾部 DNA 百分含量为 6.89% ±1.93%;镁合金组与镁合金涂层组相比,差异无统计学意义($P>0.05$)。实验结果说明,沉积涂层后的镁合金对人外周血淋巴细胞的损害程度未增加。

述　评

该实验选用的尾矩和尾部 DNA 百分含量为国际公认的检测指标,单细胞凝胶电泳也已广泛应用于遗传毒性评价。该实验仅检验外周血淋巴细胞损害的程度,尚需做有关基因突变、染色体畸变等方面的实验,才能对遗传毒性作出更科学、更全面的评价。

(潘可风)

二氧化钛纳米管的制备及其对成骨细胞增殖和碱性磷酸酶活性的影响[于卫强,蒋欣泉,张益琳等. 中华口腔医学杂志,2009,44(12):751 ~ 755]

采用阳极氧化法在钛基底表面制备 TiO_2,通过不同的冲洗工艺得到不同结构的 TiO_2 纳米管,以未行阳极氧化的钛试件为对照组,在两组钛试件表面培养成骨细胞。实验结果显示:阳极氧化的电压可影响 TiO_2 纳米管径和管长,细胞在纳米管表面的铺展范围大于对照组。两组差异有统计学意义($P<0.05$)。21 天后纳米管组碱性磷酸酶相对活性与对照组的差异也有统计学意义。结果显示,阳极氧化工艺,特别是电压变化可以控制 TiO_2 纳米管形貌和 TiO_2 纳米管结构,可以促进成骨细胞的早期黏附、增殖和改变碱性磷酸酶的活性。

述　评

自 Webstei 报道纳米结构比传统的微米结构更利于成骨细胞生长后,各国学者对各种纳米结构对成骨细胞活性影响,又进行了许多研究。该文的实验也证实,在纳米管结构下,可以促进成骨细胞的早期黏附和增殖。但关于纳米管结构能否特异性地吸附某种细胞黏蛋白,以及纳米管形貌对成骨细胞活性的确切作用尚未阐明,还有待进一步深入研究。

(潘可风)

牙体牙髓病学

黄芪浸出液对致龋菌的体外抑菌实验[张金婷,邓旎,车团结等. 实用口腔医学杂志,2009,25(4):588 ~ 590]

研究黄芪浸出液对变异链球菌、乳酸杆菌的抑制效果。选择甘肃产黄芪为原料,制成水浸出液,以变异链球菌、乳酸杆菌为实验菌株,用选择性培养基进行液体培养,在培养基中添加不等量的药物,培养 24 小时后检测菌液的 A 值、pH 值;用 SPSS 13.0 软件进行统计分析,并与国外致龋菌抑菌产品(MI)进行比较。结果发现,黄芪浸出液对变异链球菌、乳酸杆菌的生长、产酸均有抑制效果,抗菌效果与 MI 相当。

述　评

目前国内对五倍子、甘草、黄连、金银花、茶多酚、蜂胶等天然药物的防龋作用有较多报道,该文作者利用黄芪对防龋进行了研究,主要描述了黄芪浸出液能有效地抑制口腔常见致龋菌变异链球菌和乳酸杆菌的生长,具有和国外 MI 相当作用,并且在原液 125 倍稀释时,仍具有一定的抗菌作用。此外黄芪浸出液对金黄色葡萄球菌、表皮葡萄球菌和肺炎克雷伯菌也具有抑制作用。因此黄芪可否作为口腔抗龋药物值得深入研究。

(倪龙兴)

重组人白细胞介素 - 1β 诱导人牙髓细胞蛋白质组的差异分析[郭世梁,张颖丽,黄洋. 华西

口腔医学杂志,2009,27(5):487~491]

采用双向凝胶电泳技术分离牙髓细胞全蛋白,分析重组人白细胞介素-1β(rhIL-1β)诱导牙髓细胞后蛋白质的差异。结果发现了39个蛋白质点差异明显,其中15个蛋白质点在诱导组高表达,新增13个蛋白质点,7个蛋白质点低表达,4个蛋白质点仅在对照组中表达;质谱鉴定后,10个蛋白得到确认。并鉴定了牙髓细胞中与rhIL-1β作用密切相关的2个差异蛋白,为探索早期牙髓炎的应答机制提供了新的线索和思路。

述　评

在牙髓炎发生过程中,很多蛋白都参与并行使了一定的功能。从中挑选、研究占主导作用或新的蛋白就显得尤为重要。蛋白质组学是对蛋白质特别是其结构和功能的大规模研究,被誉为是人类基因组学研究的"下一步"。为研究牙髓炎的发生发展指出了一种新的快速、准确的研究方法。不单是牙髓炎,在牙齿发育上也有很多蛋白质参与其中,因此蛋白质组学也一定能在牙齿的发育、发展机制上做出杰出的贡献。该文通过rhIL-1β诱导牙髓细胞,通过蛋白组学的研究方法,发现了两组与白细胞介素-1β有关的差异蛋白,ANX-1和Mn-SOD。ANX具有调控炎症反应的功能,而SOD具有诱导细胞死亡、抗组织损伤和促使机体功能改变的作用。这些研究成果为更深入研究牙髓炎发病机制指出了新的方向。

(倪龙兴)

Smad3在转化生长因子β_1调控人牙本质基质蛋白1基因表达中的作用[逄键梁,柯杰,李晓华等.临床口腔医学杂志,2009,25(9):524~527]

将Smad3瞬时转染至人牙髓干细胞(HDPSC)后,随着TGF-β_1刺激,Smad3在细胞中的表达出现从细胞质到细胞核的转位。pGL3-P -505~+86与Smad3共转染至细胞后,在TGF-β_1刺激下,Smad3可明显加强TGF-β_1下调pGL3-P -193~+86和pGL3-P -505~+86启动子活性的作用。在牙本质基质蛋白1(DMP1)基因启动子-505~-193 bp区至少有一个Smad3结合区域为-209~-201 bp区的GTCTAGTCA序列。

述　评

包括DMP1在内,多种蛋白参与了牙齿的发生、发育。研究各种蛋白之间的调控、影响和功能一直是一个重要课题。该实验通过瞬时转染人牙髓干细胞,并结合GFP荧光标记,探索了DMP1启动子中Smad3的结合位点,为DMP1基因表达调控机制提供了研究基础。绿色荧光蛋白无毒性,对细胞代谢没有明显影响,从发现起就一直是一个良好的示踪剂。实验所利用的带有绿色荧光蛋白的pEGFP-N1-Smad3载体,使得观察细胞中Smad3表达的作用时比以往实验更为直观。该实验通过DNA迁移率变动试验(EMSA)发现在DMP1启动子区域有Smad3的结合位点,也为以后的实验提供了一个新的研究方向。

(倪龙兴)

富血小板血浆促进人牙髓细胞增殖的实验研究[唐风勤,邹德荣,陆家瑜等.口腔医学,2009,29(3):137~141]

利用离心法制备富血小板血浆(PRP),通过ELISA方法测定PRP中血小板源性生长因子(PDGF-AB)和转化生长因子(TGF)-β_1的浓度;用四甲基偶氮唑盐(MTT)法观察5%、10%、20% PRP在2、4天时对牙髓细胞的增殖作用。结果显示,制备的PRP中血小板浓度大于$1\,000 \times 10^9$个/L,为全血中的4倍以上,经ELISA测定PRP及贫血小板血浆(PPP)中PDGF-AB、TGF-β_1的浓度分别增加4倍以上。MTT法测定不同浓度组的PRP对牙髓细胞均有增殖作用,以10% PRP增殖效应最明显;4天时PRP对细胞的增殖作用明显强于2天时;10% PRP组较10%胎牛血清组增殖作用明显。说明实验制备的PRP含有较高浓度的PDGF-AB及TGF-β_1,不同浓度的PRP均能有效促进牙髓细胞增殖,以10% PRP浓度增殖效应最明显;并且这种增殖作用并不依赖于胎牛血清的存在;随着时间延长,PRP 对细胞增殖作用增加。

述　评

PRP 技术制备方法简单安全,具有良好的可塑性和密闭性,作为唯一的内源性生长因子来源,有着广阔的应用前景。PRP 内含多种能促进组织修复和再生的生长因子,其中 PDGF 和 TGF-β_1 的作用最为重要,对体外培养的细胞具有促进细胞增殖和促进细胞外基质合成的生物学活性。该实验研究了 PRP 作用牙髓细胞后,对其增殖作用的影响,为牙髓组织再生的基础研究以及临床活髓保存治疗的应用提供实验基础。

(倪龙兴)

MTA 用于龋源性露髓年轻恒牙部分活髓切断治疗的初步研究[孙燕,宋光泰. 口腔医学研究,2009,25(4):475~477]

用三氧化矿化聚合物(MTA)做活髓保存剂,对 26 例 29 颗因龋露髓的年轻恒磨牙采用部分活髓切断术治疗,随访 18 个月,评价其疗效。结果发现,活髓切断术治疗龋源性露髓年轻恒磨牙成功率为 96.55%,67.85% 治疗成功患牙有牙本质桥形成。表明部分活髓切断术是治疗龋源性露髓年轻恒牙的有效方法,MTA 是可供选用的较为理想的活髓保存剂。

述　评

MTA 是近些年开始作为诱导硬组织矿化的牙髓治疗材料,具有良好的生物相容性和活性,封闭性好,X 线阻射性高,细胞毒性小,抗菌性强等优点,但是可能由于其价格昂贵,目前在国内临床上应用较少。该文作者观察 29 颗龋露髓的年轻恒磨牙采用部分活髓切断术后的疗效,从结果看成功率较高,如能继续观察,结果更能说明问题,并有助于推广 MTA 在临床上的应用。

(倪龙兴)

颅骨锁骨发育不良患者牙齿矿化不全超微结构的研究[王小娟,轩东英,董绍忠等. 实用口腔医学杂志,2009,25(3):356~360]

收集临床颅骨锁骨发育不良(CCD)患者的滞留乳牙以及萌出下恒切牙,制备牙齿磨片,通过扫描电镜观察 CCD 患牙超微结构的改变,通过色散能分光计对釉质和牙本质中 Ca、P 元素含量进行能谱分析。结果发现,CCD 患牙发育不良:釉丛和釉板结构增多,釉-牙本质界平直,牙本质小管分布不均,牙骨质薄;釉质和牙本质中 Ca、P 含量降低。结果表明,成骨细胞特异性转录因子(*runx*2)基因突变对 CCD 患者牙齿结构及其组成元素均有很大的影响,*runx* 2 基因对于牙齿正常发育有重要作用。

述　评

CCD 是一种少见的常染色体显性遗传疾病,基因分析已证实 *runx*2 基因突变所致的单倍体不足是造成 CCD 的主要原因。*runx*2 基因是一种促使细胞向成骨方向分化的转录因子,对牙齿发育起到重要的调控作用。*runx*2 在牙齿发育的各个阶段均有表达且范围清晰可见,对牙齿矿化尤为重要,表现为发育初期促进成牙本质细胞的增殖分化,钟状末期表现为抑制作用。该实验在组织学水平上通过对 CCD 患者牙齿结构变化的研究并对其组成元素进行成分分析,再次证明 *runx*2 基因对于牙齿发育的重要性。

(倪龙兴)

釉成熟蛋白真核表达载体的构建及其在 293T 细胞中的表达[魏亚红,郝建忠,孙岩等. 牙体牙髓牙周病学杂志,2009,19(6):338~341]

提取出生 6 天的昆明小鼠下颌磨牙总 RNA 为模板,通过 RT-PCR 法扩增小鼠釉成熟蛋白[Amelotin(Gene ID: 71421)],包括编码区全长在内的部分 cDNA 序列,克隆到 pMD18-T 克隆载体,然后亚克隆至 pcDNA3.1 真核表达载体中。将构建的重组载体转染 293T 细胞,检测 Amelotin 的表达情况。结果成功克隆 Amelotin 基因编码区全长序列并构建出重组真核表达载体 pcDNA3.1-Amelotin,

转染后可检测到 Amelotin 基因在 293T 细胞中的表达。结果表明，构建了重组 pcDNA3.1-Amelotin 真核表达载体，并成功表达，为进一步研究该蛋白的生物学活性奠定了基础。

述　评

釉成熟蛋白（Amelotin）为成熟期成釉细胞特异性表达蛋白，定位于人 4 号染色体上 4q13.3 区域，与 Ameloblastin 和 Enamelin 基因相邻，但其表达产物的结构与两者完全不同。目前研究显示，Amelotin 属于釉基质蛋白，在牙齿发育过程中，由成釉细胞分泌并在釉质发生的分泌成熟阶段表达，但其生物学活性尚不清楚。有学者认为遗传性釉质发育不全（AI）可能与 Amelotin 基因有关，但尚未有明确结果。该研究成功构建了重组质粒 pcDNA3.1-Amelotin，并在转染的 293T 细胞中检测到高表达，这为深入研究 Amelotin 的活性提供了蛋白来源，也为研究其活性及功能打下基础。

（倪龙兴）

牙周病学

牙周致病菌密度感应信号系统 *luxS* 基因的检测［雷朝锋，杨禾，孙昌娟等. 中华口腔医学杂志，2009，44（1）：32～34］

提取牙龈卟啉单胞菌、伴放线放线杆菌、具核梭杆菌的 DNA，通过聚合酶链反应（PCR）、电泳鉴定和 DNA 测序，并利用 GenBank 数据库的 Blast 检测以上细菌 *luxS* 基因的存在情况。电泳鉴定存在目的条带，测序和 Blast 检测表明牙龈卟啉单胞菌 PCR 产物与目的基因有高度一致性（均为 99% 以上），具核梭杆菌测序结果与 GenBank 数据库的基因相同，伴放线放线杆菌电泳鉴定结果显示存在目的条带（750 bp），与参考条带大小一致。结果显示，该实验引物设计合理，能较好扩增出牙龈卟啉单胞菌、伴放线放线杆菌、具核梭杆菌的 *luxS* 基因。

述　评

牙周可疑致病菌种间相互作用是口腔微生物学的研究热点。自诱导体 2（AI-2）是近年来研究发现的种间密度感应信号分子，调控 AI-2 产生的基因被命名为 *luxS* 基因。作者在国内首次通过将牙龈卟啉单胞菌、伴放线放线杆菌、具核梭杆菌 PCR 产物，与 GenBank 已知目的基因及参考条带相比较，其高度一致的结果表明提取扩增以上牙周可疑致病菌的 *luxS* 基因得以实现，为进一步研究 *luxS* 基因的功能奠定了基础。

（潘亚萍）

低氧的人牙周膜干细胞骨向分化影响的实验研究［侯建霞，Peter M Loomer. 中华口腔医学杂志，2009，44（9）：543～547］

将人牙周膜干细胞（hPDLSC）分别培养于常氧环境（氧的体积分数为 20%）和低氧环境（氧的体积分数为 1.5% ～2.0%）中。在培养的第 1、2、4、6 天分别提取细胞总 RNA 和总蛋白。运用蛋白免疫印迹法和半定量反转录聚合酶链反应分析比较不同培养环境下 hPDLSC 中碱性磷酸酶、骨钙素、富含半胱氨酸的酸性分泌蛋白和骨形态发生蛋白 2 的表达。结果显示，在培养的第 1、2 天低氧轻度刺激 hPDLSC的增殖（低氧组 *A* 值分别为 0.516 和 0.697，常氧组 *A* 值 0.418 和 0.617），第 3 天后则明显抑制 hPDLSC 的增殖（低氧组 *A* 值 0.870，常氧组 *A* 值 1.242）。在培养第 5 天后低氧抑制碱性磷酸酶的活性高达 90%（低氧组 *A* 值 0.004，常氧组 *A* 值 0.049）。低氧抑制富含半胱氨酸的酸性分泌蛋白在蛋白水平的表达，也抑制碱性磷酸酶、骨钙素和骨形态发生蛋白 2 在 mRNA 水平的表达。作者认为，低氧抑制 hPDLSC 的增殖并下调骨形态发生蛋白 2 的表达，继而下调其下游目的基因，如碱性磷酸酶、骨钙素和富含半胱氨酸的酸性分泌蛋白的表达，从而抑制人牙周膜干细胞骨向分化。

述　评

通过 hPDLSC 骨向分化获得牙周组织结

构和功能的重建是牙周病治疗的理想方法。深牙周袋内是一个相对低氧的环境，而低氧对基因的调控作用也得到了证实。什么样的氧浓度及维持时间最有利于 hPDLSC 体外培养、扩增及骨向分化，以及如何实现理想的氧浓度，尚需进行大量的研究探索。作者通过体外研究，评估了低氧环境对 hPDLSC 中碱性磷酸酶、骨钙素、富含半胱氨酸的酸性分泌蛋白和骨形态发生蛋白 2 的表达的影响，为 hPDLSC 治疗的临床应用提供依据。

（潘亚萍）

人牙周膜干细胞体外诱导分化为神经元样细胞的实验研究［甄蕾，刘宏伟. 华西口腔医学杂志，2009，27（1）：71～74］

体外分离、培养人牙周膜细胞，待细胞达一定量后采用有限稀释法进行克隆化培养，筛选鉴定牙周膜干细胞（PDLSC），用含 10 μg/L 碱性成纤维细胞生长因子（bFGF）的预诱导培养液诱导培养 24 小时，然后换用含 5 mmol/L β-巯基乙醇（β-ME）的诱导培养液诱导培养 6 小时，光镜下观察诱导细胞形态学的改变，免疫荧光、RT-PCR 等方法检测鼠抗人神经元特异性烯醇化酶（NSE）、神经丝蛋白（NF）和胶质纤维酸性蛋白（GFAP）的表达。同时以未诱导细胞为对照。体外诱导培养 6 小时细胞即发生形态学改变，可看到典型的神经元样细胞；免疫荧光、RT-PCR 检测诱导细胞表达神经元细胞特异性标志 NSE、NF，未诱导细胞无表达。结果显示，人牙周膜干细胞在体外可诱导分化为神经元样细胞，具有多向分化的潜能。

述　评

成体干细胞是组织工程学研究领域的热点，近年研究发现从人牙周组织中分离出的克隆形成细胞具有向成牙骨质细胞及脂肪细胞分化的能力，初步证明了 PDLSC 的存在。而通过研究 PDLSC 向神经元样细胞分化的能力，PDLSC 的存在得到进一步证实。该研究对 PDLSC 进行分离、培养并向神经细胞方向进行诱导分化，初步探讨了其分化潜能，为今后进一步寻找其特异性标记物奠定了基础，也为牙周组织工程的应用奠定了实验基础，提供了良好的种子细胞来源，文章思路较新颖。

（潘亚萍）

牙周可疑致病菌代谢组学鉴定的初步研究［鲁维希，吴亚菲，肖丽英等. 华西口腔医学杂志，2009，27（3）：310～312，316］

分别在牛心脑浸液（BHI）液体培养基中接种相同密度的牙龈卟啉单胞菌、中间普氏菌和具核梭杆菌，采用比浊法绘制生长曲线。取 3 种细菌生长稳定期的培养液进行核磁共振氢谱（^{1}H-NMR）测定，用主成分分析法进行数据分析。主成分分析显示 3 组数据各自有较为集中的类聚关系，可以区分这 3 种细菌。作者认为，代谢组学是一种具有良好应用前景的口腔细菌分类鉴定方法。

述　评

在各型牙周病损区，往往可分离出不同的优势菌，牙周可疑致病菌的鉴别对病因的研究和疾病的治疗非常重要，代谢组学通过对细菌所有低相对分子质量代谢产物进行定性和定量分析来鉴定细菌，具有快速准确的特点。作者用核磁共振氢谱测定的代谢组学方法对 3 种牙周可疑致病菌的代谢图谱进行分析比较，得以区分这 3 种细菌。该方法具有良好的应用前景。

（潘亚萍）

伴牙周炎糖尿病患者血清和龈沟液中 C 反应蛋白的检测及意义［邬春兰，陈凤玲. 上海口腔医学，2009，18（2）：132～135］

检测伴慢性牙周炎 2 型糖尿病组、慢性牙周炎组、2 型糖尿病组和健康人群组血清和龈沟液中 C 反应蛋白（CRP）浓度、糖化血红蛋白（HbAlc）水平，记录牙周探诊深度（PD）和龈沟出血指数（SBI）。采用 SPSS 10.0 软件包进行独立样本 t 检验和 Spearman 相关分析。伴慢性牙周炎 2 型糖尿病组、慢性牙周炎组、2 型糖尿病组血清 CRP 均比正常对照组具有显著性升高（$P<0.01$），并且伴慢性牙周炎 2 型糖尿

病组血清 CRP 水平最高，显著高于慢性牙周炎组（$P<0.01$）和 2 型糖尿病组（$P<0.05$）；4 组的龈沟液 CRP 水平均远低于血清水平，且 4 组间无显著差异（$P>0.05$）；血清 CRP 与龈沟液 CRP 无相关性（$P>0.05$）；血清 CRP 与 PD、SBI 和 HbAlc 显著相关（$P<0.01$）。作者认为，CRP 可能参与了牙周炎和 2 型糖尿病之间的互相影响；龈沟液 CRP 水平不能反映牙周病炎症程度和糖尿病病情。

述　评

糖尿病是牙周炎的危险因素之一，糖尿病和牙周炎的双向关系及其作用机制成为近年的研究热点。CRP 是一种炎症急性期出现的蛋白质，间接导致牙周组织破坏。该研究提示牙周炎症与糖尿病病情双向影响中有 CRP 参与，并可能起着加重病情的作用。该研究支持龈沟液 CRP 与牙周参数无相关性，为全面评价糖尿病与牙周炎的相互作用提供实验依据。

（潘亚萍）

人转化生长因子-β1 基因转染对人牙龈成纤维细胞成骨特性的影响［储庆，吴织芬，王勤涛等. 华西口腔医学杂志，2009，27（3）：264～267］

采用碱性磷酸酶（AKP）活性检测方法检测人转化生长因子-β1-pcDNA3 质粒真核表达载体（pcDNA3-hTGF-β1）转染后对牙龈成纤维细胞（GF）AKP 活性的影响，免疫组化染色及图像分析评价基因转染后骨钙素（OC）、骨桥素（OPN）、骨涎蛋白（BSP）、骨结合素（ON）含量的变化，体外矿化结节形成实验检测转染后细胞成骨特性的变化。转染后 GF 的 AKP 活性较未转染组有显著的提高（$P<0.05$），并且与牙周膜成纤维细胞（PDLC）的 AKP 活性接近（$P>0.05$）。OC 含量检测显示转染后 GF 的 OC 含量与未转染组和 PDLC 组相比，其差异均无统计学意义（$P>0.05$）。免疫组化染色后，转染组 GF 所表达的 OPN、ON、BSP 含量均高于未转染组 GF（$P<0.05$），而与 PDLC 间差异无统计学意义（$P>0.05$）。第 21 天和第 24 天时，在矿化液作用下 PDLC 及转染 GF 在倒置显微镜下可见致密的结节形成，von Kossa 染色可见紫色的矿化结节形成。未转染 GF 未见结节形成。而转染 GF 在未经矿化液诱导情况下，虽出现显著的细胞聚集，但 von Kossa 染色未见紫色矿化结节形成。作者认为，转染 pcDNA3-hTGF-β1 后的 GF 可表达一定的成骨细胞特性，但这种成骨特性有限。

述　评

牙周病基因工程学研究是该领域关注的焦点。外源性人转化生长因子-β1（hTGF-β1）对 GF 的作用比较肯定，并且具有研究支持 pcDNA3-hTGF-β1 转染 GF 后在其内可获得稳定表达。该研究观察 pcDNA3-hTGF-β1 转染对 GF 生物学性状的影响，为进一步观察转染后的 GF 植入体内后诱导牙周组织再生的能力奠定基础。并且在矿化液诱导下，转染 GF 形成矿化结节，在一定程度上提高了细胞的成骨特性，对成骨细胞分化具有重要意义。

（潘亚萍）

口腔黏膜病学

Nrf2 和 NF-κB 在口腔癌和癌前病变细胞中的表达及意义［汤晓飞，赵艳华，张敏等. 北京口腔医学，2009，17（3）：135～137］

采用免疫组化技术检测抗氧化应激反应的重要转录因子 NF-E2 相关因子 2（Nrf2）在口腔鳞状细胞癌细胞株 Tca8113、KB 及口腔癌前病变口腔黏膜异常增生（DOK）细胞中的表达，同时用氧化应激差异表达基因 GSTπ 与 NF-κB 进行验证。探讨 Nrf2 与 NF-κB 调控的氧化应激与口腔癌发生的相关性。结果显示，Nrf2、NF-κB、GSTπ 在 Tca8113、KB 及 DOK 细胞中均有表达，Nrf2 在 Tca8113 和 KB 细胞细胞质中表达增高，NF-κB、GSTπ 主要在 Tca8113 和 KB 细胞细胞质中表达增高。研究表明，氧化应激可能与口腔癌前病变、口腔鳞癌的发生密切相关，可能是通过 Nrf2 与 NF-κB

调控的氧化应激导致口腔鳞癌的发生。

述 评

氧化应激可导致包括肿瘤在内的一些疾病的发生。Nrf2、NF-κB 和 GSTπ 均是细胞调节氧化应激反应的重要因子,参与氧化应激反应。该研究通过免疫组化技术证实了 NF-κB 及 GSTπ 在 Tca8113、KB 及 DOK 细胞中均有表达;并利用核酸微阵列技术,对三种细胞的基因表达谱进行了比较研究,结果显示,与氧化应激相关的基因在三种细胞中均有表达,在 Tca8113、KB 细胞中表达增高。结果提示,Nrf2 与 NF-κB 调控的氧化应激可能在口腔癌前病变和口腔癌的发生中起重要作用,为 Nrf2、NF-κB 将来可能成为口腔癌化学预防新的靶点提供了一定的理论依据。

(周曾同)

口腔癌相关成纤维细胞对Ⅰ型胶原蛋白降解作用的研究[刘英,宋惠云,李多等. 临床口腔医学杂志,2009,25(7):396~398]

将Ⅰ型胶原蛋白凝胶与口腔癌相关成纤维细胞(CAF)和正常成纤维细胞(NF)共同培养 24、48、72 小时后,收集上清液,检测羟脯氨酸含量,比较 CAF 和 NF 对Ⅰ型胶原蛋白的降解能力。结果显示,CAF 上清超滤液中羟脯氨酸含量均值高于同时段 NF 组均值,并且作用 24、48 小时时两组降解作用随时间的延长而增加。研究结果提示,CAF 降解Ⅰ型胶原蛋白的能力强于 NF,可能与口腔鳞癌基质降解及肿瘤转移有关。

述 评

在癌的发生发展过程中,存在着上皮细胞与宿主间质之间复杂的相互作用,构成肿瘤-宿主界面微环境,其中癌相关成纤维细胞(CAF)作为一种重要的宿主细胞成分,对其生物学功能的研究,有利于进一步了解肿瘤生长侵袭转移的机制。该研究课题组在前期完成对 CAF 分离、培养、纯化及初步鉴定的基础之上,进一步分析 CAF 对肿瘤基质胶原的降解能力,是 CAF 生物学特性系列研究中的重要部分,具有重要的理论指导意义。

(孙正 柏景坪)

口腔黏膜白斑癌变的相关危险因素分析[蓝爱仙,关晓兵,孙正. 中华口腔医学杂志,2009,44(6):327~331]

通过对 409 例口腔黏膜白斑患者的回顾性综合分析,探讨口腔黏膜白斑癌变的相关危险因素。应用单因素和多元Logistic回归分析,计算年龄、病程、吸烟、饮酒、病变部位、临床类型、症状等与口腔黏膜白斑组织病理的关系。结果显示,与单纯增生相比,发生轻中度异常增生的危险性,女性口腔黏膜白斑患者是男性的 2.40 倍,颗粒型口腔黏膜白斑是均质型的 2.81 倍,危险区是非危险区的 1.98 倍,伴有症状的口腔黏膜白斑是无症状的 1.84 倍。发生重度异常增生及癌变的危险性,女性患者是男性患者的 3.11 倍,颗粒型、溃疡型、疣状型口腔黏膜白斑分别是均质型的 4.50、5.63、4.09 倍,危险区是非危险区的 2.79 倍,伴有症状的口腔黏膜白斑是无症状的4.38倍。

述 评

该文对口腔黏膜白斑患者的临床资料进行了回顾性研究,采用单因素检验和多元 Logistic 回归分析了年龄、病程、吸烟、饮酒、病变部位、临床类型、症状等与口腔黏膜白斑组织病理的关系,对于临床工作有一定的指导意义。但口腔黏膜白斑是癌前病变,其癌变的发生是多因素共同形成的结果,因此,尚需对癌变的机制进行更深入的探讨和研究。

(孙正)

三种自身抗体对原发性舍格伦综合征诊断的临床意义[林琴,黄建荣,华红. 现代口腔医学杂志,2009,23(3):225~227]

采用生物薄片免疫荧光技术(BDGHDP-IFA)和间接免疫荧光法,对 32 例确诊的原发性舍格伦综合征(pSS)患者血清中的抗腮腺导管抗体、抗核抗体(ANA)及抗可提取性核抗原(ENA)抗体进行测定,并与正常对照组比较。结果显示,原发性舍格伦综合征组抗腮腺导管抗体阳性率为50%,ANA阳性率为84.3%,抗ENA抗体阳性率达100%。研究表明,ANA和抗ENA抗体对pSS的敏感性和特异性都较高,对pSS的诊断有一定意义。

述　评

舍格伦综合征作为一种全身系统性的自身免疫疾病,其诊断标准在国际上尚无认统一,包括施墨氏试验、涎腺造影、唇腺活检和血清学检查等,其中血清学检查对于患者而言痛苦较小,易于接受。该文对三种血清自身抗体的敏感性和特异性进行分析,筛选更具有应用价值的指标,对于早期正确诊断原发性舍格伦综合征具有重要意义。

（孙正　关晓兵）

实验性口腔白斑癌变过程中端粒酶活性变化的研究[葛姝云,娄佳宁,周曾同.临床口腔医学杂志,2009,25(1):19～21]

以Salley法建立金地鼠颊囊癌变模型,双盲法判别病理分级,TRAP-ELISA法检测标本端粒酶活性。研究金地鼠颊囊白斑癌变过程中端粒酶活性的动态变化规律。结果显示,模型组端粒酶阳性率随涂布DMBA周数(病理分级)差异有统计学意义。研究提示,端粒酶可以作为口腔白斑癌变化学预防的替代性终点标记物监测口腔白斑癌变。

述　评

在绝大多数恶性肿瘤中,均能检测出端粒酶活性,而在正常组织中的检出率极低,端粒酶激活可使细胞获得无限增殖的能力,成为“永生化”细胞。因此有学者认为检测口腔鳞癌细胞中人端粒酶反转录酶(hTERT)在细胞核或细胞质的表达量可以预测口腔癌的进展、转归和预后,但此观点至今仍有争论。该文作者通过金地鼠颊囊实验性口腔癌模型研究发现:在口腔白斑癌变过程中,端粒酶活性呈动态性上升,提示端粒酶可能是监测口腔白斑癌变的重要生物学标记之一,可作为化学预防口腔白斑癌变的替代性终点标记物。该研究为端粒酶与口腔白斑癌变之间关系的进一步研究提供了一定的临床研究依据。

（孙正　葛化冰）

儿童口腔医学

先天性牙根发育不良致病相关基因的筛选[叶楠,文玲英,金岩等.临床口腔医学杂志,2009,25(6):340～343]

牙根发育不良(HTR)是指牙根生理性发育障碍的疾病,其具体发病机制尚不清楚。该研究采用改良消减杂交技术,以先天性牙根发育不良患儿及其正常兄弟为研究对象,制备血液基因表达cDNA文库,构建两者的差异表达文库;采用反向点杂交技术挑取部分克隆进行定性测序。结果显示,该研究获得了11个与先天性牙根发育不良疾病相关的基因克隆,成功构建了先天性牙根发育不良致病相关基因的消减cDNA文库。

述　评

HTR是一类先天性发育异常疾病,其发病率为1%～10%,有关致病基因筛选的研究国内外尚未见报道。该研究选用正处于身体发育期的先天性牙根发育不良患儿与其正常的兄弟为研究对象,具有相同的遗传一致性,是寻找HTR疾病的致病相关基因的理想研究模型。该研究通过改良消减杂交技术获得了11个与牙根发育不良疾病相关的基因,筛选出ADAM28和MCP-R1可能是HTR疾病的致病相关基因,可能参与调控牙根发育形态,这为预防HTR疾病的发生提供了遗传学依据。

（邹静）

低膦酸酯酶症患者乳牙牙髓细胞的研究[李婧,刘鹤,葛立宏.北京大学学报:医学版,2009,41(1):66～70]

低膦酸酯酶症(HOPS)的口腔表现主要为牙骨质形成不全或育不良。该研究以HOPS患者的乳前牙及正常健康同龄儿童的乳前牙为研究对象,分别分离并培养两组乳牙的牙髓细胞,用四甲基偶氮唑盐比色法(MTT)比较两组细胞的增殖能力，反转录聚合酶链反应（RT-PCR）技术测定细胞分化的不同时期组织非特异性碱性磷酸酶的表达情况，von Kossa 染色鉴定诱导两组细胞形成的矿化结节。结果显示，HOPS 组乳牙牙根表面有典型的吸收区，全层没有牙骨质结构，实验组乳牙牙髓细胞增殖能力明显低于对照组细胞，提示 HOPS 患者的牙骨质及牙本质形成过程均受到了影响，乳牙牙髓细胞的增殖及矿化能力均低于正常健康同龄儿童。

述 评

HOPS 是一种以骨和牙齿的矿化缺陷、血清及骨骼碱性磷酸酶活性降低为特征的遗传病，该研究将 HOPS 患儿的牙髓细胞与同龄正常儿童的牙髓细胞进行对比，发现在牙髓细胞分化过程中患儿牙髓细胞组织非特异性碱性磷酸酶表达有所降低，细胞增殖及矿化的能力均低于对照组细胞。该研究从细胞学方面进一步明确了 HOPS 的发病机制，为将来该遗传病的基因治疗奠定了细胞模型的基础。

（邹静）

多数牙先天缺失可能与 MSX1 上的 3 个 SNP 相关［袁林天，文玲英，陈金武等. 实用口腔医学杂志，2009，25（1）：47～50］

为探讨 MSX1 基因是否是引起多数牙先天缺失的致病基因以及突变的位点和方式，该研究从 4 例多数牙先天缺失患者与其家庭部分成员、1 个唇腭裂并发少数牙先天缺失的患者、1 个牙列完整的对照儿童的静脉血中提取 DNA。采用 PCR 方法扩增 MSX1 基因外显子 1、2 的编码区，而后对外显子 1、2 的 PCR 纯化产物测序，结合系谱进行序列比对分析。结果发现 3 个可能的均位于外显子 1 中的单核苷酸多态性位点（SNP），来自不同家系的 3 个患者在这 3 个位点上同时出现杂合突变。

述 评

在牙齿发育过程中转录因子的研究主要集中于同源异型盒基因家族，该家族中的 MSX、DLX 等转录因子被认为是启动和促进牙齿发育不可缺少的信号分子，对人牙的正常发育至关重要。该研究通过对 14 个样品 MSX1 基因编码区进行序列分析，发现 3 个可能的单核苷酸多态性位点，这 3 个 SNP 位点可能具有易感性，且相互关联，提示多数牙先天缺失可能与 MSX1 的这 3 个杂合突变有关，这为进一步探讨在牙齿发育过程中 MSX1 的分子调控作用提供了新的证据和思路。

（邹静）

不同氢氧化钙制剂在根尖周区氢氧离子扩散效能的研究［李成皓，汪俊. 牙体牙髓牙周病学杂志，2009，19（8）：458～461］

选取正畸减数拔除的 140 个前磨牙，行常规根管预备后随机分为 3 个实验组和 1 个对照组，3 个实验组分别用氢氧化钙水糊剂、Metapex 糊剂和 Vitapex 糊剂充填根管，分别于充填后 1 小时～3 个月不同时间对各组根尖周区局部 pH 值进行测量。结果显示，氢氧化钙水糊剂、Metapex 糊剂能在根尖周区更为有效地形成强碱性环境，Vitapex 糊剂 OH^- 在根尖局部最为有效的渗透扩散阶段可能在根充后 1 个月左右。

述 评

根管内感染的有效控制、根尖诱导药物对残留根髓或根尖周组织的有效诱导作用是提高根尖诱导成形术成功率的两个重要因素。该研究选择了临床上常用的三种根尖诱导成形剂进行离体年轻恒牙的根尖诱导实验研究，对三种诱导剂充填根管后不同时间根尖区的局部 pH 值进行测量，认为氢氧化钙水糊剂、Metapex 糊剂较之 Vitapex 糊剂组能在根尖局部形成有效的 OH^- 渗透扩散，前二者更适于作为根尖诱导成形剂。该结果为指导临床儿童年轻恒牙根尖诱导剂的选择提供了参考。

（邹静）

釉基质蛋白在牙髓细胞增殖中的作用［刘鹤，葛立宏. 现代口腔医学杂志，2009，23（2）：162～164］

分离培养人的牙髓细胞，加入不同浓度的

Emdogain，采用化学发光免疫测定方法比较牙髓细胞的生长情况，Superarray 方法研究加入 Emdogain 对细胞周期相关因子的影响。结果显示，适宜浓度的 Emdogain（45～600 mg/L）能够促进牙髓细胞的增殖，Emdogain 通过上调 cyclin D1、p21、E6-AP、SUMO-1 基因达到对细胞生长的促进作用。

述　评

Emdogain 主要成分为釉原蛋白，目前已用于牙周手术和牙再植以促进牙周组织的再生。该研究结果显示，牙髓细胞的生长与所添加的 Emdogain 呈现明显的剂量依赖关系，提示釉原蛋白可能在上皮-间充质的信号传导过程中发挥着一定的作用；同时 Emdogain 对牙髓细胞增殖的促进作用可以部分解释其作为盖髓剂所表现出的良好性能，这为临床新材料的开发提供了实验依据。

（邹静）

双歧杆菌在儿童口腔的分布及与儿童龋病的关系［翟晶晶，邹静，鲁莉英．华西口腔医学杂志，2009，27（6）：618～621］

选择 70 例 3～6 岁儿童（无龋 30 例，患重症婴幼儿龋 40 例）为对象，收集菌斑，在改良 TPY 选择性培养基中培养，提取细菌总 DNA，用双歧杆菌特异性引物进行 PCR。结果显示，重症婴幼儿龋组双歧杆菌的检出率为 47.5%，无龋组为 0，两组间检出率的差异有统计学意义，在有龋儿童口腔的不同部位间检出率的差异无统计学意义，此双歧杆菌在有龋组儿童口腔不同部位均有检出，不同检测部位间检出率的差异无统计学意义。

述　评

双歧杆菌因对机体具有重要的生理作用，被称为人体益生菌，目前被大量添加在儿童饮品中。儿童龋病最主要的致病菌为变异链球菌和乳杆菌，目前关于双歧杆菌与口腔疾病的相关研究较少，且尚未发现较好的分离人类口腔双歧杆菌的选择性培养基。该研究在实验中探索出一种对口腔双歧杆菌选择性较好的培养基，并采用 PCR 技术检测患有重症婴幼儿龋与无龋儿童乳牙不同部位菌斑的双歧杆菌定植情况，结果显示出儿童口腔双歧杆菌可能与儿童龋发生相关，但其检出情况与儿童牙面的不同部位关系不大，这为儿童的早期生态防龋提供了细菌学依据。

（李继遥）

激光龋蚀检测仪在乳磨牙邻面早期诊断中的应用［马文利，杨彩红，秦满．现代口腔医学杂志，2009，23（6）：574～576］

对儿童患者乳磨牙邻面龋 187 个可疑位点，分别用临床检查（视诊和探诊）、X 线检查（咬翼片）、激光龋检测仪（DIAGNODent，间接法）进行诊断。结果显示，激光法在同一检查者两次检查一致性好（$r=0.963$），与对照位点差异显著（$P<0.01$），与临床诊断高度一致。激光法与临床分度指数相关性不高（$r=0.304$），而 X 线片法分度指数与临床分度指数相关性较高（$r=0.688$）。结论说明，激光法是可以作为乳磨牙邻面龋早期诊断的补充。

述　评

邻面早期龋的诊断试验研究是热点，更是难点。从该研究的结果看，激光法对同一名检察者两次结果的比较，激光法对可疑位点和对照位点结果的比较，激光法与 X 线片法的结果比较等都只是一致性检验，不能做出孰准孰不准的结论。激光法与临床检查法在诊断正确性方面的比较原本是有意义的，但该研究不能直视邻面，即便能直视，也只能对中、深度龋进行诊断（WHO 标准）。而早期龋的诊断试验因迄今没有金标准，目前是无法进行的。

（吴友农）

老年口腔医学

牙齿重度磨耗伴牙列缺损老年人𬌗垫式义齿修复的临床观察［高翔，张小刚，王景云．口腔颌面修复学杂志，2009，10（5）：282～283］

针对 39 例老年人牙齿重度磨耗伴有牙列

缺失导致垂直距离过低，咬合关系不稳定的问题，采用过渡塑料殆垫式可摘义齿佩戴半年并将其调至最适颌位。根据殆垫最终确定的垂直距离，以钴铬合金或纯钛制作永久性殆垫式义齿修复牙列缺失。从患者咀嚼功能、肌肉疲劳感、颜面外形、表情、发音等方面进行观察，临床效果良好。

述　评

牙齿重度磨耗伴有复杂牙列缺损、缺失是老年人口腔多发病之一。恢复这类患者的垂直距离，重建咬合关系，增加咀嚼效能，已成为学者关注的焦点之一。该研究采用二段殆垫式可摘局部义齿的方法，具有临床意义，有必要增加临床病例，确定客观性的临床指标，进行长期的效果观察。

（吴补领）

老年人残根残冠的保留修复［齐静，吴彩杰，张春生. 中华老年口腔医学杂志，2009，7(4)：232～234］

选择 233 例患有冠心病、高血压、脑出血等不适宜拔牙的老年人为观察对象，对 841 个残根残冠进行覆盖义齿、桩核冠、冠桥修复。经过 6 个月至 4 年的随访观察，取得良好的临床效果。作者认为，老年人残根残冠修复前需经口腔内科与修复科医师共同制定治疗方案，医患之间应进行充分沟通。保留残根残冠的标准应因人而异，修复体设计主要遵循生物、机械和美学原则。保证修复体有良好的固位和抗力，为充分利用患者的现有条件，根管熔模最好采用间接法制作以保证桩及桩模的精确性和固位力，减少椅旁工作时间。

述　评

该临床研究符合老年人牙列缺损、缺失保存、保守、微创的治疗原则。对老年人修复前治疗要加强牙体牙周治疗的效果。尽可能利用自体牙提高固定义齿修复率，以改善老年人的咀嚼效率和生活质量。

（吴补领）

糖尿病患者牙周炎牙列缺损和牙列缺失的情况调查［孙林琳. 中华老年口腔医学杂志，2009，7(1)：17～19］

对 2004 年 1 月至 2007 年 12 月于新乡医学院第一附属医院口腔科就诊的 657 例 60 岁以上糖尿病患者的牙周炎患病率、牙列缺损及牙列缺失情况进行了调查分析。结果显示，老年糖尿病患者的牙周病患病率为 70.02%，牙列缺损率为 66.36%，牙列缺失率为 18.26 %，均明显高于对照组，其差异具有统计学意义($P<0.01$)，表明该人群口腔健康水平较低。

述　评

该资料具有一定的代表性。糖尿病与牙周炎有密切的关系，已备受关注，应进一步加强糖尿病与牙周炎相关性的基础研究。对老年糖尿病患者要加强宣教，使他们认识高血糖的有效控制与口腔卫生的良好维护可有效降低牙周炎、牙列缺损缺失的发生率。

（吴补领）

曲安奈德和帕夫林联合治疗老年糜烂型 OLP 疗效观察［赵梦明，郭红. 中华老年口腔医学杂志，2009，7(1)：11～13］

对 34 例老年糜烂型口腔扁平苔藓(OLP)患者应用曲安奈德和帕夫林联合治疗前后检测 T 淋巴细胞亚群的变化及观察临床疗效指标。结果显示，患者经治疗后临床有效率为 91.18%，T 淋巴细胞亚群检测 $CD3^+$、$CD4^+$ T 细胞升高($P<0.01$)，$CD8^+$ T 细胞下降($P<0.01$)，$CD4^+/CD8^+$ 治疗后上升($P<0.01$)。口腔糜烂型 OLP 经该方法治疗后，临床疗效肯定，血中 T 淋巴细胞亚群状态有明显改善。

述　评

OLP 为 T 淋巴细胞介导的免疫反应性疾病，其主要病理变化为病损区口腔黏膜的固有层中有密集的淋巴细胞浸润带。该文作者采用局部注射曲安奈德混悬液和全身使用帕夫林，取得了较好的临床效果，对 T 淋巴细胞亚群产生一定的影响，结果对临床有很好的指导意义。有必要扩大样本，探讨其治疗机制。

（吴补领）

东北地区老年人群患龋状况的抽样调查报告［张颖，程敏，李岩等. 华西口腔医学杂志，2009，27(2)：187～190］

采用多阶段分层等容量随机抽样的方法，按照世界卫生组织《口腔健康调查基本方法》(第4版)的原则，对东北三省2 364名65～74岁老年人的冠龋和根龋情况进行检查，应用SPSS 12.0统计软件对三省患龋情况进行分析。结果显示，东北地区65～74岁老年人的患龋率为67.5%，龋均为2.68，因龋充填牙构成比为10.82%；东北地区65～74岁老年人的冠龋患龋率为66.4%，龋均为2.55，因龋充填牙构成比为11.37%；东北地区65～74岁老年人的根龋患龋率为48.4%，龋均为1.64，因龋充填牙构成比为1.8%。该调查报告表明东北三省老年人群患龋率高，治疗率低。

述　评

该资料作为第3次全国口腔健康流行病学抽样调查的一部分，样本量大，调查统计方法科学规范，反映了东北地区老年人群患龋状况，具有代表性。为制定适合于东北地区老年人的口腔预防保健规划提供了基础资料，具有重要的指导意义。

(吴补领)

老年口腔恶性肿瘤患者并存疾病的评估及对手术的影响［李伟忠，张磊涛，黄宇. 中华老年口腔医学杂志，2009，7(5)：269～271］

对21例65岁以上老年口腔疾病面部恶性肿瘤患者临床资料和围手术期处理进行分析，采用Piccirillo的并存疾病资料采集表进行评级。结果显示，21例患者中，有11例患者并存其他系统疾病，其中1例患者同时并存3种系统疾病，并存疾病主要是心血管系统疾病、内分泌系统疾病等。按照Piccirillo并存疾病资料采集表评级，该11例患者并存疾病均评为G1级。所有患者均顺利接受手术治疗，安全度过围手术期，无明显并发症发生。

述　评

老年口腔恶性肿瘤患者由于身体机能的退变及对麻醉、手术创伤耐受力的降低，正确评估并存疾病对身体状况的影响，选择合适的手术方式，对预防并发症的发生、安全度过围手术期、提高生存质量及延长生命是非常重要的。该资料作为回顾性评估，对临床有一定的指导意义，有必要采用Piccirillo的并存疾病资料采集表和老年肿瘤患者预期生存期，在临床上作前瞻性研究会更有意义。

(吴补领)

老年口腔癌患者外科并发症的治疗［林耿冰，林李嵩，陈乃俊等. 中华肿瘤防治杂志，2009，16(19)：1509～1511］

对43例老年口腔癌患者(年龄≥60岁)和46例年龄小于60岁口腔癌患者的术前合并症及术后并发症的比较，总结分析了老年口腔癌患者的年龄、术前合并症与术后并发症发生率的关系。结果显示，老年口腔癌患者术前合并症总发生率为83.7%，非老年患者为37.0%。老年和非老年口腔癌患者发生率最高的合并症为高血压。存在并发症的患者术前糖尿病、肺部疾病、低蛋白血症和贫血显著高于无并发症的患者。

述　评

该资料说明老年肿瘤患者术前合并糖尿病、肺部疾病、低蛋白血症和贫血是发生术后并发症的主要高危因素，对临床有重要指导意义。只要对手术风险进行评估，尽可能于术前纠正术前合并症，积极正确的围手术期处理，就能降低老年口腔癌患者的术后并发症发生率，提高手术效果。

(吴补领)

预防口腔医学

中外儿童口腔治疗焦虑行为的比较［阎黎津，陈力，李蓓等. 牙体牙髓牙周病学杂志，2009，19(8)：480～482］

美国佛罗里达大学口腔医学院(UFCD)和中国人民解放军301医院(301)在2006年9

月至 2007 年 8 月和 2007 年 11 月至 2008 年 3 月期间，分别对两地儿童牙病患者 150 例和 270 例，采用儿童畏惧调查表-牙科分量表（GFSS-DS）对其牙科畏惧（DF）程度进行评估，并对相关影响因素进行分析。结果显示，GFSS 得分≥2.5 者，UFCD 为 19.7%，301 为 27.2%；年龄，UFCD 和 301 医院均是 6 岁以下组高于 6 岁以上组（$P < 0.05$）；性别，UFCD 男性女性无差别，而 301 医院女性低于男性（$P < 0.05$）；与治疗无关的恐惧，UFCD 为 32%，301 医院为 39%；UFCD 和 301 医院的资料均显示，父母不良的牙科经历是患儿 DF 发生的主要因素。年龄、性别也在一定程度上影响儿童 DF 的发生。

述　评

牙科畏惧（DF）不仅阻碍儿童口腔疾病早期就诊，对治疗质量也有负面影响。随着医学模式的转变，DF 问题逐渐受到重视。该研究对发达国家和发展中国家儿童 DF 特点的认识有益，对采取针对性的预防措施有借鉴作用。但研究对象是临床就诊者而不是普通人群，中美两地都只选了一所医院，样本量也不大，结论的代表性受到限制。

（吴友农）

广州市大学生牙侵蚀症患病情况与影响因素分析［张琰，林焕彩，杨军英. 中华口腔医学杂志，2009，44（10）：611～613］

分层选取广州市 6 所高等院校，调查 16～24 岁的 1 704 名学生。临床检查是否患牙侵蚀症及其严重程度，问卷调查其社会经济状况、饮食习惯等，并作相关分析。结果显示，501 人中患牙齿侵蚀症占 29.4%。好发部位多为切缘和咬合面（66.1%），其次为唇颊面（31.0%），舌腭面最少（3.0%）。Logistic 分析结果表明，非独生子女、女性、每周喝碳酸饮料一次以上和每周喝碳酸饮料 500 mL 以上者患该病的可能性较大。广州市大学生中非独生子女和女性是牙齿侵蚀症重点预防人群，减少饮用酸性饮料是重要的预防措施。

述　评

随着饮食结构的改变，牙侵蚀症的问题日益突出，认识其特点是防治的前提，很有必要。该研究有权威的诊断标准和规范的操作程序，所选对象在年龄、知识结构等方面的类似有助于配合研究，样本量较大，结果可信。但“非独生子女和女性患病率较高”的结论尚需进一步研究证实。

（吴友农）

成都市青年人群牙本质过敏症流行病学调查研究［谭晨珊，胡德渝，范旭等. 华西口腔医学杂志，2009，27（4）：394～396］

2008 年 6 月至 7 月，采用多阶段、等容量、随机抽样的方法，对成都市 741 名 18～35 岁年龄段常住人口的牙本质过敏情况进行问卷调查和临床检查，并对牙本质过敏症危险因素作相关分析。结果显示，总发生率为 17.27%，其中女性（20.94%）高于男性（13.37%）；冷刺激是牙本质过敏症最常见的诱发因素（62.80%）；右上第一前磨牙是最常见的患牙（15.51%）；胃肠道返酸、饮用碳酸饮料、牙刷硬度、刷牙力度等是牙本质过敏症的危险因素。根据结果认为：成都市青年人群中的牙本质过敏症广泛存在，酸蚀和刷牙不当是重要的原因。

述　评

近年来，酸性饮料增多，加之许多人刷牙不当，牙本质过敏症的问题较以往突出了。该研究选择了医从性较好，认知能力较高的群体进行研究，一定程度上保证了结论的可靠性。但以往的文献对牙本质过敏症的描述虽多，定义却未统一，多数教科书也只是将其作为一种症状而不是疾病，故没有相应的诊断标准。加之症状的多变性，检查手段的单一性（主要是冷风刺激），信息的主观性（感觉依赖患者的描述）等因素的存在，使这类研究结果间的差别大，重复性差，只能作为初步的证据加以参考。

（吴友农）

1 720名孕妇牙体牙周健康状况的调查分析[杨莉,肖梅,杜民权等.口腔医学研究,2009,25(3):369~370]

在湖北省妇幼保健院口腔科进行常规检查的孕妇中,根据孕期(早期、中期和后期)分层,随机抽取1 720名,按照世界卫生组织制定的方法和标准,对其龋病和牙周健康状况进行检查。检查结果,孕妇总患龋率为58.6%(全国平均值为37.3%),龋均1.54,龋面均为2.43。牙龈炎患病率72.1%,结石检出率为53.6%。牙龈炎的严重性随孕周增加而加重。调查结果表明孕期妇女牙体牙周健康状况较差,提示应加强宣教,采取措施治疗口腔疾病。

述　评

我国一些偏远地区,对孕妇有包括不刷牙在内的许多禁忌。随着时代的进步,这些陋习正在减少。人们已经注意到,孕妇口腔健康状况比较差,但需要证据加以证明。该研究的对象选择合理,检查标准和方法可靠,结果可信。对于加强孕期的口腔卫生宣教,指导孕妇的口腔卫生行为,进一步减少陋习,预防孕期龋病和牙龈炎的发生,有积极意义。

(吴友农)

老年缺牙患者口腔健康与牙缺失情况调查分析[李绒绒,白乐康.中华老年口腔医学杂志,2009,7(5):279~281]

采用自行设计的检查表,按WHO的方法,对要求镶牙的476位60岁以上患者进行了全面检查。发现人均缺牙11.7颗,缺失类型中,以Kennedy Ⅰ类、Ⅱ类为主(62.7%),牙位缺失从高到低依次为上颌第一磨牙、上颌第二磨牙和下颌第一磨牙等;有咬合的牙平均为4.66对,咬合接触最多的牙位是尖牙,其次是侧切牙和中切牙;口腔卫生较差者占19.7%,食物嵌塞者占55.6%,牙齿需要治疗者占46.3%,指征失牙数为1.5颗。结果显示,老年缺牙患者缺牙数量多,咀嚼功能丧失较多。口腔卫生普遍不良,余留牙的健康状况较差,修复条件差,修复前需调整咬合。

述　评

该研究对要求镶牙的门诊老年患者进行了较为详细的检查和构成比的分析,其结果和结论对同类医院和科室的防治工作有借鉴作用。然而研究对象是同一所医院的就诊人群,有着类似的问题和要求。没有包括那些“无需镶牙”和“未要求镶牙”者,因此结论只适用特定的人群;还因没有设立对照,下结论要慎重。

(吴友农)

社区口腔健康教育方式的调查[张文静,李炯,阳洪林等.北京口腔医学,2009,17(6):337~339]

选择合肥市五里墩社区的志愿者进行口腔健康知识培训,再由他们对社区居民进行口腔健康宣教。宣教前后进行问卷调查,并对2次结果进行对比分析。结果干预前后分别调查了523人和491人,2次调查对象在年龄、性别上的构成无统计学意义。干预后,居民的口腔健康知识、态度有明显改善($P<0.01$)。除了刷牙时间外,其他行为均有明显改善($P<0.01$)。作者认为,这种教育模式有助于改善社区居民的口腔保健知识、态度和行为。

述　评

研究着眼于口腔疾病的预防,对改善口腔卫生宣教形式做了有益的尝试。我国人口众多,口腔专业人员相对不足。通过培训志愿者扩大宣传范围,使保健知识得以普及,卫生习惯得以推广,意义重大,符合国情。但这项工作难度很大,如何提高参与者的积极性,保障培训的规范性等还有很多工作要做。除了专业人员的奉献精神外,需要得到政府有关部门的支持。

(吴友农)

牙科技工所噪音状态调查与分析[孙健,姚佳景,谭奕等.上海口腔医学,2009,18(6):576~579]

采用精密声级计对两种牙科技工用手机(Kavo K9,NSK Vmax)空转和不同工作状态下产生的噪音进行检测,检测点距手机分别为

15、30、45 cm；还检测了几种牙科技工设备工作时产生的噪音，测定点为技工耳旁及离声源 1.5 m 处。结果发现，两种牙科手机在不同工作状态及不同测定距离产生的噪音在 61 ~ 83 dB间。高速金属切割机、蒸汽清洁机、石膏风镐机产生的噪音都超过 90 dB。技工室内工作环境的噪音范围在 65 ~ 83 dB。作者参照国内外相关标准后认为，牙科技工所的噪音对听力有潜在危害，应注意防护。

述　评

该研究用精密仪器对常见大小的牙科技工室（60 ~ 80 m^2），高峰工作时间（10：00 ~ 14：00）中的噪音水平进行了量化测定。用同种方法对几种常用设备发出的噪音也作了不同距离的测定。这将促进我国相关的法律法规早日与世界水平接轨，为我国劳动法的细化提供依据。

（吴友农）

两种口腔健康教育方式的效果评价［刘兴仁，赵梅洱. 广东牙病防治，2009，17（5）：217 ~ 218］

将昆明理工大学 40 间学生宿舍共 240 人分为 2 组，每组 120 人（男女人数相等）。分别采不同模式进行口腔健康教育，1 组用集中授课方式，2 组以宿舍为单位采用讨论互动方式，组织者是同一个人，每次 1 小时，共 3 次，间隔 1 月。在教育前和教育后进行相关知识的问卷调查，同时作了口腔卫生相关指标的检查，并作统计分析。结果显示，2 组指标的基线一致，末次教育后，2 组的问卷答对率高于 1 组；龋充填率和洁治率（28.33%、19.12%）也明显高于 1 组（10.83%、9.17%）；软垢指数和菌斑指数两组教育前后均明显下降，而牙龈指数和牙石指数 2 组下降明显。

述　评

大学生是年龄、知识结构整齐的群体，因此，此项研究的组织实施容易，结果可信。大学生年轻有朝气，对周围人群的影响大。利用这一群体传播口腔保健知识应能获得更大的社会经济效益。从研究结果看，小组式的讨论互动的效果优于集中授课，这种已获肯定的教学方法在口腔宣教方面的尝试非常有益。

（吴友农）

牙体缺损修复

个性化桩核修复体计算机辅助设计初探［顾晓宇，王亚平，王勇等. 中华口腔医学杂志，2009，44（10）：629 ~ 632］

制作 1 副含有离体牙的石膏模型，在牙体预备后用层析成像技术获取三维数字模型，在正向工程软件唐龙 CAD-CAM 口腔修复系统的平台上，利用三维点云、曲线和曲面的编辑工具，分别完成桩的根管部分、桩的髓腔部分和核的设计。根据前牙、前磨牙和磨牙桩核修复体的不同形态要求对各曲面进行连接、裁剪等操作，形成修复体的三维形态。完成的 14 个牙位桩核修复体的三维设计，与扫描得到的三维数字模型贴合良好，具有良好的固位形，可用于桩核修复体的 CAM，同时可为最终全冠修复体提供充足的修复空间。

述　评

计算机辅助设计与辅助制作（CAD-CAM），是现代计算机技术与工业先进加工技术的有机结合，在口腔修复领域有着广泛的应用前景，也是未来修复体制作技术的发展方向。但桩核修复体具有体积小、形态复杂的特点，在建立三维模型、CAD 和 CAM 方面存在一定的难度。该研究通过实体模型三维扫描、数据处理和三维形态设计，初步实现桩核修复体的 CAD 过程，三维形态基本符合临床要求，为实现桩核修复体的个性化设计与制作提供了研究基础。

（陈吉华）

下颌第一磨牙全瓷冠三维有限元建模及力学分析［吴艳玲，鲁成林，张东升等. 口腔颌面修复学杂志，2009，10（2）：98 ~ 100，94］

以下颌第一磨牙为研究对象，采用一种新

方法建立其全瓷双层冠的三维有限元模型：将显影塑料代替双层全瓷冠，并用 Micro-CT 扫描。通过 Simple、Geomagic、Ansys 软件建模，模拟牙尖交错䄂的功能状态，用该模型分析全瓷冠的应力分布特征。全瓷冠第一主应力的分布从高到低依次为：载荷相应核瓷组织面(38.12 MPa)、饰瓷加载点周围(26.71 MPa)、加载侧肩台核瓷内表面(17.98 MPa)，其余部分应力分布均匀且较低。作者建议临床操作时应注意颈部肩台的预备和制作，保证该处有足够的强度，防止全瓷冠折裂。

述　评

全瓷修复的应用日趋广泛，选择一种精确、简便的建模方法来进行全瓷修复体的生物力学分析，对于指导临床设计和修复体制作具有积极的作用。该研究通过利用显影塑料建立双层全瓷冠三维有限元模型的方法，是一种很好的尝试，实验结果也证明该方法的可行性。其对下颌第一磨牙的应力分布的分析结果，对于临床全瓷修复体的设计与制作有一定的指导意义。

（陈吉华）

玻璃纤维桩修复后牙残冠、残根的效果评价［童庆春，吕凯歌，张志敏等. 上海口腔医学，2009，18(1)：44～47］

选取 100 例后牙残冠、残根患者，共计 195 颗患牙，经过完善的根管治疗后随机分为 2 组；实验组 50 例患者共 95 颗患牙应用玻璃纤维桩核；对照组 50 例患者共 100 颗患牙用金属铸造桩核修复。两组患者均用金属烤瓷全冠恢复牙体外形。全部病例修复后，每 6 个月随访 1 次，共随访 36 个月。结果显示，实验组共 95 颗修复体咀嚼功能良好，无不适主诉，修复体牢固，牙龈及根尖无明显炎症，成功率为 94.74%；对照组 100 颗修复体成功率为 85.00%。两组失败病例的具体原因分别为牙根劈裂、桩折断冠以及桩核松脱、牙龈炎症等。

述　评

随着现代根管治疗技术和桩核冠修复技术的发展，临床上大量的后牙残冠、残根得以保留。从材料学的角度看，玻璃纤维桩美观，生物相容性好，弹性模量与牙体组织基本接近应力分布均匀，可以有效降低根折率。通过临床病例的随访研究，直接证明了纤维桩作为后牙残根、残冠的桩核修复材料可以获得更高的成功率。这个结果对于临床选择桩核材料是个有益的参考。

（陈吉华）

钴铬合金烤瓷冠修复后龈沟液 AST 和 ALP 水平变化的研究［王景卉，魏福兰. 北京口腔医学，2009，17(1)：45～47］

采用 Bego 钴铬合金烤瓷冠修复 18 例患者，共 23 颗患牙，其中女 8 例，男 10 例，年龄 19～43 岁，平均 31 岁。每个患牙选择 6 个位点进行龈沟液的收集及测量，即唇舌侧近中、中央、远中，平均值作为最终检查结果。采用 Hitachi-7150 全自动生化分析仪测定龈沟液(GCF)天冬氨酸转氨酶(AST)和碱性磷酸酶(AKP)的活性水平。结果表明，所有修复体的边缘都符合“不卡探针”的临床要求。患牙修复前和修复后 6 个月的菌斑指数无显著差异。患牙修复后 6 个月探诊深度、龈沟出血指数均较修复前高。GCF-AST、GCF-AKP 均较修复前明显增加。

述　评

临床评价修复体效果时，检查基牙牙周组织是否健康，是其成功与否的重要标准。钴铬合金作为一种不含镍的非贵金属烤瓷基底材料，近年来逐渐得到关注。该研究结果表明，钴铬金烤瓷冠修复后，虽然患牙的菌斑指数无明显改变，但探诊深度，龈沟出血指数，龈沟液 AST 和 AKP 水平均比修复前明显升高。当然这种变化可能还受冠边缘密合度、冠边缘位置、轴面外形突度、牙体预备情况、黏固剂等因素影响。因此，钴铬合金烤瓷冠的修复效果仍需更加长久、系统的临床观察，并且必须结合临床检查指标综合分析，才能获得比较客观的结论。

（陈吉华）

IPS-EMPRESS Ⅱ 全瓷贴面对四环素牙颜色改善的初步临床研究[钱海馨,张修银,杨丹苓. 现代口腔医学杂志,2009,23(5):460~462]

对 30 例四环素上前牙采用 IPS-EMPRESS Ⅱ全瓷系统进行贴面修复,分别用 5 种试色糊剂模拟粘接后的效果。用电脑选牙色仪测定基牙唇面中 1/3、修复体自身、修复体在基牙上就位后无黏结剂以及采用试色糊剂试粘接时唇面中 1/3 的 L^*、a^*、b^* 值,并计算色差。结果表明,贴面在基牙上就位后的颜色与贴面本身的颜色之间有显著差异,表现为明度减小,颜色偏暗。5 种试色糊剂遮色能力有差异,试粘接前后全瓷贴面的颜色发生了变化。

述　评

全瓷修复材料性能稳定,修复效果美观逼真,生物相容性好,是前牙较为理想的牙齿美容修复材料。四环素牙的美学修复是长期困扰临床的难题。从实验数据看,全瓷贴面能够改善四环素牙的颜色,但同时修复后颜色受背景影响较大,无法完全还原选牙色板上的颜色。因此临床上进行四环素牙的贴面修复时,应根据基牙色调选择具有合适遮色能力的树脂黏结剂,以最大限度再现选牙色效果。

(陈吉华)

分光测色计对 3D 比色板测色的可重复性研究[许丽娟,汪大林,王少海等. 现代口腔医学杂志,2009,23(5):480~482]

用 Minoltacm-700d/600d 分光测色计对 Vita 3D-Master 选牙色板各色块的颈部和切部分三次进行颜色测量。第一次测量单独完成,第二、三次于次日完成。第三次测量对每个色块的每个部位的测色都是紧随第二次测量后进行的,并且保持第二次测量位置不变。然后对所测数据进行比较和统计分析,并对三次结果分别进行两两比较,结果显示,ΔE 均小于人眼最小分辨率 1. 5NBS, Minoltacm-700d/600d 型分光测色计测色的重复性很好,能满足重复测色的要求。

述　评

颜色的再现是口腔美学修复的关键问题之一,选牙色的准确对于修复效果的重要性不言而喻。为克服肉眼选牙色的主观性,可用临床使用的测色仪器不断问世。仪器选牙色的准确性和重复性如何,能否取代肉眼选牙色是目前值得关注的问题。从研究的结果看,Minoltacm-700d/600d 型分光测色计测色的重复性很好,能满足重复测色的要求,如能一并统计分析分光测试仪的准确性,将更有临床意义。

(陈吉华)

纳米硅涂层对 Cercon 氧化锆陶瓷与牙本质黏结强度的影响[张献芳,郑虎,韩栋伟. 上海口腔医学,2009,18(2):198~202]

将烧结后的 Cercon 氧化锆陶瓷分为 4 组,每组 16 片,分别采用 4 种方式处理氧化锆陶瓷片表面(空白对照、喷砂、喷砂 + 硅烷偶联剂、喷砂 + 纳米硅涂层 + 硅烷偶联剂),用树脂黏接剂 Panavia F 与牙本质粘接,水浴 24 小时后测试粘接剪切强度,扫描电镜观察处理后的陶瓷表面形貌。结果表明,通过溶胶凝胶法在喷砂后的陶瓷表面制备纳米硅涂层配合使用硅烷偶联剂,可以显著提高 Cercon 氧化锆陶瓷的粘接强度。

述　评

氧化锆陶瓷是当前牙科全瓷材料研究的热点,其高致密度、无玻璃成分的微观结构显著不同于玻璃陶瓷材料,对喷砂、酸处理敏感性差,因此如何通过表面处理技术来提高氧化锆的粘接能力是亟待研究的问题。该研究通过对比各种表面处理技术对 Cercon 氧化锆与双固化树脂粘接强度的影响,认为联合应用喷砂、纳米硅涂层和硅烷偶联剂可获得较好的粘接强度,对临床有一定的指导意义。

(陈吉华)

牙列缺损修复

Vitallium 2000 铸造支架及分裂基托设计的临床应用[孙凤. 华西口腔医学杂志,2009,27(2):119~121,125]

作者用临床病例的方式介绍了一种新型铸造支架的合金——Vitallium 合金。它是一种用于制作铸造义齿支架的高钴铬钼合金。它有三个级别，Vitallium2000 是其中的一种，与常规钴铬合金相比，其延展系数高，不易变形，易于调改。因此，在可摘局部义齿支架设计时，卡环可以比较细小，利于美观。另外可以设计分裂基托，人工牙承受的𬌗力通过腭侧基托传导到中部，然后通过连接体传导到基牙，这样可使基牙受力减小。作者还介绍了该材料的性能数据，并用典型病例的图片介绍了使用方法。

述　评

新型合金可以为可摘局部义齿设计和制作提供更好的改进方法。作者不仅介绍了合金的性能，还介绍了义齿设计特点，尤其在游离端义齿设计上，利用分裂基托减小基牙受力，值得大家关注。由于只在临床观察了一年，还需进一步观察，积累经验。

（冯海兰）

磁性附着体与冠外附着体联合应用的临床观察［徐卫华，郭大伟，董强等. 华西口腔医学杂志，2009，27(5)：501～504，508］

选择 22 例复杂病例，用磁性附着体与冠外附着体联合设计了 26 件修复体，共使用 33 个磁性附着体（Magfit EX600），26 套冠外附着体（ZL-ancrylock）。其中 22 例临床观察 2～4 年，主要观察义齿的状态及基牙的各项牙周指数。结果显示，随访期义齿功能良好，有 5 例患者的 5 颗基牙牙周出血指数较高，其中 1 例牙周袋达 4.5 mm，该患者经过牙周治疗及义齿调改，症状消失；其余状态良好。有 5 例患者在戴用两年后重衬并更换附着体阴型。说明用磁性附着体与冠外附着体联合修复方法可行，但要注意义齿制作精良，患者需维护口腔卫生。

述　评

作者用临床观察说明磁性附着体和冠外附着体联合应用的注意事项。尤其提到在制作时要注意附着体根帽的形态及边缘密合，以及基牙出现问题的处理方法，对修复医生有重要参考价值。

（冯海兰）

上海市不同类型口腔修复体应用及构成比调查［魏斌，郑元俐，骆一西等. 上海交通大学学报：医学版，2009，29(11)：1299～1301］

作者调查了 2005—2007 年间在上海公立医院和私立义齿制作所制作口腔修复体的情况，将口腔修复体分为可摘局部义齿、固定义齿和全口义齿三类。结果显示，制作修复体数量逐年提高，增幅约 20%。私立义齿制作所增幅大于公立医院，其中固定义齿所占比例最大，在公立医院约 74%～76%，而私立制作所超过 80%。全口义齿所占比例最小，公立医院为 5%～6%，私立制作所约占 1%。说明随着生活水平提高，固定义齿需求比例大，在公立医院制作的全口义齿明显比私立义齿制作所多。

述　评

该调查从一个侧面很好地反映了目前口腔修复科的发展情况，以及公立医院和私立义齿制作所的区别，值得修复医生及管理部门关注。

（冯海兰）

模型置换印模技术修复下颌游离端牙列缺损的临床研究［张清磊，何艳，谭燕. 口腔医学研究，2009，25(4)：497～498］

用模型置换印模技术为 49 例患者制作游离端义齿，临床观察效果，随访 1.5 月至 5 年。先用解剖式印模及模型制作义齿支架，在口内适合后，在支架上游离端做自凝基托，口内进行功能修正并作咬合记录后取功能印模，然后置换到新的模型上完成人工牙排列及义齿基托。该方法是制作游离端义齿的主流方法。观察显示，90.2% 患者效果良好，尤其是曾戴用可摘局部义齿者，感觉此次新修复效果好。作者认为此方法有利于游离端义齿的稳定。

述　评

模型置换印模技术是游离端义齿修复的经典印模方法，国外专著中多有介绍，国内使用的报道不多。作者认真地在临床应用并观察效果，所得结果对修复医师有很好的提示。

（冯海兰）

固定义齿修复对头颈部核磁共振图像影响的临床观察［徐逸敏，方军平．牙体牙髓牙周病学杂志，2009，19(8)：472～473］

选择 55 例口内有固定修复的患者，做头颈部 MRI 检查，观察伪影发生的规律及受检部位的影响。其中镍铬合金 30 例，钛合金18 例，金合金 4 例，氧化锆全瓷 2 例，种植 1 例。修复体 1～4 个，前后牙均有。结果显示，全瓷修复体不出现伪影，有轻度伪影但不影响观察的有 30 例，包括种植修复、金合金修复、钛合金修复及小于 3 单位的镍铬合金修复体。有伪影且对图像观察有影响的 23 例，全部为大于 3 单位的镍铬合金修复体。所有影响只在扫描经过牙冠时出现，对头颈部检查完全没有影响。结果提示，临床常用修复体材料一般不影响头颈部 MRI 检查，甚至不影响颌面部检查。

述　评

作者很好地结合目前临床及患者发生的困惑进行了研究，结果对临床选择修复体材料及对患者解释提供了参考。以往文章多做的是动物实验或体外研究，而该研究可贵之处就在于对患者做了实际调查研究。

（冯海兰）

基牙及义齿支持形式对套筒冠义齿修复效果影响［甘红，张修银，许晓岑等．口腔医学研究，2009，25(5)：572～574］

对近 15 年临床应用的 38 例用圆锥形套筒冠义齿修复的病例进行回访，检查义齿及基牙情况。共 46 副义齿，基牙总数 246 颗。时间跨度 6 个月至 15 年。结果显示，基牙牙折多发生在只有 1～2 颗基牙时；牙折多见于前磨牙；游离端缺牙者基牙折断和基托折裂发生率高于非游离端缺牙者；残根残冠修复后做基牙的牙折发生率高于牙周病患牙；混合固位体组牙折发生率高于仅用套筒冠固位者。结果表明，套筒冠义齿尽量选择 2 颗以上基牙，分布于牙弓两侧，对前磨牙和前牙做基牙时，要减小𬌗力。

述　评

套筒冠义齿在我国已开展多年，作者通过长期观察病例的问题发生情况，发现应用此方法应该注意的问题，对临床应用有重要提示。

（冯海兰）

牙列缺损模型三维数字化观测线的确立［吴琳，吕培军，王勇等．中华口腔医学杂志，2009，44(2)：117～120］

开发自动提取数字化观测线的软件，为实现应用计算机辅助设计（CAD）与计算机辅助制作（CAM）技术完成可摘局部义齿修复奠定基础。以 Kennedy 第二类二亚类牙列缺损为例，通过光栅扫描法采集模型的三维点云数据，在 Geomagic Studio 6 通过 CAD-CAM 软件进行处理及重建，通过开发软件，提取投影轮廓，测量倒凹深度，标记卡环位置。结果显示，得到的观测线可区分倒凹区和非倒凹区，可判定义齿就位道以及确定卡环位置。说明该方法可实现牙列模型的数字化测量和分析。

述　评

用 CAD-CAM 技术实现义齿制作需要做很多的基础工作，可摘局部义齿更加复杂。观测线是义齿设计必用的概念，但是如何数字化提取，以往没有解决。作者的工作体现了此方面工作的尝试和进展，值得关注。

（冯海兰）

牙列缺失修复

肌等压区排牙法全口义齿对咀嚼肌肌电和咬合力的影响［尹保迪，陈震，韩栋伟．同济大学学报：医学版，2009，30(1)：60～64］

对 10 例牙槽嵴严重萎缩低平的无牙颌患

者,记录其分别戴用肌等压区排牙法全口义齿(ND)和传统全口义齿(CD)1 个月、3 个月时的咬合力和颞肌前束(TA)、嚼肌(MM)、二腹肌前腹(DA)在咀嚼口香糖及花生米时的肌电图。结果发现,咀嚼口香糖时,TA、MM 肌电活动 ND 1 个月组大于 CD 1 个月组,ND 组咀嚼周期(TCD)、活动期与间歇期比值(AP/RP)小于 CD 组($P<0.05$);咀嚼花生米时,TA、MM 肌电活动 ND 3 个月组大于 CD 3 个月组,ND 组咀嚼周期、活动期与间歇期比值小于 CD 组($P<0.05$);咬合力测试结果显示,ND 1 个月组大于 CD 1 个月组($P<0.05$)。作者认为与传统全口义齿相比,肌等压区排牙法全口义齿戴用者显示出较好的咀嚼肌功能。

述　评

如何提高牙槽嵴严重萎缩低平的无牙颌患者的全口义齿修复效果,一直是传统全口义齿修复的难题。对于这类患者,肌等压区排牙法借助唇、颊、舌肌的内外平衡作用,显示出肌等压区排牙法的一定优势。如果能结合患者的满意度分析,其结果将更有临床说服力。

(王贻宁)

对无牙颌患者 ACP 分类方法临床应用的评价[潘韶霞,Jocelyne Sheila FEINE,冯海兰. 北京大学学报:医学版,2009,41(1):86~89]

采用 ACP 分类法,对 107 例老年无牙颌患者进行临床检查,用全口曲面断层片测量下颌骨最小垂直高度并分类,由医师评价患者全口义齿修复难度。采用麦吉尔大学义齿满意度 Visual Analog Scale(VAS)评价系统评估患者对下颌修复体的满意度。结果发现,不同医师采用 ACP 分类法对下颌骨高度分类,测量者复测信度为 0.96,测量者之间信度为 0.90。对于下颌牙槽嵴高度低、形态较差等患者,医师评估其下颌义齿修复难度大,在 VAS 评估法中体现为下颌骨最低高度小于 11 mm 的患者较之大于 11 mm 的患者,医师评估其难度高 8.8%~16.1%($P<0.05$)。医师评估修复难度与修复后患者义齿满意度间相关系数 $r<0.1$。作者认为,尽管 ACP 无牙颌分类法能较为准确地评价无牙颌患者的口腔解剖条件,但医师对病例修复难度的预测与患者修复后义齿满意度间并无相关性。

述　评

ACP 分类法是评估无牙颌患者口腔条件的较系统全面的分类方法。该研究发现,医师根据 ACP 分类法对全口义齿修复预后的预期,与患者自身评价之间存在差异,这提示 ACP 分类法还需要考虑患者的社会-心理因素,才能更具有临床指导意义。

(王贻宁)

激光扫描测量全口义齿钛基托适合性的可行性研究[吴江,赵湘辉,沈丽娟等. 临床口腔医学杂志,2009,25(6):343~345]

将制作好的上半口钛基托放置在无牙颌模型上,蜡封闭边缘后,装盒;待石膏凝固后,取出无牙颌模型,再次在型盒内灌制超硬石膏模型。待模型结固后,将两个模型分别置 ISH600 三维激光扫描仪工作台上的同一位置并固定,利用三维激光扫描模型组织面,获得三维点云数据。利用反求软件 Surfacer 10.0 对获得的数据进行数据预处理,对两组数据间的差异进行自动分析。分析结果以颜色来显示两组数据重合情况。结果显示,通过激光三维扫描和数据三维拟合,钛基托适合性的最大误差 0.352 mm,平均误差 0.135 mm。作者认为应用新型激光扫描法研究义齿基托适合性具有速度快、可靠性高的优点,可以较全面反映义齿基托的适合性。

述　评

全口义齿基托的适合性是影响义齿固位与稳定的重要因素之一,对全口义齿基托适合性的评价尚缺乏简单有效的无损检测方法。该研究引入的激光扫描法可望用于义齿基托的适合性评估,但还需要进一步深入研究,如以传统的适合性评价方法作为对照,观察其检测精度等等。

(王贻宁)

牙槽嵴形态对全口义齿重衬效果的影响[周师毅,张建中,朱亚琴.上海口腔医学,2009,18(3):271～276]

对 15 例全口义齿修复下半口义齿固位不佳的患者,通过闭口印模,制取下半口模型,在模型的 5 个标志线处切割模型,测量标志线处的牙槽嵴高度、宽度、截面积,用 Tokuyama Rebase Fast Ⅱ 硬衬材料对患者下半口义齿进行直接法重衬。重衬 7 天后,进行修复效果的满意度问卷调查。结果发现,前磨牙处牙槽嵴条件与下半口义齿固位效果之间具有显著的相关性($P<0.01$);牙槽嵴截面积与固位间相关性最为显著($P<0.01$);牙槽嵴宽度与固位间存在相关关系;以牙槽嵴颊侧截面积作为主要指标,所得 Logistic 方程对义齿重衬后固位效果的预测准确率接近70%。作者认为,前磨牙处牙槽嵴丰满程度对下半口义齿重衬后固位效果影响最大,提示模型测量可用于预测全口义齿重衬后的固位效果。

述　评

牙槽嵴形态是影响无牙颌患者全口义齿固位效果的关键因素。该研究关于牙槽嵴形态的特点与全口义齿重衬后的固位效果之间存在何种规律与联系的探讨,将有助于临床医师选择和评估改善全口义齿固位的方案。

(王贻宁)

义齿黏附剂与线性𬌗在牙槽嵴重度吸收无牙颌患者中的应用[邓敏,苏晓晖.口腔颌面修复学杂志,2009,10(6):335～337]

选择 15 例牙槽嵴吸收严重的无牙颌患者,为每位患者制作解剖式𬌗和线性𬌗 2 副全口义齿,3 个月后更换使用。每副义齿于戴用 3 个月时检测其使用义齿黏附剂前后的咀嚼效率,并采用满意度问卷调查获取患者的主观评价。结果发现,使用义齿黏附剂后,线性𬌗和解剖式𬌗全口义齿的咀嚼效率均较使用前得到改善($P<0.05$,$P<0.01$)。义齿黏附剂使用前后,两种𬌗型全口义齿的咀嚼效率间差异无统计学意义($P>0.05$)。义齿黏附剂使用前,线性𬌗全口义齿的固位稳定和舒适程度满意度高于解剖式𬌗全口义齿($P<0.05$,$P<0.01$);使用义齿黏附剂后,两种𬌗型全口义齿的满意度均有显著性提高($P<0.01$)。作者认为,对牙槽嵴吸收严重的无牙颌患者,应用线性𬌗全口义齿和义齿黏附剂均可改善义齿的治疗效果。

述　评

对非种植手术适应证的无牙颌患者来说,虽然有不少提高传统全口义齿修复效果的手段,但这些手段之间是否有协同作用,是很有意义的临床课题。该研究提示,线性𬌗和义齿黏附剂的联合应用虽没有改善义齿的咀嚼效率,但显著提高了患者对义齿固位与稳定、咀嚼效果和舒适程度的满意度。

(王贻宁)

种植体支持套筒冠固位全口覆盖义齿即刻负重 3 例[黄建生,朱晓斌.华西口腔医学杂志,2009,27(4):461～464]

对 3 例全口无牙颌或重度慢性牙周炎牙列缺损患者术前制作全口义齿或即刻全口义齿,拔除全口余留牙,在下颌植入 4 颗 Ankylos 种植体,上颌植入 6 颗种植体,将 SynCone 套筒基台接入种植体,再套入预成圆锥形外冠,完成临时义齿修复。3～12 个月后将临时义齿更换为铸造支架覆盖义齿。随访 12～24 个月,除 1 例种植体在植入后 1 个月松动拔除而重新植入种植体外,其余种植体均未出现明显的牙槽骨吸收。

述　评

全口种植覆盖义齿是改善全口义齿固位的最有效手段。种植全口覆盖义齿的即刻负重可消除患者在种植治疗周期方面的顾虑。该研究总结了套筒冠固位用于种植全口覆盖义齿的临床要点和风险控制,对临床有一定的指导意义,但其临床效果尚需更多病例的长时间观察。

(王贻宁)

上颌全口义齿组织面变化的模型分析[黄陈才,冯海兰. 中华口腔医学杂志,2009,44(4):232~235]

选择 26 例更换全口义齿的患者,复制其新、旧上颌全口义齿组织面模型,利用激光扫描仪进行三维扫描,采集数据,通过 Geomagic Studio 8 和 Rapidform 2006 软件进行配准,建立 20 个垂直于颌弓曲线的截面,计算各截面宽度和面积的差异,并分析新上颌全口义齿组织面对于旧义齿的形态改变。结果发现,相对于旧义齿,新上颌全口义齿组织面牙槽嵴面积的减小比例(39.8 ±14.2)% 比宽度的减小比例(28.2 ±16.0)% 大;对于牙槽嵴面积的减小比例,前牙区(43.0 ± 152.)% 比与后牙区(36.1 ±14.1)% 大,颊侧(42.9 ±13.8)% 比舌侧(35.5 ±15.2)% 大,差异均有统计学意义($P<0.05$)。作者认为从三维角度分析牙槽嵴整体形态的变化更有意义,并从三维角度证实上颌牙槽嵴颊侧吸收比例比舌侧大,前牙区牙槽嵴吸收比例比后牙区大。

述　评

无牙颌患者牙槽嵴的吸收规律对全口义齿修复和更换具有参考意义。该研究从全口义齿组织面模型的变化这一新的角度,通过三维分析观察了牙槽嵴整体形态变化。不过该研究是通过义齿组织面来间接反映牙槽嵴的形态变化,若能结合模型或 CBCT 分析等直接法研究,将更接近实际情况。

(王贻宁)

口腔修复工艺学

厚度配比对 2 种牙科陶瓷疲劳行为的影响研究[刘伟才,郭凌云,王海波等. 华西口腔医学杂志,2009,27(1):92~95]

考察不同厚度配比的 EmpressⅡ热压铸造陶瓷和 GI-Ⅱ型氧化铝渗透陶瓷层状复合结构经 Hertzian 循环疲劳前后强度的变化。分别制作不同厚度配比 EmpressⅡ热压铸造陶瓷和 GI-Ⅱ型氧化铝渗透陶瓷圆盘状试件,应用 Hertzlan 接触实验方法对试件进行循环加载,测试 105 循环加载前后试件的临界载荷。结果显示,EmpressⅡ热压铸造陶瓷和 GI-Ⅱ型氧化铝渗透陶瓷在经 Hertzian 循环加载后,临界载荷力的平均值与加载前相比均有明显下降($P<0.05$),并且载荷力随底层瓷厚度的下降而降低。GI-Ⅱ氧化铝渗透陶瓷在加载前后的临界载荷均明显高于 EmpressⅡ热压铸造陶瓷($P<0.05$)。结果表明,循环疲劳能显著降低 EmpressⅡ热压铸造陶瓷和 GI-Ⅱ型氧化铝渗透陶瓷材料的强度,后者在抗碎裂能力和耐受疲劳方面均优于前者,底层瓷的强度和厚度是决定这两种材料临界载荷力的大小的主要因素。

述　评

全瓷修复体的基底层与饰面瓷由于成分及结构不同,导致机械性能及热膨胀系数等性能不同,因此两层瓷层间不同厚度比会造成修复体抗折强度、断裂模式及断裂起始位置的不同。该文通过 Hertzian 循环加载实验,对比加载前后两种基底瓷、饰面瓷厚度比的临界载荷,用来指导修复体制作设计,具有一定临床意义。由于全瓷修复体的破坏原因主要是咀嚼过程中循环应力引起的损伤积累,若试样形状及加载方式更贴近临床实际,则结果更有说服力。

(李长义)

降温速率对 Noritake 瓷与铸钛结合强度的影响[张若冰,张玉梅,祁韶鹏. 实用口腔医学杂志,2009,25(3):344~347]

根据 ISO 9693 标准制作钛烤瓷试件,分别采用 15、40、50、100 ℃/分钟 4 种不同的降温速率对钛烤瓷试样进行冷却,应用三点弯曲法测试钛/瓷结合强度,扫描电镜及能谱分析(SEM/EDS)观察钛表面瓷的残留量。结果显示,降温速率为 15 ℃/分钟时的钛/瓷结合强度明显高于其他 3 组($P<0.01$),降温速率为 40 ℃/分钟和 50 ℃/分钟时两组之间的钛/瓷

结合强度在统计学上无明显差异($P>0.05$)。降温速率为 100 ℃/分钟时钛瓷结合强度明显低于其他三组的钛/瓷结合强度($P<0.01$)。SEM/EDS 显示降温速率越快,钛表面残留瓷越少。结果表明,烤瓷熔附时,慢速降温可以有效提高钛/Noritake 瓷的结合强度。

述 评

金瓷结合强度除与金属和瓷粉本身性能相关外,义齿加工工艺也对其有一定影响。由于金属与瓷粉不同降温速率下热膨胀系数有各自的变化规律,因此,不同的降温速率造成金瓷间的压缩结合力不同。该研究测试不同降温速率时钛与瓷粉间结合强度,结合界面 SEM 及元素分析结果得出降温速率,为优化此类修复体加工工艺、提高修复质量进行了有益的尝试。

(李长义)

二次烧结对牙科纳米氧化锆陶瓷强度的影响[孙蕾,张富强,高益鸣等. 实用口腔医学杂志, 2009,25(1):44~46]

研究二次烧结工艺对纳米氧化锆陶瓷可加工性能和机械性能的影响。在不同温度段对氧化锆陶瓷坯体进行烧结,通过硬度和断裂韧度测算烧结温度对烧成体可加工性能的影响。确定第一次烧结条件后,通过对不同温度下二次烧结试件的硬度、断裂韧度和三点抗弯强度的检测,筛选最佳第二次烧结条件,使坯体通过二次烧结能够达到较高的机械性能。结果显示,当烧结温度为 900 ℃时,可加工指数最高 $M=0.73\pm0.09$,显著高于其他温度烧结的试件($P<0.05$)。第二次烧结的温度为 1 300 ℃时,试件的硬度、断裂韧度分别为 (14.0 ± 0.36) GPa 和 (5.4 ± 0.38) $MPa\cdot m^{1/2}$;温度为 1 325 ℃时,材料的三点抗弯强度最高,达到 (932 ± 63) MPa。作者认为,经 900 ℃或 1 325 ℃烧结的氧化锆陶瓷能够兼顾便于加工和良好的机械性能。

述 评

氧化锆是迄今为止强度最高的牙科陶瓷修复材料,但致密烧结的氧化锆陶瓷只能用金刚砂刀具进行加工,加工成本高、时间长,临床常用两次烧结工艺成型,以便兼顾材料加工性能和机械性能。该文通过不同烧结温度下测试和分析纳米氧化锆陶瓷可加工性能和机械性能,优化两次烧结温度值,无论对降低义齿加工成本还是保证修复体质量均有重要意义。

(李长义)

纯钛烤瓷中微弧氧化处理的实验研究[王晓洁,郭天文,张玉梅等. 口腔颌面修复学杂志, 2009,10(2):69~72]

探讨微弧氧化处理应用对钛与瓷结合强度的影响,摸索微弧氧化处理的适宜条件。对钛表面进行喷砂、抛光、喷砂加微弧氧化处理和抛光加微弧氧化处理后,分为 4 个组并对其表面进行纯瓷粉烧结。根据 ISO 9693 标准,对钛瓷间的三点弯曲结合强度进行测试。镍铬合金与瓷的结合强度测试结果为对照。结果显示,粗糙面微弧氧化组钛瓷结合强度为 (45.84 ± 3.15) MPa 与 NiCr/VITA99 组的结合强度 (48.35 ± 3.06) MPa 相比,在统计学上无显著差异($P>0.05$),却明显大于粗糙面组的结合强度 (36.12 ± 3.03) MPa($P<0.05$);光滑面组钛/瓷结合强度 (30.79 ± 1.43) MPa 明显小于粗糙面组($P<0.01$),但大于光滑面微弧氧化组 (24.12 ± 3.38) MPa($P<0.05$)。作者认为纯钛表面喷砂后进行微弧氧化处理,可有效提高钛瓷结合强度。

述 评

微弧氧化技术是一种在有色金属表面通过微区弧光放电作用原位生长陶瓷膜层的表面处理方法,其生成的氧化膜内层和钛基体形成典型的冶金结合,而外层的多孔结构可增加与瓷粉的接触面积,是一种理想的增加钛瓷结合强度中间层。该实验结果也证实了上述方法可增加钛瓷结合强度。关于如何优化工艺参数来控制陶瓷膜层厚度及形貌,以便更大提高钛瓷结合强度还有待进一步研究。

(李长义)

隙料厚度和覆盖面积对 Cercon CAD-CAM 底层冠适合性的影响[李明哲,三浦宏之,进千春等.华西口腔医学杂志,2009,27(2):195～198]

研究不同隙料厚度和覆盖面积对 Cercon CAD-CAM 全瓷底层冠边缘和内部适合性的影响,评价 CerconCAD-CAM 系统的加工精度。采集模拟下颌第一磨牙模型的代型图像,设置并制作不同隙料厚度和覆盖面积参数下的全瓷底层冠,采用黏固剂间隙复制技术测量内部适合性;采用测量底层冠未粘接时外侧颈缘间隙取得边缘适合性。结果显示,底层冠内部适合性不均匀,其差异与测量位置、隙料厚度和覆盖面积有关。平均边缘适合性为(27.7±7.6)μm,不同间隙组间边缘适合性差异无统计学意义($P>0.05$)。结果表明,隙料厚度和覆盖面积对底层管内部适合性有显著影响。作者认为 Cercon CAD-CAM 系统制作的氧化锆底层冠有良好的边缘和内部适合性,达到临床可接受范围。

述　评

修复体适合性是评价固定修复精度和修复效果的重要因素,也是 CAD-CAM 全瓷修复的核心指标。CAD-CAM 全瓷修复体加工适合性受多种因素影响,除受牙体预备、制作工艺及粘接等因素的影响外,还受修复体制作的固有精度、陶瓷材料的种类、设计形式以及操作者的技术熟练程度等因素影响。作者探讨不同隙料厚度和覆盖面积对 CerconCAD-CAM 全瓷底层冠适合性的影响,以期通过隙料厚度和覆盖面积补偿和调整上述因素造成的修复体精度的影响,具有临床指导意义。

(李长义)

遮色瓷的不同表面粗糙度对烤瓷熔附金属修复体明度和反射率的影响[王辉,熊芳,于海洋等.华西口腔医学杂志,2009,27(4):397～404]

研究遮色瓷的表面粗糙度对烤瓷熔附金属修复体明度和反射率的影响。采用松风 Halo A2 色粉剂遮色瓷对镍铬合金试件遮色,实验试件分为 6 组,A 组不进行打磨,B、C、D、E、F 组分别用 200、400、600、800、1000 目的水砂纸打磨遮色瓷,使用表面粗糙度测试仪测量试件表面粗糙度,用 PR-650 型光谱扫描色度仪测量遮色瓷色度学参数。测量完成后,各组试件上体瓷和釉质瓷,再次测量色度学参数。结果显示,随着遮色瓷表面粗糙度的降低,遮色瓷以及上体瓷和釉质瓷后表面明度参数和反射率参数均呈递减趋势。表明遮色瓷粗糙度对烤瓷熔附金属修复体的最终明度和反射率有影响。

述　评

在金属烤瓷修复中,遮色瓷不仅用于遮盖不透光的金属基底,对于修复体的色彩学效果也有一定影响,而临床实践中后者的作用常被忽略。作者立足于研究遮色瓷的表面粗糙度对烤瓷熔附金属修复体明度和反射率的影响,从制作工艺的角度寻找获得最佳修复体光学参数的方法,实验结果具有临床指导意义。

(李长义)

激光立体成形技术制备纯钛全冠的初步研究[王晓波,高勃,孙应明等.实用口腔医学杂志,2009,25(3):315～318]

研究利用计算机辅助设计及激光立体成形技术制作纯钛全冠的可行性,利用 UG-NX2 软件设计一个数据基牙,在 SURFACER 逆向工程处理软件中,根据设计的基牙,通过数据牙冠定位及边缘数据插值完成单冠设计。数据生成可用于数控设备分层加工的 STL 文件,根据实测激光单道熔覆的实际高度、宽度,设定加工参数,通过激光快速成型机制作出纯钛全冠。实验结果,完成了单冠的数据设计,激光单道熔覆高度 0.28 mm,宽度 1.3 mm;根据设计数据,通过激光熔覆堆积制作完成的纯钛冠具有较好的形态。作者认为激光立体成形技术作为一种新的计算机辅助制作技术可以初步实现对纯钛全冠的加工制作。

述　评

激光立体成形技术是将激光涂覆和快速成型制造技术相结合的加工技术，具有快速、精确、经济等优点。由于对加工件的复杂程度没有限制，且加工过程未改变母材性质，特别适合于纯钛的加工。作者对计算机辅助设计及激光立体成形技术加工口腔纯钛全冠作了初步探索，尽管加工精度还有待进一步提升，但为临床纯钛修复体加工提供了一条新思路。

（李长义）

可摘局部义齿铸造支架铸型 CAD-CAM 技术的临床初步应用研究［诸森阳，蔡玉惠，戴宁等. 口腔医学，2009，29(3)：126～129］

对临床 Kennedy Ⅰ类上颌牙列缺损患者进行可摘局部义齿支架的计算机辅助设计与制作，选择临床病例 Kennedy Ⅰ类患者，常规牙体制备、模型观测、模型处理，投影光栅测量法获取工作模型以及对颌模型三维数据。在 CATIA 等软件中，按照临床设计要求分别完成卡环、𬌗支托、腭杆、加强网等支架部件的三维建模。最终连接为支架数字化模型，再将保存为三角网格数据 STL 格式的支架数据导入快速成型设备中，加工获得树脂铸型，常规包埋、铸造获得钴铬合金支架，在临床上进行口内试戴。初步完成 1 例临床病例可摘局部义齿铸造支架的 CAD-CAM。作者认为运用工程软件，计算机辅助设计以及快速成型技术可以初步设计、制造出适用于口腔临床的可摘局部义齿铸造支架。

述　评

CAD-CAM 技术在口腔固定修复得到较广泛应用，在可摘局部义齿中的应用相关研究较少，且目前尚无相对成熟的系统。该文作者选择临床实际病例，运用工程软件，计算机辅助设计以及快速成型技术制作出符合临床要求的可摘局部义齿铸造支架，为 CAD-CAM 技术在可摘局部义齿的应用进行了有益的探索。如何提高效率、简化设计程序是作者进一步研究的课题。

（李长义）

口腔正畸学

牙周病致前牙间隙患者的无托槽隐形矫治初探［白玉兴，杨斌，戴青等. 中华口腔医学杂志，2009，44(7)：421～424］

对 7 例因轻、中度牙周炎导致前牙间隙患者，矫治前患者前牙间隙为 3.0～4.5 mm，平均 3.4 mm。应用无托槽隐形矫治技术进行正畸治疗，关闭前牙散在间隙。观察矫治前和矫治 1、3、6 个月患者牙龈探诊出血（BOP）阳性位点百分比和平均探诊深度；评价矫治前和矫治 1、6 个月上前牙釉质牙骨质界至牙槽嵴顶的距离（CEJ-ABC 距）的变化。结果显示，疗程 4～6 个月，矫治后所有患者牙间隙完全关闭。矫治 3、6 个月 BOP 阳性位点百分比分别为 1.2%、1.8%，与矫治前（0%）相比，差异均无统计学意义（$P>0.05$）；矫治 1、3、6 个月患者平均探诊深度分别为（1.49 ± 0.13）mm、（1.58 ± 0.11）mm、（1.57 ± 0.15）mm，与矫治前（1.50 ± 0.12）mm 相比，差异均无统计学意义（$P>0.05$）。矫治 1、6 个月上前牙 CEJ-ABC 距与矫治前相比，差异均无统计学意义（$P>0.05$）。作者认为，无托槽隐形矫治技术可用于轻、中度牙周病致前牙间隙的患者，短期观察未见牙周组织损伤。

述　评

固定矫治器对于伴有成年牙周病的正畸患者来说，在美观、卫生和舒适等方面均存在不足。该研究将无托槽隐形矫治技术用于牙周病导致前牙间隙的患者，评价矫治过程中患者牙周状况的变化，短期观察未见牙周组织损伤。作者建议：选择有强烈治疗愿望的中、轻度牙周炎患者，牙齿无松动，并经过牙周系统治疗后方可进行矫正。

（白玉兴　张海萍）

正畸力对幼鼠牙本质中 DSP 表达的影响［孔祥伟，曹猛，丁寅等. 实用口腔医学杂志，2009，25(3)：323～326］

选取5周龄雄性S-D大鼠,建立正畸牙齿移动模型。分别于加力后1、3、7、14、21天处死动物,取含双侧上颌第一磨牙的上颌标本,制作石蜡切片,进行H-E染色和DSP免疫组化染色。结果显示,牙冠部牙本质小管、前期牙本质、成牙本质细胞和牙根部成牙本质细胞DSP染色阳性。其中,牙尖部位的牙本质小管和前期牙本质呈强阳性染色,14天时达到高峰,21天时阳性染色有所减弱;根部成牙本质细胞在实验初期呈弱阳性染色,随时间的延长阳性染色逐渐增强。正常对照组DSP的表达明显弱于实验组。作者认为,对处于发育晚期的年轻恒牙施加适当的正畸力会促使成牙本质细胞进入活跃状态,牙本质中DSP表达上调,从而在一定程度上加速牙本质的形成及矿化。

述　评

正畸早期矫治的时机一直是备受争议的问题,许多正畸医生认为早期矫治可以为儿童的牙颌面发育提供一个有利环境,可以避免或减轻许多由发育造成的畸形,降低错殆畸形的严重程度,提高最终的治疗效果。也有一些医生认为早期矫治会影响儿童的牙齿发育。该实验研究了正畸力对牙齿发育过程中牙本质形成及矿化的影响,在一个方面为青少年进行早期矫治提供了动物实验的依据,但要得出确切的结论仍然需要进一步深入的研究。

(白玉兴　张海萍)

种植体支抗对高角拔牙病例垂直向控制的颌殆面改变[欧阳莉,周彦恒,傅民魁等. 中华口腔正畸学杂志,2009,16(1):13~18]

选取20例矢状骨面型Ⅰ类或Ⅱ类的高角拔牙病例,采用MBT直丝弓矫治技术,于第一、第二磨牙间颊侧植入MAS微螺钉种植体,作为垂直向支抗对磨牙实施持续轻力压低,同时也作为矢状向支抗结合滑动法回收前牙。结果显示,治疗后上颌磨牙压低2.27 mm;MP/SN角减小2.8°,SNPo角增加1.34°;面角(NsPos/FH)增加3.18°;差异均有统计学意义($P<0.001$)。作者认为,微螺钉种植体支抗压低磨牙能够为高角拔牙病例提供有效的后牙垂直向控制,患者软组织侧貌显著改善。

述　评

在高角病例的治疗中,有效的垂直向控制是取得理想疗效的关键。该研究系统评价了高角拔牙病例使用微螺钉种植体支抗压低磨牙的临床效果,得出下颌平面发生明显的前上旋转(2.8°),表明微螺钉种植体支抗可以有效地控制后牙垂直高度,为该技术在临床中的推广应用提供了重要依据。

(白玉兴　张海萍)

拔除四个第二双尖牙正畸治疗牙移动规律及临床美学审视[白丁,陈坤,周佳卉等. 中华口腔正畸学杂志,2009,16(1):32~37]

选取使用HX直丝弓矫治器、因轻度双颌前突求治而拔除4个第二前磨牙病例26例,在头颅侧位片上,以治疗后殆平面、腭平面和下颌平面为参考平面,测量矫治前后上下颌切牙和磨牙向拔牙间隙的移动量和移动类型。结果显示,上颌拔牙间隙由前牙后移占(50.4±11.5)%,磨牙前移占(49.6±11.5)%;下颌拔牙间隙由前牙后移占(46.2±10.7)%,磨牙前移占(53.8±10.7)%;上中切牙移动的旋转中心位于上中切牙根尖点根方-4.28~11.96 mm的范围内(5.00 mm±5.27 mm),下中切牙移动的旋转中心位于下中切牙根尖点根方0.85~25.25 mm的范围内(14.16 mm±9.27 mm);磨牙均为整体近中移动。作者认为,拔除四个第二前磨牙矫治轻度双颌前突,能较好地维持前牙的唇舌向倾斜度和前后向位置,并能较好地保持面部美观、微笑丰满度和后牙直立度,达到良好的美观效果。

述　评

该研究系统分析了拔除四个第二前磨牙矫治轻度双牙弓前突病例的牙移动规律及对面部美观的影响,得出上下颌前后牙向拔牙间隙移动比例约为1:1,并且能够维持前牙的唇舌向倾斜度,从而获得良好的美观效果,为临床上选择拔除四个第二前磨牙矫治的适应证病例提供了重要依据。

（白玉兴　张海萍）

颅面骨生长发育及正畸治疗中的三种骨调控机制及其概念［陈嵩，陈扬熙. 华西口腔医学杂志，2009，27(5)：577～581］

骨生长(bone growth)、骨塑建(bone modeling)和骨重建(bone remodeling)是出生后骨组织生长发育的3种调控机制。长期以来，在口腔正畸学领域中，由于一些历史原因，骨塑建与骨重建(或称骨改建)的概念被混淆，真正的骨重建机制却被忽略。该文作者从历史的角度回顾了这个语义学错误在口腔正畸学领域产生的原因，进一步阐明了骨塑建与骨重建机制的区别，以及出生后颅面骨骼生长发育与正畸治疗中的骨调控机制。建议尽快在口腔正畸学领域宣传、推广正确使用骨塑建和骨重建这两个专业名词的中英文拼写，停止使用骨改建这一中文名词，以避免在与其他学科(如骨科学)或国内外同行交流时发生误解和交流障碍。

述　评

文章详细介绍了骨塑建与骨重建两个专业名词的基本定义及其具体生理过程的区别，进一步推动了规范化使用口腔正畸学领域的中英文专业名词，作者还建议停止使用骨改建这个中文名词，应该积极宣传推广。

（白玉兴　张海萍）

安氏Ⅲ类错𬌗头颅侧位形态的治疗模板分类研究［李飒，许天民，林久祥. 华西口腔医学杂志，2009，27(6)：637～641］

收集北京大学口腔医院1997—2000年就诊的安格尔Ⅲ类错𬌗患者472名，通过影像测量及最小平方和重叠法(PS)处理，获得患者的标准化点坐标值，并以此为统计指标对472例患者进行聚类分析和亚型分类，总结各亚型的治疗方式。结果显示，472例患者共分成14类亚型，通过计算机绘图形成了各亚型的图形模板，同一类亚型的治疗方式较一致。作者认为，安格尔Ⅲ类错𬌗具有不同的颅面骨骼分型，这些分型对于治疗方式的选择具有重要的意义。

述　评

我国安格尔Ⅲ类错𬌗的发病率为14.98%，其治疗极具挑战性。该研究对Ⅲ类患者头颅侧位片进行标准化，并将具体治疗方式和聚类分析结合，建立了安格尔Ⅲ类错𬌗患者头颅侧位形态治疗模板，对临床工作有重要指导意义。但该模板消除了年龄的影响，临床应用时还需综合考虑患者的生物龄、牙列拥挤度、口腔功能等方面的因素。

（白玉兴　张海萍）

错𬌗畸形腭高度比较［聂琼，林久祥. 现代口腔医学杂志，2009，23(4)：346～349］

采用三维测量仪精密测量60名正常𬌗(男女各30名)和四组牙型与骨型一致的错𬌗(Class Ⅰ双颌前突，Class Ⅱ^1，Class Ⅱ^2，Class Ⅲ，每组男女各30例)共240例患者的原始模型，比较任意两组之间的各个牙弓段的腭高度。结果显示，腭高度总体趋势为：Class Ⅱ^2、Class Ⅲ组腭高度小于正常𬌗、双颌前突和Class Ⅱ^{1}组差异基本有统计学意义($P < 0.05$)；前二组之间、后三组两两之间差异无统计学意义($P > 0.05$)。作者认为，Class Ⅱ^{2}和Class Ⅲ组腭盖相对低平，而Class Ⅱ^{1}组与通常认为的腭盖高拱的印象不一致，腭高度实际不高。

述　评

腭部大小、形态与牙颌颅面形态有重要关联，该研究在国内首次对不同错𬌗畸形(非唇腭裂患者)的腭部大小和形态进行了系统分析，得出Class Ⅱ^{1}个体腭高度与正常𬌗一致，作者推测多数Class Ⅱ^{1}患者腭盖并不是真正的高而可能是后牙区牙弓狭窄使人感觉腭高度比实际值大。

（白玉兴　张海萍）

单侧完全性唇腭裂快速腭扩展的三维可视化评价［冯齐平，潘晓岗，钱玉芬. 临床口腔医学

杂志,2009,25(11):671～674]

选择 1 例单侧完全性唇腭裂患者,螺旋 CT 扫描,应用 Amira 3.11 软件读取 DICOM 格式数据,生成 STL 格式的三维硬组织数字模型,通过 Magic RP 5.41 读取该模型,将腭扩展前后得到的数字模型进行重叠。结果显示,通过对腭扩展前后模型重叠分析,发现腭扩展后额骨发生了轻微的后移,颧额缝、额颌缝、鼻额缝下方的颌骨以及牙齿、牙槽区都发生了一定程度的向外扩展,颧颞缝前方颧弓发生了轻微的上移。牙齿横向位移最大的区域在上颌尖牙区。作者认为,通过基于 DICOM 格式的三维实体几何模型重叠技术,可以对单侧完全性唇腭裂患者快速腭扩展前后颅颌面硬组织结构的改变进行可视化评价,快速腭扩展前后牙弓位移量呈前大后小的趋势。

述　评

唇腭裂患者临床上最典型的表现为上颌后缩、上颌牙弓狭窄,快速腭扩展是解决唇腭裂畸形上颌横向不调的常用方法。由于唇腭裂患者往往存在不对称性畸形,传统的 X 线片不能全面反映唇腭裂畸形的三维结构及治疗后的组织改变。该研究应用三维可视化技术、开发了三维实体几何模型重叠技术,可以直观分析快速腭扩展前后颅颌面硬组织结构的三维改变,具有重要临床应用价值。

(白玉兴　张海萍)

口腔种植学

牙槽窝即刻植骨延期不翻瓣牙种植的疗效评价[林海燕,陈松龄,张兴等. 上海口腔医学,2009,18(3):238～242]

观察拔牙后牙槽窝内即刻植骨延期不翻瓣牙种植的临床效果。对 23 例要求拔牙后行牙种植修复的病例,在拔牙后的牙槽窝即刻植入人工骨粒(Bio-oss 或脱钙骨)。3 个月后,在植骨位置行临床常规 X 线和骨量器检查,确定足够的牙槽骨骨量并行不翻瓣牙种植。通过临床和 X 线观察,植骨后牙槽骨外形丰满,高度和宽度基本保持。不翻瓣牙种植顺利,手术损伤反应小。36 颗牙种植体初期稳定性均达 30 N 以上,随访观察 6～62 个月,种植全部成功。结果说明,拔牙后牙槽窝即刻植骨,可有效保持牙槽骨外形,提供足够的牙槽骨高度和宽度。在足够骨量基础上行延期不翻瓣牙种植,可简化种植前检查和种植过程,减轻种植局部反应。

述　评

不翻瓣种植具有手术创伤小,成功率高,并能够达到良好的美学效果的优点。目前逐渐被广大口腔种植医师所接受并推广应用。但不翻瓣种植对于缺牙区的骨量、骨质和种植医师的临床操作提出了更高的要求。本文作者拔牙时即刻植骨,有效减少了种植时骨量的减少,从而达到了不翻瓣种植的骨量要求,为临床提供了新的思路。但与即刻种植的比较,仍有待研究。

(徐欣)

冠向复位瓣联合结缔组织移植重建上颌种植义齿周围软组织缺损的临床研究[黄建生,赵建江,刘琼. 现代口腔医学杂志,2009,23(5):453～455]

评价冠向复位瓣技术联合结缔组织移植术重建种植义齿修复后软组织缺损的临床效果。收集 11 例 11 颗上颌前牙区单颗种植义齿修复后存在软组织严重退缩影响美观的病例,所有患者从腭部获取游离结缔组织联合冠向复位瓣技术进行上皮下结缔组织移植术重建软组织。以手术后 1 年为基线,临床评估软组织愈合情况,种植义齿牙龈曲线、修复体与天然邻牙唇侧龈缘位置的协调性。结果显示,11 颗种植义齿术后红色美学明显改善。追踪观察 1～4 年,临床效果稳定。采用冠向复位瓣技术联合腭部游离结缔组织重建种植义齿。修复后软组织缺损短期临床效果良好,其长期稳定性有待进一步研究。

述　评

该文作者通过冠向复位瓣技术联合腭部结缔组织移植术重建种植义齿修复后软组织缺损，能够有效解决临床上美学区域种植因软组织退缩而造成的美学问题。

（徐欣）

钛膜和胶原膜联合应用引导种植体周骨缺损骨再生的临床研究[徐世同，周磊，杨晓喻等．口腔医学研究，2009，25(5)：619～621]

评价钛膜与胶原膜联合应用引导种植体骨缺损骨再生的临床效果。将34颗种植体植入30例患者的狭窄形牙槽嵴或唇颊骨壁缺损拔牙窝，所有种植体的唇、颊侧面部分暴露，种植体周骨缺损空间维持能力较差。测量种植暴露部分的最大长度，将羟磷灰石珊瑚骨粉置于骨缺损处，采用钛膜覆盖稳定骨移植材料，然后将胶原膜覆盖于钛膜表面，测量种植暴露部分的最大长度。结果显示，2例患者于手术3个月左右因钛膜局部暴露，将钛膜取出。钛膜暴露率为6.6%。术后6个月Ⅱ期手术时见，所有种植体暴露部分完全被再生骨覆盖，种植体暴露部分长度为0。无张力缝合伤口，取下钛膜，检查骨缺损骨再生的状况，再次测量维持能力较差的骨缺损处，钛膜和胶原膜联合应用引导骨再生可获得理想结果。钛膜和胶原膜联合应用可显著降低钛膜的暴露率，延迟发生膜暴露的时间，从而使引导骨再生的结果更加具有可预测性。

述　评

通过钛膜和胶原膜联合应用引导种植体周骨缺损骨再生，既降低了单一应用钛膜的术后膜的暴露，又能够解决了胶原膜难以有效维持骨缺损空间的问题。为骨缺损再生提供了新的思路.

（徐欣）

三种骨替代材料修复犬下颌种植体周围骨缺损的实验研究[刘永静，廖建兴，刘昌胜等．口腔颌面外科杂志，2009，19(4)：248～252]

通过自固化磷酸钙活性人工骨（CPC/rhBMP-2）、自固化磷酸钙（CPC）、生物活性玻璃倍骼生（PerioGlass）修复种植体周围骨缺损的动物实验研究，比较3种材料修复种植体周围骨缺损的效果。选取3只Beagle犬，每侧下颌各拔除第三、四前磨牙及第一磨牙，3个月后，制备种植窝，然后在每侧下颌骨分别植入2枚纯钛骨融合式螺旋状种植体（直径3.3 mm，长度10 mm），同时在每个种植体冠部制成宽1～1.25 mm，深5 mm的环沟型骨缺损。采用自身对照，每只犬下颌的4枚种植体周的骨缺损作不同处理，随机分组结果如下：A组空置，B组植入PerioGlass，C组植入CPC，D组植入CPC/rhBMP-2。术后3个月取样本，制成带种植体的超硬组织切片，进行组织形态学观察、骨结合百分率测定和计算机组织图像分析。结果显示，B、C、D组种植体周围骨缺损均有新骨形成，植骨区骨－种植体结合率D组（49.48%）最高，C组（46.16%）次之，B组（42.71%）再次，A组（33.68%）最低，但差异无统计学意义（$P>0.05$）。CPC/rhBMP-2、CPC、PerioGlass这3种材料均能促进种植体周围骨缺损的骨再生。组织学结果提示，CPC/rhBMP-2的新骨形成及成熟度、材料降解均优于其余3组。

述　评

随着材料学的发展，越来越多的新型材料应用于口腔种植技术的实验和临床。目前新型的自固化植骨材料除具有其他植骨材料的优点之外，还具有良好的塑形性。在种植骨缺损修复方面会获得越来越多的应用。

（徐欣）

可吸收胶原膜在即刻种植中应用的超微结构及生物力学研究[费伟，杨小民，李铮等．口腔颌面外科杂志，2009，19(4)：257～260]

评估引导骨组织再生技术在即刻种植中促进种植体周围骨缺损修复的效果及作用，为可吸收性胶原膜的临床应用提供理论依据。将16只成年杂种犬，双侧下颌第三、四磨牙拔除后行即刻种植，右侧使用可吸收膜覆盖骨缺损区，左侧不覆盖任何膜作空白对照。分别于术后1、2、4、6个月时各处死4只犬，取材观察。采用扫描电镜(SEM)、四环素荧光标记及生物力学测定等方法，检测即刻植入种植体周围缺损区骨组织再生修复的情况。SEM和四环素荧光标记显示，实验组种植体周围骨缺损的再生修复较同期空白对照组快，术后6个月实验组缺损区呈完全骨性修复，成骨活动趋于稳定，而对照组近牙槽嵴顶仍可见尚不成熟的新生骨组织。生物力学测试结果表明，术后1、2、4个月实验组与对照间最大拔出力值间差异有显著性($P<0.05$)，术后6个月差异无统计学意义($P>0.05$)。结果说明，可吸收胶原膜用作骨组织引导再生膜，可以促进骨缺损的早期修复。

述　评

即刻种植后种植体周骨缺损植骨与否，是否应用胶原膜目前还没有统一的标准。该研究通过应用胶原膜覆盖骨缺损区达到良好的骨引导再生效果。

(徐欣)

BMSCs复合PRP修复牙种植体周围骨缺损的实验研究[何家才，郑先雨，张志愿．口腔颌面外科杂志，2009，19(5)：313～318]

探讨骨髓基质细胞(BMSC)复合富血小板血浆(PRP)修复牙种植体周围骨缺损的可行性。拔除6只Beagle犬双侧下颌8颗前磨牙，术后1个月抽取犬骨髓，采用全骨髓贴壁法培养BMSC，并向成骨细胞诱导，将BMSC与PRP、β-磷酸三钙(β-TCP)分别复合形成组织工程化复合物。术后2个月，在实验犬每侧下颌缺牙区分别植入BLB 4 mm×11 mm种植体4颗，且在每个种植体的近中制造4 mm×4 mm×5 mm大小的骨缺损，分别植入BMSCPRP复合凝胶、自体骨、BMSC-β-TCP复合物以及空白对照，分别于种植术后4、8、12周各处死2只犬，行大体、环境扫描电镜及组织学检查，观察各个时期各组骨缺损区的成骨情况以及新生骨与种植体间骨结合情况。结果显示，三个实验组在术后4、8、12周均有不同程度的骨组织再生，而空白对照组只有少量骨组织再生。各个时期内扫描电镜观察显示BMSC-PRP组新生骨与种植体间的骨结合较其他三组多。BMSC-PRP复合凝胶是一种良好的骨修复材料，具有促进新骨形成及种植体骨结合的效应。

述　评

目前骨缺损修复材料尚不能完全达到临床要求。应用骨组织工程技术修复骨缺损仍然是目前研究的热点。

(徐欣)

牙和牙槽外科学

Bio-oss和Bio-oss骨胶原保持牙槽骨量的临床研究[王健，胡秀莲，林野．现代口腔医学杂志，2009，23(1)：4～6]

对24枚上、下颌后牙拔除后对牙槽窝给予不同处理，其中拔牙窝填充混合富血小板血浆的Bio-oss(BP组)7例，拔牙窝填充Bio-oss骨胶原(BC组)7例，拔牙窝自然愈合(C组)10例。牙齿拔除后1～2周、9～12周两次复诊，观察牙龈愈合差异，取模型，测量缺牙处牙槽嵴宽度，行不同组间及组内的前后比较。结果显示，各组牙槽嵴宽度前后模型测量存在差异($P<0.05$)；BP组与BC组，BP组与C组间前后差值存在显著差异($P<0.05$)。从而表明Bio-oss植入减轻了拔牙后牙槽嵴的吸收，Bio-oss骨胶原对于拔牙窝嵴顶处牙龈上皮的爬行覆盖具有促进作用。

述　评

牙齿拔除后，拔牙创的愈合以及牙槽骨的吸收情况是临床医生关注的重点之一，尤其是牙槽骨愈合的形态及骨量，对于拔牙术后行修复或者种植治疗有着举足轻重的影响。如何能有效预防拔牙后牙槽骨吸收，成了许多学者所关注的焦点。该研究通过建立模型，比较拔牙前后牙槽嵴宽度的差异，来探讨生物材料Bio-oss及Bio-oss骨胶原对保持拔牙区牙槽嵴良好形态的作用，并得到了较好的结果。当然，如果能有大样本长期效果的比较，其结论会更有说服力。

（谢志坚）

下颌低位近中水平埋伏阻生牙两种拔除方法的比较研究［匡世军，周燕武，张志光等. 中国实用口腔科杂志，2009，2(2)：106～108］

对2006年7月至2008年7月中山大学光华口腔医学院 · 附属口腔医院口腔颌面外科收治的140例下颌低位近中水平阻生牙患者，随机分成2组，每组70例。一组采用高速涡轮钻法（试验组），另一组采用传统劈冠法（对照组）。比较2组拔牙时间和疼痛、肿胀、张口度和第二磨牙松动度等并发症的发生情况。结果显示，试验组的拔牙时间明显少于对照组，术后疼痛、张口度、第二磨牙松动度等并发症的发生率也较对照组少，两组间差异有统计学意义（$P<0.01$），但肿胀并发症的发生两组间差异无统计学意义（$P>0.05$）。故认为运用高速涡轮钻法拔除下颌低位水平阻生牙，创伤轻、术后并发症少、手术时间短、患者对手术的恐惧感少，与传统劈冠法相比具有较好临床疗效。

述　评

微创法拔牙术是近年牙槽外科的一个重要发展方向，使用高速涡轮钻拔除下颌埋伏阻生牙，因其损伤较小，已越来越多地应用于临床。然而仍有不少学者对其产生质疑，认为拔牙所需时间有所增加。该文作者以拔除难度较大的低位近中水平埋伏阻生牙为对象，比较高速涡轮钻和传统劈冠法的用时及术后并发症，以统计结果说明高速涡轮钻拔除埋伏阻生牙的优势，值得在临床推广。

（谢志坚）

下颌阻生智齿拔除后第二磨牙远中牙槽骨变化的临床研究［潘向勇，徐菁玲，王霄. 现代口腔医学杂志，2009，23(4)：360～362］

挑选因下颌智齿水平或近中阻生而在2年前要求拔牙的患者，在接受拔牙时，邻近第二磨牙远中牙槽骨已经发生水平吸收的病例，共计104例。复查内容包括：下颌第二磨牙牙周深度探诊，摄术后数字牙片，测量近远中牙槽骨垂直高度，然后与拔牙前的相应数据做比较。采取多项措施减少误差以保证数据可比性。结果显示，72.1%的下颌第二磨牙远中牙周探诊深度≥6 mm；术后远中牙槽骨可以再生，高度大于术前（$P<0.01$），但仍小于近中牙槽骨高度（$P<0.01$）；年龄对牙槽骨增量无影响。说明下颌阻生智齿拔除后，邻近的第二磨牙远中牙槽骨可以再生，但无法恢复至正常水平；应提倡一期植入人工骨改善其远期预后。

述　评

下颌阻生智齿导致第二磨牙远中骨吸收是下颌第三磨牙拔除指征之一。然而，在拔除智齿后，第二磨牙的远中牙槽骨的变化情况在临床上存在一定的争议。为此，该文作者通过对拔牙后第二磨牙远中的牙周袋及牙槽骨恢复情况的观察，证实了已吸收的远中牙槽骨并不能完全恢复到正常水平，故而提出对拔牙后同期植入人工骨粉的建议，具有一定的临床指导价值。

（谢志坚）

牙科CT与全景片评估上颌窦提升术时骨量的对比研究［朱安棣，容明灯，郭泽鸿等. 广东医学，2009，30(7)：1134～1135］

对50例上颌窦提升同期植入种植体患者术前术后分别用CT和全景片对其骨量进行评估。结果显示，有9例患者CT发现存在植骨盲区，但全景片未能发现。通过比较发现CT较全景片更能准确全面反映骨的三维信息。

述　评

目前，CT技术越来越多地应用于口腔领域。许多临床患者因全景平片图像重叠等限制，不能全面了解患区情况，现可通过CT从三维层面进行评估，从而更好地把握一些手术的适应证。该文的研究对象为较常见的上颌窦提升术，对术后的充填效果进行评估，证实全景片的观察具有局限性。对于上颌窦底壁、前壁等二维死角区需行充填的患者，建议术前行 CT 检查，以便于提高手术成功率与临床效果。

（谢志坚）

拔牙断根误入上颌窦的简便取出方法［郭永峰，周青，卢利. 中国口腔颌面外科杂志，2009，7(3)：273～275］

对在拔牙过程中断根进入上颌窦的 15 例患者，应用经牙槽窝吸引法、经牙槽窝上颌窦冲洗法、经牙槽窝上颌窦纱条填塞法进行手术取出断根。结果显示，9 例患者应用吸引法和经牙槽窝上颌窦冲洗法快速取出断根，6 例应用纱条填塞法联合上颌窦冲洗和吸引法取出断根。认为采用经牙槽窝上颌窦纱条填塞法联合经牙槽窝上颌窦冲洗法和吸引法，可以成功取出进入上颌窦的断根。

述　评

断根进入上颌窦后如采取上颌窦前壁开窗取出法，创伤较大，该作者根据临床具体情况提出几种不同处理方法，手术简便快捷，对患者的创伤明显减小，值得临床推广借鉴。

（谢志坚）

口腔组织补片和富血小板血浆处理拔牙创的临床研究［冯萍，胡劲松，佘小明. 口腔医学研究，2009，25(3)：302～304］

将 200 例拔除下牙阻生齿的患者随机分为甲、乙、丙、丁四组。完成拔除术后，甲组：口腔组织补片置入拔牙创；乙组：富血小板血浆(PRP)置入拔牙创；丙组：口腔组织补片加 PRP 置入拔牙创；丁组：空白对照组。术后观察四组并发症发生情况。并于术后 3 个月观察 X 线结果，以 Digra 分析比较牙槽窝愈合情况。结果显示，与对照组比较，补片加 PRP 组对于预防术后出血、干槽症的发生以及促进牙槽骨的生长有促进作用($P<0.05$)。口腔组织补片和 PRP 联合应用对于阻生齿拔除后预防术后出血以及干槽症有一定疗效，同时对牙槽骨生长有促进作用。

述　评

阻生牙拔除术是口腔颌面外科最常见的手术之一，术后的并发症较多，预防的方法也不少。富血小板血浆在近几年受到许多学者的关注，大多探讨其对成骨的影响，根据其成分及作用机理，对拔牙后的并发症应有一定的预防效果。但是由于液体容易流失，PRP 的预防作用并不明显。该文将 PRP 搭配口腔组织补片，利用组织补片的贴附，增加 PRP 的作用时间，以达到较好的预防干槽症及术后出血的作用，不失为临床上可借鉴推广的一种方法。

（谢志坚）

口腔颌面部感染

下颌骨放射性骨坏死山羊动物模型的建立［贺捷，何悦，邱蔚六等. 口腔医学，2009，29(9)：453～456，493］

对 6 只成年山羊根据不同照射剂量随机分为 3 组(15、20、25 Gy)，照射前收集正常下颌骨影像学及病理学资料，收集完成后采用直线加速器按分组剂量对左侧下颌骨行单次照射。照射结束后 45 天在照射侧行拔牙术，术后 3、6 个月行影像学、病理学及骨代谢检查，并观察局部及全身情况。结果在组织病理学检查上，3 组均符合下颌骨放射性骨坏死，其严重程度与照射剂量正相关；其中，20 Gy 和 25 Gy 组有典型的临床症状出现；照射前后颌骨影像学检查无明显改变；骨代谢检查发现放疗侧颌骨代谢明显较对侧低。该实验成功建立下颌骨 ORN 山羊动物模型，结果显示，ORN 组织细胞学及颌骨代谢变化先于影像学改变。

述　评

颌骨放射性骨坏死是头颈肿瘤放射治疗后常见的并发症，而手术治疗又造成软硬组织大量缺损，对患者外形及心理造成较大影响，故该动物模型的建立对于研究其病因、机制，并对该类疾病的防治有着重要的意义。

（宋宇峰）

感染伤口愈合过程中负压引流对纤维细胞的影响[毛小泉,谢文扬. 广西医学,2009,31(7):924~926]

通过 40 只成年健康日本大白兔,在颌面部、大腿部建立感染伤口模型,随机分为实验组和对照组各 20 只,实验组清创后负压引流,对照组常规方法处理,两组于清创后 1、3、5、7 天处死动物,在取创面标本光镜下计数成纤维细胞,以了解负压引流在感染伤口愈合过程中成纤维细胞的变化。结果显示,第 1、3 天实验组面部成纤维细胞数量多于对照组($P < 0.05$)。结果说明,负压引流可促进感染伤口成纤维细胞计数增加,从而加速伤口愈合。

述 评

成纤维细胞是伤口愈合过程中主要的修复细胞,在胶原纤维和纤维连接蛋白的合成及细胞基质的合成中起重要作用,因此成纤维细胞的增加对提高组织修复能力有重要的临床意义。而该研究结果显示封闭引流增加了局部成纤维细胞的数量,可以促进伤口的愈合,具有一定的临床指导意义。

(宋宇峰)

甲苯胺蓝介导的光动力对大鼠口腔创口金黄色葡萄球菌感染治疗的研究[林江,毕良佳,董占海. 牙体牙髓牙周病学杂志,2009,19(8):462~465]

通过金黄色葡萄球菌接种创建口腔感染大鼠模型,1 mg/mL 的甲苯胺蓝在激光配合下,采用光能量 12 J/cm^2、48 J/cm^2 对创口进行照射,分别记录灭菌效果和创口病损面积的变化,观察甲苯胺蓝介导的光动力对大鼠口腔感染创口的治疗作用。结果显示,治疗各组均取得了较好的灭菌效果,光能量 48 J/cm^2 照射时灭菌效果最佳,约 93% 的创口中的细菌被杀灭,尽管光动力治疗后,没有阻止病损面积的发展,但治疗组病损的峰值面积明显小于对照组。该结果说明,甲苯胺蓝介导的光动力可以控制大鼠的口腔创口感染。提示该方法可能在将来有望替代抗生素在临床局部应用。

述 评

目前细菌耐药性已发展成为抗感染治疗面临的一个严重问题,特别是多重耐药性问题更引起人们的高度关注,而甲苯胺蓝介导的光动力为解决此问题提供了新的思路。

(宋宇峰)

口腔感染及其并发症的药物防治策略[李性天,赵瑛,耿立坚. 中国药业,2009,18(19):3~5]

该文作者回顾性分析了近年来有关引起口腔感染的微生物的种类和药物敏感性研究,结果显示,口腔感染最常见为草绿色链球菌、厌氧菌单独或混合感染,急性牙源性感染,应以 β-内酰胺类抗生素为一线治疗药物,选阿莫西林或克林霉素。该文还分析了非牙源性感染、口腔术后局灶性感染等的临床防治进展,以及肝、肾功能损害患者和孕妇等特殊患者的用药情况。

述 评

目前抗生素的滥用也越来越严重,一方面增加了药品的不良反应和药源性疾病的发生;另一方面造成了细菌耐药性的不断增加,该文为指导口腔临床医师科学、规范、合理地使用抗菌素提供了参考。

(宋宇峰)

口腔黏膜结核 23 例临床分析[綦焱,宋培珍,赵忠华等. 临床口腔医学杂志,2009,25(4):241~242]

对 23 例口腔黏膜结核病进行临床分析。结果显示,口腔黏膜结核大多继发于肺结核(12 例)、淋巴结核(4 例)和肠结核(3 例);40 岁以上患者为 19 例,占 82.61%;病变发生于舌部多见(11 例);21 例为溃疡型,呈鼠噬状;以局部分泌物检出结核菌或者经病理检查确诊,一旦确诊治疗效果满意。结果提示,实施早期、联合、规律、适量、全程治疗,是缩短疗程、提高治愈率的重要措施。

述 评

近年来结核患者发病有增加的趋势,同时

出现于口腔颌面部也在增多,包括口腔黏膜结核及颌面颈部淋巴结核,故口腔临床医师应提高对本病的重视,发现可疑病例应注意相关体征和进行必要检查,以防误诊误治。

（宋宇峰）

口腔颌面部损伤学

单(双)侧髁突骨折与合并颌骨骨折的治疗原则[何冬梅,杨驰.中华口腔医学杂志,2009,44(12):725~727]

作者针对髁突骨折中的不同类型,尤其是单侧与双侧髁突骨折、合并与不合并上下颌骨骨折的情况下在治疗上的区别进行了探讨,指出双侧髁突骨折对于下颌运动的影响大于单侧骨折,因此,对于双侧骨折也更多采用手术复位的方法治疗。作者根据1 518 例下颌骨骨折的统计结果,对合并下颌骨其他部位骨折的髁突骨折,指出复位固定其他部位骨折以缩短颌间牵引时间来有利关节恢复。

述　评

影响髁突骨骨折治疗的因素很多,包括年龄、伴发骨折、咬合和全身情况等,所以对髁突骨折治疗方法的选择一直存在不同认识。该文即主要针对髁突骨折的单(双)发和合并骨折情况这两种影响因素进行探讨,并结合1 518例患者的实际治疗情况和以往文献报道,对这些不同类型髁突骨折中可能出现的多种复杂情况进一步细分,并分别分析了相应的处理措施和原则。作者的经验对于临床治疗有很好的指导作用,也为髁突骨折的临床研究和疗效比较提供了更准确的参考依据。

（刘彦普　王彦亮）

髁突骨折并发症的预防与处理[何黎升.中华口腔医学研究,2009,44(12):722~724]

髁突骨折情况复杂,影响预后疗效的因素多,治疗方法也一直是学者们争论的焦点。文章对各种由于过度治疗或治疗不足而导致的不同并发症,进行了详细的阐述,并逐一分析其形成原因、预防措施和治疗手段,指出对髁突骨折的治疗不宜一概而论或不科学地比较,具体治疗应根据不同情况选用针对性治疗方法,充分考虑多方面的影响因素,而髁突骨折治疗的关键就在于如何避免治疗后的各种并发症。

述　评

如何避免创伤后的各种并发症是贯穿于髁突骨折治疗过程的主旨,而对髁突骨折治疗方法的争论,其焦点也就集中如何能尽量减少并发症的发生。该文中作者对多种髁突骨折并发症的表现、原因、预防措施和治疗进行了系统的分析和讨论,包括面神经损伤、咬合紊乱、生长发育障碍、TMJ 功能障碍、关节强直、髁突吸收等,对临床上采取措施减少各类并发症的发生有系统的指导意义。

（刘彦普　王彦亮）

骨应力监测传感系统的构建及在牵张成骨中的应用[罗阳,王序全,张雪等.中华创伤杂志,2009,25(8):949~953]

牵张成骨过程中,骨愈合的不同阶段,对骨断端的最佳应力水平要求也不一致;固定前期需要坚强固定,固定后期需要尽量减少应力遮挡。传统方法调节应力主要凭借经验来手动调节,缺乏量化指标,无法完全克服应力遮挡效应而难以达到生理性愈合。作者构建了一种外固定装置来监测骨愈合过程中骨断端应力水平的变化。在满足固定和调节基本功能之外加上实施监控功能,通过记录不同位置传感器数据差来反映骨力线对位、对线情况。在此基础上作者还建立了一套基于骨应力的系统参数方程,为进一步利用智能调控装置对骨外固定过程进行调控打下基础。

述　评

牵张成骨所产生新骨较正常骨质强度低、骨质疏松,其主要原因即是骨外固定过程中的应力遮挡效应所造成的。因为骨愈合的不同阶段,对骨断端的最佳应力水平要求不同,所以,设计智能调控装置来精确调控骨外固定过程中骨断端的实际应力水平以取代传统手动调节方法，是牵张成骨研究领域的重要方向。作者在国内外相关研究基础上，成功构建了具有自主知识产权的骨应力监测传感系统，并通过了一系列动物实验完成系统测试，验证了该系统的稳定性和可靠性，为后期的相关研究提供了良好的实验技术平台。

（刘彦普　王彦亮）

髁突置换治疗创伤性颞下颌关节强直五例［安金刚，张益，何锦泉等. 中华口腔医学杂志，2009，44（12）：717～721］

对 5 例创伤性颞下颌关节强直（TMJA）患者的临床表现、术前准备、手术方法和术后疗效进行了全面的分析总结，所选病例临床表现均为重度张口受限的真性关节强直。作者利用 CT 数据通过快速成型技术复制三维头模，并在头模上模拟术中操作，选择适合的人工髁突。术后患者张口度恢复均良好，并未发现关节窝破坏吸收。除个别病例咬合欠佳，还有相当一部分患者出现异位成骨。作者指出，人工髁突置换尽管可以作为创伤性 TMJA 的手术方法，但还存在一定的不确定性，需要进一步临床验证。

述　评

对于严重的创伤性颞颌关节强直，用外科手术来进行关节重建目前是唯一的治疗方法。比较于传统的自体骨或骨软骨移植，人工关节置换由于复发率低的优点，近年来愈发受到重视。尽管髁突假体应用临床已有很长时间，但国内对通过人工髁突置换来治疗关节疾患的临床效果的报道还很少。该文通过 5 例人工髁突置换治疗 TMJA 的预后进行观察，其中尤其对目前学术界讨论较多的关节窝吸收和异位骨形成的问题进行了重点观察，文章结论对于临床开展该类手术具有一定的参考意义。但限于本组报道例数较少，随访时间尚短，还难以得出较确定的结论。

（刘彦普　王彦亮）

大节段多孔羟基磷灰石-聚乳酸复合支架体内植入组织形态学研究［黄鹏，彭谦，冯怀志等. 中华创伤杂志，2009，25（11）：1037～1039］

鉴于羟磷灰石（HA）生物相容性好和机械性能差、脆性大的优缺点，该文作者采用将生物活性和骨诱导性均较好的聚乳酸（PLA）喷涂在 HA 表面的方法，增加羟磷灰石韧性，制备出内置 HA 球粒的大节段多孔 HA-PLA 复合网状支架。作者通过体内多部位软组织内植入新型材料并进行了一系列组织病理学观察，结果表明新型材料作为骨缺损修复的组织工程化人工骨移植材料具有一定的可行性，并能为后续的血管化过程提供空间。

述　评

羟磷灰石由于成分与骨最为接近，是人们最早研究的植骨材料之一。但由于其机械性能差的缺点，往往作为骨腔填充材料使用而难以被用于大块骨质缺损的修复。该文中作者采用聚乳酸涂覆的方法制备出 HA-PLA 复合支架，有一定的创新性。实验结果显示新型支架不仅具有良好生物相容性和骨引导性，还能为血管的长入提供有利条件。其研究结果对于进一步研究血管化组织工程骨提供了重要的实验依据。

（刘彦普　王彦亮）

髁突矢状骨折的复位与螺钉固定［李智，李祖兵. 中华口腔医学杂志，2009，44（12）：709～712］

对 21 例髁突矢状骨折患者的临床治疗过程进行了全面整理回顾分析，系统介绍了手术设计、术中显露复位、固定螺钉选择、关节盘处理以及术后处理等治疗过程和原则，并介绍了针对多种复杂情况的特殊处理技巧。结果表明，手术复位和螺钉固定髁突矢状骨折，可以达到稳定复位和固定的目的。为防止内侧骨片破裂，作者均采用单枚拉力或固位螺钉达到了有效固定，术后无松脱。

述　评

髁突矢状骨折是髁突骨折中的一种特殊

类型。由于髁突部位解剖复杂,传统 X 线平片漏诊率高而遗漏大量病例。随着 CT 技术的发展和普及,髁突矢状骨折也随之增多。由于其术野所限,复位固定困难,尤其是骨折的髁突内侧骨片,由于翼外肌牵拉常向髁突残端前内下方移位,更增加了手术难度。作者采用目前通用的以骨折线部位为依据对矢状骨折分类的方法,提出对中央型和外侧型髁突矢状骨折可采用拉力螺钉进行可靠固定,而对于内侧型髁突矢状骨折选择普通螺钉以避免内侧骨片断裂。这些实际操作中的相关技巧和经验,对于临床上该类型骨折的具体治疗有很好的指导意义。

(刘彦普　王彦亮)

3～16 岁儿童髁突骨折的功能性治疗与效果观察[赵玉鸣,白瑞春,葛立宏等. 中华口腔医学杂志,2009,44(12):713～716]

选取 23 例 3～16 岁儿童髁突骨折病例,采用戴全牙列软𬌗垫同时配合张口训练方法进行保守治疗髁突骨折。随访 3 月～3.5 年后,根据临床检查和 X 线片表现,分析该𬌗垫对髁突骨折进行功能治疗的效果。结果表明,所有患者效果良好,23 例患者面型基本对称,未见发育异常,无张口受限和明显的张口偏斜,下颌运动良好。X 线检查均可观察到髁突改建。双侧髁突骨折患者的髁突改建形态更接近正常,而单侧髁突骨折患者髁突改建的形态较健侧短粗。作者认为全牙列软𬌗垫治疗是除颌间牵引、颌间固定和颅颌弹性牵引等传统的保守治疗方法之外一种新的保守治疗儿童髁突骨折的有效方法。

述　评

儿童髁突骨折在髁突骨折中占有很大比例。由于存在对未来下颌骨生长发育的潜在影响,对儿童髁突骨折的治疗目前绝大多数学者都主张采用保守治疗。但目前对于儿童髁突骨折保守治疗的具体方法还缺乏统一的认识。部分学者认为颌间固定或牵引等方法不适用于乳牙列或混合牙列儿童,长期固定易出现关节内粘连。以往对𬌗垫治疗儿童髁突骨折的研究多报道有良好疗效,但也存在颌板厚、感觉不适、影响说话进食等问题。作者根据以往𬌗垫应用过程中存在问题,在实际治疗中,一方面根据髁突骨折的移位情况和患者年龄,定期调整𬌗垫厚度和戴用时间,以达到诱导咬合、促进复位和愈合、避免软组织损伤等目的;另一方面采用软性热压材料以缓解疼痛。该方法对下颌功能、面部发育和髁突形态改建均有良好效果,有一定推广意义。

(刘彦普　王彦亮)

髁突骨折的问题与对策[张益. 中华口腔医学杂志,2009,44(12):705～708]

对髁突骨折的研究现状进行了概括性介绍,并借助循证医学手段对 2009 年 3 月中华口腔医学会口腔颌面外科专业委员会组织的髁突骨折专题研讨会的成果进行了报道和分析。并针对专家们关注的几大热点问题进行了逐一讨论,包括:髁突骨折的治愈标准,儿童和青少年髁突骨折,髁突骨折治疗方法的选择,髁突骨折的手术治疗,髁突矢状骨折和关节盘,髁突骨折和关节强直等热点问题。同时作者也指出,髁突骨折的研究受到临床样本多变量因素和医学伦理学原则限制,难以实现双盲、随机的前瞻研究,因此目前只能在传统和经验的基础上进行。

述　评

髁突骨折是颌面外科中存在争议问题最多、影响因素最复杂的议题。尽管每年都有大量文献报道,但这方面的临床研究难以取得具有严格科学意义、有说服力和一致性的结论。作者从高屋建瓴的角度,通过对参会专家的意见分析总结,深入解释了大量髁突骨折治疗的相关理论原则,并从不同层次和角度深刻剖析了髁突骨折研究中的复杂性以及目前研究现状中存在的诸多问题和困惑,是该方面研究现状的精辟总结,也是立志于开始投身此方面研究的学者必读之作。

(刘彦普　王彦亮)

口腔颌面部肿瘤学

Tca 8113 细胞系下颌下淋巴结转移动物模型的建立[余杨,邱蔚六,吕燕等.口腔颌面外科杂志,2009,19(3):159~163]

在裸鼠舌体及颊黏膜内接种 Tca 8113 细胞,6周后观察淋巴结转移情况。通过H-E染色法计算淋巴结转移率,采用CK蛋白免疫组化染色法计算淋巴结微灶转移率。结果显示,13只舌体接种裸鼠中,有3只出现下颌下淋巴结转移,5只出现淋巴结微灶转移,转移率达61.54%;15只颊黏膜接种裸鼠中,下颌下淋巴结和微灶转移各为3只,转移率达40%。

述　评

口腔鳞癌的淋巴结转移机制对临床治疗有指导性意义,由于目前国内尚无较为成熟的口腔鳞癌淋巴结转移动物模型,限制了该方面的机制研究和进一步的治疗研究。作者通过Tca8113细胞的口腔黏膜下注射,成功建立了符合肿瘤淋巴结转移方式的自发性转移模型,其中舌鳞癌的淋巴结转移率达61.54%,该模型能较好地模拟临床口腔鳞癌的转移方式,为实验研究提供了良好的模型基础。

(张志愿　何悦)

口腔颌面部脉管性疾病临床诊治——头颈部静脉畸形的综合序列治疗[张志愿,王延安.中国实用口腔科杂志,2009,2(5):257~260]

静脉畸形是最常见的低流速脉管畸形,多发生于头颈部,不仅影响患者面容,引发疼痛、溃疡、出血,还可压迫或侵及邻近组织器官,从而影响语言、吞咽及呼吸功能,甚至危及生命。静脉畸形的治疗方法包括手术、激光、硬化剂注射、电化学治疗等,但对范围广泛的巨大病变,则需多学科综合序列治疗方能达到理想的治疗效果。

述　评

作者根据在头颈部静脉畸形治疗方面的长期经验,提出静脉畸形的影像学分型、诊断要点和以影像学引导下无水乙醇硬化剂治疗为主的综合序列治疗手段。国内首次提出和应用大剂量无水乙醇进行硬化剂治疗,并取得肯定疗效。由于大剂量无水乙醇注射可能引起严重并发症,建议按程序操作并由有经验的医师进行。

(何悦)

牙源性肿瘤的外科治疗[李龙江,潘剑.中国实用口腔科杂志,2009,2(2):76~79]

牙源性肿瘤多发生颌骨内,良性肿瘤多无自觉症状。牙源性肿瘤病理类型多,牙源性角化囊肿和钙化囊肿也在2005年归入牙源性肿瘤的WHO分类中。牙源性肿瘤的临床表现多样,手术是目前治疗的唯一有效手段,因此如何选择针对性的有效手术方式非常重要。

述　评

2005年WHO将牙源性肿瘤分为良性牙源性肿瘤和恶性牙源性肿瘤。良性牙源性肿瘤包括成釉细胞瘤、牙源性钙化上皮瘤、牙源性腺样瘤等;恶性牙源性肿瘤有成釉细胞癌、恶性成釉细胞瘤、原发性颌骨内鳞癌、透明细胞癌等。因牙源性肿瘤分类多,肿瘤临床表现多样,同一类型、不同亚类治疗手段也不尽相同。作者就几种常见的牙源性肿瘤的治疗要点逐一阐述,具有一定的临床指导意义。

(张志愿　何悦)

口腔癌的预防[郑家伟,钟来平,张志愿.中国口腔颌面外科杂志,2009,7(2):168~175]

口腔癌的发生与多种内外因素有关,包括吸烟、饮酒、病毒感染、营养不良、饮食习惯和局部刺激等。尽管目前所采用的手术、放疗、化疗和生物治疗等手段在其治疗上取得长足进展,但5年生存率仍徘徊在64%左右,晚期患者的预后更差。因此,要提高口腔癌患者的生存率和生存质量,必须坚持和贯彻"预防为主"的方针。

述　评

世界卫生组织已经提出控制癌症的3个"1/3",其中第一个1/3就是癌症的预防,可见其重要性。针对癌症预防的3级措施，作者详细阐述了口腔癌的一级预防、二级预防和三级预防具体措施，提出积极消除各种致癌因素、定期进行口腔检查、保持良好的口腔卫生习惯和增强体质是预防口腔癌的有力措施。

(何悦)

EphA2与涎腺肿瘤血管生成关系的研究[吴中兴，赵怡芳，蔡育等. 口腔医学研究，2009，25(3)：333～335]

以免疫组化S-P法检测EphA2和CD34在10例正常涎腺组织、60例涎腺癌(其中涎腺腺样囊性癌、黏液皮样癌各30例)中的表达，并分析EphA2表达强度与微血管密度(MVD)计数之间的关系。结果发现，EphA2、CD34在血管内皮细胞表达，经回归分析认为EphA2在涎腺癌中的表达强度与MVD计数呈显著直线正相关关系，由此认为EphA2可能与涎腺肿瘤血管生成有关。

述　评

Eph受体是近年来发现的重要的血管生成因子，在许多肿瘤血管生成过程中发挥明显的调节作用。该研究发现EphA2受体在涎腺肿瘤细胞中的表达明显高于正常涎腺细胞，且与肿瘤微血管密度呈显著正相关。该研究设立了合理对照，方法可靠，结论可信。随着EphA2参与涎腺肿瘤的血管生成的分子机制进一步阐明，EphA2有望成为又一抗血管生成的靶向目标，为临床治疗提供新思路。

(张志愿　王旭东)

hTR反义寡核苷酸联合全反式维甲酸的体内抗口腔鳞癌作用研究[徐骎，陈万涛，张萍等. 中国口腔颌面外科杂志，2009，7(1)：44～49]

通过裸鼠皮下注射Tca8113细胞建立荷瘤动物模型，分别给予端粒酶反义寡核苷酸、端粒酶正义寡核苷酸、全反式维甲酸、端粒酶反义寡核苷酸联合全反式维甲酸、端粒酶正义寡核苷酸联合全反式维甲酸治疗。治疗结束时，计算各处理组抑瘤效果。端粒酶重复序列扩增法(TRAP法)检测各实验组肿瘤端粒酶活性；Tunel法检测细胞凋亡水平；免疫组织化学法观察bcl-2和bax蛋白表达情况。结果显示，治疗后组织标本与对照组比较，端粒酶反义寡核苷酸和全反式维甲酸治疗均可抑制肿瘤的生长，两者联合应用具有协同作用：端粒酶活性明显下降、细胞凋亡数目增高，bcl-2蛋白表达下调($P<0.05$)。

述　评

该研究对照组设置合理，研究方法先进，照片图表清晰，数据可靠，统计学处理准确，结论可信，验证了“针对端粒酶hTR靶点的端粒酶反义寡核苷酸联合全反式维甲酸治疗，对荷瘤鼠具有协同抑制肿瘤生长的作用”这一假说；并认为联合治疗的抑瘤作用机制可能是通过降低端粒酶活性而引起肿瘤细胞凋亡，bcl-2在此过程中起着重要作用。从体内实验证实了hTR反义寡核苷酸联合全反式维甲酸的抗口腔鳞癌作用，为临床探索口腔鳞癌的新治疗手段提供了新思路。

(张志愿　王旭东)

个体化设计的股前外侧复合肌皮瓣修复舌癌根治术后舌及口底缺损[胡永杰，苏彤，曲行舟等. 中华整形外科杂志，2009，25(5)：332～336]

应用个体化设计的游离股前外侧复合肌皮瓣，修复31例舌癌根治术后舌及口底缺损，皮瓣大小为(4～8)cm×(5～10)cm，所携带股外侧肌大小为(2～5)cm×(3～6)cm，血管蒂的长度为(6.81±3.23)cm。结果显示，31例游离股前外侧复合肌皮瓣手术均获成功，舌外形及功能恢复良好，口底及下颌下区饱满；受区及供区伤口一期愈合，未发现口底瘘、下肢运动和感觉功能障碍等并发症。作者认为该皮瓣具有可重建良好的舌及口底形态，恢复舌功能，供区部位隐蔽和并发症少等优点，是修复舌癌根治术后舌及口底缺损的理想的首选皮瓣。

述　评

该临床研究着眼于应用个性化的股前外

侧复合肌皮瓣来修复舌癌根治后引起的舌与口底缺损，其特色是在股前外穿支皮瓣的基础上，根据个体的缺损情况，以旋股外侧动静脉降支血管束为蒂制备 1 ~ 2 个单纯的游离肌瓣，形成同蒂双岛或同蒂三岛的“串珠瓣”，在舌缺损修复中增加了灵活性与兼容性，并可根据术中情况调整肌皮瓣的大小，是舌癌根治术后舌及口底缺损修复的理想皮瓣，在保留下颌骨连续性的舌癌根治术后可以替代前臂皮瓣和胸大肌肌皮瓣修复舌及口底缺损，有相当的临床推广价值。今后若能在一期进行舌神经或舌下神经的修复，有望实现真正的舌功能恢复。

（张志愿　王旭东）

口腔颌面部畸形整复外科学

下颌骨区段缺损术后骨性重建对生活质量的影响[严颖彬，毛驰，彭歆等. 现代口腔医学杂志，2009，23(5)：449 ~ 452]

分析口腔癌患者下颌骨区段缺损术后骨性重建对生活质量(QOL)的影响。17 例因口腔癌而致下颌骨区段切除的患者按重建术式的不同分为骨性重建组和非骨性重建组，同时采用 SF-36、FACT-H&N 和 UW-QOL 三种量表分别在术前、术后 3 个月和术后 12 个月进行生活质量的测量，比较两组患者生活质量的差异及纵向变化趋势。结果显示，两组患者术前生活质量的差异无统计学意义，而在术后 3 个月和术后 12 个月两个时点，骨性重建组均有较好的外貌、进食、功能状况和总体生活质量($P < 0.05$)。术后 12 个月时，骨性重建组的生活质量恢复到接近术前水平，而非骨性重建组仍遗留有较严重的口腔相关的特异性问题和较差的功能状况。结果提示，下颌骨区段缺损后的骨性重建能改善患者的外形和功能，提高患者术后的 QOL，值得在临床上推广使用。

述　评

口腔癌患者进行舌颌颈联合根治术常常需要区段切除部分下颌骨，修复重建的方法较多，相对简易的方法不进行骨性的修复重建，而采用重建钛板固定下颌骨两侧断端，维持下颌骨完整性的方法。而骨性的修复重建是用骨块游离移植或者肌骨瓣的方法来重建缺损的下颌骨。该文对于两种修复方法术后的口腔功能、机体恢复和生活质量等指标进行了统计分析，科学地评价了两种方法显著不同的临床治疗质量，得出骨性重建下颌骨的治疗质量明显优于非骨性重建下颌骨的结论，对临床治疗的方案选择具有指导意义。

（王慧明）

快速原型技术在下颌骨个性化重建中的应用[施斌，林李嵩，邱宇等. 福建医科大学学报，2009，43(3)：252 ~ 255]

探讨快速原型技术在下颌骨个性化重建中的应用特点及临床效果。因肿瘤或外伤导致下颌骨缺损的患者 23 例，术前行三维螺旋 CT 扫描，通过快速原型技术制作实体模型及镜像模型。根据模型设计截骨线并预弯重建钛板，按设计切除肿瘤后，预弯钛板就位，取髂骨或腓骨肌瓣按钛板外形塑型并固定于钛板上重建下颌骨。结果显示，肿瘤无复发，移植骨成活，面型对称，张口度 2.8 ~ 3.6 cm，下颌功能正常，关系良好，颞颌关节无弹响，无压痛。术后 3 月复查三维 CT，重建下颌骨与健侧对称位置正常。作者认为快速原型技术指导下颌骨个性化重建方法简单，成本较低，模型制作时间短，临床效果满意，是一种较理想的下颌骨重建方法。

述　评

大型下颌骨缺损的治疗，临床多采用游离髂骨移植或带血管蒂腓骨肌瓣移植的方法。由于髂骨和腓骨与下颌骨形态差异较大，要取得下颌骨重建后良好的双侧对称度比较困难。作者通过术前三维螺旋 CT 扫描，采用快速原型技术制作实体镜像模型，根据健侧下颌骨外形对称地重建患侧下颌骨外形，并据此预弯重建钛板，可获得良好的下颌骨对称度。术中以预弯的钛板作为移植骨块塑形的模板，简化了术中骨块塑形的操作，同时有利于髁突维持正常的位置。临床治疗效果满意。

（王慧明）

钛网成形自体颗粒骨修复下颌骨缺损并同期种植的实验研究［陈宁，郭吉来，张双越等．中华口腔医学杂志，2009，44(6)：360～364］

观察犬钛网成形自体颗粒骨移植修复下颌骨节段性缺损并同期植入钛种植体后的骨愈合和骨结合情况。用 5 只 Beagle 犬，在其一侧下颌骨制备长 40 mm 的节段性缺损；钛网成形修复下颌骨缺损。将切除后的下颌骨和自体髂骨剪成直径约 2 mm 颗粒，骨皮质、骨松质体积比 3∶1混合，紧密充填在钛网内，将 2 枚纯钛种植体埋置于颗粒骨内，术后 6 个月处死动物。用下颌骨 X 线片、组织学切片、扫描电镜以及能谱分析观察钛网内颗粒骨愈合以及种植体骨结合的情况。结果显示，钛网成形自体颗粒骨移植重建后的下颌骨外形满意，功能正常，颗粒骨成骨良好，结构优良，未见明显骨吸收。同期植入的种植体能够与周围骨组织形成良好的骨结合，并有促进邻近骨组织结构优化的趋势。钛网成形自体颗粒骨移植是一种修复下颌骨节段性缺损的好方法，修复后当下颌骨形态良好、骨质优良、骨量充足时，可以同期植入种植体。

述　评

下颌骨节段性缺损的修复重建常采用自体骨移植的方法，如髂骨，肋骨、腓骨等，在形态上可分为骨块移植或者颗粒骨移植。钛网成形复合自体颗粒骨移植在临床上已经有成功的报道，临床治疗效果良好。作者采用此种修复方法结合同期种植体植入，进行了探索性动物实验。结果显示，颗粒骨愈合后骨组织结构形态与对侧下颌骨相似，种植体骨结合良好。种植体的良好骨愈合是否需要保证种植体在移植骨颗粒中的初期稳定性，还是种植体骨愈合过程在颗粒骨移植中的具有独特的形式，有待进一步的实验研究。该实验在设计上具有一定的创新性和临床实用价值。

（王慧明）

颞浅动脉及静脉作为头颈部游离瓣移植受区血管的可靠性探讨［毛驰，俞光岩，彭歆等．中华口腔医学杂志，2009，44(2)：94～96］

探讨颞浅动、静脉作为头颈部游离瓣移植受区血管的可靠性和应用价值。2001 年 5 月至 2008 年 6 月，采用颞部血管作为受区血管的头颈部游离瓣移植 25 例，分析游离瓣的受区血管、术中及术后的血管危象及游离瓣的成活情况。结果显示，25 例患者中，23 块游离瓣采用颞浅静脉作为受区静脉，2 例采用颞深静脉作为受区静脉，全部游离瓣均采用颞浅动脉作为受区动脉。全部游离瓣术后均未出现血管危象，游离瓣均获成活。结果表明，颞浅动、静脉是头颈部游离瓣移植可靠的受区血管。

述　评

修复口腔颌面部大型缺损常用到血管吻合游离皮瓣移植的方法，受区的血管多为颈部的血管，如面动脉、舌动脉、颈外静脉等，具有管径合适，血管吻合操作方便的优点。但由于其位置的局限，对于修复面中部的缺损就非常困难。作者采用颞浅动、静脉作为游离皮瓣的受区血管，具有离缺损区距离近，血管管径近心端逐渐变粗的特点，适合于面中部缺损的修复。对于颞浅静脉过细的病例，作者采用颞深静脉作为吻合回流静脉，很好地解决了颞浅静脉分布、管径多变的问题，值得临床推广。

（王慧明）

唇裂与腭裂

SUMO-1 基因 rs7580433 多态性与非综合征性唇腭裂的关联研究［宋涛，焦晓辉，赵辉等．口腔医学研究，2009，25(2)：135～137］

选取来自中国北京汉族人群的多态位点 rs7580433 为研究位点，在 183 名非综合征性唇腭裂(NSCLP)，患者和 162 名健康正常人对此位点进行基因分型从而进行病例-对照研究。研究结果证实 rs7580433 符合 hardy-weinberg 平衡定律，表明该组病例具有群体代表性。此位点等位基因的频率未见统计学差异，计算病例组和对照组基因型的优势比来评估基因型的相对风险，病例组 GA 基因型频率比对照组明显降低，其差异均有统计学意义，作者认为 SUMO-1 基因 rs7580433 位点的基因多态性与中国人群 NSCLP 易感性相关。

述　评

SUMO-1 基因作为一个修饰因子编码小类泛素修饰蛋白，主要作用是翻译后的调控，对基因表达及基因组的稳定性具有意义。动物实验的研究已经表明 SUMO-1 基因在唇腭裂的发生过程中有着重要作用，原位杂交实验表明在胚胎 13.5 天，在鼠的上唇、原始腭和继发腭的中缝边缘的上皮强烈表达。该研究证明了 SUMO-1 基因的 rs7580433 多态性和 NSCLP 存在阳性关联，rs7580433 位于内含子中，它本身不能引起蛋白质的变化，它可能和某些未知的功能位点相连锁。基因的多态变化能够引起基因的单倍剂量不足，而且动物实验研究也表明单倍剂量不足可以引起唇腭裂的发生，所以 rs7580433 的基因多态性可能是导致 NSCLP 发生被高度怀疑的候选位点。SUMO-1修饰可能是调控颅面部形成的一个重要通路。SUMO-1修饰对环境因子也是易感的。这点和唇腭裂对环境因子易感相似。20% ~ 50% 的唇腭裂疾病是有遗传因素所引起的。其余的原因可能是有妊娠早期环境因子所致的。这些环境因子很可能是通过 SUMO-1 通路来发挥作用的。阐明环境因子、SUMO-1 通路、影响颅面部发育的基因之间的关系对理解唇腭裂的发生是至关重要的。

（石冰　王奘）

非综合征性唇腭裂患者血浆代谢组学的初步研究［宋具昆，周京琳，罗洪等. 华西口腔医学杂志，2009，27（2）：147 ~ 149］

采集 10 例非综合征性唇腭裂患者和 10 例正常人的血浆，在核磁共振仪上对血浆样本进行采样，获得一系列原始的一维核磁共振（NMR）谱图，然后使用 MESTRE-v4.7 软件对 NMR 谱图进行积分简化数据，将谱图分解成 212 个区域进行积分，得到积分强度，利用 SIMCA-P 11.0 软件对积分强度进行主成分分析。作者发现，非综合征性唇腭裂患者和正常人的血浆代谢存在差异，至少存在三种不同的代谢产物，分别为三羟丁酸 γ 甲基类物质、精氨酸和缬氨酸。非综合征性唇腭裂患者血浆代谢产物以缬氨酸和三羟丁酸 γ 甲基类物质为主，而正常人血浆代谢产物则以精氨酸为主。作者认为通过代谢组学技术，可以初步探讨非综合征性唇腭裂患者的代谢机制，同时该技术有望应用于临床。

述　评

运用代谢组学技术可以早期筛查某种疾病并探讨其代谢机制，并可以在此基础上推断其潜在的发病原因。非综合征性唇腭裂是一个复杂的、由遗传和环境因素相互作用所致的疾病，其代谢产物可能会出现异常表达。该研究发现非综合征性唇腭裂患者和正常人在血浆代谢产物差异主要表现在某些氨基酸的异常代谢上，如精氨酸和缬氨酸。正常人血浆代谢产物中以精氨酸为主，而非综合征性唇腭裂患者血浆代谢产物则含有三羟丁酸 γ 甲基类物质和缬氨酸。精氨酸是鸟氨酸循环中的重要组成成分，具有极其重要的生理功能，在婴幼儿发育中起着重要的作用，若缺乏则不能维持婴幼儿正常的生长与发育。缬氨酸为必需氨基酸其功能主要是维持神经系统功能正常。该研究是国内最早利用代谢组学研究唇腭裂代谢机制的报道，在技术方法上进行了一些探索，得出了部分有意义的结果。

（石冰　王奘）

唇腭裂患者牵张成骨术后的侧貌变化［杨辛，沈国芳，张志愿等. 中国口腔颌面外科杂志，2009，7（2）：97 ~ 101］

回顾分析 1998—2002 年在上海交通大学医学院附属第九人民医院早期行上颌骨前牵

张治疗的14例唇腭裂(CLP)术后继发上颌骨发育不足患者的临床资料,对其头颅侧位定位片进行侧貌分析。14例患者中,男6例,女8例;年龄13~20岁。单侧唇腭裂10例,双侧4例。治疗方式均为口外支架式前牵张。牵张量为9~16 mm,平均12 mm。随访时间为3~24个月。结果发现,14例患者在牵张成骨术后,7例侧貌较为协调,另外7例患者中,3例表现类似双颌前突畸形,3例仍表现为面中部凹陷畸形,但较治疗前明显改善,另1例表现为前牙开骀畸形。作者认为牵张成骨术治疗唇腭裂术后上颌骨发育不足患者具有一定优势,但牵张方向及牵张量难以控制,术后侧貌时不尽满意。因此,唇腭裂患者继发上颌骨发育不足在行牵张成骨术治疗时,应综合考虑多种因素的影响。

述　评

尽管越来越多的研究表明,牵张成骨术在矫治唇腭裂继发上颌骨发育不足畸形中具有重要作用,然而唇腭裂术后继发上颌骨畸形非常复杂,常常表现为横向、前后向以及垂直向三维方向的发育不足。上颌骨牵张成骨后常发生各种并发症,例如鼻尖上抬、鼻唇角增大、面下部变长、下唇变突、上唇露齿增加及面中部变长等,达到面部协调者仅占所有患者的50%。因此,在利用牵张成骨术矫治唇腭裂术后上颌骨发育不足患者时,应选择合适的适应证、合适的牵张器类型,制定合理的个性化牵张方向。手术医师应根据患者实际情况,设计合理的截骨位置。牵张过程中及牵张结束后,要密切随访患者,以便随时解决可能出现的各种问题,以获得较好的面形。在牵张前后及牵张过程中,还要求正畸医师参与,及时解决咬合问题,以获得稳定的咬合关系及面形。

(*石冰　王奕*)

双侧唇腭裂婴幼儿正畸与外科治疗新技术——术前鼻-牙槽骨塑形和早期同期唇-鼻-牙槽整复术[李锦峰,周洪,陈国鼎等.中国美容医学,2009,18(2):172~175]

对21例双侧唇腭裂婴幼儿进行了术前鼻-牙槽骨塑形和同期唇-鼻-牙槽整复术。术前鼻-牙槽骨塑形主要包括前颌后退、牙槽骨间隙的关闭、唇的牵张及鼻的矫形;同期唇-鼻-牙槽整复术包括牙龈-牙周膜-牙槽骨整形术及改良长庚式双侧唇裂唇鼻同期整复术。21例行术前鼻-牙槽骨塑形的患者前唇后退充分;唇裂隙宽度变窄,裂隙两侧唇组织适度牵张;鼻小柱延长及鼻塌陷畸形明显改善;牙槽裂隙变窄为1~2 mm。19例术后患者经1~5年随访,唇鼻形态良好;前庭沟连续;口-鼻腔瘘封闭;16例上牙槽连续、稳定,但部分病例牙槽高度、宽度稍嫌不足,其中13例患者在原牙槽裂隙处长出乳齿。作者认为对双侧唇裂术前进行正畸鼻-牙槽突塑形和早期同期唇-鼻-牙槽整复术,可以获得理想的唇鼻形态及完整稳定的牙槽骨。

述　评

唇腭裂婴幼儿术前鼻-牙槽骨塑形后同期牙槽-鼻整复术是西方发达国家最新开展唇腭裂序列治疗的新方法与技术,利用特殊的正畸矫形装置将唇腭裂患者的口鼻缺损和移位畸形矫正到较好的组织条件。对双侧完全性唇腭裂而言,具体方法是借助鼻-牙槽骨塑形器将突出的前颌后退且使两侧分离的牙槽骨相互靠拢并与前颌牙槽协调一致;使塌陷的鼻翼软骨得以支撑且适度延长鼻小柱;采用牵引的方式将唇裂隙两侧的唇组织延长而使两侧唇裂隙变窄等。术前的牙槽塑形虽使两侧牙槽突断端与前颌牙槽之间的裂隙明显缩小,但两侧牙槽骨断端并未连成一体,唇裂整复的同期行牙龈-牙周膜-牙槽骨整形术,可以维持牙槽的连续性与稳定性。该研究在探索提高双侧唇腭裂一期治疗效果方面做出了有益的尝试。

(*石冰　王奕*)

唇腭裂新生儿的腭裂数字化模型方法[吴国锋,赵铱民,董岩等.实用口腔医学杂志,2009,25(2):211~213]

采用特殊重体硅橡胶印模材料制取患儿

腭裂印模，通过3DSS扫描仪对石膏模型进行三维数据采集，经逆向工程软件处理数据，建立腭裂的数字化模型。结构光扫描系统采得的腭裂数字化模型形态清晰，该模型可以在软件平台上沿X、Y、Z 3个轴向上随意旋转，获得各个角度的视图效果，还能进行任意部位间线距、角度的准确测量。

述 评

选用合适的重体硅橡胶印模材料，这种材料黏稠度合适，不易流至患儿咽喉，因此无需麻醉科医师协助监护，而且硅橡胶印模比藻酸盐印模材料更为精确，即使久放也不易变形。研究采用的3DSS2STD2Ⅱ型扫描系统属于结构光三维扫描方法的一种，实验中扫描唇腭裂新生儿腭裂石膏模型并获取详细的原始数据，整个过程只需3秒，测量过程与照相相似，成本较低，易于操作。它采集的腭裂数字化模型与传统石膏模型比较，具可定量性、数据易于储存和调用方便、操作简单等优点。系统自带软件或专用逆向工程软件能将腭裂石膏模型表面形态进行数字化，即可以随意提取模型表面任意点的三维坐标，求出任意线距、角度、面积、线线之间、面面之间的相关几何参数，这对于今后腭裂的形态学测量研究具有积极意义。作者提供了一种安全、准确、快速获取腭裂数字化模型的方法。

（石冰 王奖）

心理干预对成人唇腭裂患者的影响［祖思，陈仁吉，穆玥等．首都医科大学学报，2009，30(3)：352～354］

对34例住院成人唇腭裂患者按抽签法随机分为对照组和干预组。对照组在住院期间仅进行手术治疗，干预组在手术治疗的同时接受心理治疗。入院后对2组患者施行前测、出院前对2组患者进行后测以评价心理干预对成人唇腭裂患者心理状况的影响，测量工具为交往焦虑量表、自尊量表及社会支持量表。作者发现，研究前后的社会支持得分差异有统计学意义($P<0.05$)，干预组和对照组干预前后的社会支持的变化大小不同，差异有统计学意义($P<0.05$)。对自尊与交往焦虑的统计结果分析2组差异无统计学意义。作者认为心理干预能提高成人唇腭裂患者心理健康水平，但应进一步完善治疗计划。

述 评

语音和外貌的缺陷会给成人唇腭裂患者带来较为严重的影响，使他们更容易出现心理及社会行为障碍，通过心理干预帮助成人唇腭裂患者恢复心理和社会功能是必要的。国外的治疗机构一直提倡对唇腭裂患者进行包括心理治疗在内的序列治疗，目前国内对成人唇腭裂患者心理治疗及相关研究也越来越重视。作者在心理干预的过程中，成人唇腭裂患者通过音乐治疗、肌肉放松训练、行为治疗学会了在紧张的社交场合放松自己，明显提高了成人唇腭裂患者的社会支持水平。由于该研究的例数较少，心理干预对成人唇腭裂患者自尊及交往焦虑的影响有待进一步研究。

（石冰 王奖）

正颌外科学

三维硬组织手术预测和模拟系统在正颌外科手术中的初步应用［孙应明，王晓波，李新军等．临床口腔医学杂志，2009，25(3)：178～180］

系统以Windows 98为操作平台，采用医学三维可视化技术和Visual C++6.0编程语言编制软件，通过采集患者术前CT原始资料，对8例复杂颌面部畸形患者进行硬组织模型的三维重建以及测量、分析，采用交互方式进行手术模拟，确定手术结果。成功地为8例复杂颌面部畸形患者提供术前诊断，为制定定量化的手术方案提供参考。作者认为该系统的建立将为提高复杂颌面部畸形的临床诊断和治疗水平，促进医患的交流与合作发挥作用。

述 评

研究和建立颅颌面三维测量和手术预测

模拟系统并将其实现计算机化已成为理论上迫切需要解决和临床上有应用前景的课题。作者通过基于CT数据开发的三维正颌外科硬组织手术预测和模拟系统的应用，指导8例复杂颌面部畸形患者的手术治疗，取得了较好的临床效果。此研究为提高复杂性牙颌面畸形的诊治水平有重要指导意义。

（林润台　宿玉成）

正颌外科患者健康相关生命质量评价的初步研究[卢礼，宋锦璘，董妮等. 重庆医科大学学报，2009，34(2)：229～231]

于正颌外科治疗安放矫治器前(T1)－正颌外科手术前1周(T2)－正颌外科术后正畸完成后1周(T3)，采用改良的正颌患者生命质量问卷对58例正颌患者进行问卷调查，PEMS 3.1软件包对正颌治疗三阶段四因子分及HRQOL总分进行统计分析。结果显示，HRQOL总分及颜面、口颌功能、社交因子分T3阶段明显低于T1、T2($P<0.01$)，正颌治疗后患者HRQOL改善明显，但自我关注因子分改变未见统计学差异；T1～T2，各因子未见统计学差异。作者认为正颌外科治疗能明显改善正颌患者的健康相关生命质量水平，但患者自我关注水平不随身体、心理和社交生活质量的改善而降低，在临床治疗中要合理引导患者的审美观和心理状态，以达到更好的治疗结果。

述　评

作者对正颌患者治疗前后的HRQOL进行问卷调查，并进行统计学分析，尽管正颌患者的HRQOL发生明显改善，但患者自我关注水平不随身体、心理和社交质量的改善而降低。该研究有助于全方位了解不同正颌外科治疗阶段患者颜貌、心理和社交生活变化，为今后的正颌治疗提供一定的参考依据。

（林润台　宿玉成）

正颌外科技术治疗陈旧性颌骨骨折[胡殿邦. 山东医药，2009，49(30)：76～77]

对32例颌骨陈旧性骨折患者，术前采用颌骨三维CT重建、X线头影测量分析、模型外科等确定截骨部位及手术方案。对有咬合关系紊乱者，制作定位咬合导板，然后采用正颌外科技术在预定部位截骨，恢复骨段连接、咬合关系及面形后，予以坚强内固定。结果显示，30例术后均恢复了正常面形，咬合满意；2例术后配合正畸牵引效果良好。作者认为，采用正颌外科技术治疗颌骨陈旧性骨折，可恢复良好的面部外形，最大限度地改善咬合关系。

述　评

对32例颌骨陈旧性骨折患者，经颌骨三维CT重建、X线头影测量分析、模型外科等术前准备，采用正颌外科技术治疗陈旧颌骨骨折，取得良好临床效果。该研究对陈旧性颌骨骨折错位愈合所致的颌面畸形及咬合关系紊乱，能最大限度给予矫正，是陈旧颌骨骨折的行之有效治疗方法。

（林润台　宿玉成）

正畸-正颌联合防治唇腭裂术后牙颌面畸形[李锦峰，周洪，任战平等. 中国美容医学，2009，18(3)：307～310]

对56例唇腭裂伴牙颌面畸形患者均进行术前正畸治疗，手术方法分别采用：1)伴牙槽裂的患者前期行髂骨取骨植骨术；2)上颌Le Fort Ⅰ型截骨前徙术；3)上颌多片段Le Fort Ⅰ型截骨术；4)上颌Le Fort Ⅰ型截骨术加双侧下颌升支矢状劈开术(BSSRO)；5)BSSRO加颏成形术。术后应配合正畸治疗并定期随访12～49月。结果显示，青少年患者经唇挡、腭弓扩大矫正器和上颌前牵引面架干预性诱导上颌骨发育，伴牙槽裂患者行牙槽裂植骨术，其颜面形态及咬合关系明显改善；成人患者经正畸-正颌-正畸治疗模式后，面部比例协调，咬合关系及面型均较满意。作者认为，正畸-正颌外科联合防治唇腭裂术后牙颌面畸形的疗效确切；应以患者咬合关系的具体情况、要求等因素，采用个体化的综合治疗方案宜于推崇。

述　评

采用正畸-正颌联合防治唇腭裂术后牙颌面畸形的治疗方法，取得了满意临床效果。该研究在防治唇腭裂术后牙颌面畸形方面，采用个体化的综合治疗方案，疗效确切，宜于临床推广。

（林润台　宿玉成）

双颌畸形同期正颌外科术的护理配合［黎庆芳，陈文平，黄志虹等. 广东牙病防治，2009，17（10）：503～505］

同期行双颌畸形外科矫正术患者 60 例。护士术前对患者行心理护理和手术物品准备；术中查对及建立静脉通道，配合麻醉工作，保证手术仪器运转正常和配套器械的及时提供、密切监视患者生命体征，积极配合止血；术后指导正确进食方法、伤口护理和术后注意事项。结果显示，60 例患者经术前心理护理后心理状态良好；疗效显著，患者满意。作者认为，双颌畸形的同期正颌外科手术矫治术式复杂，需要特殊器械多，术中护士和术者的密切配合，有助于减少出血，使手术顺利进行。双颌畸形患者经术前心理护理后可减轻患者心理负担。

述　评

该研究对双颌畸形同期正颌外科术前、术中及术后的密切良好护理配合，有助于正颌手术的顺利进行，是正颌手术矫治牙颌面畸形取得满意临床疗效必不可少的一个环节。

（林润台　宿玉成）

正颌外科手术矫治牙颌面畸形的临床回顾性研究［李阳，曲卫国，马卫东等. 现代口腔医学杂志，2009，23（3）：249～251］

通过对 53 例牙颌面畸形患者术前术后面型、咬合关系的临床检查、X 线头影测量分析，模型外科的设计分析，以对手术疗效进行临床分析和评价。结果显示，53 例患者共行手术 129 例次，术后伤口均 Ⅰ 期愈合，面部外形与咬合关系恢复满意；最常见的并发症是下牙槽神经和颏神经的损伤（3/53），其次是咬合不理想（2/53），术中出血（1/53），术后感染（1/53），其他并发症较少。作者认为，通过对术前术后面型、咬合关系的临床检查、X 线头影测量分析和模型外科研究得出确切诊断和设计，选择合理的治疗方案，才能达到良好咬合关系的效果。

述　评

该研究通过对 53 例牙颌面畸形患者正颌外科手术矫治的临床回顾性研究，全面分析总结了牙颌面畸形外科手术矫治的临床检查、X 线头影测量分析和模型外科研究的必要性和重要性。

（林润台　宿玉成）

颞下颌关节疾病

成人下颌偏斜患者颞下颌关节形态变化与 TMD 的关系［周芳，李东. 实用口腔医学杂志，2009，25（3）：428～431］

研究 21 例下颌偏斜患者和 20 例个别正常𬌗志愿者的颞下颌关节中位断层片，对髁突位置及髁突和关节窝形态的 17 个指标进行测量及统计分析，并与 Fricton 颞下颌关节紊乱指数（CMI）进行相关性分析。结果发现，成人下颌偏斜患者，偏斜侧关节前间隙（A）、关节前后间隙面积比（X/Y）及对侧关节上间隙（S）、髁突高度（TCH）的变化与 Fricton 颞下颌关节紊乱指数（CMI）有相关性。

述　评

咬合对称性和双侧髁突形态对称性存在一定的关系，作者发现成人下颌偏斜患者偏斜侧髁突在关节窝中的位置后移，对侧髁突在关节窝中的位置向前下移位，对侧髁突高度增高与其出现的关节症状有一定相关性。这一结果也证明了颞下颌关节（TMJ）本身具有一定的改建能力，且成人下颌偏斜患者髁突形态的变化与关节窝形态的变化具有协调性。

（谷志远）

颞下颌关节的 3T 磁共振高分辨扫描方法研究［鄢荣曾，杨成，顾晓明. 口腔医学研究，2009，

25(1):67～70]

采用 Siemens 3.0 T Trio 磁共振扫描机,8 通道相控阵头线圈,对 25 例双侧颞下颌关节(TMJ)分别行张口位、闭口位扫描。并分别取 T1WI、T2WI、PWI 以及 T2WI、T1WI 3D 容积成像,分别做平行于髁突长轴的斜冠状位,垂直于髁突长轴的斜矢状位扫描。结果表明,10 例颞下颌关节紊乱病(TMD)均完全显示出关节盘移位情况,与临床症状一致。

述　评

由于具有信噪比高,扫描速度快、视野内成像矩阵高、解剖细节显示充分,组织分辨力高等优点,在 TMJ 等小关节的结构异常与细微病变的诊断上有其独特的优势。但是由于序列参数多,优化扫描参数显得尤其重要。作者通过临床实验选择较好的方法并优化,得以清晰而准确地显示关节盘、关节腔、双板区、周围韧带、骨质和周围软组织结构,并充分显示 TMJ 病变的详细情况,说明 3T 磁共振对于 TMJ 的治疗和恢复评估有较好的价值。

(谷志远)

山羊髁突刨削术后髁突软骨面修复的初步观察[黄跃,王旭东,沈国芳等. 口腔颌面外科杂志,2009,19(1):15～17]

研究山羊两侧髁突软骨面磨除后的变化,分别于术后 4、8、12 周取标本进行组织学观察。发现术后 4 周山羊髁突软骨缺失区粗糙,为骨样及一些纤维样组织修复,或可见少许纤维样软骨;术后 8 周及 12 周髁突表面较术后 4 周时光滑,修复组织逐渐变为以骨性组织为主,软骨样成分逐渐消失。作者认为,髁突软骨刨削后 3 个月,髁突软骨缺失区不能形成正常的软骨组织。

述　评

髁突表面的软骨层在颞下颌关节(TMJ)的活动中具有重要意义,临床上髁突软骨的重建也一直是颞下颌关节紊乱病(TMD)治疗的一大难点。有文献曾报道髁突切除术具有一定的临床疗效,但作者的研究发现实验动物髁突软骨缺失区不能形成正常的软骨组织,组织修复多为纤维组织或纤维软骨样组织。虽然山羊和人类的 TMJ 形态和活动相比都具有一定的差异,但也为高位髁突切除术后的髁突愈合过程提供了参考。

(谷志远)

鸭嘴形开口器复位法治疗颞下颌关节脱位的临床应用[浦岐,李荣盛. 临床口腔医学杂志,2009,25(7):432～433]

介绍一种利用鸭嘴形开口器颞下颌关节脱位的新复位方法,用此方法治疗了 185 例(283 侧)颞下颌关节前脱位,2 例(3 侧)颞下颌关节后脱位病例。结果显示复位效果均满意。作者认为该方法对不能用常规手法复位的病例安全有效。

述　评

临床上急性前脱位、复发性和陈旧性前脱位常见。由于肌肉痉挛以及髁突位置嵌顿,有时手法很难复位。作者介绍的鸭嘴形开口器复位方法,可以利用鸭嘴形开口器做支点,不容易对关节及周围组织造成误伤,可控性较好,方法也简单,常规手法难复位的病例,不妨一试。

(谷志远)

高分辨率超声诊断颞下颌关节盘前移位的初步临床研究[崔江涛,王东,张殿举. 中华口腔医学研究杂志,2009,3(3):300～305]

探讨高分辨率超声(HR-US)诊断颞下颌关节紊乱病(TMD)关节盘前移位(ADD)的可行性。共采用 HR-US(静态图像和动态图像)检查了 40 例 TMD 患者的 40 侧关节,并与关节造影对照。结果表明,HR-US 在诊断 ADD 方面显示较强的可行性,可以作为 ADD 诊断方法在临床上应用。

述　评

目前检查 ADD 的方法和手段有多种,HR-US 作为一种无创无害的新方法已经开始应用于 TMD 诊断中,但目前相关研究国内甚少。作者通过研究,提出 HR-US 可以动态观察关节图像，在诊断 ADD 方面显示了较高的特异性和灵敏度，给 ADD 的临床诊断提供了新的手段。

（谷志远）

关节盘前移位患者的关节音分析［黄卓珊，林雪峰，张志光等. 中华口腔医学研究杂志，2009，3(3)：47～50］

运用关节音分析仪记录了 43 例颞下颌关节盘前移位患者和 15 例健康人颞下颌关节(TMJ)表面振动参数，从而探讨关节音频谱图的临床诊断价值。结果发现，颞下颌关节盘前移位患者关节音振动的各个参数明显高于健康人，不同病变阶段的关节音亦不同，通过分析 TMJ 音频谱图，有助于鉴定异常关节音所属的病变阶段。

述　评

临床上主要根据医生的触听诊来描述颞下颌关节音。目前随着电子技术的发展，关节音的电子记录方法作为一种定量和动态检测 TMJ 功能状态的非创伤手段为大家所关注。作者通过比较关节盘前移位患者和健康人开闭口运动中 TMJ 关节音的振动参数，探讨了关节音频谱图的临床诊断价值，为临床提供一种无创辅助诊断和早期筛查方法。

（谷志远）

不同垂直距离下无牙颌髁突应力分布的三维有限元研究［安虹，马婷婷，白乐康等. 西安交通大学学报，2009，30(3)：323～326］

构建了无牙颌患者配戴不同垂直高度全口义齿时下颌骨和颞下颌关节(TMJ)三维有限元模型，分析载荷状态下髁突的应力分布状况。结果发现，不同垂直距离时，髁突每个区域拉、压应力并存，分布趋势基本一致，但不同部位的应力值相差较大，随垂直距离降低，各区应力值呈减小趋势，在 H-8 位时各区应力值呈增大趋势。

述　评

TMJ 内的生物力学非常复杂，多种临床因素可改变髁突的位置，导致力的变化，从而引起骨改建或病理性变化。作者从三维建模来分析无牙颌髁突负载下的应力分布情况，不仅为无牙颌患者修复过程中颌位关系的确定提供了生物学基础，而且也为由于咬合因素所导致的颞下颌关节紊乱病的发病机制提供了一定的力学依据。

（谷志远）

涎腺疾病

5-氮胞苷对 HSG 细胞的诱导凋亡作用［白忠诚，司徒镇强，李莉莉等. 现代口腔医学杂志，2009，23(5)：509～511］

采用透射电镜、流式细胞术、免疫组织化学染色、琼脂糖凝胶电泳和 Western blot 检测技术，研究 5-氮胞苷(5-azacytidine，5-azaC)对培养的源自人颌下腺闰管上皮细胞(HSG)细胞凋亡诱导作用。结果发现，同对照组比，以 5 μmol/L 5-azaC 作用 48 小时，有少数 HSG 细胞呈类似出芽和发泡状改变；作用 72 小时，可见 HSG 细胞染色质浓缩、边集、细胞质回缩，并见凋亡小体等改变；作用 5 天，HSG 细胞在 G_1 期前面出现亚二倍体峰；以 10 μmol/L 5-azaC 作用 72 小时，对所提取的 HSG 细胞的基因组 DNA 进行琼脂糖凝胶电泳，发现呈现“梯状”图像。表明 5-azaC 能诱导 HSG 细胞的凋亡。进一步通过免疫组化染色和 Western blot 杂交证明，5-azaC 处理后 HSG 细胞 P53、FAP-1、Bcl-2 表达降低，经分析差异有统计学意义($P<0.05$)，表明这些基因同 5-azaC 诱导的 HSG 细胞凋亡有关。

述　评

随着分子生物学理论和实验技术的进展，DNA 甲基化、组蛋白修饰、染色质重塑等表遗传学改变在肿瘤发生中的作用越来越受到关注，通过调控肿瘤细胞基因组 DNA 的去甲基化等手段进行疾病治疗正成为国际上的研究热点。作者采用形态学、细胞生物学和分子生物学手段，证明 5-azaC 能诱导 HSG 细胞的凋亡。由于 HSG 细胞来自于头颈部肿瘤放疗后的永生化颌下腺上皮细胞,此细胞的性质及其同正常唾液腺上皮细胞和肿瘤上皮细胞的本质区别尚不明晰,并且作者尚未证明 HSG 细胞存在基因组 DNA 的表遗传改变。因此,有关 5-azaC 诱导 HSG 细胞的凋亡是否通过表遗传机制尚不能完全肯定。对临床唾液腺恶性肿瘤治疗的指导意义有待进一步研究。

(孙宏晨)

CD147 和 MMP-2、VEGF 在腺样囊性癌侵袭转移中的作用[杨新杰,雷德林,张圃等. 实用口腔医学杂志,2009,25(3):372~376]

采用免疫组织化学染色技术结合定量分析研究唾液腺腺样囊性癌(ACC)CD147、基质金属蛋白酶-2(MMP-2)、血管内皮生长因子(VEGF)的表达及其同腺样囊性癌临床病理参数之间的关系。结果发现,72 例腺样囊性癌标本中,CD147 阳性表达率为 62.5%;MMP-2 阳性表达率为 65.3%;VEGF 阳性表达率为 73.6%。在腺样囊性癌不同年龄组间和性别组间 CD147、MMP-2、VEGF 的表达无统计学差异($P>0.05$);不同病理分型组间和临床分期组间 CD147、MMP-2、VEGF 的表达有统计学差异($P<0.05$),三者在实体型和临床分期Ⅲ、Ⅳ期组的表达较对应组强;有神经侵袭组的 CD147、MMP-2 的表达明显强于无神经侵袭组($P<0.05$),而 VEGF 在有无神经侵袭组间的表达无统计学差异($P>0.05$);有血管侵袭组的 CD147、MMP-2、VEGF 表达均明显强于无血管侵袭组($P<0.05$);肿瘤发生转移组的 CD147、MMP-2、VEGF 表达均明显强于无转移组($P<0.05$)。Spearman 等级相关检验显示,腺样囊性癌中 CD147 与 MMP-2 的表达程度存在显著正相关性($r=0.570$, $P<0.001$);CD147 与 VEGF 的表达程度也存在显著的正相关性($r=0.539$, $P<0.001$)。表明 MMP-2 在 ACC 的侵袭转移过程中可能起重要作用,VEGF 的表达与 ACC 的侵袭转移、病理分型和临床分期相关,CD147 可能通过促进 MMP-2 和 VEGF 的表达从而影响肿瘤的进展。检测三者的表达有助于对 ACC 进行临床病理研究及转移潜势预测。

述　评

癌基因与抑癌基因、端粒酶与端粒、生长因子与受体、基质金属蛋白酶及其抑制剂等多种因素影响肿瘤的侵袭与转移。作者的研究表明,CD147 通过促进 MMP-2 和 VEGF 的表达影响腺样囊性癌的进展,这不仅对于认识腺样囊性癌的浸润转移机制有一定理论意义,而且对于判断肿瘤预后还具有一定实际意义。

(孙宏晨)

二甲基苯丙蒽诱发大鼠颌下腺腺癌的实验研究[陈玲,武和明,万飞等. 口腔医学研究,2009,25(3):267~270]

以 10 只 8 周龄正常 S-D 大鼠和 10 只 8 周龄导管结扎的 S-D 大鼠为对照,将 1% 二甲基苯并蒽(DMBA)丙酮溶液直接注射经导管结扎的 40 只 8 周龄雌雄各半 S-D 大鼠的颌下腺腺体组织内,其中 20 只 DMBA 注射后 2 个月处死,另 20 只 DMBA 注射 2 个月后追加注射后 3 个月处死,经 H-E 染色、免疫组织化学染色观察,统计学分析。结果导管结扎 4 天后,腺体萎缩,导管增生,增殖细胞核抗原(PCNA)阳性细胞增多,同正常颌下腺比,PCNA 阳性细胞的百分比差异有统计学意义($P<0.05$);1 次注射 DMBA,2 个月后发现 20 例仅有 1 例发生了纤维肉瘤,1 例发生了鳞状细胞癌,其他为非典型腺体、再生腺体和修复的纤维结缔组织;DMBA 追加注射后 3~4 个月,发现 10 例雄性大鼠中的 7 例、10 例雌性大鼠中的 6 例发生了纤维肉瘤,而 10 例雌性大鼠中的 6 例发生了腺癌。免疫组织化学染色发现 CK14、Capolin阳性的肌上皮细胞位于腺癌结构的周边部,而 CK19 阳性的导管上皮细胞位于腺癌导管结构的内层。表明颌下腺恶性肿瘤发生至少需要细胞二次以上基因突变,而且 DMBA 诱发颌下腺腺癌只发生雌性 S-D 大鼠,涎腺腺癌发生可能与雌激素有关。

述 评

以往动物实验诱导的多是颌下腺鳞状细胞癌的动物模型，而实验诱导腺癌的动物模型少。该研究应用 DMBA 对颌下腺导管结扎的 S-D 大鼠诱发颌下腺肿瘤，不仅进一步证明肿瘤发生的多阶段理论，而且提供了腺癌的动物模型的制作方法，对于研究唾液腺腺癌的发生机制具有一定意义。

（孙宏晨）

高转移人涎腺黏液表皮样癌耐药细胞系的建立及其生物学特性［缪叶，秦楠，李焰等. 实用口腔医学杂志，2009，25(3)：340～343］

对高转移人涎腺黏液表皮样癌细胞株 MC3 采用反复 3 轮裸鼠皮下接种、5-氟尿嘧啶（5-FU）腹腔注射诱导，然后在体外用 1 mg/L 5-FU 恒定浓度平均 3 周 1 次间歇法持续加药，总计共 6 个月的体内、体外诱导，建立了高转移人涎腺黏液表皮样癌细胞系 MC3 的耐药细胞系 MC3/5-FU。MTT 法检测发现，MC3/5-FU，MC3 细胞的群体倍增时间分别为 55 小时和 60 小时；2 种细胞形态及超微结构未见明显差别；细胞的药物敏感性检测发现，MC3/5-FU 细胞对于 5-FU、博莱霉素、长春新碱、长春花碱、顺铂的耐药倍数分别为 13.3、4.2、6.4、6.9、0.7；RT-PCR 检测显示多药耐药（MDR-1）基因在 MC3/5-FU 中表达高于 MC3；免疫荧光染色显示 P-gp 在 MC3/5-FU 呈阳性表达，而在 MC3 则未见表达。表明 MC3 细胞经过 5-FU 在体内、体外反复作用产生了多药耐药性。

述 评

黏液表皮样癌是人类常见的涎腺恶性肿瘤之一，分化差、恶性度高的黏液表皮样癌易转移，手术治疗后常复发，并且对化疗容易产生耐药性。该研究所建立的 MC3/5-FU 耐药细胞系，为涎腺黏液表皮样癌的治疗、所产生耐药性及其机制的研究奠定了基础。

（孙宏晨）

少汗型外胚层发育不良症患者全唾液分析［成子禄，雷科，何祥一. 现代口腔医学杂志，2009，23(4)：377～379］

结合统计学分析对比测量了 18 例少汗型外胚层发育不良症（HED）男性患者、15 例女性携带者以及 30 例正常男性和 30 例女性对照组的唾液流速和成分，研究 HED 患者唾液流速和成分变化。结果发现，HED 男性患者口干指数与正常男性对照组、HED 女性携带者口干指数与女性正常对照组之间差别均有统计学意义（$P<0.01$），HED 男性组唾液流速（0.08 mL/min）约为 30 例正常男性对照组（0.34 mL/min）的 1/4（$P<0.01$），唾液矿物盐含量高于男性正常对照组。HED 女性携带者唾液流速（0.12 mL/ min）约为女性正常对照组（0.34 mL/min）的 1/3（$P<0.01$）；淀粉酶活性降低，而矿物盐含量和唾液总蛋白均高于女性正常对照组（$P<0.01$）。表明 HED 患者除应修复牙列缺损之外，还应加强口腔护理，防止因唾液分泌减少而增加的龋患和念珠菌感染的几率。

述 评

通过对 HED 男性患者、女性杂合携带者以及正常对照组唾液流速、无机成分及淀粉酶活性进行比较分析，有助于 HED 的临床诊断，对于预防因唾液分泌减少所引起的口腔感染性疾病也有一定的意义。

（孙宏晨）

生存素小干扰 RNA 对人腺样囊性癌 ACC-2 细胞移植瘤体生长的抑制作用［杨军，汪欣，许波等. 华西口腔医学杂志，2009，27(4)：433～435］

以 pGenesil-shRNASurvivin 稳定沉默 ACC-2 细胞为实验组，以非处理 ACC-2 细胞及转染阴性质粒的 ACC-2 细胞为对照组，分别移植于免疫缺陷 BALB/c 雄性裸小鼠右腋下皮下，建立裸鼠皮下人腺样囊性癌移植瘤模型。结果发现，移植后 20 天时阴性质粒对照组肿瘤平均体积为（680.21 ± 214.80）mm^3，转染组肿瘤平均体积为（10.26 ± 6.75）mm^3，两组肿瘤体积差异具有统计学意义（$P<0.05$）；免疫组化

结果显示，阴性质粒对照组肿瘤 Survivin 蛋白为阳性，而转染组为弱阳性；半定量 RT-PCR 检测显示，转染组 Survivin mRNA 的表达受到了明显抑制。表明 siRNA 通过抑制腺样囊性癌 Survivin 的表达而有效抑制腺样囊性癌裸鼠体内移植瘤的生长。

述　评

Survivin 作为最强的凋亡抑制因子，在肿瘤组织表达的特异性致使其在肿瘤转基因治疗中是很有价值的潜在靶点。由于肿瘤细胞的增殖是多阶段、多基因、多种机制参与的过程，因此，对体内人类涎腺腺样囊性癌生长抑制的实际作用尚有待于进一步研究。

（孙宏晨）

外源性 PTEN 基因诱导黏液表皮样癌细胞系凋亡的研究［刘斌，吴军正，徐小方等. 口腔医学研究，2009，25(5)：541～544］

以转染逆转录病毒空载体的黏液表皮样癌细胞 M3SP2-pBp 为对照，以转染野生型 PTEN 抑癌基因逆转录病毒载体的高转移性涎腺黏液表皮样癌细胞 M3SP2-PTEN 为实验组，体外细胞培养形态学观察见 M3SP2-pBp 细胞异型性明显，核分裂象多见，凋亡细胞罕见，而 M3SP2-PTEN 细胞出现染色质边集、凋亡小体、细胞膜皱缩外突等凋亡特征性变化；裸鼠移植瘤组织学显示，对照组细胞生长密集，可见核分裂象，而实验组细胞生长松散，并见液化坏死区，有较多的凋亡细胞形成；采用 TUNEL、流式细胞术和对裸鼠移植瘤的细胞凋亡检测结果显示，M3SP2-PTEN 细胞与对照细胞 M3SP2-pBp 相比，细胞凋亡率显著增加，差异有极显著性统计学意义（$P<0.01$）；经免疫组化染色证明 M3SP2-PTEN 细胞 P53 蛋白表达比对照组细胞增强，而 Bcl-2 和 H-ras 蛋白表达减弱。表明野生型 PTEN 抑癌基因通过促进 P53 蛋白表达、抑制 Bcl-2 和 H-ras 蛋白表达机制以抑制黏液表皮样癌细胞增殖并诱导细胞凋亡。

述　评

PTEN 抑癌基因的缺失和突变同多种肿瘤的发生和发展密切相关。由于多种基因、多种机制调控肿瘤细胞的凋亡过程，因此，对体内人类涎腺黏液表皮样癌生长抑制和凋亡促进的实际作用尚有待于进一步研究。

（孙宏晨）

口腔颌面部神经疾病

化学法制备猕猴去细胞同种异体神经支架［吴镇权，俞莉敏，温健等. 中国组织工程研究与临床康复，2009，13(21)：4133～4136］

研究选雄性健康猕猴 2 只，分别取长约 5 cm，直径 3.5～4.0 mm 的坐骨神经 4 段，以 4% triton-100 和 4% 脱氧胆酸钠溶液和程序进行萃取。萃取神经及未萃取神经于中段取材，行苏木精-伊红染色，砂罗铬花青染色，S-100 免疫组织化学染色，在扫描及透射电镜下观察超微结构。研究结果显示，萃取 2 次后的去细胞神经具有良好的黏性与弹性，细胞和髓鞘彻底清除，神经纤维支架被保留，成为一种没有细胞髓鞘及其碎片的空的基底膜管架结构，而萃取 1 次不能完全去除抗原成分。萃取 3 次则破坏神经纤维支架。因此作者认为，4% triton-100 及 4% 脱氧胆酸钠萃取 2 次，可去除猕猴长段粗大周围神经中的细胞和髓鞘而保留基底膜管和纤维支架结构。

述　评

周围神经缺损的修复主要是采用自体神经移植、异体神经移植及神经组织工程支架移植，由于异体神经移植有免疫排斥反应而受到限制。该研究结果为异体神经移植及神经组织工程支架的应用提供了科学的依据，是一项具有临床应用价值的研究。但在临床应用时，还需要有动物实验结果作为依据，才更为可靠。

（翦新春）

拔牙后大鼠三叉神经节钠通道蛋白 Nav1.8 及 Nav1.9 mRNA 的表达变化［张蕾，刘洪臣，王

东胜. 中华口腔医学杂志,2009,44(5):301 ~ 303]

实验选用成年鼠 30 只,分为 5 组,分别拔除大鼠右下磨牙,取对侧自体对照。采用体外快速构建 cRNA 标准曲线实时反转录聚合酶链反应法,分别检测拔牙后 30 分钟、2 小时、1 天、3 天、6 天时间点钠通道蛋白 Nav1. 8、Nav1. 9 mRNA 的表达。结果显示,Nav1. 8、Nav1. 9 mRNA 在拔牙后 30 分钟无明显变化,2 小时开始缓慢上调,至第 3 天时表达明显上调。在第 3 天,Nav1. 8、Nav1. 9 mRNA 与对照组相比,分别上调 27.0%、24.5%($P<0.05$),第 6 天表达开始下降。作者认为,拔牙后疼痛产生与 Nav1. 8、Nav1. 9 mRNA 表达上调有关。

述　评

该实验研究了三叉神经节神经元胞质内钠通道蛋白 Nav1. 8、Nav1. 9 在大鼠拔牙后疼痛发生的实时变化,初步分析了 Nav1. 8、Nav1. 9 在口腔颌面部急性疼痛信号发生、传导中的作用,为临床应用提供了理论依据。

(翦新春)

脑溢安对大鼠舌下神经压榨伤后神经营养因子受体 P75 表达的影响[张春香,涂玲,唐艳萍等. 实用口腔医学杂志,2009,25(5):658 ~ 662]

实验选用健康 S-D 大鼠 60 只,将右侧舌下神经压榨损伤,制作动物模型,然后随机将动物分为实验组与对照组,实验组用脑溢安灌胃,对照组用生理盐水灌胃,所有动物在术后 1、4、7、14 天分别处死。取舌下神经核组织,用免疫组化方法观察舌下神经核内运动神经元胞体 P75 的表达变化。研究结果显示,2 组均于术后 1 天出现 P75 的低量表达,7 天表达量达高峰;生理盐水组 14 天 P75 表达量仍在高峰期,而脑溢安组 14 天 P75 表达量下降,7 天和 14 天 P75 表达量差异有统计学意义($P<0.05$)。因此,作者认为,脑溢安能下调大鼠舌下神经压榨损伤后神经元胞体 P75 的表达。

述　评

研究表明,脑溢安颗粒可通过调节细胞因子的表达,改善脑组织水肿、细胞变性和坏死等神经病理改变,具有抑制神经细胞 DNA 断裂,减少神经元凋亡的作用。该研究发现脑溢安下调大鼠舌下神经压榨伤后神经胞体 P75 的表达,使神经元胞体 P75 的表达水平早期下降,可推测脑溢安对损伤神经元有保护作用。此研究为外科手术后有神经损伤者采用中药脑溢安治疗神经损伤提供了理论依据。

(翦新春)

两种入路阿霉素注射治疗上颌神经痛的临床观察[马新亮,韩立显,王祥雨. 广东牙病防治,2009,17(11):542 ~ 544]

选取上颌神经痛患者 49 例,并将这组病例随机分为两组,分别将阿霉素经翼腭管注射(26 例)和喙突后治疗(23 例),并对两组注射后疗效进行对比评价。结果显示,翼腭管注射组治疗上颌神经痛一次成功率为 96%,喙突后注射组治疗上颌神经痛一次成功率为 78%,两组间差异有统计学意义($P<0.05$)。因此,作者认为,经翼腭管注射治疗原发性上颌神经痛为一种安全有效的方法。

述　评

研究者选用 0.5% 阿霉素 0.3 mL 分别经翼腭管注射和喙突后注射治疗上颌神经痛,并对两种方法的临床疗效进行了比较分析,对临床应用有实用价值。

(翦新春)

应用面神经次要分支修复重要分支的效果观察[王绪凯,韩思源,谭学新等. 上海口腔医学,2009,18(1):109 ~ 110]

本文总结报告了面神经缺损患者 12 例,其中面神经下颌缘支缺损 5 例,采用面神经颈支修复下颌缘支;面神经颧支缺损 7 例,采用上颊支修复缺损。测量缺损的神经长度后,切断颈支和上颊支远端,旋转至需要修复的下颌缘支及颧支远断端。手术在显微镜下进行,用 9-0 无损伤缝线吻合 2 ~ 4 针。结果显示,颈支修复下颌缘支 5 例,术后 3 个月恢复 2 例,术后 6 个月恢复 3 例。上颊支修复颧支 7 例，术后 3～4 个月功能完全恢复。作者认为，应用面神经颈支修复下颌缘支缺损及应用上颊支修复颧支缺损在临床上是完全可行的。

述　评

面神经缺损在临床上较常见，如缺损超过一定范围，均需进行神经移植修复。随着显微外科的发展，应用显微外科技术进行神经修复获得了较好的临床效果。作者应用面神经次要分支修复面神经重要分支，经临床应用证实取得了良好的临床效果，值得临床推广应用。

（翦新春）

面神经功能 3 种评价方法的相关性研究［卢旭光，蔡志刚，于国霞等. 中国口腔颌面外科杂志，2009，7(1)：18～22］

研究选用 House-Brackmann（HB）评价系统，通过临床量化面神经功能评价系统（QFES）和神经电图检查（ENoG）对 81 例患者面神经损害的严重程度进行了评价。结果显示，HB 评价和 QFES 评价之间具有较强的相关性，QFES 评价和 ENoG 之间有较弱的相关性；面神经解剖型损伤后 1 个月内，ENoG 和 QFES 评价之间有较强的相关性（$P<0.001$），1 个月后，两者之间无明显相关（$P>0.05$）。因此，作者认为，QFES 系统测量结果和 HB 评价结果之间存在一致性；ENoG 检查结果和 QFES 评价所代表的面部运动功能恢复情况不一致；创伤性面瘫发生后 1 个月内，ENoG 结果和面部运动功能改变之间有一定的相关性。

述　评

面神经功能恢复和面部运动功能恢复是面神经损伤发生后同时形成的两个过程，两者之间存在一定的关系，但又不是完全一致。面神经损伤后，神经变性和功能恢复均早于肌功能改变。在肌功能恢复的过程中，同时受到面神经功能恢复的影响和对侧支配、交叉支配等各种因素的影响。两者的具体变化过程和相互关系，尚需进一步研究证实。

（翦新春）

口腔颌面外科麻醉

经口型 RAE 气管导管在唇腭裂患儿全身麻醉中的应用［王新河，李刚. 实用医技杂志，2009，16(2)：131～132］

ASA Ⅰ级唇腭裂手术患儿 80 例，男性 44 例，女性 36 例，年龄 6 个月～3 岁，体质量 6～22 kg。随机分为 A、B 两组。A 组选用普通气管导管；B 组选用经口型 RAE 导管（Mallinckrodt Medical 公司，爱尔兰），观察并比较两组患儿气管插管后即刻、导管过深例数、导管固定难易程度、手术视野暴露范围、气道平均压（Pmean）、气道峰压（Pmax）。结果显示，B 组将导管牵向下唇，手术视野暴露范围广，基本不影响手术操作；A 组导管位于口角，手术视野暴露小，不同程度地影响手术操作；A 组患儿导管插入过深例数、气道平均压与气道峰压明显高于 B 组（$P<0.01$）。

述　评

普通气管导管影响开口器的放置和手术视野的显露，RAE 导管是通过改变气管导管的弯曲方向，使呼吸回路与麻醉机远离手术区，尽可能为术者提供广阔的操作空间，尤其适用于头面部全身麻醉手术。气道压力低与 RAE 导管较少受到开口器的压迫与 RAE 导管弯曲处的硬度大有关。

（徐礼鲜　徐瑞芬）

经胃灌入高氧液对油酸型急性肺损伤家兔的治疗效果［徐瑞芬，冯旭阳，刘蕊等. 临床麻醉学杂志，2009，25(2)：144～146］

以复方氯化钠为基液制备高氧液（HO）。将 18 只家兔随机均分为油酸致伤组（A 组）、HO 治疗组（B 组）和正常对照组（C 组）。A、B 组均经耳缘静脉注入油酸 0.06 mL/kg，建立 ALI 模型。B 组于注射油酸 30 分钟时经胃灌入 HO 20 mL/kg，A、C 组灌入等量复方氯化钠。各组分别在 ALI 模型制备前（0 分钟）以及注射油酸 30、60、120 分钟行血气分析，测定肺水含量和肺体比值，并做病理检查。结果与

C 组相比，A 组 PaO_2、$PaCO_2$ 明显降低（$P < 0.01$），肺水含量、肺体比值及肺损伤评分明显增高（$P < 0.01$），镜下见肺灶性出血，间质、肺泡水肿，大量炎性细胞浸润。B 组经 HO 治疗后迅速提升 PaO_2、$PaCO_2$（$P < 0.05$），肺水肿减轻（$P < 0.01$）。表明经胃灌入 HO 对油酸型 ALI 家兔有治疗作用。

述 评

ALI 以进行性呼吸困难及顽固性低氧血症为主要表现，因而有效的给氧治疗是最关键的治疗措施之一。新鲜制备的 HO 具有高氧分压（Pa_2 80～100 kPa），500 mL HO 含物理溶解氧 170 mL，是正常医用液体的 57 倍，其血氧弥散半径是正常动脉血的 2 倍，经胃灌入 HO 对油酸型肺损伤家兔有明显的治疗作用，在临床上有一定的应用前景。

（张惠　李源）

口底-颌下入路气管插管在全面部骨折中的应用［武卫民，卢利，于万义等. 中国当代医药，2009，16（12）：132～133］

在 10 例全面部骨折手术中，先行常规的经口气管插管，待全麻稳定后，制备口底至颌下区的隧道。然后将气管导管由口内引导至颌下区再接麻醉机全麻，手术后再将气管导管送回口腔，缝合口底和颌下切口。结果显示，所有病例插管过程顺利，麻醉满意，且不影响手术操作，术后无口底出血、感染、气道阻塞及神经损伤等并发症。

述 评

常规的口腔插管会影响术中咬合关系的对位，鼻腔插管又会影响面中部尤其是鼻眶筛骨折的同期复位。在这种情况下，多数医生会选择气管切开麻醉，但此办法创伤较大，术后护理亦较麻烦。口底-颌下入路气管插管既不影响骨折的复位，又不会给患者造成太大的创伤，符合微创外科的潮流，易于为医患双方所接受，简便易行。

（徐礼鲜　徐瑞芬）

氯诺昔康和舒芬太尼用于颌面外科术后自控静脉镇痛的比较［董稳，刘瑞昌，刘克英等. 2009，41（1）：109～111］

将 200 例 ASA Ⅰ～Ⅱ级择期口腔颌面外科手术全麻患者，分为氯诺昔康组（L 组）和舒芬太尼组（S 组），每组 100 例，分别接受氯诺昔康和舒芬太尼作为术后镇痛药物。记录开始镇痛后 4、8、12、24、48 小时两组的疼痛视觉模拟评分（VAS）、疼痛评分（PHS）、Ramsay 镇静评分（RSS）和治疗期间可能出现的不良反应，镇痛结束后统计患者对镇痛治疗的满意度。结果显示，两组术后镇痛治疗期间各时间点疼痛 VAS、PHS 及 RSS 组间比较差异无统计学意义，两组镇痛结束后对镇痛治疗的总体满意度差异无统计学意义。镇痛治疗期间 L 组恶心、呕吐和头晕的发生率低于 S 组（$P < 0.05$）。

述 评

术后镇痛能够缓解患者痛苦，减轻手术创伤激活的炎性应激反应，维持细胞因子平衡，缓解术后免疫损伤，对患者术后康复有重要意义。口腔颌面外科术后应更加关注呼吸道的管理，包括术后镇痛中可能发生的恶心、呕吐、过度镇静、呼吸抑制等。氯诺昔康用于口腔颌面外科术后自控静脉镇痛，镇痛效果满意，不良反应发生率低，在术后镇痛中具有良好的应用前景。

（徐礼鲜　徐瑞芬）

心率变异性复杂度分析和脑电双频谱指数在监测全身麻醉时的相关性［刘家鹏，申岱，贾晓宁. 中国中西医结合外科杂志，2009，15（3）：236～238］

对 30 例全身麻醉患者，测定麻醉前（T1）、诱导插管（T2）、术中（T3）、苏醒（T4）4 个时间点各 5 分钟的心率（HR）、平均动脉压（MAP）、脑电双频谱指数（BIS）和复杂度变化。结果显示，HR 在 T2、T3、T4 较 T1 值升高（$P < 0.05$）；MAP 在 T2 时较 T1 值降低（$P < 0.05$），T3、T4 较 T1 值升高（$P < 0.05$），而 T3 和 T4 值相比变化较大（$P < 0.01$）；BIS 值在各时点较 T1 值下降明显（$P < 0.01$），其中 T4 较 T1 值略下降

($P<0.05$),T3 与 T2 时相比明显降低($P<0.01$),而 T4 较 T2、T3 明显升高($P<0.01$);复杂度值的 T1 值均大于各个点($P<0.05$),其 T4 较 T2、T3 时升高($P<0.05$),T3 较 T2 时升高($P<0.05$)。提示作为心率变异性非线性指标的复杂度能描述围术期心脏自主神经功能状态的变化,但其与 BIS 并无相关性。

述　评

BIS 能反映大脑皮层的意识水平,随着麻醉和镇静程度的加深其值下降,作为麻醉深度的监测指标,已经在临床上广泛使用。作为心率变异性非线性指标的复杂度能描述围术期心脏自主神经功能状态的变化,在麻醉监测中用于观察患者自主神经功能状态具有广阔的应用前景,但尚未发现其与 BIS 值的相关性,因此尚不能断定其用于反映意识状态的麻醉镇静深度监测的临床价值。

(徐礼鲜　徐瑞芬)

盐酸戊乙奎醚作为全麻术前用药对老年病人术后认知功能障碍的影响[吕文明,罗玉琳,郁葱等.重庆医科大学学报,2009,34(3):365~367]

将 120 例年龄 61~79 岁,ASA Ⅰ~Ⅲ级,择(限)期行颌面部外科手术患者,随机分组为盐酸戊乙奎醚组(P 组)和阿托品组(A 组)。于手术前 1 天,用简易精神状态(Mini-Mental State,MMS)检测法对患者进行评分并记录。于手术前 30 分钟,经静脉推注盐酸戊乙奎醚(0.01 mg/kg)或阿托品(0.01 mg/kg),术后 6、12、24、48 和 72 小时测试其认知功能。结果显示,两组患者的人口学特征、体检结果、基线情况及术中监测结果均相近,无统计学差异($P>0.05$);两组患者发生术后认知功能障碍(POCD)差异有统计学意义($P<0.05$)。作者提示,盐酸戊乙奎醚作为全麻术前药用于老年患者较阿托品更易引发 POCD。

述　评

目前对老年患者发生术后认知功能障碍(POCD)的病因尚不完全确定,大多数认为是在中枢神经系统衰老的基础上由麻醉和手术诱发的神经功能减退,致使认知功能下降而造成的。影响 POCD 发生的因素很多,术前用药也不能除外。盐酸戊乙奎醚作为全麻术前用药较阿托品更易造成老年患者发生 POCD,这可能与其较强地选择性地长时程作用于中枢 M1 受体有关。

(徐礼鲜　徐瑞芬)

口腔颌面外科肿瘤手术麻醉困难的气道管理体会[郦惠芳,江毅.江西医药,2009,44(7):715~716]

收集近 2 年 80 例颌面外科肿瘤手术麻醉的临床资料进行分析,结果发现,术前存在明显困难气道有 10 例,其中 7 例采用表麻加镇静镇痛药经鼻盲探清醒气管插管术,3 例在局麻加少量镇静药后行气管切开术置管。有 1 例肿瘤二次手术者全麻快速诱导后,多次插管失败后改直接喉镜下半盲探鼻插管成功。有 1 例带鼻导管回病房者拔管后发现痰栓堵塞导管,余 3 例保留鼻导管者均 1~3 天后平安拔管。提示在临床麻醉工作中应根据困难气道的不同原因和困难程度采取不同的麻醉方法和插管技术以及术后气道的多种处置,这是确保患者安全度过麻醉手术期的关键。

述　评

困难插管气道简称困难气道,困难气道是指经过常规训练的麻醉医师的管理下患者发生面罩通气和/或气管插管困难。困难气道的处理与麻醉安全和质量密切相关,50%以上的严重麻醉相关并发症是由气道管理不当引起的。而口腔颌面外科全麻手术后这类情况在临床麻醉中并非少见,如处理不当,轻者麻醉失败,手术延期,气道损伤等;重者则可能因为严重通气障碍而缺氧,甚至窒息死亡。从 1993 年起,美国、德国、英国、加拿大等国纷纷采用了气道管理实践指南;2009 年中华麻醉学会组织由田鸣、邓晓明、朱也森等教授组成的专家组,针对我国的实际情况起草了"困难气道管理专家共识",这将对困难气道的临床处理起重要的指导作用。

（徐礼鲜 徐瑞芬）

口腔颌面医学影像诊断学

显微CT对下颌活髓第一磨牙疑难牙根纵裂的诊断价值[张治勇，邝喆，李晓敏等.现代口腔医学杂志，2009，23(4)：337～341]

对56颗根尖片未能确诊的牙根纵裂的下颌第一磨牙进行锥形束CT检查，并结合锥形束CT表现和手术所见确诊，对患者的临床症状、临床检查所见、根尖片和锥形束CT表现进行总结分析。结果发现，发生牙根折裂的牙根多为近中根，并且多为颊舌向对称性扁根，多为双根管，且牙根及根管长度及形态对称，牙根峡部多较宽，发生纵裂的近中根均有远中弯曲现象。作者提出根尖片可作为牙根纵裂的常规初步检查手段，锥形束CT是诊断牙根纵裂的可靠方法。

述　评

放射学检查对于牙根折裂的诊断具有重要意义。根尖片检查具有影像重叠、受投照因素影响等传统二维检查手段的固有缺陷，对于多数根尖折裂难以明确诊断。锥形束CT具有空间分辨率好、可在三个维度进行观察等优点，可大大提高对于牙根折裂的诊断能力。但锥形束CT与“显微CT”是两个概念，其成像体素约100～200 μm，因此，尚不能达到“显微CT”的空间分辨率。该文作者混淆了显微CT与锥形束CT的概念，应注意纠正。

（张祖燕 马绪臣）

磁共振唾液腺导管造影在下颌下腺涎石症中的诊断价值[朱敏闻，俞创奇，郑凌艳等.上海口腔医学，2009，18(1)：20～23]

对21例临床疑为下颌下腺导管结石的患者进行磁共振导管水成像(MRS)检查，MRS诊断为下颌下腺导管结石15例，下颌下腺炎症6例，并经涎腺内镜及手术证实。结石在MRS图像上表现为圆形或椭圆形低信号，下颌下腺炎症在MRS图像上表现为导管系统不规则扩张。21例患者磁共振成像导管造影检查结果与治疗后诊断结果一致。MRS对涎石症(包括慢性下颌下腺炎)的诊断准确率较高，具有重要的应用价值。

述　评

传统的涎腺造影术对于以导管系统改变为主要表现的涎腺疾病具有重要诊断意义，但其缺点是需要插入造影导管和注入造影剂，而磁共振涎腺导管水成像技术则避免了插管困难、造影剂过敏和患者不适等问题，采用特殊的成像序列，直接显示涎腺导管系统，具有优越之处。但目前的水成像技术的空间分辨率还比较差，且费用相对较高，仍不能完全取代传统的涎腺造影检查。

（张祖燕 马绪臣）

彩色多普勒超声在颌面部血管畸形诊断、分类及疗效评价中的应用[秦中平，李虹，刘学键等.中国口腔颌面外科杂志，2009，7(2)：120～124]

对110例颌面部血管畸形进行二维及彩色多普勒超声检查。根据超声特点分为高流速病变和低流速病变，DSA及术后病理证实超声诊断准确率分别为100%和97.02%。高流速动静脉畸形经栓塞治疗，术前及术后的供应血管收缩期峰值血流速度和阻力指数差异有统计学意义。作者提出彩色多普勒超声检查能对血管畸形病变做分类诊断，并对动脉栓塞术后疗效评价具有重要指导意义。

述　评

彩色多普勒超声检查对于血管畸形的诊断具有重要意义，可区别静脉血流和动脉血流，确定供血动脉，对血流进行定量检测，鉴别高流速病变如动静脉畸形和低流速病变。该研究将彩色多普勒超声用于颌面部血管畸形栓塞术后的疗效评价，取得了满意的效果，这对于及时判断病变的复发是十分重要的。

（张祖燕 马绪臣）

口腔颌面部间隙感染的磁共振影像表现及其临床意义[杨春丽,廖建兴,余强. 口腔颌面外科杂志,2009,19(3):180~186]

对 13 例经临床证实的口腔颌面部间隙感染患者的磁共振成像表现进行回顾性分析,提出了蜂窝织炎和脓肿形成的磁共振成像表现。研究表明,磁共振成像可以清楚地显示口腔颌面部间隙的蜂窝织炎和脓肿,可以了解病变发展情况和病变范围,有助于临床医师进行诊断和治疗。

述　评

CT 和 MRI 检查软组织分辨能力强,对于软组织病变的显示具有优越性。在口腔颌面部软组织炎症病变的诊断中,影像学检查具有重要意义,特别是对于面深间隙的感染,由于超声检查的穿透能力差,因此,MRI 检查是十分必要的,有助于观察炎症和脓肿的位置、范围和扩散情况。但是,由于磁共振信号改变不具有特异性,因此,对于口腔颌面部间隙感染的诊断应紧密结合患者的临床情况综合考虑。

(张祖燕　马绪臣)

下颌阻生第三磨牙与下颌管位置的曲面体层 X 线片和锥形束 CT 观察[陈全,柳登高,张刚等. 中华口腔医学杂志,2009,44(4):217~220]

对 390 例患者的曲面体层片下颌第三磨牙和下颌管的位置关系进行分析,分为三种类型,并将其中 31 例与锥形束 CT(CBCT)所见进行比较。研究表明,对多数下颌第三磨牙与下颌管关系不密切的患者,曲面体层片可明确诊断,而对下颌第三磨牙与下颌管部分重叠或有较大范围接触的患者应进行 CBCT 检查。

述　评

锥形束 CT 的空间分辨率好,可进行三维观察,辐射剂量与全身 CT 相比明显降低,因此,对于第三磨牙拔除的术前诊断具有优越性。该研究表明,在曲面体层片显示下颌第三磨牙与下颌管位置部分重叠的 50 侧中,CBCT 显示 25 侧下颌管壁已不完整,说明了 CBCT 检查的必要性。另外,作者对于下颌管与下颌第三磨牙相对位置关系的研究结果对于临床医师也具有很好的参考价值。值得注意的是,目前,仍有一些研究采用辐射剂量较大的全身 CT 进行牙疾病的相关局部检查,是不应提倡的。

(张祖燕)

氟脱氧葡萄糖-正电子发射体层摄影术-CT 判断头颈部鳞状细胞癌及其淋巴结转移的临床价值[李生娇,郭伟,廖建兴等. 中华口腔医学杂志,2009,44(10):601~605]

对 20 例头颈部鳞状细胞癌患者的肿瘤及淋巴结转移的正电子发射体层摄影术(PET)-计算机体层摄影术(CT)检查结果进行分析,研究表明,PET-CT 检测肿瘤的敏感度、特异性、阴性及阳性预测值均为 100%,检测淋巴结转移的敏感度为 51%,特异性为 97.7%,假阳性率为 2.3%,假阴性率为 49%,阳性预测值为 82%,阴性预测值为 91.2%。

述　评

头颈部肿瘤淋巴结转移的诊断对于肿瘤的分期、治疗及预后估计是非常重要的。研究显示,PET-CT 在这一方面具有良好的应用前景,甚至可发现临床未肿大的淋巴结转移灶,同时,对于远处转移的诊断也能发挥重要的作用。但将这一检查方法广泛应用于临床尚需时日。此外,更多临床资料的积累也是必要的。

(张祖燕　马绪臣)

无症状志愿者颞下颌关节盘位置的磁共振观察[张娟,马绪臣,金真等. 中华口腔医学杂志,2009,44(10):598~600]

对 100 名不同年龄的无症状志愿者进行双侧颞下颌关节的开闭口斜矢状位 MRI 扫描,并对关节中间层及内、外层面的关节盘位置进行观察,研究显示,无症状志愿者中存在颞下颌关节的关节盘移位,并以隐匿性前移位为主,关节盘移位与临床症状之间无确定性相关联系。

述 评

关节盘移位是颞下颌关节紊乱病的常见表现，关于其原因众说纷纭。该研究严格按照年龄分组选择 100 名无症状志愿者，结果表明，无症状人群中存在关节盘移位，并且与年龄和性别无必然关系，影像学显示的关节盘移位与颞下颌关节紊乱病的症状无确定性相关性。这一研究结果有助于深化对于颞下颌关节紊乱病的认识。

(张祖燕)

口腔医学美学美容学

单侧唇裂鼻畸形的临床分型和修复方法的研究[王苗苗，蔡景龙，公茂来等. 中国美容整形外科杂志，2009，20(11)：650～653]

根据单侧唇裂鼻畸形的严重程度选择 36 例患者，其中轻度 7 例，中度 12 例，重度 17 例。手术方法根据畸形程度不同方法不一，轻度畸形以鼻翼悬吊和鼻小柱延长为主，中度畸形采用和唇裂畸形一并修复，以鼻翼悬吊，鼻小柱延长，组织游离及复位为主；重度畸形采用和唇部畸形，牙槽嵴裂同时修复，以鼻翼悬吊，鼻尖支持，组织游离及复位，修复口鼻瘘、牙槽嵴裂和鼻基底骨移植为主要手段的治疗方法。术后经 3～30 个月的随访，结果发现，采用个体化的综合修复方法，能取得较好的效果。所有患者鼻畸形均得到显著改善，临床效果满意。

述 评

随着生活水平的不断提高和改善，社会需要和要求的越来越高。唇裂患者及家长对面部美容整形后的效果要求较高，唇裂术后鼻畸形是常见的并发症之一，鼻部遗留的畸形表现上较复杂同时具有个体化的差异，而且因其位于面部中央，鼻畸形的修复实施变得至关重要且受到学者们的广泛关注。作者借鉴了国外学者对唇裂初期鼻畸形的评估方法与指标，针对临床上唇裂鼻畸形Ⅱ期修复术前的鼻畸形情况进行分类，制定评估标准和治疗原则，并采用美学观点设计因人而异，手术设计和过程讲求个体化原则，视畸形情况灵活调整，以最小的创伤获得最佳治疗效果，术后达到良好的美学修复效果，恢复了患者的面容。此手术采用个性化的美学设计显著提高了临床唇裂鼻畸形的治疗效果，对临床治疗具有一定的指导意义。

(孙少宣 王元银)

比色板标准与非标准色标识别差异的初探[徐明明，许桐楷，刘峰等. 中华口腔医学杂志，2009，44(7)：430～432]

选择具有 1～5 年临床工作经验、排除色觉识别障碍、经过色彩学知识培训的口腔修复学专业研究生 62 名，测试其选牙色板标准色标与非标准色标颜色识别的差异，评价、分析其临床实际选牙色能力。从选牙色板 A(Linearguide)的 29 个标准色标中通过随机数字表抽取 7 个色标作为标准色标，以选牙色板 B(Vita Bleachedguide 3D-Master)中的 7 个色标作为非标准色标，在 D55 标准光源下，以选牙色板 C(Vita 3D-Master)作为选牙色工具，对标准色标和非标准色标进行选牙色测试。计算受试者对两种色标选牙色的总体准确率；统计选牙色正确的人数分布，并进行 Monte Carlo 确切概率法检验；统计选牙色结果在明度、饱和度、色相上的等级偏差，并进行 Wilcoxin 符号秩和检验。结果发现，受试者对标准色标选牙色的总体正确率为 45.9%(199/434)，对非标准色标选牙色的总体正确率为 9.0%(39/434)；对两种色标选牙色正确的人数分布的差异有统计学意义($P<0.001$)；对两种色标选牙色结果的明度等级偏差分别为 0.2(0.1～0.3)、0.4(0.4～0.5)、饱和度等级偏差分别为 0.2(0.1～0.4)、0.5(0.4～0.6)的差异均有统计学意义($P<0.01$)，色相等级偏差分别为 0.3(0.1～0.4)、0.3(0.1～0.4)的差异无统计学意义($P=0.079>0.01$)。

述 评

颜色是影响修复体美学效果的重要因素之一,准确的选牙色是成功修复的重要基础。选牙色板作为临床选牙色最重要的工具,其自身的局限性可影响选牙色的准确性,非标准色标选牙色结果与实际标号的明度等级偏差、饱和度等级偏差均明显高于标准色标选牙色结果与实际标号的明度等级偏差和饱和度等级偏差,对非标准色标颜色的识别是临床选牙色工作的难点。口腔修复学专业人员色彩识别能力不高,对选牙色板非标准色标颜色的识别能力明显低于对标准色标颜色的识别能力。非常有必要针对修复学专业人员进行色彩识别训练以提高其选牙色能力,特别是提高对选牙色标标准色标之外颜色的识别能力,为临床选牙色教学方法提供客观的基础数据。

（孙少宣　王元银）

部分覆盖瓷贴面在上前牙切角缺损修复的临床应用[邹波,梁钦业,严伟浩. 中华医学美学美容杂志,2009,15(6):399～401]

探讨采用部分覆盖瓷贴面修复上前牙切角的小面积牙体缺损,并对其治疗效果进行评估。作者选择上切牙切角小面积牙体缺损患者 12 例,涉及患牙 14 颗,其中,上中切牙 10 颗,上侧切牙 4 颗。根据患者牙体缺损的大小进行牙体预备,所有患牙牙体预备的范围均达缺损区域以外约 2 mm,并行制作 IPS-Empress Ⅱ部分贴面,并行粘接。修复治疗完成后进行 36～48 个月的临床追踪观察,检查基牙与贴面边缘密合度、边缘着色、修复体颜色、解剖形态、有无修复体周围龋及修复体有无折裂等一系列变化。结果发现,经过 36～48 个月的临床追踪,全部修复体各项检查指标都没发现异常,修复效果良好。

述　评

瓷贴面是目前牙齿美容修复临床常用的治疗方法之一,因其具有牙体磨除量相对较少、对牙髓刺激小、颜色稳定美观、良好的生物相容性、耐磨损、不易着色及附着菌斑等特点;而传统的瓷贴面牙体预备不论采用哪种牙体预备的方法,唇面的牙体都需要预备到龈缘甚至龈下,并磨除整个唇面的部分牙体组织,以获得较大的粘接面积以及良好的美观效果。部分覆盖贴面的最大优点是,牙体预备更加保守,并且可以保证牙体预备都位于牙釉质内,可以提高粘接修复的成功率,减少微渗漏的发生;修复体边缘线短、远离龈缘,不会导致牙龈炎症,且边缘都位于自洁区域便于抛光和清洁,不易导致继发龋。对于上切牙小面积切角缺损,采用部分覆盖瓷贴面修复,既可以获得良好美学效果,又可以明显减少牙体组织的磨除,但必须严格注意适应证的选择。该研究值得临床借鉴和参考,但由于该研究病例数较少,追踪时间相对较短,故还需积累增加病例数,并长期追踪观察,才能客观准确地评估此治疗方法的效果。

（孙少宣　王元银）

应用纹理映射法建立颅颌面三维形貌模型[于洪波,沈国芳,刘炳凯等. 中国口腔颌面外科杂志,2009,7(5);441～445]

通过 Visual C＋＋6.0 语言编程,基于共轭梯度算法的曲面参数化方法,开发编写贴图软件。利用面部软组织解剖标志点,将颅面部 CT 扫描重建三维模型与面部正侧位摄影照片间建立纹理映射,构建颅面三维形貌模型,进行面部形态分析及虚拟环境下显示。构建的颅颌面三维形貌模型既包含软硬组织的解剖结构形态,又包含面部色泽、纹理、质地等信息,形态逼真,实现了虚拟环境下显示,并可以任意视角观察分析。探讨基于纹理映射的方法构建颅颌面三维形貌模型,最大限度包含颌面部解剖形态、纹理、色泽及质地信息,并能于虚拟环境下显示。论理映射法构建颅颌面三维形貌模型,为颅面部的测量、诊断分析、术后预测提供了一种较为理想、简单、经济有效的建模方法,具有较高的研究及临床应用价值。

述　评

颌面部软硬组织三维模型建立及形态分析,对研究面部生长、面部畸形的诊断、术后面形预测和疗效评价有重要意义。该研究利用面部正侧位照片与颅颌面CT扫描三维重建模型，开发纹理贴射贴图软件，构建颌面部三维形貌模型，并基于虚拟现实（virtual reality，VR）技术，实现虚拟环境下三维形貌模型的立体显示，取得了较为理想的效果。客观、定量分析颅颌面部形态，对研究面部生长、面部畸形的诊断、术后面形预测和疗效评价具有重要意义，众多学者致力于此方面的研究。尤其对于面部不对称及复杂的颅颌面畸形患者。临床常用二维头影测量对三维结构进行分析，存在信息丢失、不能完全反映面部形态等缺陷，立体摄影面部软组织的三维重建模型，可以准确、逼真地再现面部形态，可行面部三维测量分析及术后面形预测，具有较好的临床应用前景和较高的推广应用价值，但仍需系统误差分析及精确度评价的后续研究。

（孙少宣　王元银）

中国美貌人群前额与上中切牙矢状向关系的初步研究［易娟，叶翁三杰. 临床口腔医学杂志，2009，25（12）：717～719］

选取118幅国人明星侧面照，研究中国美貌人群前额与上中切牙矢状向关系，其中女性61例，男性57例。选择3个软组织标志点，在计算机上用photoshop CS3软件进行定点，测量前额最上点（F1）与上中切牙颊面中点（FA）的距离和前额倾斜度；SPSS13.0统计软件对两个样本（F1）点与（FA）点的距离进行统计分析，并对F1至FA点的距离与前额倾斜度进行相关分析。在男性组样本中，上中切牙的位置与前额倾斜度关系密切（$r^2=0.697$）。女性组上中切牙位置与前额倾斜度有明显关系（$r^2=0.656$）。两个样本上中切牙前后向关系及前额倾斜度的均值差异有统计学意义（$P=0.001$），上中切牙与前额的前后向距离没有统计学差异（$P=0.161$）。研究结果提示中国人上中切牙的位置位于前额F1与眉间点之间，并与前额的倾斜度有显著关系。

述　评

从人体美学角度分析，面部各器官及软组织之间存在一定的比例关系。许多寻求正畸及整形和美容治疗的患者，面部美观是一个重要的促动因素，评价患者侧貌是完整的正畸诊断的重要内容。传统的评估侧貌的方法，例如硬组织头影测量和软组织分析方法存在着明显的不足。硬组织头影测量方法通常用颅内骨性标志定义点、线和平面，同样用于定性前额和上中切牙前后向位置关系，然而颅内参照平面有时并不能正确反映真实的颅面结构形态。不同个体颅内参考平面之间的差异有时很大，对于美貌定义的范围变化也很大。使用软组织作为测量标志（如鼻、唇、下颏），由于软组织存在弹性，不能准确表达其基础的硬组织结构位置，鼻唇角和上中切牙侧面位置没有可靠的关联，为了建立一个理想的鼻唇角或一个理想的唇-鼻和唇-颏关系去改变上颌或上中切牙的位置可能会导致上中切牙位置与其他面部结构的不协调。研究和评估中国美貌人群上中切牙与前额的矢状向关系可以为正畸、美容和整形治疗的诊断和寻求更好面容的正畸、美容和整形治疗的治疗方案提供临床指导价值，值得临床借鉴和参考。

（孙少宣　王元银）

现代人头骨颧骨区测量性状的人类学美学研究［张清彬，张天太，刘亚蕊等. 中国美容医学，2010，19（1）；46～48］

利用人类学测量方法，描述汉族人群现代人头骨颧骨复合体区的几项测量性状。对108个颅骨样本的颧骨复合体区进行人类学测量，发现颧骨的相对突度（mp-po）和颧骨下缘的相对突度（zm-ms），男性比女性突出更明显。颧弓对于维持面中份的宽度、高度和突度具有重要的临床意义。男女各项结果除颧上颌角（$P<0.05$）外，其余各项测量角度均是（$P<0.05$），差异有统计学意义；鼻颧角反映颧骨相对额骨的突度，男性小于女性（$P<0.05$），二者差异有统计学意义。颧骨外形高点相对位置男女差异有统计学意义；男性颧弓向前外突

出，面宽明显大于女性，颧骨的相对突度（mp-po）和颧骨下缘的相对突度（zm-ms），男性比女性突出更明显，女性颧骨的上半部分比男性突出；男性上颌部分比女性突出。

述　评

颧骨是面中部侧方轮廓的重要组成部分，是维持面中部宽度、前突度的重要结构，其形态和突度对面形的协调与美观影响较大。颧骨骨组织的高点对于面容的恢复有着重要的意义。颧弓是由颧骨的颞突和颞骨的颧突相连而成的拱形结构，具有一定的弧度和长度，在维持面部对称性与协调性方面起着重要的作用。该研究采用人类学测量的方法，定量分析中国汉族成年男女的颧骨形态，建立相关的测量数据，为人类学的相关研究及颧骨的美容整形提供参考依据。颧骨复合体区的形态测量主要用于性别、人种区分，对于颧面部轮廓的整形美容有重要的指导意义。随着社会进步和人们审美观的发展，颧骨整形日益成为面部整形热点和难点之一。该文对颧骨复合体区进行人类学的测量研究，就是想从解剖学和人类学角度来寻求美学的共同点，为颅颌面整形提供一定的解剖学数据。现代人头骨颧骨复合体区测量性状的研究，对人类学研究、法医鉴定、颧骨复合体的创伤治疗和颅颌面整形的发展，都有一定的指导意义，将成为未来颅颌面整形的研究热点之一。

（孙少宣　王元银）

青少年下颌后缩患者颅颌面硬组织结构特征的 Delaire 头影测量初步分析［周洁，宋锦璘，陈梦苇等. 华西口腔医学杂志，2009，27（6）：633～636，641］

采用 Delaire 头影测量分析重庆地区青少年下颌后缩患者颅面硬组织特征及其补偿机制，为进一步诊断、治疗设计及预后分析提供参考。作者选取重庆地区 11～14 岁下颌后缩患者 56 例及正常　青少年 40 例为研究对象，拍摄头颅侧位片，采用传统头影测量法和 Delaire头影测量法分析其颅颌面硬组织结构特征。传统头影测量法分析发现，与正常　相比，下颌后缩患者∠SNB、Co-Go、Co-Pog、U1-L1 减小，∠ANB、∠SN-MP、L1-MP 增大，∠SNA、Go-Pog 无统计学差异。Delaire 头影测量分析发现，下颌后缩患者∠1、∠5、（Cp-Oi）/C2 减小，∠2、（M-Cp）/C2、∠3、∠4 增大，C3/C2、NP-F1 无统计学差异；Me-F1 为 －8.70 mm ± 2.48 mm，Me-Met 为 5.74 mm ± 2.58 mm。作者认为，Delaire 头影测量法可较直观地定量评估下颌后缩患者颅颌面骨骼结构特征及其补偿机制，下颌后缩畸形主要由下颌骨相对后移及下颌骨发育不足所致。

述　评

　位、肌位及颞下颌关节等骨骼结构的适应性改建直接关系到下颌后缩治疗结果的预测和稳定。因此，通过头影测量分析方法进一步探讨青少年下颌后缩患者的颅颌面骨骼结构特征，可有效地选择治疗手段，有利于获得稳定的疗效。以往采用传统头影测量方法研究下颌后缩时，往往将下颌后缩患者测量值与正常　人群参考值进行比较，突出了正常　人群均值的绝对性，却忽略了个体颅面内部结构之间存在的协调关系。基于颅颌面整体平衡结构理论的 Delaire 头影测量法可弥补上述测量方法的不足，通过在头颅侧位片上标记特定的解剖结构点并据此描绘出相应的颅颌面结构平衡线，构建出正常平衡和补偿状态的理想位图；该平衡结构与个体实际解剖结构的差异提示错　畸形患者颅颌面结构的病理性平衡，从而定量反映出患者错　畸形的发生部位、机制及严重程度。Delaire 头影测量分析法将个体理想位置和实际位置相重叠来指导病因分析及治疗设计，相比传统头影测量方法而言，可以达到个体新的平衡，而不是传统意义上的以标志点位置正常为目标，从而使治疗设计更直观化、合理化，更利于远期功能和外形的稳定，可为临床治疗设计提供相应的参考价值。

（孙少宣　王元银）

固定矫治联合上颌前牵引治疗安格尔Ⅲ类错

殆畸形的疗效评估[李宁,刘兵,隋健夫. 中国美容整形外科杂志,2009,20(11):682 ~ 684]

作者对20例安格尔Ⅲ类错殆畸形患者采取上颌前牵引治疗后,行方丝弓固定矫治,并对矫治后效果与11例未治疗者进行比较,探讨固定矫治器联合上颌前牵引治疗安格尔Ⅲ类错殆的疗效。结果发现,骨骼方面,面中长度、SNA、SNB、ANB均有明显改变;牙齿方面,在整个治疗阶段,覆盖及上颌切牙和下颌切牙轴倾度治疗组和对照组有明显差异;软组织方面,在上颌骨牵引阶段,治疗组Z角及上唇的矢状位置治疗前后有明显差异。在固定矫治阶段,治疗组及对照组均无软组织矢状方向的改变。前牵引治疗使咬合面明显改变,固定矫治器使治疗结果得以保持,上颌骨无明显改变,而下颌骨的后退有显著差异,覆盖增加,上切牙前倾,唇关系改善显著。

述 评

青少年骨性安格尔Ⅲ类错殆的正畸治疗是复杂和具有挑战性的。对安格尔Ⅲ类错殆患者行上颌前牵引治疗后,患者仍有复发趋势,经长期随访评估,下颌骨仍有过度生长。通过对安格尔Ⅲ类错殆患者行前期上颌前牵引矫形治疗及后期固定矫正治疗,观测并比较治疗组与未治疗组的颅面骨骼、牙槽骨及牙齿的改变,以评价该联合疗法的疗效。上颌前牵引治疗是治疗青少年骨性安格尔Ⅲ类错殆的一种有效手段,治疗后产生颌骨、牙槽骨、牙齿联合效应的即刻改变。在整个治疗期,矫形和正畸可致骨骼、牙槽骨、软组织的明显改变,这些改变主要源于上颌骨及牙槽骨的改变,而下颌骨的改变无显著意义。该研究结果显示,虽然治疗组获得可接受的殆关系和外表,但仍有Ⅲ类错殆的骨骼特性,这种差异在固定矫治期结束时显著,表明前牵引治疗可得到骨骼的前移,而固定矫治主要针对牙齿的维持。故该研究对临床工作有一定的指导意义和参考价值,值得临床借鉴和参考。

(孙少宣　王元银)

口腔临床药物学

中药大黄辅助治疗慢性牙周炎的疗效观察[刘学伟,崔晓光,穆宏. 北京口腔医学,2009,17(5):272 ~ 273,276]

采用同一口腔内病情相同牙齿的自身对照设计,基础治疗辅助牙周袋局部应用中药大黄治疗慢性牙周炎患者40例,并以同一患者单纯基础治疗的另一侧牙作为对照组。基础治疗后,在实验组的牙周袋内注满大黄液(0.1 g/L),每周1次,4次为一疗程,对照组不用任何药物。观察两组用药前后各阶段各项临床指标的变化。实验组与对照组用药前各临床指标差异均无统计学意义,用药后较基线时均有显著性改善,且实验组改善明显优于对照组。提示中药大黄可有效控制牙周炎引起的各项临床症状。

述 评

菌斑微生物是牙周炎发生发展的始动因子,消除牙菌斑和防止或减少牙菌斑的再堆积,是治疗牙周炎并防止复发的主要措施。中药大黄是常见廉价药材,药理研究显示大黄具有明显的抑菌作用,对中间普雷沃菌和牙龈卟啉单胞菌有抗菌作用。该研究发现,大黄液在牙周袋内局部应用,具有浓度高、作用时间长的特点,能促进牙槽骨的修复和牙周膜重建。因此大黄可能成为治疗慢性牙周炎的有效药物,其具有良好的研究前景。

(周曾同　柳杨)

塞克硝唑局部用药治疗牙周炎的临床研究[韩翔,刘建华. 口腔医学,2009,29(8):427 ~ 429]

选择60例慢性牙周炎患者共120颗患牙经过全口洁治后作为样本。采取双盲法对比实验,将患者一侧患牙局部应用塞克硝唑为实验组,对侧同名患牙局部应用甲硝唑为对照组。分别在第4周末、第8周末观察并记录患者两侧牙的龈沟出血指数(SBI)、牙周袋探诊深度(PD)和牙周袋内细菌培养菌落计数。结果显示,实验组与对照组用药后临床症状均有好转。第 4 周末两组间 PD 间存在明显差异。第 8 周末两组间 PD、SBI 细菌培养菌落计数间均存在显著差异。塞克硝唑较甲硝唑抗炎抑菌作用效果更为明显,是治疗慢性牙周炎的一种有效药物。

述　评

牙周袋内局部给药已成为治疗牙周病的发展趋势。塞克硝唑是硝基咪唑类化合物,是新型的抗厌氧菌药物,临床上已用于治疗由阿米巴虫、滴虫等原虫类和厌氧菌引起的感染。塞克硝唑局部用药疗效确切,优于甲硝唑,短期药物使用可降低耐药性的出现概率,副作用小。该研究不仅为控制牙周致病菌提供了一种值得进一步研究的有效辅助方法,而且提示口腔科临床医生应该重视“借用”药物的研究。

(周曾同　柳杨)

佳蓉片治疗更年期妇女灼口综合征的疗效观察及其对舌侧缘浅表组织 P 物质的影响[周杰,毛凯平,荣刚等. 临床口腔医学杂志,2009,25(10):619～621]

将 60 例更年期妇女灼口综合征(BMS)患者随机分为佳蓉片组 30 例、空白对照组 30 例。佳蓉片组口服佳蓉片,每次 5 片,每天 3 次,15 天为一疗程,疗程之间间隔 5 天,共观察两个疗程。空白对照组给予安慰剂,采用空心胶囊,每次 1 粒,每天 3 次。应用疼痛指数法比较其临床疗效,并通过放射免疫分析技术检测两组患者治疗前后舌侧缘浅表组织的疼痛介质(P 物质)水平。治疗 2 个疗程后,佳蓉片组疼痛指数较治疗前和治疗 1 个疗程后明显减少,与空白对照组相比差异有统计学意义,佳蓉片组的总有效率(90%)明显高于空白对照组(26.67%)。治疗 2 个疗程后佳蓉片组患者舌侧缘浅表组织 P 物质浓度较治疗前显著降低。佳蓉片能减少舌表面组织 P 物质的含量,对更年期妇女的 BMS 具有良好的临床疗效。

述　评

BMS 临床发病率较高,有关 BMS 病因迄今尚未明确,无特殊治疗方法。佳蓉片的组方循“阴中求阳”之理,用“滋阴补肾,清心安神”之法,发挥了中医辨证施治的优势。并检测到该药能使 BMS 患者舌侧缘浅表组织 P 物质降低,用现代科学检测手段证实其有效性,这种中西医结合的研究方法值得重视。

(周曾同　柳杨)

康复新液治疗糜烂型口腔扁平苔藓的近期疗效观察[赵玉萍. 口腔医学,2009,29(7):342～344]

将糜烂型口腔扁平苔藓(OLP)患者 50 例随机分成两组。试验组 25 例采用康复新液治疗,10 mL 药物含于口腔 5 分钟后咽下,每天 3 次;对照组 25 例采用西瓜霜喷剂喷涂患处,每天 3 次。用药后 0.5 小时内不进食、不喝水。除此不用其他药物。比较 1 周治疗前后疼痛程度和糜烂面积的变化。同对照组比较,试验组疼痛程度减轻,糜烂面积缩小,近期疗效差异有统计学意义。两组用药均未发现不良反应。康复新液治疗糜烂型 OLP 安全有效,且疗效优于西瓜霜喷剂。

述　评

糜烂型 OLP 长期不愈,易发生癌变。促进口腔糜烂面愈合,减轻患者疼痛的药物是治疗糜烂型 OLP 亟须解决的问题。康复新液具有抗炎消肿、镇痛的作用,临床已用于治疗糜烂型胃炎、鼻中隔糜烂、宫颈糜烂,且均取得了较好的临床疗效。康复新液控制糜烂型 OLP 能明显改善患者的临床症状和客观体征,使用简便,疗效较好,且未发现明显不良反应,可作为临床辅助药物治疗糜烂型 OLP。

(周曾同　柳杨)

四味中药及其配伍对大鼠舌癌变阻断作用的药效研究[周永梅,王海燕,周曾同. 临床口腔医学杂志,2009,25(7):393～395]

在 4NQO 诱导的大鼠舌癌模型基础上,将 150 只大鼠随机分成 8 组:绞股蓝甙组(GP)、黄芩甙组(BC)、丹参酚酸组(SM)、灯盏花素组(EB)、黄芩甙加灯盏花素 1 组(BC: EB = 1 : 1.5),黄芩甙加灯盏花素 2 组(BC: EB = 1:3)、正常对照组和癌变模型组,于 12 ~ 16 周分别处死动物。组织病理学结果显示,中药干预组的上皮异常增生程度明显低于癌变模型组,特别是 BC 组。免疫组织化学方法显示,增殖细胞阳性率在中药干预组与正常对照组之间及中药干预组间无明显差别;癌变模型组与中药干预组及正常对照组之间的差别均有统计学意义。经方差分析,各组间细胞凋亡率均有统计学差别。BC 加 EB 1 组能明显降低黏膜上皮异常增生发生率,有效抑制细胞的过度增殖并诱导异常细胞的凋亡,对上皮轻度异常增生有明显的癌化学预防作用。

述 评

中药是癌化学预防药物的重要来源之一,也是目前防治肿瘤药物研究的重点领域之一。问题是中药复方方剂的组分复杂,作用环节多,给研究带来很多困难。该研究采用"拆方"研究有效成分与"配伍"研究有效组方的设计,发现了临床有效经验方中的有效成分和最佳配方,为进一步研究开发防治口腔癌的有效中药新方剂提供了依据。这种分阶段、有步骤研究中医药的思路值得借鉴。

(周曾同 柳杨)

盐酸小檗碱抗假丝酵母菌及抗肿瘤活性研究[赵民,迟华基,牟文丽等. 实用口腔医学杂志,2009,25(2):193 ~ 196]

依据 NCCLS 的 M27-A2 推荐的酵母菌微量稀释法测定标准株 ATCC 22019、ATCC 6258、ATCC64548(白色假丝酵母菌氟康唑敏感株)、ATCC64550(白色假丝酵母菌氟康唑耐药株)对盐酸小檗碱的药物敏感性。常规培养舌癌细胞 Tca8113,分别用 MTT 法测定不同浓度盐酸小檗碱(160、80、40、20、10 g/mL)对 Tca8113 细胞生长的抑制作用;用流式细胞仪检测不同浓度盐酸小檗碱(160、80、40、20、10 g/mL)处理 Tca8113 细胞 24、48 小时后对细胞凋亡率的影响。结果显示,盐酸小檗碱具有抗假丝酵母菌活性,能抑制 Tca8113 细胞生长,且呈时效及量效关系;不同浓度的盐酸小檗碱作用于 Tca8113 细胞 48 小时后凋亡率分别为 32.3%、24.6 %、13.3%、6.35%、6.51%,对照组为 8.46%。研究表明,盐酸小檗碱体外具有抗假丝酵母菌活性,并且能抑制舌癌细胞 Tca8113 的生长,诱导舌癌细胞 Tca8113 的凋亡。

述 评

白色假丝酵母菌感染是许多口腔黏膜病病情加重的原因之一。因此,抗真菌药物不仅是治疗口腔假丝酵母菌病的需要,而且也是治疗其他口腔黏膜病的常用辅助药物。但是目前最常用的唑类抗真菌药物不但常常遇到耐药性问题,而且有明显的肝脏损伤也限制了其使用。中药黄连具有清火燥湿、泻火解毒功效,临床发现其有抑制真菌作用。该研究用对黄连的主要成分盐酸小檗碱进行了体外抗假丝酵母菌活性的验证,结果证实了盐酸小檗碱具有抗真菌的确切作用,为口腔黏膜病的抗真菌治疗提供了新的用药依据。

(周曾同 卫婕)

重组人 p53 腺病毒注射液治疗口腔黏膜白斑的生物学反应观察[张松涛,张媛媛,李小玉等. 华西口腔医学杂志,2008,26(6):670 ~ 672]

对 18 例上皮异常增生型口腔白斑患者分别于第 1、4、7、10、13 天在局部阻滞麻醉下行病变黏膜内重组人 p53 腺病毒注射液 Ad-p53 多点注射。以 1 cm^2 作为一个注射点,每点注射 1×10^8 vp ,0.5 mL;于第 14 ~15 天行病变组织活检,苏木精-伊红(H-E)染色观察,并通过免疫组化 PV-9000 两步染色法观察 Ad-p53 治疗前后病变组织内 P53 蛋白和 $P21^{CIP/WAF}$ 蛋白的表达。结果显示,P53 蛋白和 $P21^{CIP/WAF}$ 蛋白在 Ad-p53 治疗后组织内的阳性表达率分别为 100% 和 89.9%,明显高于治疗前的表达,并且二者的高表达呈正相关($r = 0.598$, $P < 0.01$)。研究表明,Ad-p53 治疗上皮异常增生

型口腔白斑有良好的生物学反应，有广阔的临床应用前景。

述　评

重组人 p53 腺病毒注射液于 2004 年 1 月 20 日获得国家食品药品监督管理局的准字号生产批文，是首个获得国家批准的基因治疗药物。自上市以来在肺癌、头颈部鳞癌、食管癌等肿瘤的治疗中得到了广泛运用。口腔白斑是常见的癌前病变，其癌变率为 7% ~15%，非均质性白斑的癌变率高达 14% ~50%，因此阻断白斑的发展是预防口腔癌的重要措施。该研究运用重组人 p53 腺病毒注射液治疗白斑，为白斑的治疗提供了新的治疗手段。

（周曾同　卫婕）

排龈药物对体外培养人牙龈成纤维细胞的毒性比较［刘健，张晓明，郝鹏杰等. 华西口腔医学杂志，2009，27(2)：202 ~205］

常规方法体外培养人牙龈成纤维细胞(HGF)，将 6 种不同体积分数的排龈药物(20% 硫酸铝、5% 硫酸铝、15.5% 硫酸铁、13.3%硫酸铁、0.1%盐酸肾上腺素、0.01%盐酸肾上腺素)分别作用于体外培养的 HGF，用 MTT 比色法检测排龈药物对 HGF 数量的影响，透射电镜下观察 HGF 经排龈药物作用后细胞超微结构的变化。结果显示，所有实验药物均能引起细胞的直接损伤与增殖抑制，细胞毒性由小到大分别是 0.01% 盐酸肾上腺素、0.1% 盐酸肾上腺素、5% 硫酸铝、20% 硫酸铝、硫酸铁，2 种体积分数的硫酸铁毒性比较差异无统计学意义。透射电镜显示 2 种体积分数的盐酸肾上腺素及 5% 硫酸铝可引起细胞器数量减少、线粒体及内质网肿胀；20% 硫酸铝造成细胞水肿明显，细胞核和染色质分布不均匀；硫酸铁可导致细胞变性。

述　评

临床上排龈药物常造成牙龈萎缩、附着丧失、牙龈变色等，使修复体龈边缘外露继而形成微渗漏及继发龋影响了固定修复体的美观及使用寿命。该研究通过体外培养人牙龈成纤维细胞的方法比较了临床上常用的 6 种排龈药物的毒性，发现盐酸肾上腺素的细胞毒性作用最小，适合于健康患者排龈，但有心血管系统疾病的患者不宜使用，可用 5% 硫酸铝排龈。该研究以临床问题为研究目标，研究结果又为临床正确选择排龈药物提供指导，具有临床意义。

（周曾同　卫婕）

Metapex 糊剂用于感染根管消毒的临床疗效评价［董红，彭彬. 口腔医学研究，2009，25(1)：90 ~92］

选择牙髓坏死或慢性根尖周炎的患牙 218 颗，随机分为实验组和对照组。常规备洞、根管预备，隔湿、干燥根管，实验组在根管内封入 Metapex 糊剂，对照组在根管内封入甲醛甲酚(FC)棉捻。1 周后复诊，观察封药前后临床症状和体征的变化，完成根管充填和常规修复。5 ~6 个月随访观察根充后的短期临床疗效。结果显示，实验组根管内封药 1 周后的临床有效率为 92.66%，对照组为 86.24%，但差异无统计学意义；实验组封药后急症的发生率为 4.59%，明显低于对照组的 16.51% ($P < 0.01$)。随访观察 5 ~6 个月，实验组根管治疗后的临床有效率为 89.72%，对照组为 86.79%，两组间差异无统计学意义。研究表明，Metapex 糊剂用于感染根管消毒临床疗效更定，与 FC 相比能有效减少根管封药期间急症的发生。

述　评

感染根管的消毒是提高根管治疗临床疗效的关键之一。用于感染根管消毒的临床药物不断涌现，如何评价这些药物的疗效，该研究采用随机对照的临床研究设计，客观评价 Metapex 糊剂的临床疗效，结果发现，该药与传统的 FC 相比疗效更好，使用方便，并能有效减少根管急症的发生率。该研究为临床应用 Metapex 糊剂提供了依据。

（周曾同　卫婕）

石辛牙痛口含片治疗胃火牙痛(智齿冠周炎)

Ⅱ期临床试验[吴军正,李元聪,胡开进等.实用口腔医学杂志,2009,25(6):865~871]

将诊断为胃火牙痛(智齿冠周炎)的患者,随机分入试验组(石辛组)和对照组(牛黄),每组 120 例。就诊当天行常规冠周袋冲洗。试验组含化石辛牙痛口含片 0.6 g×2,4 次/天,口服牛黄解毒片的赋形剂 0.3 g×3,3 次/天;对照组口服牛黄解毒片 0.3 g×3,3 次/天,含化石辛牙痛口含片的赋形剂 0.6 g×2,4 次/天。主症和次症分级计分,疗程 5 天,用 SAS 6.12 软件统计分析。用药前后进行三大常规及肝功、肾功和心电图检查,并记录不良事件。结果发现,两组的基线一致;第 3 天和第 5 天,主症、次症积分以及病情总积分均明显下降,以试验组明显;第 5 天,试验组显效率高于对照组;治疗前后生命体征均在正常范围,组间无差异($P>0.05$),全部患者实验室检查均未出现异常。不良事件:试验组 1 例,"中度",停药后好转,退出试验;对照组 2 例,皆为"轻度"。说明石辛牙痛口含片治疗胃火牙痛疗效优于牛黄解毒片,安全性与牛黄解毒片相似。

述　评

行之有效的中药应从临床试验中获得证据后才能推广。该研究旨在评价一种中药治疗胃火牙痛(智齿冠周炎)的疗效和安全性。所用药物已有安全、有效的证据,且有批号、批文和伦理委员会的批准,显示了研究的合法性;明确的纳入、排除、剔除、诊断和评分标准,随机、双盲措施的严格贯彻执行,体现了设计的科学性;有效性、安全性、依从性等多项指标的缜密分析,尤其是对于脱落病例的详细交代体现出实事求是的态度。这是一篇优秀的、可供同类研究借鉴的文章。如果设有非局部处理组、口服西药组,可能会得出更全面的结论。

(吴友农)

口腔护理学

唇腭裂患儿全身麻醉术后饮食时间的探讨[王彦,梁英,李春艳等.解放军护理杂志,2009,26(23):11~12,50]

将 52 例 4 个月至 6 岁的唇腭裂患儿随机分成试验组和对照组,试验组患儿手术后实行早期饮食指导,对照组患儿手术后实行传统方法饮食指导。结果显示,试验组唇腭裂患儿进食时间明显短于对照组,且麻醉清醒 1 小时后患儿感到口渴、饥饿或哭闹发生率试验组也低于对照组,试验组患儿术后消化道反应及误吸率无增加。作者认为,唇腭裂患儿麻醉清醒后早期进食是安全可靠的,可同时减轻患儿口渴、饥饿和哭闹,有助于术后恢复。

述　评

为了确保患儿术后安全,唇腭裂患儿全麻术后进食时间在临床上一直比较传统和保守,即根据《外科学》规定患者在全身麻醉术后完全清醒 4~6 小时、无呕吐和恶心反射等症状后方可进食。该文通过临床研究发现,唇腭裂患儿在全身麻醉清醒后(1 小时)早期少量进食安全可行,该法可以让患儿舒适、安静,有利于伤口愈合,避免了患儿因口渴、饥饿哭闹而引起的流涕、呛咳、伤口裂开、出血等问题。而且术后早期进食可以促进肠道功能的快速恢复,减少患儿的不良反应,有利于患儿康复。其研究结果无疑对临床护理工作具有一定指导和推动作用。

(赵佛容　邓立梅)

舒适护理在口腔临床治疗中的应用[李灏来,谢萍,郑兴涛等.华西口腔医学杂志,2009,27(4):430~432,439]

依据舒适护理理论,作者在口腔门诊护理工作中采取舒适护理干预手段对 105 例患者进行了对照研究。结果显示,试验组对护理服务满意度、对口腔健康知识的知晓情况均高于对照组。作者认为,舒适护理理论应用于口腔门诊护理工作,有助于提升护理服务满意度,提高患者口腔健康保健知识,增强职业素养,构筑和谐护患关系。

述　评

自 1995 年 Kolcaba 提出舒适护理理论以

来,舒适护理理论在护理各个领域被广泛推广和运用。舒适护理理论倡导的是通过护理使患者达到生理、心理、社会与灵性上的最愉悦状态。由于口腔专科门诊医护工作配合密切、默契、专注,长期以来,医护往往注重治疗技术和速率上的配合,而忽略了口腔疾病治疗的主体——患者。因此,患者很难体会到口腔门诊护理工作的存在和其存在的必要性,门诊护理工作难以得到患者的认可,因此,也不能获得较好的患者满意度。作者通过舒适护理的干预实施,取得了较为理想的患者满意度,其经验值得借鉴。

(赵佛容　邓立梅)

口腔癌患者游离组织瓣修复术后语音训练的效果研究[杨悦,尚少梅,彭歆等. 中华护理杂志,2009,44(8):726~728]

将 55 例口腔癌实施同期游离组织瓣修复术的患者分为干预组(28 例)和对照组(27 例),干预组从术后第 3 周开始实施语音训练,对照组除常规治疗和护理外不进行语音训练。分别于术前、术后 2 周,术后 3 个月和 6 个月采用汉语语音清晰度测试字表评价两组语音清晰度。结果显示,两组患者的语音清晰度变化趋势经组间比较,差异有统计学意义($P < 0.01$),干预组患者评分高于对照组。提示对游离组织瓣修复口腔癌的患者进行语音训练可明显改善其语音清晰度。

述　评

口腔癌是头颈部常见恶性肿瘤之一,而口腔颌面部解剖结构精细、复杂,各器官比邻紧密,以手术为主的综合治疗往往造成患者发音、语言障碍。组织瓣修复口腔颌面部手术缺损是头颈外科修复重建的一种方法。缺损可通过手术修复重建,但语音功能的重建与恢复是患者能否康复和顺利回归社会的关键。作者通过临床护理研究,积极探索游离组织瓣修复术后语音功能重建与恢复的训练方法与效果,该结果对口腔颌面外科临床护理工作具有现实指导意义。

(赵佛容　邓立梅)

慢性根尖周炎年轻恒牙牙髓牙根再生术的护理配合[胡菁颖,丁瑞宇,钱海虹等. 中华护理杂志,2009,44(3):249~250]

通过 12 例慢性根尖周炎年轻恒牙牙髓牙根再生术护理措施的实施,术前做好患者、家属、用物的充分准备,术中密切配合,术后加强健康指导,确保了医疗质量,提高了工作效率。

述　评

慢性根尖周炎年轻恒牙牙髓牙根再生术可以使牙根继续生长、根管壁增厚,牙根的抗折能力增强,是近年来开展的一项牙髓再生新技术。作者通过护理计划、措施的实施,术前做好患者、家属、用物充分准备,正确合理地安放橡皮防水障,在开髓、拔髓过程中严格执行无菌操作原则,正确调拌材料、药物,合理使用抗生素,密切配合医生,做好四手操作,术后进行详细的健康指导,确保了医疗质量,提高了工作效率。该文提示,任何一项新的医疗技术,护理必须密切跟进,协调配合,才能确保新技术的实施与成功。

(赵佛容　邓立梅)

腭裂松弛切口两种不同处理方法的临床观察与护理[张军,王树,王秀丽等. 护理研究,2009,23(1):47~49]

对 71 例腭裂患者采用腭裂改良兰氏法修复术,根据术中情况分别采用松弛切口旷置和填塞碘仿纱条两种方法。通过术后临床护理与观察发现,松弛切口旷置较碘仿纱条填塞效果好。腭裂松弛切口旷置可使口腔容积增大,呼吸道通畅,患者全身及局部反应小,可避免相应术后并发症的发生,住院周期缩短,有利于术后早期恢复。

述　评

腭裂是口腔颌面部常见的先天畸形之一,严重影响患者的进食、语言以及心理等多方面的功能。腭裂手术修复的目的是恢复腭部的解剖形态,建立为达到良好腭咽闭合所必需的解剖结构。其手术技术与方法在不断地改进与完善。该文作者通过对腭裂松弛切口旷置处理与填塞碘仿纱条两组患者术后的临床护理与观察发现，采用松弛切口旷置处理的患者术后体温恢复至正常时间较碘仿纱条填塞的患者时间短，全身及局部反应轻，且住院周期缩短，提高了患者的满意度及工作效率。当今，口腔颌面外科新业务、新技术、新方法日新月异，护理密切配合与跟进，积极探索和维护其效果是护理当务之责。作者通过比较和观察客观地得出松弛切口术后旷置较填塞碘仿纱条效果好，充分证明了医护协作的价值与作用。

（赵佛容　邓立梅）

口腔冲洗结合刷牙维护老年人牙周洁治术后的效果［李红梅，李颖超，宫琦玮. 解放军护理杂志，2009，26（15）：22～23］

将48例老年牙周病患者按照就诊先后分为试验组和对照组。在牙周洁治术后，试验组患者使用普通牙刷刷牙结合口腔冲洗器冲洗；对照组患者单纯用普通牙刷刷牙，比较两组间牙周探诊深度（PD）、探诊出血（BOP）、龈沟出血指数（SBI）、菌斑指数（PLI），并分别与牙周洁治术完毕时进行对比分析。结果显示，维护后试验组患者在PLI、SBI、BOP等方面优于对照组患者，差异有统计学意义（$P<0.05$）。提示刷牙结合口腔冲洗器冲洗的方式对老年人牙周的维护具有良好的效果。

述　评

老年人由于年龄增大，牙缝变宽，牙齿稀松，食物残屑很容易存积于牙缝，如不及时清除，细菌滋生，牙菌斑钙化，形成牙结石积聚在牙根部，压迫和刺激牙周组织，导致牙周病。牙周病可致牙齿松动、脱落，牙齿缺失，影响咀嚼和消化功能。该文作者通过临床研究，探讨了老年人在牙周洁治术后刷牙结合口腔冲洗器冲洗以维护牙周健康的方法。该方法能有效减少牙齿邻面菌斑的形成和堆积，减少菌斑对牙周组织的刺激，对防止牙周病进一步发展起到了一定的预防作用。该方法值得借鉴。

（赵佛容　邓立梅）

中国高等学校口腔医学专业招生及培养简况

资料由我国高等学校口腔医学院、系提供，中国香港、澳门特别行政区和台湾省口腔医学专业招生培养简况未统计在内。统计时限从2009年1月至2009年12月。

表1　2009年度我国口腔医学院系在岗博士研究生导师一览表

博士学位授予单位	学科专业	指导教师	职称	学历	任导师开始年	备注
四川大学						
	口腔基础医学	李　伟	教授	博士研究生	2003	
		陈　宇	教授	博士研究生	2007	
		张　平	教授	博士研究生	2008	
	口腔内科学	周学东	教授	博士研究生	1998	
		胡德渝	教授	硕士研究生	2001	
		陈谦明	教授	博士研究生	2003	
		吴红崑	教授	博士研究生	2006	
		胡　涛	教授	博士研究生	2006	
		吴亚菲	教授	博士研究生	2006	
		周红梅	教授	博士研究生	2006	
		黄定明	教授	博士研究生	2007	
		李继遥	教授	博士研究生	2007	
		叶　玲	副教授	博士研究生	2007	
		曾　昕	教授	博士研究生	2008	
	口腔修复学	陈治清	教授	本科	1993	
		巢永烈	教授	硕士研究生	1995	
		梁　星	教授	博士研究生	1999	
		宫　苹	教授	博士研究生	2003	
		朱智敏	教授	博士研究生	2006	
		于海洋	教授	博士研究生	2006	
		万乾炳	教授	博士研究生	2007	
		王　敏	教授	博士研究生	2007	
		王　航	副教授	博士研究生	2007	
	口腔正畸学	陈扬熙	教授	硕士研究生	1998	
		赵志河	教授	博士研究生	2003	
		白　丁	教授	博士研究生	2007	
		邹淑娟	教授	博士研究生	2007	
		赖文莉	教授	博士研究生	2008	
	口腔颌面外科学	田卫东	教授	博士研究生	2001	
		石　冰	教授	博士研究生	2001	

续表 1

博士学位授予单位	学科专业	指导教师	职称	学历	任导师开始年	备注
		李龙江	教授	博士研究生	2001	
		胡　静	教授	博士研究生	2001	
		唐休发	教授	博士研究生	2003	
		郑　谦	教授	博士研究生	2003	
		刘　磊	教授	博士研究生	2007	
		包崇云	教授	博士研究生	2007	
		汤　炜	教授	博士研究生	2008	
		梁新华	副教授	博士研究生	2008	
北京大学						
	口腔组织病理学	高　岩	教授	博士研究生	1999	
		李铁军	教授	博士研究生	2004	
	牙体牙髓病学	高学军	教授	博士研究生	1999	
	牙周病学	孟焕新	教授	博士研究生	1999	
		欧阳翔英	教授	博士研究生	2007	
	口腔黏膜病学	刘宏伟	教授	博士研究生	2009	
		华　红	教授	博士研究生	2009	
	儿童口腔医学	葛立宏	教授	博士研究生	2007	
	口腔预防医学	徐　韬	教授	博士研究生	2009	
	口腔修复学	冯海兰	教授	博士研究生	1999	
		徐　军	教授	博士研究生	2003	
		吕培军	教授	博士研究生	2003	
		谢秋菲	教授	博士研究生	2004	
		王新知	教授	博士研究生	2007	
	口腔正畸学	林久祥	教授	博士研究生	1993	
		曾祥龙	教授	硕士研究生	1995	
		许天民	教授	博士研究生	2004	
		周彦恒	教授	博士研究生	2004	
		李巍然	教授	博士研究生	2009	
	口腔颌面外科学	马绪臣	教授	博士研究生	1993	
		俞光岩	教授	博士研究生	1995	
		王　兴	教授	博士研究生	1997	
		林　野	教授	博士研究生	2003	
		马　莲	教授	博士研究生	2003	
		傅开元	教授	博士研究生	2004	
		郭传瑸	教授	博士研究生	2004	
		魏世成	教授	博士研究生	2006	
		张　益	教授	博士研究生	2007	
		张建国	教授	本科	2009	
		蔡志刚	教授	博士研究生	2009	

续表 1

博士学位授予单位	学科专业	指导教师	职称	学历	任导师开始年	备注
上海交通大学						
	口腔基础医学	李　江	教授	博士研究生	2008	
		毛　力	教授	博士研究生	2009	
	口腔内科学	周曾同	教授	硕士研究生	2000	
		李德懿	教授	硕士研究生	2000	
		梁景平	教授	博士研究生	2002	
		束　蓉	教授	博士研究生	2002	
		冯希平	教授	博士研究生	2002	
		翁雨来	主任医师	博士研究生	2005	
		朱亚琴	主任医师	博士研究生	2006	
	口腔修复学	张富强	教授	博士研究生	1998	
	口腔材料学	孙　皎	教授	博士研究生	2004	
		陈德敏	教授	本科	2005	
	口腔正畸学	沈　刚	教授	博士研究生	2005	
	口腔种植学	赖红昌	主任医师	博士研究生	2009	
	口腔颌面外科学	邱蔚六	教授	本科	1986	
		张志愿	教授	博士研究生	1996	
		王中和	教授	本科	1998	
		张陈平	教授	博士研究生	2000	
		郭　伟	教授	博士研究生	2000	
		王国民	教授	博士研究生	2000	
		杨　驰	教授	博士研究生	2004	
		孙　坚	教授	博士研究生	2004	
		陈万涛	教授	博士研究生	2005	
		沈国芳	教授	博士研究生	2006	
		郑家伟	教授	博士研究生	2008	
	麻醉学	朱也森	教授	本科	2001	
		姜　虹	主任医师	博士研究生	2009	
第四军医大学						
	口腔组织病理学	杨连甲	教授	本科	1993	
		金　岩	教授	博士研究生	1998	
	口腔解剖生理学	王美青	教授	博士研究生	2000	
	口腔内科学	肖明振	教授	本科	1995	
		吴织芬	教授	本科	1996	
		文玲英	教授	本科	1996	
		倪龙兴	教授	博士研究生	2005	
		王勤涛	教授	博士研究生	2008	
		牛忠英	教授	博士研究生	1999	解放军第 306 医院联合培养导师

续表 1

博士学位授予单位	学科专业	指导教师	职称	学历	任导师开始年	备注
	口腔修复学	郭天文	教授	本科	1993	
		马轩祥	教授	博士研究生	1996	
		王忠义	教授	本科	1998	
		赵铱民	教授	博士研究生	1998	
		陈吉华	教授	博士研究生	2000	
		陈永进	教授	博士研究生	2007	
		施生根	教授	博士研究生	2000	解放军第 306 医院联合培养导师
		张玉梅	教授	博士研究生	2008	
	口腔正畸学	段银钟	教授	博士研究生	1998	
		丁 寅	教授	博士研究生	2002	
		曹 军	教授	博士研究生	2008	
	口腔颌面外科学	刘宝林	教授	本科	1990	
		刘彦普	教授	博士研究生	2005	
		孙沫逸	教授	博士研究生	2005	
		顾晓明	教授	博士研究生	1995	北京武警部队总医院联合培养导师
	麻醉学	徐礼鲜	教授	博士研究生	2000	
武汉大学						
	口腔内科学	樊明文	教授	本科	1990	
		边 专	教授	博士研究生	2000	
		彭 彬	教授	博士研究生	2001	
		李成章	教授	博士研究生	2001	
		陈 智	教授	博士研究生	2002	
		范 兵	教授	博士研究生	2002	
		张 旗	教授	博士研究生	2008	
		周 刚	主任医师	博士研究生	2009	
	口腔修复学	程祥荣	教授	本科	1996	
		王贻宁	教授	博士研究生	2004	
		黄 翠	教授	博士研究生	2008	
		王家伟	副教授	博士研究生	2009	
	口腔颌面外科学	赵怡芳	教授	硕士研究生	1997	
		龙 星	教授	博士研究生	2001	
		尚政军	教授	博士研究生	2004	
		李祖兵	教授	博士研究生	2006	
首都医科大学						
	口腔内科学	孙 正	教授	博士研究生	2003	
		章锦才	教授	博士研究生	1998	兼职,工作单位南方医科大学附属口腔医院

续表 1

博士学位授予单位	学科专业	指导教师	职称	学历	任导师开始年	备注
	口腔修复学	张振庭	教授	硕士研究生	2003	
		施生根	教授	博士研究生	2000	兼职，工作单位解放军第 306 医院
	口腔正畸学	白玉兴	教授	博士研究生	2003	
	口腔颌面外科学	王松灵	教授	博士研究生	1999	
		李　钧	副教授	博士研究生	2008	
吉林大学						
	口腔临床医学	孙新华	教授	本科	2003	
		周延民	教授	博士研究生	2005	
		孙宏晨	教授	博士研究生	1999	
		王景云	教授	博士研究生	2009	
		胡　敏	教授	博士研究生	2009	
浙江大学						
	口腔临床医学	赵士芳	教授	博士研究生	1996	
		谷志远	教授	博士研究生	2001	
		王慧明	教授	博士研究生	2005	
		陈关福	教授	本科	2005	
		刘建华	教授	博士研究生	2005	
		陈莉丽	主任医师	硕士研究生	2006	
		傅柏平	教授	博士研究生	2006	
中国医科大学						
	口腔临床医学					
		艾红军	教授	博士研究生	2001	
		孙长伏	教授	博士研究生	2001	
		张力平	教授	硕士研究生	2001	
		李瑞武	教授	本科	2002	
		王绪凯	教授	硕士研究生	2002	
		卢　利	教授	博士研究生	2003	
		潘亚萍	教授	博士研究生	2004	
		张　扬	教授	本科	2008	
		刘维贤	教授	博士研究生	2008	
病理学与病理生理学		王兆元	教授	本科	2000	挂靠，专业为口腔病理学
		钟　鸣	教授	本科	2005	
	外科学	王玉新	教授	本科	1998	挂靠，专业为口腔颌面外科学
中山大学						
	口腔临床医学	黄洪章	教授	硕士研究生	1997	
		凌均棨	教授	博士研究生	2000	
		张志光	教授	本科	2000	
		程　斌	主任医师	博士研究生	2004	

续表 1

博士学位授予单位	学科专业	指导教师	职称	学历	任导师开始年	备注
		廖贵清	主任医师	博士研究生	2004	
		陈松龄	教授	博士研究生	2005	
		何宏文	教授	博士研究生	2004	
		林焕彩	主任医师	博士研究生	2006	
		胡　雁	教授	博士研究生	2007	
		汪　华	教授	博士研究生	2008	
		林正梅	主任医师	博士研究生	2008	
		彭志翔	教授	博士研究生	2008	
		梁　敏	教授	博士研究生	2008	
		丁学强	教授	本科	2008	
		冉　炜	主任医师	硕士研究生	2008	
		陈伟良	教授	硕士研究生	2008	
		潘朝斌	主任医师	博士研究生	2008	
		艾　虹	主任医师	硕士研究生	2008	
		高　津	教授	博士研究生	2009	
山东大学						
	口腔临床医学	杨丕山	教授	硕士研究生	2003	
		王春玲	教授	本科	2003	
		魏奉才	教授	硕士研究生	2001	
		姜广水	教授	博士研究生	2004	
		徐　欣	教授	博士研究生	2006	
同济大学						
	口腔临床医学	王佐林	教授	博士研究生	2003	
		刘月华	教授	博士研究生	2003	
		黄远亮	教授	博士研究生	2003	
		赵守亮	教授	博士研究生	2004	
		刘宏伟	教授	博士研究生	2005	
		苏俭生	教授	博士研究生	2006	
南京医科大学						
	口腔临床医学	王　林	教授	博士研究生	2004	
		陈　宁	教授	博士研究生	2004	
		章非敏	教授	博士研究生	2008	
哈尔滨医科大学						
	口腔临床医学	焦晓辉	教授	博士研究生	2006	
		毕良佳	教授	博士研究生	2006	
		毛立民	教授	博士研究生	2008	
福建医科大学						
	口腔临床医学	阎福华	教授	博士研究生	2003	
		陈　江	教授	博士研究生	2008	

续表1

博士学位授予单位	学科专业	指导教师	职称	学历	任导师开始年	备注
解放军军医进修学院						
	口腔临床医学	刘洪臣	教授	博士研究生	1995	
		步荣发	教授	博士研究生	1997	
		胡　敏	教授	博士研究生	2000	
		柳春明	教授	博士研究生	2000	
		顾晓明	教授	博士研究生	1996	
		牛忠英	教授	博士研究生	1998	
		储冰峰	主任医师	博士研究生	2007	
中国医学科学院						
	外科学(整形外科)	张　丁	教授	博士研究生	2008	挂靠,专业为口腔正畸学
天津医科大学						
	生物医学工程	张连云	教授	本科	2007	挂靠,专业为口腔修复学
重庆医科大学						
	生物医学工程	邓　锋	教授	博士研究生	2005	挂靠,专业为口腔正畸学
		李晓智	教授	本科	2005	挂靠,专业为口腔正畸学
河北医科大学						
	病理学与病理生理学	王　洁	教授	博士研究生	1998	挂靠,专业为口腔病理学
	外科学(整形外科)	董福生	教授	本科	2004	挂靠,专业为口腔颌面外科学
大连医科大学						
	病理学与病理生理学	肖　晶	教授	博士研究生	2006	挂靠,专业为口腔组织病理学
复旦大学						
	外科学	余优成	教授	博士研究生	2007	挂靠,专业为口腔颌面外科学
南京大学						
	肿瘤学	胡勤刚	教授	博士研究生	2008	挂靠,专业为口腔颌面外科学
中国科学院合肥分院						
	激光医学	周　健	教授	硕士研究生	2004	兼职,安徽医科大学口腔颌面外科学教授
华中科技大学						
	外科学	朱声荣	教授	博士研究生	2003	挂靠,专业为口腔颌面外科学
	外科学	毛　靖	教授	博士研究生	2005	挂靠,专业为口腔正畸学
	外科学	曹颖光	教授	博士研究生	2005	挂靠,专业为口腔修复学

续表1

博士学位授予单位	学科专业	指导教师	职称	学历	任导师开始年	备注
	外科学	陈卫民	教授	本科	2009	挂靠,专业为口腔颌面外科学
	外科学	张汉东	教授	硕士研究生	2006	挂靠,专业为口腔颌面外科学
	外科学	杨 成	教授	博士研究生	2008	挂靠,专业为口腔种植及颌面整形外科
中南大学						
	外科学	翦新春	教授	硕士研究生	2002	挂靠,专业为口腔颌面外科学
	内科学	凌天牖	教授	本科	2003	挂靠,专业为口腔内科学
	耳鼻咽喉科学	彭解英	教授	本科	2004	挂靠,专业为口腔黏膜病学
	肿瘤学	唐瞻贵	教授	博士研究生	2007	挂靠,专业为口腔颌面外科学
南方医科大学						
	外科学(整形外科)	吴补领	教授	博士研究生	2007	挂靠,专业为牙体牙髓病学
	人体解剖与组织胚胎学	章锦才	教授	博士研究生	2006	挂靠,专业为牙周病学
	外科学(整形外科)	周 磊	教授	博士研究生	2008	挂靠,专业为口腔种植学
广西医科大学						
	耳鼻咽喉科学	周 诺	教授	博士研究生	2006	挂靠,专业为口腔颌面外科学
昆明医学院						
	外科学	丁仲鹃	教授	博士研究生	2007	挂靠,专业为口腔修复学
	外科学	陈希哲	教授	博士研究生	2009	挂靠,专业为口腔颌面外科学
西安交通大学						
	外科学	张引成	教授	博士研究生	2007	挂靠,专业为口腔颌面外科学
	外科学	阮建平	主任医师	博士研究生	2008	挂靠,专业为口腔预防医学
兰州大学						
	中西医结合临床	余占海	教授	博士研究生	2008	挂靠,专业为口腔修复学
	材料物理与化学	康 宏	教授	博士研究生	2008	挂靠,专业为口腔修复学与殆学
	材料物理与化学	刘 斌	教授	博士研究生	2009	挂靠,专业为口腔修复学
	生态学	何祥一	教授	本科	2009	挂靠,专业为口腔修复学

续表1

博士学位授予单位	学科专业	指导教师	职称	学历	任导师开始年	备注
新疆医科大学						
	内科学	钟良军	教授	博士研究生	2007	挂靠,专业为牙周病与口腔黏膜病学
	外科学	阿达来提·艾合买提江	教授	博士研究生	2003	挂靠,专业为口腔颌面外科学
第三军医大学						
	生物医学工程	刘鲁川	教授	博士研究生	2008	挂靠,专业为口腔内科学
	外科学	谭颖徽	教授	博士研究生	2003	挂靠,专业为口腔颌面外科学

表2　2009年度我国口腔医学本科生招生培养简况

单位	在校生人数		招生人数		毕业人数	
	7/8年制	5年制	7/8年制	5年制	7/8年制	5年制
四川大学	291 121(8年制)	311	40 30(8年制)	67	59	115
北京大学	315 (8年制)	87	36 (8年制)	19	49 (8年制)	11
上海交通大学	306	298	43	107	34	49
第四军医大学	49 (8年制)	169	10 (8年制)	34	10 (8年制)	35
武汉大学	137	150	14	43	29	-
首都医科大学	109	50	29	23	35	23
吉林大学	190	19	31	19	18	-
中国医科大学	-	328	-	60	-	68
浙江大学	168	-	大类医学招生,人数不定	-	29	-
山东大学	172	246	30	50	20	52
中山大学	143	291	30	59	28	63
同济大学	-	140	-	34	-	31
南京医科大学	148	232	20	55	14	48
南京大学	38	-	20	-	9	-
哈尔滨医科大学	-	266	-	50	-	49
福建医科大学	-	425	-	102	-	76
南开大学	-	16	-	16	-	-
天津医科大学	198	55	20	21	20	-
重庆医科大学	-	204	-	40	-	37
河北医科大学	-	435	-	31	-	29
华北煤炭医学院	-	273	-	50~60	-	384
山西医科大学	-	288	-	66	-	81

续表 2

单位	在校生人数		招生人数		毕业人数	
	7 年制	5 年制	7 年制	5 年制	7 年制	5 年制
大连医科大学	–	380	–	90	–	40
大连大学	–	149	–	30	–	30
佳木斯大学	–	502	–	103	–	110
温州医学院	–	390	–	90	–	90
安徽医科大学	–	297	–	62	–	63
南昌大学	–	262	–	35	–	60
青岛大学	–	189	–	39	–	42
滨州医学院	–	673	–	137	–	143
郑州大学	–	320	–	80	–	40
华中科技大学	–	122	–	30	–	32
中南大学	209	–	24	–	25	–
暨南大学	–	177	–	39	–	40
南方医科大学	–	241	–	241	–	0
广西医科大学	–	290	–	49	–	79
泸州医学院	–	300	–	65	–	67
川北医学院	–	211	–	44	–	38
贵阳医学院	–	296	–	121	–	43
遵义医学院	–	476	–	95	–	104
昆明医学院	–	309	–	63	–	27
西安交通大学	50	163	19	19	–	30
兰州大学	–	213	–	73	–	30
新疆医科大学	–	191	–	42	–	2
宁夏医科大学	–	150	–	32	–	28

注:少数院校含 4 年制口腔修复工艺学本科生、我国台湾班学生或海外班学生;7/8 年制未注明 8 年制的均为 7 年制。

表 3 2009 年度我国口腔医学硕士研究生招生培养简况

硕士学位授予单位	学科专业	指导教师人数	在读硕士生人数	招生人数	毕业人数
四川大学					
	口腔基础医学	9	345	17	8
	口腔临床医学	49		88	128
北京大学					
	口腔组织病理学	3	7	2	2
	口腔临床医学	71	110	60	7
上海交通大学					
	口腔基础医学	4	7	1	1
	口腔临床医学	35	139	73	56

续表3

硕士学位授予单位	学科专业	指导教师人数	在读硕士生人数	招生人数	毕业人数
第四军医大学					
	口腔基础医学	4	15	4	5
	口腔临床医学	27	197	80	49
武汉大学					
	口腔基础医学	1	1	-	1
	口腔临床医学	42	134	65	61
首都医科大学					
	口腔基础医学	4	6	-	-
	口腔临床医学	40	59	21	16
吉林大学					
	口腔基础医学	1	2	-	-
	口腔临床医学	29	56	26	19
中国医科大学					
	口腔基础医学	4	11	6	4
	口腔临床医学	38	145	50	34
	麻醉学	2	4	1	2
浙江大学					
	口腔基础医学	1	2	-	1
	口腔临床医学	30	33	15	15
山东大学					
	口腔基础医学	3	3	1	2
	口腔临床医学	28	94	37	51
中山大学					
	口腔基础医学	3	4	-	-
	口腔临床医学	64	149	85	68
同济大学					
	口腔基础医学	2	4	1	1
	口腔临床医学	16	58	24	28
南京医科大学					
	口腔基础医学	1	5	3	1
	口腔临床医学	29	66	29	22
哈尔滨医科大学					
	口腔临床医学	20	100	23	36
福建医科大学					
	口腔临床医学	20	84	31	19
军医进修学院					
	口腔临床医学	8	9	2	1
北京协和医学院					
	口腔临床医学	3	2	2	1

续表 3

硕士学位授予单位	学科专业	指导教师人数	在读硕士生人数	招生人数	毕业人数
天津医科大学					
	口腔基础医学	3	8	1	2
	口腔临床医学	18	68	24	10
南开大学*					
	口腔基础医学	1	1	11	3
	口腔临床医学	6	30		
重庆医科大学					
	口腔基础医学	3	5	2	-
	口腔临床医学	26	110	46	17
河北医科大学					
	口腔基础医学	2	5	1	-
	口腔临床医学	10	42	9	13
华北煤炭医学院					
	口腔临床医学	13	58	29	2
山西医科大学					
	口腔临床医学	18	123	55	17
大连医科大学					
	口腔基础医学	3	28	9	6
	口腔临床医学	26	118	52	32
佳木斯大学					
	口腔临床医学	22	158	65	37
复旦大学					
	口腔临床医学	2	12	5	4
南京大学					
	口腔临床医学	12	11	3	4
温州医学院					
	口腔临床医学	6	32	14	3
安徽医科大学					
	口腔临床医学	12	41	13	13
南昌大学					
	口腔基础医学	1	1	1	1
	口腔临床医学	24	50	18	19
青岛大学					
	口腔基础医学	5	14	6	-
	口腔临床医学	27	128	56	24
滨州医学院					
	口腔临床医学	11	24	11	7
郑州大学					
	口腔临床医学	22	64	30	16
	口腔医学	21	10	10	-

续表 3

硕士学位授予单位	学科专业	指导教师人数	在读硕士生人数	招生人数	毕业人数
华中科技大学					
	口腔临床医学	8	27	11	9
中南大学					
	口腔临床医学	26	55	19	15
南方医科大学附属口腔医院					
	口腔临床医学	10	27	15	8
南方医科大学					
	口腔临床医学	6	25	10	1
暨南大学					
	口腔临床医学	9	27	2	9
广西医科大学					
	口腔基础医学	1	1	–	–
	口腔临床医学	12	66	30	16
泸州医学院					
	口腔临床医学	11	67	23	6
昆明医学院					
	口腔基础医学	2	5	2	1
	口腔临床医学	17	70	30	17
遵义医学院					
	口腔基础医学	3	10	3	3
	口腔临床医学	26	114	36	24
贵阳医学院					
	口腔临床医学	12	44	15	13
西安交通大学					
	口腔临床医学	19	72	36	20
兰州大学					
	口腔临床医学	12	79	31	16
新疆医科大学					
	口腔临床医学	10	64	29	21
宁夏医科大学					
	口腔医学(科研型)	5	32	13	2
第二军医大学(长征医院)					
	口腔临床医学	2	7	2	2
第三军医大学					
	口腔基础医学	2	8	2	3
	口腔临床医学	1	13	4	4

注：* 为南开大学(天津市口腔医院)在天津医科大学申报并批准的硕士生导师挂靠该校口腔医学硕士点招生。

表 4　2009 年度我国口腔医学博士研究生招生培养简况

博士学位授予单位	学科专业	指导教师人数	在读博士生人数	招生人数	毕业人数
四川大学					
	口腔基础医学	3	169	7	3
	口腔临床医学	35		48	37
北京大学					
	口腔组织病理学	2	2	1	2
	口腔临床医学	28	64	22	21
上海交通大学					
	口腔基础医学	4	11	5	1
	口腔临床医学	16	66	24	13
第四军医大学					
	口腔基础医学	3	7	2	2
	口腔临床医学	19	127	47	28
武汉大学					
	口腔临床医学	15	85	36	22
首都医科大学					
	口腔基础医学	1	4	1	1
	口腔临床医学	7	33	10	5
吉林大学					
	口腔临床医学	5	30	10	9
中国医科大学					
	口腔临床医学	10	35	7	9
浙江大学					
	口腔临床医学	7	16	5	4
中山大学					
	口腔临床医学	19	46	18	10
山东大学					
	口腔临床医学	5	31	8	–
同济大学					
	口腔临床医学	6	16	6	–
南京医科大学					
	口腔临床医学	4	10	3	2
哈尔滨医科大学					
	口腔临床医学	3	20	7	4
福建医科大学					
	口腔临床医学	3	7	3	3
军医进修学院					
	口腔临床医学	6	17	6	4
北京协和医学院					
	口腔基础医学	1	–	1	–

表 5　2009 年度我国口腔医学博士研究生毕业人员一览表

博士学位授予单位	姓　名	性别	出生年月	获学位年月	所授学科专业	指导教师	毕业论文题目
四川大学							
	王晓毅	男	1963.07	2009.06	口腔基础医学	易新竹	DMBA 诱导金黄地鼠颊囊鳞状细胞癌 microRNA 表达谱研究
	张凌琳	女	1976.09	2009.06	口腔基础医学	李　伟	五倍子促人工牙釉质龋再矿化的机制研究
	周京琳	女	1970.08	2009.06	口腔基础医学	李　伟	基于代谢组学的地塞米松诱导子鼠腭裂与母鼠孕期代谢物变化相关性研究
	薛　晶	男	1980.12	2009.06	口腔临床医学	李　伟	天然牙早期龋变过程中矿物的晶体结构与显微机械性能研究
	邹　玲	女	1980.10	2009.06	口腔临床医学	李　伟	五倍子不同化学组分调节牙釉质矿化的筛选研究
	程　然	女	1981.10	2009.06	口腔临床医学	周学东	Rho/ROCK 通路调控牙髓细胞迁移运动的实验研究
	刘　源	女	1979.12	2009.06	口腔临床医学	周学东	凝集素对口腔细菌凝集黏附和生物膜形成的作用及调控机制研究
	肖　瑾	女	1980.06	2009.06	口腔临床医学	周学东	变异链球菌生物膜及影响因素的研究
	杨国斌	男	1981.06	2009.06	口腔临床医学	周学东	BMP2-DLX3/OSX 信号通路对小鼠 *dspp* 基因转录调控作用的研究
	彭　栗	男	1977.08	2009.06	口腔临床医学	周学东	Wnt5a 对人牙乳头细胞的生物学作用及机制研究
	刘　娟	女	1979.03	2009.06	口腔临床医学	吴亚菲	C 反应蛋白在牙周炎与冠心病相关机制中作用的研究
	侯晓辉	女	1978.12	2009.06	口腔临床医学	陈谦明	口腔黏膜下纤维性变比较蛋白组学研究及 PPIase 的表达和功能验证
	熊春蓉	女	1981.02	2009.06	口腔临床医学	陈谦明	白色念珠菌体外作用角质形成细胞的蛋白质组学研究
	孟艳华	女	1977.08	2009.06	暂未获学位	梁　星	载唑来膦酸可吸收胶原屏障膜的制备、表征及其对骨代谢细胞影响的评价
	朱卓立	男	1975.07	2009.06	口腔临床医学	于海洋	骨髓间充质干细胞/羟基磷灰石微球杂化骨组织工程支架构建体外研究
	陈文川	男	1980.03	2009.06	口腔临床医学	朱智敏	循环压应力作用下小鼠骨细胞基因表达谱与力学信号转导机制的初步研究

续表5

博士学位授予单位	姓　名	性别	出生年月	获学位年月	所授学科专业	指导教师	毕业论文题目
	何　陨	女	1976.01	2009.06	口腔临床医学	朱智敏	周期性压应力作用下MLO-Y4细胞基因差异表达及力学信号转导机制的初步研究
	范长斌	男	1980.04	2009.06	口腔临床医学	巢永烈	CNTs对氧化铝陶瓷改性的初步研究
	徐　强	男	1981.09	2009.06	口腔临床医学	巢永烈	纯钛植入材料表面生物活性涂层的制备与研究
	卿　海	男	1980.02	2009.06	口腔临床医学	巢永烈	修复骨细胞对骨陷窝以及骨小管周骨组织改建功能的研究
	杨醒眉	女	1981.10	2009.06	口腔临床医学	宫　苹	应力对大鼠脂肪干细胞成骨分化的影响及其机制研究
	廖大鹏	男	1975.02	2009.06	口腔临床医学	宫　苹	修复干细胞向雪旺氏细胞诱导分化的体外实验研究
	何华伟	男	1977.05	2009.06	口腔临床医学	陈治清	生物陶瓷多孔支架的制备、性能表征及生物学特性
	姚金凤	女	1981.03	2009.06	口腔临床医学	陈治清	骨诱导性磷酸钙陶瓷物理结构的优化设计与应用研究
	王　琪	女	1981.06	2009.12	口腔临床医学	陈治清	多孔铌酸锂钠钾生物压电陶瓷的制备及改性研究
	梅　李	男	1982.12	2009.06	口腔临床医学	陈扬熙	正畸材料表面生物膜形成的细菌黏附力学研究
	韩向龙	男	1979.10	2009.06	口腔临床医学	陈扬熙	机械张应力、转化生长因子-β1诱导人牙周膜肌成纤维细胞分化的体外研究
	杨　秩	男	1981.10	2009.06	口腔临床医学	赵志河	大鼠实验性牙移动后疼痛行为反应及NMDA受体的表达变化研究
	范晓枫	女	1974.10	2009.06	口腔临床医学	赵志河	张、压应力作用下人牙周膜成纤维细胞差异表达基因的初步研究
	李　宇	男	1979.12	2009.06	口腔临床医学	赵志河	持续压应力作用下三维培养的人牙周膜细胞基因表达谱的研究
	叶青松	男	1981.03	2009.06	口腔临床医学	赵志河	正畸诊断、治疗及生物学机制的系统性探讨
	张奇峰	男	1979.11	2009.12	口腔临床医学	赵志河	整合素-黏附斑激酶调控骨缝牵张成骨的实验研究
	李晓宇	男	1980.09	2009.06	口腔临床医学	田卫东	脂肪基质细胞在骨组织工程体内成骨中作用机制的研究
	高　莺	女	1975.12	2009.06	口腔临床医学	胡　静	改善骨质疏松状态下植入体稳定性及骨代谢的实验研究

续表 5

博士学位授予单位	姓　名	性别	出生年月	获学位年月	所授学科专业	指导教师	毕业论文题目
	满　城	男	1974.11	2009.06	口腔临床医学	胡　静	TGF-b1 基因转染骨髓间充质干细胞治疗兔颞下颌关节骨关节炎的实验研究
	梁晨媛	女	1981.08	2009.06	口腔临床医学	李龙江	对甲苯磺酰胺注射液致肿瘤坏死的机制学研究
	何等旗	男	1975.02	2009.06	口腔临床医学	唐休发	骨骼肌组织工程血管化的实验研究
	何　星	男	1981.06	2009.06	口腔临床医学	石　冰	非综合征性单侧唇裂患者唇鼻部畸形特点分析及华西法修复的评价
	蒙　田	男	1978.06	2009.06	口腔临床医学	石　冰	A/WySnJ 和 C57BL/6J 小鼠胚胎交互移植模型的建立及其腭胚突融合过程中信号通路 TGFβ3/ALK5/Smad2 的研究
	何　苇	女	1977.11	2009.12	口腔临床医学	石　冰	内外环境变化对小鼠腭胚突 Fgf-10 信号通路影响的实验研究
北京大学							
	董　青	女	1974.05	2009.07	口腔组织病理学	李铁军	正角化牙源性囊肿的临床病理和基础研究
	潘　爽	女	1978.10	2009.07	口腔组织病理学	李铁军	牙源性角化囊性瘤中 *PTCH*1 基因失活的“二次打击”机制研究
	陈晓播	女	1981.12	2009.07	牙体牙髓病学	高学军	镍钛锉形态改变与弯曲状态对疲劳折断的影响
	田福聪	男	1981.03	2009.07	牙体牙髓病学	高学军	自酸蚀(一步法)黏接剂与牙本质粘接的耐久性
	段晋瑜	男	1981.01	2009.07	牙周病学	欧阳翔英	牙周基础治疗对冠心病相关危险因素的影响
	路瑞芳	女	1980.09	2009.07	牙周病学	孟焕新	侵袭性牙周炎患者龈沟液有机酸和致病菌的关系
	曹　婕	女	1981.08	2009.07	牙周病学	孟焕新	白斑癌变潜能的早期识别标志
	顾晓宇	男	1981.07	2009.07	口腔修复学	吕培军	个性化桩核修复体计算机辅助设计和制作的初步研究
	曹　烨	女	1981.02	2009.07	口腔修复学	谢秋菲	咬合干扰致大鼠咀嚼肌慢性疼痛特点及机制的研究
	韩　冬	女	1981.01	2009.07	口腔修复学	冯海兰	*EDA* 基因在先天性缺牙遗传病因中的作用
	曾百进	男	1980.11	2009.07	口腔修复学	徐　军	重组人肿瘤坏死因子 α 对人脂肪基质细胞细胞生物学性能的影响
	陈　斯	女	1980.10	2009.07	口腔正畸学	许天民	面部软组织三维有限元建模及临床应用初探

续表5

博士学位授予单位	姓　名	性别	出生年月	获学位年月	所授学科专业	指导教师	毕业论文题目
	刘伟涛	男	1981.09	2009.07	口腔正畸学	周彦恒	上颌牙弓扩缩前方牵引治疗上颌后缩的临床研究
	曹艳丽	女	1981.11	2009.07	口腔正畸学	周彦恒	牙周炎患者正畸压低后前牙区骨缺损形态和根吸收的研究
	周伟华	男	1974.08	2009.07	口腔正畸学	林久祥	唇腭裂患者牙齿形态学初步研究
	陈慧敏	女	1981.02	2009.07	口腔颌面外科学	傅开元	再定位殆垫治疗颞下颌关节盘前移位机制的研究
	朱一博	男	1980.03	2009.07	口腔颌面外科学	林　野	牙种植体骨感知现象外周神经机制的初步研究
	周　苗	男	1977.05	暂未获	口腔颌面外科学	俞光岩	预制个性化、血管化组织工程骨瓣修复恒河猴下颌骨缺损
	石　亮	男	1976.03	2010.01	口腔颌面外科学	俞光岩	卡巴胆碱与缺血预处理对家兔自体颌下腺移植早期保护作用研究
	单小峰	男	1979.12	2009.07	口腔颌面外科学	俞光岩	颌下腺移植治疗角结膜干燥症后患者泪溢的临床和实验研究
	黄明伟	男	1980.12	2009.07	口腔颌面外科学	俞光岩	应用碘^{125}放射性粒子近距离治疗腭部恶性肿瘤的临床与实验研究
	孙　睿	男	1973.08	2009.07	口腔颌面外科学	郭传瑸	口腔鳞状细胞癌淋巴转移相关分子机制的初步研究
	王佃灿	男	1971.05	2009.07	口腔颌面外科学	郭传瑸	口腔颌面部恶性肿瘤患者知情情况的临床研究
上海交通大学							
	章立群	女	1980.03	2009.07	口腔基础医学	李德懿	结合上皮损伤修复的体内外实验研究
	陈向东	男	1967.04	2009.07	口腔黏膜病学	周曾同	寻常性天疱疮调节性T细胞和Th17细胞的研究
	张松梅	女	1978.10	2009.07	口腔修复学	张富强	基于16S rRNA基因序列对口腔菌群组成的初步研究
	于洪波	男	1976.06	2009.07	口腔颌面外科学	沈国芳	颅颌面三维形貌建模及手术模拟与预测研究
	张　雷	男	1978.03	2009.07	口腔颌面外科学	张志愿	口腔黏膜癌变相关基因的表达验证和功能研究
	叶冬霞	女	1977.12	2009.07	口腔颌面外科学	张志愿	HPV融合蛋白疫苗治疗口腔鳞癌的实验研究
	沈　毅	男	1976.12	2009.07	口腔颌面外科学	孙　坚	SPIONP在增强MRI检测兔舌VX-2鳞癌SLN中的作用
	丁小军	男	1976.03	2009.07	口腔颌面外科学	孙　坚	SENP5基因在口腔鳞状细胞癌中的表达及功能

续表5

博士学位授予单位	姓 名	性别	出生年月	获学位年月	所授学科专业	指导教师	毕业论文题目
	李国林	男	1976.08	2009.07	口腔颌面外科学	孙 坚	超支化聚醚酯药物递送系统的构建及相关评价
	陶 疆	男	1977.04	2009.07	口腔颌面外科学	王国民	颗粒蛋白前体参与炎症反应信号传导通路初探
	王 科	男	1976.11	2009.07	口腔颌面外科学	王国民	基于人22q11.2区域基因型与腭心面综合征表性关系的研究
	冯智强	男	1972.02	2009.07	口腔颌面外科学	杨 驰	关节软骨对囊内骨折ORIF术后髁突发育的影响
	沈淑坤	女	1978.11	2009.07	口腔颌面外科学	张陈平	Plag1转基因小鼠多形性腺瘤干细胞的分离和鉴定
	苏立新	男	1975.04	2009.07	口腔颌面外科学	张陈平	脑源性生长因子在唾液腺腺样囊性癌神经侵袭和转移中作用的研究
第四军医大学							
	李绍青	男	1980.03	2009.06	口腔基础医学	司徒镇强	BZAP45与黏液表皮样癌的关系研究
	张晓军	男	1976.03	2009.06	口腔基础医学	金 岩	微环境影响血管内皮细胞形成新生血管的研究
	王 疆	男	1980.11	2009.06	口腔内科学	倪龙兴	体外磷灰石晶体矿化模型构建及应用的研究
	李 石	女	1977.07	2009.06	口腔内科学	牛忠英	模拟微重力环境对人牙周膜干细胞增殖分化的影响及其机制的初步研究
	闫文娟	女	1973.06	2009.06	口腔内科学	吴补领	c-di-GMP信号通路在变异链球菌致龋过程中作用的初步研究
	佟 宇	男	1976.09	2009.06	口腔修复学	郭天文	纯钛铸件表面氮化处理的实验研究
	李 芳	女	1980.05	2009.06	口腔修复学	陈吉华	季铵盐型抗菌单体改性黏接剂的抗菌性能研究
	王 富	男	1981.10	2009.06	口腔修复学	陈吉华	牙科二硅酸锂玻璃陶瓷的制备及热压铸工艺的研究
	赵彦涛	男	1981.11	2009.06	口腔修复学	赵铱民	黏结强度剪切测试的分析优化及其有限元模型的应用
	石 勇	男	1978.11	2009.06	口腔修复学	赵铱民	生物抗菌肽rHBD3应用于颌面赝复硅橡胶抑菌的初步研究
	冯志宏	男	1978.12	2009.06	口腔修复学	赵铱民	牙槽骨弧形牵张成骨修复单侧上颌骨缺损的实验研究
	李风兰	女	1975.12	2009.06	口腔修复学	赵铱民	Zy-1硅橡胶偶联剂的研制
	张丽君	女	1972.05	2009.06	口腔修复学	王忠义	激光快速成形纯钛的烤瓷性能研究

续表 5

博士学位授予单位	姓　名	性别	出生年月	获学位年月	所授学科专业	指导教师	毕业论文题目
	汪银雄	男	1978.03	2009.06	口腔正畸学	段银钟	牙髓干细胞构建牙齿样结构的初步研究
	韩　春	女	1979.02	2009.06	口腔正畸学	段银钟	牙根发育期相关间充质干细胞生物学特性的研究
	霍　娜	女	1980.07	2009.06	口腔正畸学	段银钟	牙胚微环境诱导真皮和牙龈来源成体干细胞分化的实验研究
	刘家强	男	1979.11	2009.06	口腔正畸学	林　珠	应力介导的 Caspase-3 家族依赖性体外成肌细胞凋亡的研究
	张　璇	女	1981.04	2009.06	口腔正畸学	丁　寅	雌激素受体基因多肽性与慢性牙周病及骨密度相关性的研究
	任利玲	女	1973.01	2009.06	口腔正畸学	丁　寅	动态压力作用下体外海藻酸盐微囊化培养兔关节软骨细胞差异蛋白质组学研究
	郭　涛	男	1977.03	2009.06	口腔正畸学	丁　寅	雌激素对颏舌肌功能的影响及其相关作用机制的研究
	李菲菲	女	1977.05	2009.06	口腔正畸学	丁　寅	机械牵张应力对成骨细胞生物特性的影响及蛋白组学研究
	董青山	男	1971.02	2009.06	口腔颌面外科学	毛天球	动静脉短路环法构建血管化组织工程骨的实验研究
	胡　彬	男	1979.10	2009.06	口腔颌面外科学	毛天球	人 Bcl-xL 基因的克隆、表达及其修饰的骨髓基质干细胞用于兔关节软骨缺损修复的实验研究
	孙滢滢	男	1978.11	2009.06	口腔颌面外科学	刘宝林	上颌窦区种植修复的生物力学优化设计分析
	丁宇翔	男	1975.11	2009.12	口腔颌面外科学	刘宝林	低强度脉冲超声促进牵张成骨新骨成熟及种植体骨结合的研究
	柳玉晓	男	1977.02	2009.06	口腔颌面外科学	刘彦普	放疗后牵张成骨修复下颌骨缺损的可行性研究
	孟凡文	男	1972.08	2009.06	口腔颌面外科学	刘彦普	复位螺钉侧向螺钉技术手术治疗下颌髁突矢状骨折的研究
	刘春然	男	1976.03	2009.06	麻醉学	徐礼鲜	异氟烷在脊髓水平的镇痛作用及其相关机制研究
	赵　晖		1977.06	2009.06	麻醉学	徐礼鲜	高氧液对急性低压缺氧防治作用及相关机制研究
	韩丽春	女	1974.06	2009.06	麻醉学	徐礼鲜	七氟烷对 GAD6-GFP 基因敲入小鼠脑内 GABA 神经元及 GABAA 受体激活作用的研究

续表 5

博士学位授予单位	姓　名	性别	出生年月	获学位年月	所授学科专业	指导教师	毕业论文题目
武汉大学							
	刘　畅	女	1981.07	2009.06	牙体牙髓病学	樊明文	防龋 DNA 疫苗 pGJA-P/VAX 的生物分布、表达及治疗性研究
	何　淼	男	1980.09	2009.06	牙体牙髓病学	边　专	基底细胞癌转基因小鼠模型的建立及其在药物筛选中的应用
	陈　冬	男	1981.03	2009.06	牙体牙髓病学	边　专	姜黄素抑制牙龈卟啉单胞菌刺激巨噬细胞分泌细胞因子的机制研究
	华　波	女	1981.04	2009.06	牙体牙髓病学	边　专	常温流动牙胶根管充填系统 GuttaFlow 的实验研究和临床评价
	袁国华	女	1980.05	2009.06	牙体牙髓病学	陈　智	MMP9 对 DSP 的酶切加工及 DSP 的信号通路
	陈　卓	女	1980.12	2009.06	牙体牙髓病学	陈　智	Klf4 和 Klf5 在小鼠牙胚发育中的基因表达及蛋白定位
	童方丽	女	1984.07	2009.06	牙体牙髓病学	范　兵	三种器械去除椭圆形根管充填物的效果研究
	张　睿	女	1975.05	2009.06	牙体牙髓病学	彭　彬	p38MAPK 在正常及雌激素缺乏大鼠实验性根尖周炎中的作用研究
	王　莉	女	1981.10	2009.06	牙体牙髓病学	彭　彬	PDGF 在根尖周炎发病机制中的作用
	张　瑜	男	1980.06	2009.06	牙体牙髓病学	彭　彬	镍钛合金根管器械成形能力与表面性状的相关研究
	董维理	女	1967.02	2009.06	牙周病学	李成章	细胞外基质金属蛋白酶诱导因子在牙周组织中的表达及意义初探
	向军波	男	1976.08	2009.06	牙周病学	李成章	细胞外基质金属蛋白酶诱导因子与牙周炎的关系
	石珊珊	女	1979.03	2009.06	口腔修复学	程祥荣	壳聚糖/胶原支架复载微球包裹 rhBMP-2 对骨整合的促进
	潘新华	男	1964.01	2009.06	口腔修复学	王贻宁	热压玻璃陶瓷的色遮蔽能力及树脂黏接剂对热压玻璃陶瓷颜色的影响
	张　婷	女	1981.03	2009.06	口腔修复学	王贻宁	不同种植体表面对血管内皮细胞生物学行为的影响
	马　霄	男	1980.11	2009.06	口腔修复学	王贻宁	漂白剂对牙釉质光学性质和成分结构影响的实验研究
	赵　艳	女	1976.09	2009.06	口腔修复学	王贻宁	FDC-SP 在牙周韧带组织中的特异性表达和功能研究

续表5

博士学位授予单位	姓 名	性别	出生年月	获学位年月	所授学科专业	指导教师	毕业论文题目
	白 轶	女	1979.04	2009.06	口腔颌面外科学	赵怡芳	口腔癌脉管浸润及eNOS、ICAM-1、E-selectin基因多态性的研究
	陈国新	男	1966.09	2009.06	口腔颌面外科学	龙 星	下颌髁突肥大的基础和临床研究
	黄声富	男	1970.04	2009.06	口腔颌面外科学	龙 星	正畸压力作用下DKK-1对破骨活性的调节作用
	孟庆功	男	1977.08	2009.06	口腔颌面外科学	龙 星	滑膜细胞复合脱细胞真皮支架修复颞下颌关节盘穿孔动物的实验研究
	刘 克	男	1982.03	2009.06	口腔颌面外科学	尚政军	趋化因子受体CCR7在口腔鳞癌颈淋巴结转移中的作用研究
首都医科大学							
	王劲松	女	1975.06	2009.12	口腔基础医学	王松灵	人脱落乳牙干细胞向多巴胺能神经元分化及其移植治疗大鼠帕金森病的实验研究
	刘 东	男	1978.10	暂未获	口腔内科学	孙 正	Nrf/Keap1通路在口腔白斑发生发展中的作用
	史 亮	男	1979.01	暂未获	口腔修复学	施生根	人牙周膜细胞早期力学响应单细胞水平的动态研究
	任超超	女	1980.12	2009.07	口腔正畸学	白玉兴	无托槽隐形矫治微型测力系统的建立与实验研究
	苏 莉	女	1972.04	暂未获	口腔正畸学	白玉兴	改良型丙烯酸类正畸黏接剂各项性能的研究
	丁 刚	男	1974.10	2009.12	口腔颌面外科学	王松灵	牙齿相关干细胞免疫学特性研究
吉林大学							
	李春艳	女	1976.04	2009.06	口腔临床医学	周延民	口腔鳞状细胞癌中paf-1基因、DAPK基因表达及启动子区甲基化研究
	刘 明	女	1968.07	2009.06	口腔临床医学	周延民	纳米氢氧化钙根管充填材料的研究
	董树君	女	1975.02	2009.06	口腔临床医学	周延民	新型纳米改性生物玻璃PLGA复合材料的制备及骨缺损修复的实验研究
	刘志辉	男	1975.05	2009.06	口腔临床医学	周延民	胎盘源间充质干细胞及血管内皮生长因子促进缺血性皮瓣成活的基础研究
	臧光祥	男	1974.01	2009.06	口腔临床医学	孙宏晨	腺病毒介导TRAIL基因对腺样囊性癌细胞作用及机制研究

续表 5

博士学位授予单位	姓　名	性别	出生年月	获学位年月	所授学科专业	指导教师	毕业论文题目
	王　雷	女	1973.03	2009.06	口腔临床医学	孙宏晨	重组人乳铁蛋白对口腔鳞癌 Tca8113 细胞的抑制作用及其机制研究
	于　丽	女	1972.02	2009.06	口腔临床医学	孙宏晨	腺病毒介导 TWEAK 基因对大鼠骨髓间充质干细胞作用研究
	刘　超	男	1978.11	2009.06	口腔临床医学	孙新华	血管内皮祖细胞在牙移动牙周组织改建中的作用及机制研究
	周春华	女	1978.02	2009.06	口腔临床医学	孙新华	CCP-ACP 对釉质早期脱矿与再矿化的基础和应用研究
浙江大学							
	何剑锋	男	1981.02	2009.06	口腔临床医学	谷志远	人涎腺腺样囊性癌中 RUNX3 的表达、甲基化状态及与肿瘤临床病理因素之间的相关性研究
	张迪亚	女	1979.12	2009.06	口腔临床医学	谷志远	牙龈卟啉单胞菌脂多糖诱导细胞炎症反应的信号通路研究及其蛋白酶的构建和对炎症慢性化的研究
	刘雁鸣	男	1976.07	2009.06	口腔临床医学	赵士芳	rhBMP-7 复合 rhVEGF-165 肌内诱生血管化组织工程化骨瓣的研究
	黄红杰	男	1968.09	2009.06	口腔临床医学	赵士芳	Notch1 在人舌鳞癌中的作用及其与表皮生长因子受体信号的交互作用
中国医科大学							
	滕　笛	女	1979.06	2009.06	口腔临床医学	潘亚萍	口腔细菌影响绿脓假单胞菌感染肺上皮细胞的体外实验研究
	刘静波	女	1980.12	2009.06	口腔临床医学	潘亚萍	牙龈卟啉单胞菌毒力岛 PG0839 基因功能研究
	张广道	男	1979.01	2009.06	口腔临床医学	艾红军	AZ31B 生物可降解镁合金植入兔下颌骨生物学行为的实验研究
	黄红燕	女	1968.04	2009.06	口腔临床医学	艾红军	牙科纳米氧化锆氧化铝 (ZrO_2/$A12O_3$) 复合陶瓷的基础研究
	钟丽芳	女	1971.06	2009.06	口腔临床医学	艾红军	B-TCP 及氟涂层 AZ31B 生物可降解镁合金对成骨细胞生物学行为影响的实验研究
	伊　哲	男	1974.11	2009.06	口腔临床医学	王绪凯	nHA/RC/PLA 支架材料对成骨细胞生物活性影响的实验研究

续表 5

博士学位授予单位	姓 名	性别	出生年月	获学位年月	所授学科专业	指导教师	毕业论文题目
	张永忠	男	1973.10	2009.06	口腔临床医学	卢 利	骨性安氏Ⅲ类偏颌畸形 CT 形态学特征及咀嚼肌应力分布特点的研究
	戚忠政	男	1978.09	2009.06	口腔临床医学	孙长伏	垂体瘤转化基因与唾液腺腺样囊性癌生物学行为关系的实验研究
	代 昕	女	1974.01	2009.06	口腔临床医学	李瑞武	阻断 STAT3 信号通路对人舌鳞状细胞癌的影响
中山大学							
	毛学理	女	1975.03	2009.06	口腔临床医学	凌均棨	骨髓基质细胞与聚合膜 MPEG-PLLA-PLL 黏附机制研究
	麦 穗	女	1975.02	2009.06	口腔临床医学	凌均棨	树脂牙本质黏结界面的拟生态再矿化
	张 恺	女	1978.12	2009.06	口腔临床医学	凌均棨	口腔变异链球菌 ComCDE 密度感应作用机制的实验研究
	李春阳	男	1969.02	2009.06	口腔临床医学	程 斌	奥替普拉对放射性舌炎的预防作用及其机制的实验研究
	王 红	女	1975.07	2009.06	口腔临床医学	程 斌	大鼠口腔黏膜移植模型的建立及其免疫病理学特征的初步研究
	陈小冰	女	1978.09	2009.06	口腔临床医学	程 斌	唾液磷酸化蛋白质组分析方法学的建立与优化
	汪 淼	男	1976.09	2009.06	口腔临床医学	黄洪章	atRA 诱导 C57BL/6N 胎鼠腭裂机制的研究
	冯崇锦	男	1963.05	2009.06	口腔临床医学	廖贵清	靶向 Cdc6 RNA 干扰抑制舌癌 Tca8113 细胞增殖的研究
	郑有华	男	1962.03	2009.06	口腔临床医学	张志光	bFGF 基因转染 BMSCs 复合珊瑚骨构建下颌髁突的初步研究
	邓 伟	男	1981.10	2009.06	口腔临床医学	陈松龄	高分辨磁共振成像显示下牙槽神经的实验研究及其临床应用
南京医科大学							
	张卫兵	男	1970.06	2009.12	口腔临床医学	王 林	力学调控骨形成机械生物信号转导相关分子作用机制的定量蛋白质组研究
	汤春波	女	1966.12	2009.07	口腔临床医学	陈 宁	种植体-基台连接结构的有限元分析及计算机研磨基台的设计研究
哈尔滨医科大学							
	宋 涛	男	1979.08	2009.05	口腔临床医学	焦晓辉	中国北方人群非综合征性唇腭裂致病基因的研究

续表 5

博士学位授予单位	姓　名	性别	出生年月	获学位年月	所授学科专业	指导教师	毕业论文题目
	胡腾龙	男	1965.10	2009.05	口腔临床医学	焦晓辉	乳粘素与膜联蛋白在口腔癌细胞凋亡检测中的应用及比较
	尹晓东	男	1971.01	2009.05	口腔临床医学	焦晓辉	红细胞生成素及其通路在成釉细胞瘤中表达的研究
福建医科大学							
	钟　泉	男	1981.06	2009.07	病原生物学	闫福华	hpDGF-B 基因修饰的组织工程化复合物修复牙周组织缺损的实验研究
	陈欣戬	男	1975.04	2009.07	病原生物学	闫福华	bFGF 基因修饰的组织工程化复合物修复牙周组织缺损的实验研究
	李厚轩	女	1975.08	2009.07	病原生物学	闫福华	牙龈卟啉单胞菌脂多糖对泡沫细胞表达动脉粥样硬化相关基因的影响
军医进修学院							
	余立强	男	1970.02	2009.06	口腔临床医学	刘洪臣	人牙周膜成纤维细胞和牙龈成纤维细胞药物转运模型的建立及相关机制的初步研究
	马　龙	男	1976.12	2009.06	口腔临床医学	刘洪臣	大鼠下颌骨成骨细胞对二甲双胍及普伐他汀的转运
	马　攀	男	1977.09	2009.06	口腔临床医学	刘洪臣	格列美脲对高糖环境下颌骨成骨细胞的影响及 PI3K/Akt 通路作用的研究
	刘世森	男	1977.06	2009.06	口腔临床医学	刘洪臣	Chitosan/PB-MSCs 可注射组织工程骨用于骨质疏松种植修复的初步研究
中南大学							
	郭　峰	男	1972.05	2009.06	外科学	蒯新春	OSF 癌变侵袭转移的临床研究及其与 Wnt 途径异常激活关系的初步研究
	李　宁	男	1979.11	2009.06	外科学	蒯新春	口腔黏膜下纤维性变五个新靶标分子的筛选、鉴定和临床实际应用研究
	胡延佳	女	1975.06	2009.06	外科学	蒯新春	口腔黏膜下纤维性变发病相关基因的筛选与初步鉴定
	周晌辉	男	1981.07	2009.06	外科学	蒯新春	口腔黏膜下纤维性变癌变的危险因素及以 Survivin 为靶向的致病机制研究
河北医科大学							
	马文盛	男	1970.09	2009.06	外科学	董福生	牵张成骨快速正畸牙齿移动的实验与应用研究
华中科技大学							
	丁玉梅	女		2009.07	外科学	张汉东	遗传性牙釉质发育不全相关基因 Fam83h 突变的鉴定及亚细胞定位的研究

续表5

博士学位授予单位	姓 名	性别	出生年月	获学位年月	所授学科专业	指导教师	毕业论文题目
	宋 珂	女	1982.06	2009.07	外科学	曹颖光	仿颅颌面骨再生相关基因调控的实验研究
	张智星	男	1972.06	2009.07	外科学	毛 靖	控释性可注射牙槽骨修复材料的生物学性能研究

2009年国家级教学团队名单

摘自教育部教高函[2009]18号文"教育部 财政部关于立项建设2009年国家级教学团队的通知"附件。

表6 2009年国家级教学团队名单

序号	团队名称	带头人	所在高校
305	口腔修复学教学团队	赵铱民	中国人民解放军第四军医大学

2009年度国家精品课程名单

摘自教高函[2009]21号文"教育部 财政部关于批准2009年度国家精品课程建设项目的通知"附件。

表7 2009年度国家精品课程名单

序号	一级学科	二级学科	课程名称	学校名称	负责人
333	医学	口腔医学类	口腔解剖学	上海交通大学	郭 莲
334	医学	口腔医学类	牙体牙髓病学	中山大学	凌均棨
28	医学	口腔医学类	口腔解剖生理学	第四军医大学	王美青

第四批高等学校特色专业建设点名单

摘自教高函[2009]16号文"教育部 财政部关于批准第四批高等学校特色专业建设点的通知"附件。

表8 第四批高等学校特色专业建设点名单

项目编号	学校名称	专业名称	备注
TS11278	河北医科大学	口腔医学	
TS11437	南京医科大学	口腔医学	

教育部关于公布 2009 年度高等学校专业设置备案或审批结果的通知

摘自教高函[2010]2 号文“教育部关于公布 2009 年度高等学校专业设置备案或审批结果的通知”附件 1、2、5。

表 9　2009 年度教育部备案或审批同意设置的高等学校本科专业名单

主管部门、学校名称	专业代码	专业名称	修业年限	学位授予门类
江西省				
井冈山大学	100401	口腔医学	五年	医学

表 10　2009 年度经教育部审批同意设置的高等学校医学类专科专业名单

序号	主管部门	学校名称	专业代码	专业名称	修业年限
3	黑龙江省	大庆医学高等专科学校	630102	口腔医学	三年
7	甘肃省	平凉医学高等专科学校	630102	口腔医学	三年

表 11　需评估的高等学校医学类专科专业名单

序号	主管部门	学校名称	专业代码	专业名称	修业年限	备注
2	福建省	福建卫生职业技术学院	630102	口腔医学	三年	待评估合格后方可招生
3	山东省	枣庄职业学院	630102	口腔医学	三年	

2009 年度人才培养模式创新实验区名单

摘自教育部 财政部关于批准 2009 年度人才培养模式创新实验区建设项目的通知(教高函[2009]27 号)附件。

表 12　2009 年度人才培养模式创新实验区名单

序号	学校	负责人	实验区名称
81	广西医科大学	周　诺	口腔医学专业人才培养模式创新实验区

2009 年度国家级实验教学示范中心建设单位名单

摘自教高函[2009]28 号文“教育部 财政部关于批准 2009 年度国家级实验教学示范中心建设单位的通知”附件。

临床技能类

福建医科大学护理学实验教学中心
海南医学院临床技能实验教学中心
第四军医大学口腔医学实验教学中心
南昌大学临床医学实验教学中心
南通大学临床技能训练中心
山西医科大学临床技能实训中心
汕头大学医学院临床技能实验教学中心
上海交通大学临床技能实验教学中心
首都医科大学临床技能中心
温州医学院眼视光学实验教学中心
西安交通大学临床技能实验教学中心
中国医科大学临床技能实践教学中心

学科评估高校排名前 10 名结果

(2007—2009 年)

1003 口腔医学(2009 年)

本一级学科在全国高校中具有“博士一级”授权的单位共 8 个,本次参评 6 个;具有“博士点”授权的单位共 8 个,本次参评 3 个;还有 3 个具有“硕士点”授权的单位也参加了本次评估。参评高校共 12 所(本资料摘自中国教育战线网)。

表 13　口腔医学学科评估高校排名结果

排　名	学校代码及名称	整体水平得分
1	10610　四川大学	92
2	10001　北京大学	80
	10248　上海交通大学	80
4	10486　武汉大学	75
5	10335　浙江大学	66
6	10159　中国医科大学	65
	10247　同济大学	65
8	10312　南京医科大学	64
9	10183　吉林大学	62
	10459　郑州大学	62
	10559　暨南大学	62

(薛玉萍)

人　物

第六届中国医师奖获奖医师

（按姓氏笔画排序）

王玉新

王玉新，女，1945 年生。1970 年毕业于中国医科大学医疗系。现任中国医科大学第一临床学院颌面外科整形外科教研室主任、整形显微外科研究室主任，教授、主任医师，博士研究生导师。兼任国家自然科学基金、辽宁省自然科学基金等评审专家，中华口腔医学会口腔颌面外科专业委员会常务委员，中国修复重建外科专业委员会委员，中华整形外科学会常务委员，中华整形外科学会辽宁省分会主任委员，辽宁省口腔医学会副会长等，担任《中国口腔颌面外科杂志》、《口腔颌面外科杂志》、《中华医学美学美容杂志》等 10 余种期刊的编委或常务编委。

王玉新同志从事临床、教学、科研工作 39 年，一直工作在临床第一线。在医疗实践中始终坚持以病人为中心，为解决各种疑难重症的诊治刻苦钻研业务，不断创新。坚持临床科研为龙头带动临床新技术的开展。作为学科的学术带头人，她经常结合临床存在的疑难问题不断学习，不断探索，带领大家开展整形修复重建外科工作，开展了头颈肿瘤扩大切除后缺损的即刻修复，在整形外科不断发展壮大的同时开展美容整形外科技术，使学科不断发展壮大。1991 年由国家教委、人事部授予有突出贡献的回国留学人员，同年获国务院政府特殊津贴。已发表论文 120 余篇，所主持或参加的科研课题曾获省科技进步二等奖、卫生部科技进步三等奖、沈阳市科技进步一等奖等 7 项奖。先后被评为沈阳市优秀专家、首届优秀医师，中国医科大学首届优秀专家，中国医科大学、沈阳市、辽宁省“三八红旗手”，巾帼建功立业标兵，中国医科大学优秀教师等荣誉称号。指导培养硕士、博士研究生 30 余名。

刘洪臣

刘洪臣，主任医师、教授，博士研究生导师，解放军总医院口腔医学中心主任，解放军口腔医学研究所所长。兼任国务院学位委员会学科评议组成员，全国继续医学教育委员会学科组成员，中华医学会理事，中华口腔医学会副秘书长、老年口腔医学专业委员会主任委员、颞下颌关节病学及殆学专业委员会候任主任委员，解放军口腔专业委员会副主任委员，北京市口腔医学会副会长，中华医学会医学美学与美容学分会主任委员，中国医师协会美容与整形医师分会副会长，国际牙医师学院院士，《口腔颌面修复学杂志》、《中华老年口腔医学杂志》主编，《中华口腔医学杂志》、《中

华医学美学与美容学杂志》、《国际口腔医学杂志》副主编以及 *Chinese Journal of Dental Research* 等 20 种杂志编委或特邀编委。为北京大学、南开大学、南方医科大学等 10 余所院校客座教授。

主要研究方向为老年口腔医学、口腔修复学、颞下颌关节病学、人工牙种植修复等。主持国家、军队及北京市科研课题 18 项，获国家、军队成果奖 18 项。在国内外学术期刊发表论文 300 余篇，主编出版专著 10 部。曾被评为全国优秀留学回国人员，2005 年获保健特殊贡献奖，2006 年获首届“杰出口腔医师”奖，2007 年被评为解放军总医院首届名医，2009 年获第六届中国医师奖。已指导博士、硕士研究生 55 名，博士后 14 名。

李志韧

李志韧，女，大校军衔，主任医师。1955 年 10 月出生，1970 年 12 月入伍，1983 年毕业于西安医学院口腔医学系。现任第二炮兵总医院副院长兼口腔科主任，第二炮兵医学会口腔专业主任委员，中国女医师协会理事，硕士研究生导师。

李志韧医师入伍 38 年来，在基层卫生工作时间长达 28 年，先后任连队卫生员、野战医疗所护士、医师、主治医师、副主任医师。在部队基层卫生工作的不同岗位上，她情系部队官兵，刻苦钻研业务，为基层广大官兵提供了精湛的医疗服务。1999 年被任命为二炮总医院医务部副主任、口腔科主任。在此岗位上认真履行职责，积极为二炮总医院的建设发展谏言献策，使医疗、教学、科研工作得到全面发展。2005 年，作为分管医疗工作的副院长，她紧跟医学发展的前沿技术，勇于探索，创新管理，为医院的建设发展做出了重大贡献。

2008 年，在执行汶川地震抗震救灾任务中，李志韧担任二炮总医院抗震救灾医疗队队长，带领医疗队，始终坚持以身作则、率先垂范，始终和队员战斗在第一线，进行现场救治伤员，完成了随行保障任务和后送伤员的救护。

近年来，她发表了学术论文 30 余篇，取得了以“即刻种植软组织创面修复的临床研究”为代表的军队科技进步三等奖 3 项，以“利用种植体支抗远移上颌磨牙的效果评价”为代表的军队医疗成果三等奖 4 项。

林　野

林野，主任医师、教授，博士研究生导师。北京大学口腔医学院副院长、口腔种植中心主任。兼任中华口腔医学会口腔种植专业委员会主任委员，亚洲种植学会会长，国际口腔颌面外科医师学会、德国口腔科医师学会会员。1990 年赴德国科隆大学口腔颌面外科学习，1994 年获德国科隆大学医学博士学位，1995 年作为引进留学回国优秀人才应聘到北京大学口腔医学院工作。自回国工作以来，引进并开展一系列国际上的先进诊疗技术，推动了口腔种植技术的发展。

林野教授坚持数十年在临床一线工作，十年来，作为口腔种植学科带头人，带领所在科室完成了 6 000 多例 9 000 余颗种植修复，累计存留率达 96.7%，达到国际标准，临床工作和研究结果得到国内外同行的一致认可。率先在国内开展了正颌外科的坚固内固定技术，其所在课题组进行的“内置式颌骨牵引成骨临床与实验研究”被评为“九五”期间我国医学科学技术12项重大进展之一，获2001年中华医学科技进步一等奖（第二获奖人）。发表学术论文46篇，其中SCI论文8篇。2005年获中央保健先进工作者称号，2006年被评为首届全国“杰出口腔医师”，2008年获卫生部“有突出贡献中青年专家”称号。

凌均棨

凌均棨教授，医学博士，博士研究生导师，中山大学光华口腔医学院·附属口腔医院院长、中山大学口腔医学研究所所长，国际牙医师学院院士（ICD），中华口腔医学会第三届理事会常务理事、中华口腔医学会牙体牙髓病学专业委员会副主任委员、中华口腔医学会口腔医学教育专业委员会副主任委员，广东省口腔医学会副会长。获广东省“南粤教书育人优秀教师”、“柯麟医学奖”，广东省、广州市“抗非典先进个人”，“中山大学校级名师”等荣誉，为省级“有突出贡献的中青年专家”。1999年起享受国务院政府特殊津贴。

凌均棨教授从医从教30余年，精医崇德，成果丰硕。自1997年主持中山大学光华口腔医学院·附属口腔医院工作以来，带领全院职工努力奋斗，开拓创新，在教学、医疗、科研和管理方面取得了引人注目的成绩。

（以上获奖医师事迹介绍摘自中国医师网第六届中国医师奖获奖医师先进事迹）

2009年新增列口腔医学博士研究生导师

（按姓氏笔画排序）

王家伟

王家伟，男，1972年1月生，湖北武汉人。1994年毕业于湖北医科大学口腔医学院，1997年获该校医学硕士学位，2000年获武汉大学口腔医学院医学博士学位。2001—2004年在荷兰莱顿大学继续博士后研究。历任武汉大学口腔医学院副教授、副主任医师。现任该校主任医师、副教授，博士研究生导师，口腔修复科副主任。兼任中华口腔医学会口腔修复学专业委员会委员，湖北省口腔医学会口腔修复学组成员，全国口腔执业医师资格考试命题专家组成员，《口腔医学研究》杂志编委。

主要从事口腔修复和口腔种植临床、科研及教学工作。主研方向为骨组织工程支架材料、生物材料骨界面、种植体表面改性。擅长各类牙体缺损、牙列缺损和牙列缺失的传统义齿和种植义齿修复，尤其擅长重度磨耗牙、牙列缺损伴垂直距离丧失的精密固定修复，瓷贴面、全瓷冠桥的美学修复等。在国内外专业学术期刊上已发表论文20余篇，其中第一作者SCI论文6篇，主译论著《可摘局部义齿》。先后主持和参与国家自然科学基金等国家、省、市级科研项目7项，《纯钛阳极氧化及表面薄层羟基磷灰石形成技术的研究》获2002年湖北省优秀博士论文奖，参与课题义齿固位的基础研究——从化学修饰到组织再生获 2008 年湖北省自然科学奖三等奖。指导研究生 12 名。

（武汉大学口腔医学院供稿）

王勤涛

王勤涛，男，1963 年 8 月生，江苏南京人。1985 年毕业于西安医科大学口腔医学系，1990 年获该校医学硕士学位。1996 年获第四军医大学医学博士学位。2001 至 2002 年在丹麦哥本哈根大学牙科学院做访问学者，2009 年 9 月至 2010 年 1 月在美国塔芙茨大学牙科学院做访问学者。历任西安医科大学口腔医院口腔内科医师、助教，第四军医大学口腔医院牙周黏膜病科主治医师、讲师、副教授、副主任医师，硕士研究生导师。现任该院牙周黏膜病科主任，教授、主任医师，博士研究生导师。兼任中华口腔医学会牙周病学专业委员会副主任委员、口腔种植专业委员会委员，《牙体牙髓牙周病学杂志》副主编，国家自然科学基金和留学回国人员科研基金评审专家，陕西省基本药品评审专家库委员，西安市医疗事故鉴定委员会专家库委员等。

主要研究方向为牙周组织再生、牙周医学。在国内较早开展了牙周组织修复再生的生物学基础和新型材料开发、牙周医学的相关性研究，临床新技术的研究和应用。已发表学术论文 113 篇，其中 SCI 收录 16 篇；主编出版专著 4 部，参编出版专著 8 部。作为负责人完成国家“十五”科技攻关、“十一五”国家科技支撑计划、国家自然科学基金、军队和省市科技攻关等课题；获军队科技进步二、三等奖各 1 项、陕西省现代教育技术成果三等奖 2 项。培养指导硕士、博士研究生 27 名。

（第四军医大学口腔医学院供稿）

刘　斌

刘斌，男，1967 年 5 月生，甘肃民勤人。1992 年毕业于华西医科大学口腔医学院，2000 年获华西医科大学医学硕士学位，2006 年获中国科学院兰州物理化学研究所物理化学博士学位，2007 至 2009 年在中国科学院近代物理研究所做博士后研究工作。历任兰州医学院口腔医学系讲师、副教授，硕士研究生导师，系办公室主任。现任兰州大学口腔医学院副院长，教授，博士研究生导师。兼任国家口腔医师资格考试甘肃省考区主考官，《口腔医学》杂志编委，《中国组织工程研究与临床康复》执行编委，《摩擦学学报》审稿专家。

主要从事口腔种植修复学、口腔材料学和医用生物材料学的医疗、教学及科研工作。科研方向为口腔生物材料的基础和应用、重离子束的辐照治疗等。先后主持和参与国家及省部级科研项目 10 余项，目前正参与国家重点基础发展研究计划（“973”）项目研究。编写专著 2 部，发表文章 50 余篇，其中 SCI、EI 收录 8 篇。获甘肃省科技进步三等奖 1 项，兰州市科技进步一等奖 1 项，曾获得第十届甘肃省高校青年教师成才奖和入选甘肃省“333”、“555”第二层次人选，获得甘肃省第六届青年科技奖。为甘肃省卫生厅学科带头人。指导博士、硕士研究生 10 余名。

（兰州大学口腔医学院供稿）

刘宏伟

刘宏伟，女，1961 年 4 月生于辽宁省大连市。1984 年毕业于北京医科大学口腔医学院，1987 年获该校医学硕士学位，留校任教。

1997年7月至1998年7月在美国加州大学旧金山分校做访问学者。2004年获北京大学医学博士学位。历任北京大学口腔医学院主治医师、副主任医师、副教授、主任医师、教授,硕士研究生导师。现任北京大学口腔医学院口腔黏膜病学教授,博士研究生导师,中医黏膜科主任和教学办公室主任。兼任中华口腔医学会口腔黏膜病学专业委员会副主任委员,国家自然科学基金评审委员,《现代口腔医学杂志》编委,《中华实用医药杂志》常务编委,为国际牙科研究会会员。

长期从事口腔黏膜病学医疗、教学和科研工作,主研方向为口腔黏膜癌前病变研究和全身病在口腔黏膜的表征,在国内口腔黏膜病领域内较早开展口腔黏膜癌前病变患者的临床、基础研究课题,近年又率先开展糖尿病与口腔黏膜病的相关性及艾滋病与口腔黏膜病的相关性研究。在国内外专业期刊已发表学术论文51篇,其中被SCI收录6篇。主编、主译著作8部,参编(任编委)图书20部。1997年获卫生部科技进步成果三等奖,2000年获北京大学教学成果奖、北京市教学成果一等奖,2001年获国家级教学成果一等奖。

(北京大学口腔医学院供稿)

华　红

华红,女,1966年6月生于新疆乌鲁木齐市。1988年毕业于西安医学院口腔医学系,1992年获北京医科大学口腔医学博士学位,留校任教至今。1999—2000年在美国斯坦福大学医学院及加州大学旧金山分校进修。历任北京医科大学口腔医学院中医黏膜科主治医师、副主任医师、副教授。现任北京大学口腔医学院主任医师、教授,博士研究生导师。

兼任中华口腔医学会中西医结合专业委员会副主任委员,国家食品药品监督局药品评审专家,《上海口腔医学》、《现代口腔医学杂志》及《中国中西医结合杂志》(中英文版)审稿专家,为IADR会员。

主要从事口腔黏膜病医疗、教学及科研工作。尤其擅长与口腔黏膜相关的自身免疫病、口腔感染性疾病的诊治以及中西医结合治疗口腔黏膜病等。主研方向为与免疫相关的口腔黏膜病诊断和治疗。作为课题负责人承担国家自然科学基金、教育部、科技部多项科研基金。曾获北京大学教学成果二等奖、北京大学医学部高等教育教学成果奖。在国内外期刊上已发表论文50余篇,SCI收录论文5篇。参与编写《口腔黏膜病学》、《中西医结合口腔黏膜病学》、“十一五”规划教材《医学免疫学》等论著10余部。独立培养或协助指导硕士、博士研究生10名。

(北京大学口腔医学院供稿)

何祥一

何祥一,男,1965年12月生,甘肃通渭县人。1988年本科毕业于北京医科大学口腔医学院,毕业后至兰州医学院口腔系(现兰州大学口腔医学院)工作,2003—2004年在芬兰赫尔辛基大学做访问学者。历任兰州医学院口腔医学系助教、讲师、副教授。现任兰州大学口腔医(学)院口腔修复科主任,教授,博士研究生导师。兼任国家自然科学基金项目评审同行评议人，卫生部科研项目审评专家，甘肃省自然科学基金项目评审同行评议人，数种国际刊物和国内专业刊物审稿人，为 IADR、FDI 会员。

主要从事口腔修复学、口腔材料学和口腔微生态学的教学及科研工作，承担口腔临床医疗和研究工作。完成和参编著作 3 部，先后在 SCI、国内学术期刊上发表论文 30 余篇。先后获省部级、市级、校级数项科研基金资助和科研奖励，作为主持单位获得甘肃省科技进步三等奖 3 项，获发明专利 2 项，获甘肃省教学成果一等奖 1 项、三等奖 1 项。指导博士、硕士研究生 10 余名。

（兰州大学口腔医学院供稿）

张玉梅

张玉梅，女，1964 年 10 月生，黑龙江哈尔滨人，1989 年毕业于第四军医大学口腔医学院，1998 年获第四军医大学医学博士学位。1998 至 2000 年在西安交通大学材料与工程学院进行博士后研究。2001 和 2002 年两次赴法国里尔第二大学生物材料系做访问学者。历任第四军医大学口腔医院修复科副主任，讲师、主治医师、副教授、副主任医师。现任第四军医大学口腔医院修复科副主任，教授、主任医师，博士研究生导师。兼任中华口腔医学会口腔材料学专业委员会委员，《实用口腔医学》杂志、《上海口腔医学》杂志编委。

从事口腔修复学医疗、教学和科研工作，在科研方面有坚实的理论基础和实践操作技能，确定了钛在牙科领域应用的研究方向。已发表学术论文 91 篇，其中被 SCI 收录 19 篇，主译专著 2 部，副主编专著 1 部，参译、参编专著 5 部。作为负责人获得国家自然科学基金 1 项，省、市基金 3 项。参加完成了国家“863”项目、国家“十五”科技攻关课题、国家自然科学基金等项目。获得军队医疗成果一等奖 1 项，陕西省科技进步一等奖、二等奖、三等奖各 1 项。已培养硕士研究生 23 名，指导博士研究生 4 名，目前指导在读硕士生 6 名、博士生 3 名。

（第四军医大学口腔医学院供稿）

张建国

张建国，男，1953 年 8 月生，北京人。1978 年毕业于北京医学院口腔系并留院工作至今。历任北京医科大学口腔医（学）院口腔颌面外科副教授、副主任医师、主任医师。现任北京大学口腔医（学）院口腔颌面外科副主任，主任医师、教授，博士研究生导师。兼任中华口腔医学会口腔颌面外科专业委员会脉管性疾病学组副组长、口腔颌面-头颈肿瘤内科协作组副组长、口腔颌面肿瘤学组组员，中国抗癌协会放射性粒子治疗学组副组长，北京市抗癌协会理事，中华医学会医疗事故技术鉴定专家库成员，北京市医疗事故技术鉴定专家库成员，北京市劳动能力鉴定委员会医疗卫生专家库成员，《疑难病杂志》编委，《中华口腔医学杂志》、《中华医学杂志》审稿专家。

擅长口腔颌面－头颈肿瘤和颌面部创伤的诊断及治疗，并长期从事口腔颌面－头颈肿瘤的临床和基础研究工作，对口腔癌的综合治疗、口腔颌面－头颈部恶性肿瘤的放射性粒子组织间植入近距离放射治疗有较深的造诣。迄今发表论文 50 余篇，参编专著 6 部，获市级科技进步奖 2 项，承担国家级课题 3 项。已培养博士研究生 6 名、硕士研究生 7 名。

（北京大学口腔医学院供稿）

李巍然

李巍然，女，1967 年 1 月生，河北省张家口市人。1989 年毕业于北京医科大学口腔医学院，同年在该校攻读口腔正畸专业研究生学位，1993 年获北京医科大学医学博士学位并留校工作。1998 至 1999 年赴英国爱丁堡大学访问学习。历任北京大学口腔医(学)院正畸科副主任医师、主任医师、副教授，硕士研究生导师。现任该院正畸科副主任，主任医师、教授，博士研究生导师。兼任英国爱丁堡皇家外科学院正畸专科院员、爱丁堡皇家外科学院口腔正畸专业考官，卫生部医学专业技术职称考试专家，北京市医疗事故鉴定专家，中华口腔医学会口腔正畸专业委员会常委兼秘书，北京市口腔医学质量控制委员会委员，北京大学口腔医院医疗质量管理委员会委员，世界正畸联盟、美国正畸协会、欧洲正畸学会等会员，《中华口腔正畸学杂志》编委。

长期从事口腔正畸临床、科研及教学工作。主要研究方向为唇腭裂患者殆颌面遗传学研究，唇腭裂继发畸形的治疗学，儿童骨性畸形的矫治及机制，错殆畸形口颌系统功能研究。发表论著 40 余篇。承担教育部、科技部、人事部、卫生部及北京市自然科学基金多项。获卫生部科技进步奖、北京市科技进步奖、北京市科学奖、教育部科技进步奖等科技奖项 5 项，编写著作 11 部，教材 3 部。已培养硕士研究生 4 名、博士研究生 5 名。

（北京大学口腔医学院供稿）

陈卫民

陈卫民，男，1954 年 7 月生，湖北武汉人。1978 年毕业于湖北医学院口腔医学系，同年至武汉医学院（现华中科技大学同济医学院）工作。历任同济医学院附属同济医院口腔医学中心主任，教授、主任医师，硕士研究生导师。现任华中科技大学博士研究生导师，同济医学院口腔医学系主任，同济医院口腔医学中心主任。兼任中国医师协会口腔医师分会委员，湖北省医师协会口腔医师分会副主任委员，武汉市口腔医学会副会长，湖北省抗癌协会头颈专业委员会委员，《临床口腔医学杂志》编辑部主任、常务编委。

从事口腔医疗、教学、科研工作 30 余年，能熟练掌握口腔内科、颌面外科的理论知识和临床技能，能及时有效地处理口腔危急重症病人，擅长头颈部肿瘤的诊断及治疗。已发表论文 20 余篇，主编与参编专著 4 部。承担国家自然科学基金 1 项，省市级和院校级科研课题 14 项，获武汉市科技进步三等奖 2 项，获 2009 年度华中科技大学优秀教师称号。

（华中科技大学同济医学院供稿）

陈希哲

陈希哲，男，1964 年 12 月生，云南昆明人。1986 年毕业于第三军医大学医疗系，1995 年和 2001 年分别获第四军医大学医学硕士及医学博士学位。2003 年 7 月，在四川大学华西口腔医学院完成博士后研究。2005 年 9 月，作为高层次引进人才至昆明医学院口腔医学院工作，2007—2009 年，在英国利兹大学口腔医学院进行访问、研究，后受聘于爱尔兰国立大学再生医学研究所。历任成都军区昆明总医院主治医师，四川大学华西口腔医学院副教授，昆明医学院口腔医学院副教授、教授。现任昆明医学院口腔医学院教授，博士研究生导师。曾兼任中国康复医学会颅颌面专业学组成员，国家自然科学基金委员会同行评议专家，*Journal of Cellular and Molecular Medicine* 论文评阅专家。

从事颌面外科临床工作及生物材料外科应用研究 20 余年，专业特长为口腔颌面部创伤与修复，研究方向为成体干细胞及组织工程口腔颌面部修复与再生研究。主持国家自然科学基金 3 项，省级应用基础研究基金 2 项，参与国家及部省级科研项目 5 项。在国内外专业杂志上发表学术论文 45 篇，其中 SCI 杂志 5 篇，参与编写专著 4 部。获教育部提名国家科技进步一等奖、四川省科技进步二等奖、中华医学科技奖三等奖、成都市科技进步奖二等奖各 1 项，中国博士后生命科学学术研讨会暨院士论坛优秀学术论文奖 1 项。指导硕士研究生 5 名。

（昆明医学院口腔医学院供稿）

周 刚

周刚，男，1966 年 9 月生，湖北当阳人。1989 年毕业于湖北医科大学口腔医学院，1992 年在该校硕士研究生毕业后留校任教，2004 年获武汉大学口腔医学院医学博士学位。2005 年在英国伦敦大学国王学院研修 1 年。历任武汉大学口腔医学院牙周黏膜科副主任，硕士研究生导师。现任该院主任医师，博士研究生导师，口腔黏膜科主任。兼任中华口腔医学会口腔黏膜病学专业委员会副主任委员，武汉市口腔医学会理事，武汉市科技局评审专家，湖北省医疗事故鉴定委员会专家成员，《口腔医学研究》杂志编委。

长期从事口腔黏膜病学医疗、教学和科研工作，擅长口腔黏膜病的诊断和治疗。研究方向为口腔扁平苔藓的研究，口腔黏膜病的发病机制及临床防治。先后主持国家自然科学基金及部省级科研课题 4 项，纵向课题 3 项。在国内外学术刊物上发表论文 40 余篇，主编专著 2 部，副主编 2 部，参编 11 部，参与撰写卫生部全国规划教材《口腔黏膜病学》。指导研究生 8 名。

（武汉大学口腔医学院供稿）

周 磊

周磊，男，1956 年 11 月生，广东开平人。1983 年毕业于四川医学院口腔医学系，1986 年和 1989 年分别获华西医科大学口腔医学硕士及口腔医学博士学位。历任广东医学院讲师、副教授、教授、主任医师，硕士研究生导师，广东省口腔医院教授、主任医师，硕士研究生导师。现任广东省口腔医院 · 南方医科大学附属口腔医院副院长，南方医科大学口腔医学院博士研究生导师。兼任国际口腔种植学会中国分会教育委员会主任，中华口腔医学会口腔种植专业委员会常委，澳门口腔种植学会名誉会长，广东省医学会和广东省口腔医学会理事，广东省口腔医学教育专业委员会副主任委员，《广东牙病防治》杂志副主编，《中华口腔医学研究杂志（电子版）》特邀编委，《口腔颌面外科杂志》编委，《中华口腔医学杂志》特约审稿专家。

长期从事口腔颌面外科及口腔种植学医

疗、教学、科研工作。目前科研方向为口腔种植的临床及生物学基础研究。在国内外本专业权威刊物上发表论文50余篇,主编专著1部。主持和参与国家、省级基金项目10余项,获广东省和湛江市科技进步奖各1项。享受国务院政府特殊津贴。指导培养硕士研究生10余名、博士生1名。

(南方医科大学附属口腔医院供稿)

胡　敏

胡敏,女,1968年10月生,河北沧县人。1992年毕业于白求恩医科大学口腔医学系,留校任教。1997年获该校医学硕士学位,2002年获吉林大学医学博士学位,同年获卫生部笹川奖学金资助,公派赴日本新潟大学研修一年。2005年公派赴韩国延世大学学习,2008年完成博士后研究出站。历任吉林大学口腔医学院讲师、副教授、副主任医师、教授、主任医师,硕士研究生导师。现任该院正畸科/正畸教研室主任,教授,博士研究生导师。兼任教育部留学回国人员科研启动基金评审专家,中华口腔医学会口腔正畸专业委员会委员,中华老年医学会吉林省分会副主任委员,吉林省口腔医学会、吉林省医师协会口腔医师分会委员,吉林省和长春市医疗事故鉴定鉴定专家,《中华口腔正畸学杂志》、《中国实用口腔科杂志》和《口腔生物医学》杂志编委。

从事口腔正畸学教学、医疗和科研工作。擅长各类错殆畸形的矫治,科研方向为正畸牙齿移动的生物力学研究及种植体支抗的研究。已发表学术论文50篇,参加编写全国高等学校口腔医学研究生卫生部规划教材。主持教育部留学回国人员科研启动基金、省科技厅、省卫生厅等7项科研课题,参与研究各类课题4项。获吉林省科技进步三等奖5项,获吉林大学医疗成果二、三等奖7项,获高露洁医学教育奖学金4项。为吉林省卫生厅重点专科学科带头人,吉林省卫生厅"有突出贡献的中青年专家"。

(吉林大学口腔医学院供稿)

徐　韬

徐韬,男,1958年2月生,天津市人。1982年毕业于北京医学院口腔医学系,留校工作,后出国深造。1989年和1995年分别获美国波士顿大学口腔生物学博士学位与牙医学博士学位,1990年在美国波士顿大学完成博士后研究工作。曾先后就职于美国波士顿大学和美国高露洁-棕榄公司全球技术中心。现任北京大学口腔医学院院长,教授、主任医师,博士研究生导师。担任多种国际口腔研究杂志的编委和专项审阅人,为多个科学研究学会会员。

在波士顿大学期间,主要从事研究、教学和医疗工作。研究方向为口腔唾液蛋白化学和宿主自主防御机制,承担多项美国国立卫生研究院科研项目,获得美国国立卫生研究院科研经费数百余万美元。拥有美国多州口腔医疗执业执照,从事口腔全科临床工作。在美国高露洁-棕榄公司全球技术中心期间,负责口腔预防新技术研发及将临床功效与作用机制结合的转化型临床研究。将基础研究和临床研究两者有机结合,更新和发明了一系列口腔临床研究的方法和工具。已发表学术论文等百余篇,拥有十余项专利。拥有国际牙科研究学会唾液研究学科"终生会员"荣誉称号。曾获得国际牙科研究学会"GIES"奖和美国国立卫生研究院的独立研究奖。指导硕士研究生2名、博士研究生3名、博士后研究人员2名。

（北京大学口腔医学院供稿）

蔡志刚

蔡志刚，男，1967年1月出生，河南省南阳市人。1991年毕业于北京医科大学口腔医学院，1994年获北京医科大学临床硕士学位，1995年9月获奖学金资助赴德国攻读博士学位，并于1998年获联邦德国吕贝克医科大学牙医学博士学位。历任北京大学口腔医学院口腔颌面外科副教授、副主任医师，硕士研究生导师。现任北京大学口腔医院口腔颌面外科教授、主任医师，博士研究生导师，涎腺疾病中心副主任、医院感染办公室主任。兼任北京医学会整形外科分会委员，卫生部医学考试中心专家委员会委员，中国抗癌协会头颈肿瘤外科专业委员会委员，中华口腔医学会口腔颌面外科专业委员会修复与重建外科协作组副组长，北京市及海淀区医疗事故鉴定专家库成员。

擅长口腔颌面部肿瘤的诊断和治疗，主要研究方向为面神经疾患的诊断和治疗以及口腔颌面部缺损修复与重建。共发表论文70余篇，其中SCI收录5篇。合作主编论著《周围性面瘫》，参编专业论著7部，教材2部。负责国家自然科学基金1项，参与“十一五”国家科技支撑计划项目3项。获北京市科技进步三等奖1项，获北京医科大学科技进步奖1项。指导培养硕士研究生5名、博士研究生4名。

（北京大学口腔医学院供稿）

曹　军

曹军，女，1968年1月生，江苏省阜宁县人。1992年毕业于第四军医大学口腔医学院，留校工作。2000年获第四军医大学口腔正畸专业博士学位。2003年在西安交通大学生命科学院生物医学工程研究所完成博士后研究出站。历任第四军医大学第三附属医院正畸科主治医师、讲师、副教授、副主任医师，硕士研究生导师。现任该院教授、主任医师，博士研究生导师。

从事口腔正畸学医疗、教学、科研工作，主要研究方向为错𬌗畸形的矫治策略研究。已发表学术论文20余篇，编写专著《口腔正畸Ricketts生物渐进技术》，出版正畸临床诊断分析工具软件3部，其中一部为英文海外版。负责国家自然科学基金资助项目、全军医药卫生科研基金资助项目、陕西省自然科学基金资助项目各1项，与香港理工大学合作项目1项，承担“863”课题分题1项。指导硕士研究生20名。

（第四军医大学第三附属医院供稿）

2009 年逝世人物

郑麟蕃(1919—2009 年)

我国著名口腔医学专家、口腔医学教育家,我国口腔组织病理学的奠基人之一郑麟蕃教授因病医治无效,于 2009 年 11 月 2 日 14 时 50 分在北京逝世,享年 90 岁。

郑麟蕃教授于 1919 年 10 月生于山东黄县。1941 年毕业于东京齿科大学,同年回国进入北京大学医学院牙医学系。历任北京医学院口腔内科学和口腔病理学教授、口腔内科教研组及口腔病理研究室主任、口腔系主任、口腔医学研究所所长、北京大学口腔医学院名誉院长等职。同时担任国家科委及口腔医学专题委员会主任委员、世界卫生组织专家咨询团成员、世界卫生组织西太平洋地区预防口腔医学研究与训练中心主任等多个社会组织职务,并担任中华口腔医学会口腔病理学专业委员会名誉主任委员,《中国口腔医学年鉴》副主编、名誉主任委员及数种口腔医学杂志编委。

他主要从事口腔组织病理学研究,在龋齿、牙周病及口腔黏膜病等方面也有大量系统的研究,著有《口齿疾病》,主编《口腔内科学》、《口腔组织病理学》等教材和著作,发表学术论文百余篇。曾获北京医科大学"桃李奖"称号,1978 年全国科学大会奖和全国医药卫生科技大会奖,巴西国际第四届牙科大会勋章,"系统病与口腔"获 1981 年北京市成果三等奖。

郑麟蕃教授毕生致力于中国口腔医学事业的发展,以严谨的治学态度、实事求是的科学作风,为我国的口腔病理学科培养了许多骨干人才,为我国口腔组织病理学、口腔医学教育事业以及中华口腔医学会建设和发展做出巨大贡献。他的逝世是北京大学口腔医学院及我国口腔医学界的重大损失!

(摘自中华口腔医学网通讯)

口腔医学组织机构

中华口腔医学会口腔医学专业委员会

▲中华口腔医学会第一届全科口腔医学专业委员会委员名单(2009 年 9 月 15 日成立)

主 任 委 员　李伟力

副主任委员　刘荣森　朱亚琴　张汉东　徐宝华

（以下按姓氏笔画排序）

常务委员　尹　林　王　霄　刘荣森　刘静明　朱亚琴　张书平　张汉东　李伟力　李容林　杨小民　杨更森　汪晓华　范　群　俞立英　徐宝华　高承志　盛列平　彭　诚　董金凤　谢　洪

委　　员　马　洪　尹　林　毛　钊　王左敏　王维新　王　霄　邓礼辉　刘文书　刘荣森　刘维贤　刘静明　吕亚林　孙　勇　朱亚琴　何建芳　冷卫东　吴东红　宋　萌　张书平　张汉东　张志华　张洪才　张　彬　李伟力　李容林　李曙南　杨小民　杨更森　汪建中　汪晓华　邹德荣　陈巨峰　陈丽春　陈晓涛　陈桂军　陈莉娅　周　振　周继祥　林　实　范　群　俞立英　胡永权　贺小宁　赵世英　夏　洋　徐宝华　翁巧凤　郭　军　郭　莉　陶　洪　顾晓明　高承志　崔三哲　盛列平　黄全顺　彭　诚　董金凤　蒋灿华　谢　洪

学术秘书　王　霄

工作秘书　徐菁玲　马　宁

青年委员　马永平　王　熙　古丽波斯坦　左渝陵　刘　健　刘　新　孙晓军　朱娟芳　朱铜军　张　东　张　纲　李秋红　杨　泓　杨　娅　邹弘驹　周　彬　郑雨燕　荀文兴　郭良微　康月刚　樊立洁

▲中华口腔医学会口腔颌面外科专业委员会第四届委员会委员名单

顾　　问　邱蔚六　王大章　张震康　李金荣　刘宝林

前任主任委员　张志愿

现任主任委员　俞光岩

副主任委员　赵怡芳　沈国芳　田卫东　刘彦普

（以下按姓名汉语拼音顺序排列）

常务委员　封兴华　郭传瑸　胡勤刚　翦新春　龙　星　卢　利　石　冰　王慧明　杨　驰　曾融生

委　　员　艾伟健　保森竹　陈　刚　董玉英　侯成群　胡　静　胡　敏　黄远亮　贾暮云　姜晓钟　焦艳军　李龙江　李新明　李祖兵　廖天安　林李嵩　林兆全　刘　锋　马　秦　孟秀英　木合塔尔·霍加　平飞云　宋宇峰　谭包生　谭颖徽　王国民　王　涛　王予江　王佐林　魏奉才　吴煜农　谢志坚　许　彪

姚　宏　张　斌　张洪杰
张　琪　张　伟　张　益
张志光　赵继志　郑家伟
周　健　周　诺　周先略
周中华

青年委员　薄　斌　费　伟　何　悦
黄　欣　贾　俊　江宏兵
蒋灿华　刘雁鸣　潘　剑
彭　歆　尚政军　孙晋虎
谭学新　童　昕　屠军波
王　杭　王　磊　王晓霞
王旭东　袁荣涛

▲中华口腔医学会第四届口腔修复学专业委员会委员名单

顾　　问　巢永烈　刘洪臣
前任主任委员　冯海兰
主任委员　张富强
候任主任委员　王贻宁
副主任委员　赵铱民　朱智敏　徐　军
（以下按姓氏笔画排序）
常务委员　王贻宁　王景云　王燕一
艾红军　刘　丽　朱智敏
张振庭　张富强　李　彦
陈小冬　陈吉华　郑元俐
姚江武　赵铱民　骆小平
徐　军　高　平　梁　星
章非敏　黄　翠　程　辉
蒋欣泉　谭建国
委　　员　丁仲鹃　王　永　王　璐
王贻宁　王家伟　王景云
王新知　王燕一　冯云枝
艾红军　刘　丽　刘学恒
吕广辉　孙　凤　朱国威
朱洪水　朱智敏　汲　平
牟月照　何惠宇　余占海
张少锋　张修银　张秋霞
张振庭　张富强　李　彦
李亚男　汪大林　肖　月
邹德荣　陈　林　陈小冬
陈吉华　陈建荣　孟玉坤
郑元俐　郑东翔　郑立舸
侯玉东　俞立英　姚江武
姜　婷　宫相芹　施生根
赵　彬　赵铱民　骆小平
原双斌　唐旭炎　徐　军
徐　普　徐培成　袁　林
贾安琦　郭长军　高　平
高承志　高益鸣　曹颖光
梁　星　章非敏　逯　宜
麻健丰　黄　翠　黄元瑾
程　竑　程　辉　蒋欣泉
谢伟丽　廖红兵　谭建国
樊　洪
学术秘书　谭建国　蒋欣泉
工作秘书　胥　春

▲中华口腔医学会第三届口腔种植专业委员会委员名单

顾　　问　张震康　邱蔚六　刘宝林
王模堂
名誉主任委员　王　兴
主任委员　林　野
副主任委员　张志勇　李德华　宫　苹
吴大怡　施　斌
（以下按姓氏笔画排序）
常务委员　王佐林　王慧明　邓飞龙
吴大怡　宋应亮　张志勇
李德华　邱立新　陈　宁
陈　江　陈卓凡　周延民
周　磊　林　野　宫　苹
施　斌　徐　欣　宿玉成
梁　星　赖红昌　谭包生
委　　员　马　威　马泉生　王佐林
王勤涛　王慧明　邓飞龙
邓春富　叶　平　吕广辉
吕亚林　齐　翊　何家才
吴大怡　吴轶群　宋应亮
张志勇　张国志　张　斌
李　军　李志刚　李健慧

李晓东 李晓红 李德华
杨小东 沈庆平 谷志远
邱立新 邸 萍 陈 宁
陈 江 陈卓凡 陈 波
周延民 周 磊 孟维艳
林松杉 林 野 宫 苹
施 斌 柳忠豪 贺 平
赵保东 唐志辉 夏海斌
徐世同 徐 欣 徐 普
莫安春 郭平川 顾新华
高 军 宿玉成 康 博
梁 星 黄远亮 黄 萍
焦艳军 童 昕 董福生
董 毅 谢志刚 赖红昌
谭包生 滕立钊 潘在兴

青年委员 兰 晶 朱娟芳 张 宇
张剑明 李 蓉 胡秀莲
耿 威 谭 震

▲中华口腔医学会第一届民营口腔医疗分会委员名单

名誉主任委员 石四箴 高东华
顾　　问 盛祖立 欧 尧 葛建埔
主任委员 刘泓虎
副主任委员 甘宝霞 颜培德 邱彬彬
钟红阳 卢海平

（以下按姓氏笔画排序）

常务委员 牛百平 卢海平 甘宝霞
任 福 刘泓虎 宋芝春
李祥庆 邱彬彬 钟红阳
郭平川 曹志毅 颜培德

委　　员 牛百平 王丽娟 王剑虹
王晓敏 冯天跃 卢海平
甘宝霞 田孟祥 石考龙
任祥保 任 福 刘江倩
刘泓虎 刘贵锁 刘 雄
吕 丹 吕 军 孙 莉
何宝杰 宋芝春 张亚菲
张则军 张春鹿 李卫斌
李玉超 李根林 李祥庆
杨 溢 汪晓华 邱彬彬
邵永新 陈忠瑜 陈陟陞
单伟文 林辉灿 练荣蔚
范新芳 贺 周 钟红阳
侯守虎 徐维宁 郭平川
曹志毅 董根成 董 毅
熊中才 颜培德 冀新江

秘　　书 颜培德（兼） 徐维宁

地方口腔医学会和其他组织机构

▲上海市口腔医学会组织机构

管理委员会主任委员 周曾同

学术委员会
王佐林 王国民 孙 皎 梁景平
周中华 邹德荣

组织建设委员会
沈庆平 华咏梅 冯希平 李存荣
徐培成 刘国勤 刘泓虎

国际交流委员会
沈国芳 张建中 李 江 赵玉梅
高益鸣

发展委员会
张富强 朱亚琴 余 强 苏剑生
赵守亮 赵云富 陈建荣

民营工作委员会
刘泓虎 徐维宁 邓汉龙 颜培德
单伟文 梁 勤

继续教育委员会
俞立英 张志勇 束 蓉 廖建兴
蒋丽萍 姜 虹 单伟文

财务管理委员会
沈 刚 季振威 刘月华 程 竑
顾章愉 朱聘倬 颜培德

会务委员会
黄远亮 曹新明 许全林 宋 萌
陈开祥

▲上海市口腔医学会第一届理事会常务理事人员名单(2009 年 5 月 20 日成立)

名誉会长　张志愿　刘　俊
会　　长　周曾同
副 会 长　王佐林　沈国芳　沈庆平
　　　　　张富强　俞立英　黄远亮
秘 书 长　沈　刚
常务理事　王佐林　冯希平　刘泓虎
　　　　　华咏梅　宋　萌　张建中
　　　　　张富强　沈　刚　沈庆平
　　　　　沈国芳　周曾同　俞立英
　　　　　赵云富　赵玉梅　赵守亮
　　　　　徐培成　曹新明　梁景平
　　　　　黄远亮
顾问委员会主任　邱蔚六
副 主 任　石四箴
委　　员　刘　正　薛　淼　吴少鹏
　　　　　潘可风　吕春堂　陈锦坤
地　　址　上海市制造局路 639 号 10 号楼 8 楼 805 室
邮　　编　200011
联系电话　021-53078606

▲江西省口腔医学会第一届理事会常务理事人员名单(2009 年 8 月 10 日成立)

名誉会长　朱玉芬
顾问委员会主任　张永福
会　　长　朱洪水
副 会 长　吴建勇　雷序江　唐维平
　　　　　邓　丽
秘 书 长　李志华
副秘书长　汪建中　宋　莉　唐　镇
常务理事(按姓氏笔画排序)
　　　　　王予江　邓　丽　叶　平
　　　　　朱洪水　江　毅　吴建勇
　　　　　宋　莉　李志华　杨　健
　　　　　汪建中　邱嘉旋　邵益森
　　　　　唐维平　徐　速　黄　辉
　　　　　黄啸林　曾利伟　曾常爱
　　　　　雷序江
地　　址　江西省南昌市中山路 337 号南昌大学附属口腔医院内
电　　话　0791-6361135

▲吉林省口腔医学会第一届理事会常务理事人员名单(2009 年 9 月 25 日成立)

名誉会长　侯明山
顾　　问　欧阳喈　梁　傥　徐勇忠
　　　　　詹柏华
会　　长　周延民
常务副会长　琴　钢
副 会 长　王占义　孙宏晨　张志民
　　　　　张天夫　冯庆辉　王丽娟
　　　　　杨　溢
秘 书 长　伊大海
常务理事(按姓氏笔画排序)
　　　　　马　宁　王　伟　王占义
　　　　　王丽娟　王景云　冯庆辉
　　　　　玄云泽　伊大海　刘文书
　　　　　孙华丽　孙宏晨　何钟勤
　　　　　吴永胜　张　伟　张　良
　　　　　张天夫　张坚石　张志民
　　　　　张洪伟　李　江　杨　溢
　　　　　周　盾　周延民　林崇韬
　　　　　胡　敏　崔祥生　常　莉
　　　　　黄　洋　黄立篇　琴　钢
　　　　　鲁明星　潘　凌

▲福建省口腔医学会第二届常务理事会人员名单

会　　长　闫福华
副 会 长　陈　江　姚江武　程　辉
　　　　　卢友光　林李嵩　欧阳奇明
　　　　　许君武
秘 书 长　张志兴
副秘书长　林　实　黄晓晶
秘　　书　骆　凯　刘淑榕
常务理事(按姓氏笔画排序)
　　　　　文跃进　卢友光　卢兆杰
　　　　　任　福　许君武　许婉卿
　　　　　许德文　闫福华　陈　江

陈　舟　陈　超　陈永辉
陈作良　陈贵敏　陈晓莉
陈健慧　李大兰　邱成端
吴　东　汪晓华　张　翼
张志兴　张端强　林　实
林　珊　林立群　林李嵩
欧阳奇明　郑杰　胡砚平
姚　军　姚　森　姚江武
郭平山　黄文霞　黄常伟
梁甲兴　章少萍　程　辉
傅　升　童兴旺　曾今表
曾昭旋　潘在兴　魏　斌

▲北京口腔医学会正畸专业委员会委员名单（2009 年 7 月 31 日成立）

名誉主任委员　王邦康
主 任 委 员　白玉兴
副主任委员　许天民　厉　松　徐宝华
张　丁　徐　娟　赵桂芝
马育霞

（以下按姓氏笔画排序）

常务委员　丁　云　马育霞　厉　松
白玉兴　朱　红　许天民
张　丁　张　彤　李梦华
周彦恒　赵　颖　赵桂芝
徐宝华　徐　娟　阎　燕
黄晓峰

委　　员　丁　云　马育霞　王立新
王　争　王　旭　王红梅
王学玲　王　峰　王海燕
冯小东　冯驭驰　卢　玻
厉　松　史　真　白玉兴
任彦霞　刘　锋　孙晓梅
孙海燕　朱　红　许天民
何淑琴　冷　军　宋建军
张　丁　张化宇　张江恒
张　彤　李　锐　李若萱
李梦华　李雅彬　李巍然
杨敏志　杨　斌　杨　楠
陈剑飞　陈　琳　周彦恒
孟　康　武冠英　郑　旭
姚　源　段少宇　赵　颖
赵连生　赵　波　赵桂芝
徐宝华　徐　娟　桑金华
秦天刚　郭　军　梁　莉
阎　燕　黄晓峰　廖福琴
潘一春　戴　嵘

秘　　书　厉　松　王红梅

▲国际口腔种植学会（ITI）中国分会成员名单

主　　席　王佐林
教育委员会主席　周　磊
行政部主任　李学俊
通　　讯　赖红昌
专家组成员　王佐林　周　磊　赖红昌
陈　波　陈　江　谷志远

▲四川省医师协会口腔医师专科委员会第一届委员会人员名单

主任委员　周学东
副主任委员　吴亚菲　杨小民　郭锡久
孙　勇　郑立舸　米方林
常务委员　石　冰　杨四维　张建设
王正伦　王海龙　屈　强
胡　涛　高东华　李　虹
委　　员　64 名（略）

▲江苏省医院协会口腔医院分会第二届委员会人员名单

主任委员　王　林
副主任委员　胡勤刚　吴燕平　傅进友
王鹏来　张　琪
常务委员　尹　林　王　林　傅进友
胡勤刚　唐丽琴　姚洪亮
王鹏来　张　琪　安　钢
姜巧玲　吴燕平　刘正彤
施　铁　段义锋　张春莉
委　　员　52 名（略）

记　事

2009年中国口腔医学大事记

1　第十九届国际口腔颌面外科学术会议在上海召开

2009年5月27日,第19届国际口腔颌面外科学术会议在上海国际会议中心胜利闭幕。国际口腔颌面外科学术会议每两年一次在世界各地轮流举办,它是具有最广泛代表性的国际性、学术性大会。2003年,在希腊雅典召开的国际口腔颌面外科医师协会(IAOMS)理事会上,历经6个国家的激烈竞争,中国最终成功申请到第19届国际口腔颌面外科学术会议的举办权。这是一次真正意义上的国际学术会议,堪称是国际口腔颌面外科学界的一次奥林匹克盛会。第19届国际口腔颌面外科学术会议的成功召开提升了中国口腔颌面外科的学术地位和国际影响力,充分说明中国口腔颌面外科事业的成就得到了世界各国同行的进一步认可,可作为中国口腔颌面外科发展史上的第三个里程碑(会议具体介绍见本栏目“2009年在中国召开的国际和全国性口腔医学学术会议”部分)。

2　“健康口腔 微笑中国”全国口腔健康教育项目启动仪式在武汉举行

2009年7月2日,由中华口腔医学会、中国口腔清洁护理用品工业协会、中国牙病防治基金会主办,卫生部疾病预防控制局支持,武汉大学口腔医学院承办的“健康口腔 微笑中国”全国口腔健康教育项目启动仪式在武汉举行,各省选派代表和武汉各界人士约150人参加了启动仪式。卫生部疾病预防控制局口腔卫生处夏刚处长、湖北省卫生厅疾病预防控制处高忠民处长、中华口腔医学会王兴会长和王渤秘书长、武汉大学口腔医学院边专院长、湖北省口腔医学会樊明文会长、中国清洁护理产品工业协会副理事长相建强出席启动仪式并分别讲话。该次活动的主旨是:通过开展全国性的口腔健康教育项目,动员政府部门和全社会的力量,营造有益于口腔健康的环境,传播口腔健康的信息,提高群众口腔健康意识和自我口腔保健能力,建立良好的口腔健康行为和生活方式,从而达到提高全民口腔健康水平,预防和控制口腔疾病,健康长寿的目的。以《中国居民口腔健康指南》内容为主线,对所有人群进行不同形式的口腔健康教育。活动形式包括开展阳光宝贝、微笑少年、全国口腔健康教育项目师资培训班、全国口腔健康教育演讲大赛等,并编写《中国居民口腔健康指南》。2009年,全国各地陆续启动“微笑中国”项目,先期主要在省会城市展开,伴随着项目的逐步深入向有条件的市县扩展。

王兴会长、相建强副理事长、夏刚处长、边专院长共同启动“微笑中国”活动象征形式。

3　卫生部办公厅发布《中国居民口腔健康指南》

2009年9月7日,卫生部办公厅发布了《中国居民口腔健康指南》(卫办疾控发〔2009〕141号)。为更好贯彻落实《卫生部办公厅关于加强口腔卫生工作的通知》(卫办疾控发〔2007〕196号)精神,规范医疗卫生机构口腔健康教育工作,帮助我国群众掌握正确的口腔卫生保健知识,养成良好的口腔卫生习惯,卫生部组织有关专家制定了《中国居民口腔健康指南》,并印发至全国各省、自治区、直辖市卫生厅局,新疆生产建设兵团卫生局,中国疾病预防控制中心,要求各地遵照执行。

具体内容请见本卷文献法规栏目。

4 周学东教授荣获第五届高等学校教学名师奖

2009年9月9日，第五届高等学校教学名师奖在北京人民大会堂颁奖，在100名获奖者中，四川大学华西口腔医学院周学东教授荣获第五届高等学校教学名师奖，成为中国口腔医学界第二位获此殊荣的教师。为了表彰长期从事本科基础课教学工作，具有较高学术造诣，注重教学改革与实践，教学水平高，教学效果好的高等学校教授以及高等职业教育中坚持教育教学改革，在工学结合、产学合作方面发挥重要带头作用的高素质“双师型”专业教师，教育部组织了第五届高等学校教学名师奖的评选工作。经过省市推荐、同行专家网络评审和会议评审，共评选出100名高等学校教师予以表彰。

据了解，为鼓励教授上讲台，奖励长期在本科教学第一线教书育人，在教学改革、师资队伍建设上做出突出贡献的教师，教育部自2003年开始进行高等学校教学名师奖评选与表彰，每次表彰100人，迄今已开展五届。

5 首届口腔医学创新研究报告会在天津举行

2009年9月17日，由中华口腔医学会主办，北京大学口腔医学院承办的首届口腔医学创新研究报告会在天津滨海国际会展中心举行，并进行了现场评奖和颁奖。中国科协名誉顾问吴甘美女士和中华口腔医学会王兴会长出席开幕式并致辞，报告会上播放了中国科协韩启德主席“关于医学创新和人才培养”的讲话录像，中华口腔医学会名誉会长张震康教授和北京大学口腔医学院院长徐韬教授分别作了专题演讲。

报告会的创新研究项目面向全国口腔院校征集，共有22个院校，共计26项创新研究项目报名参加。该26个项目水平很高，基本代表了我国当前口腔医学创新研究的前沿，项目内容涉及颌面外科、口腔修复、正畸、种植、牙周等口腔医学各个领域，报告人多为知名专家教授、学科带头人和学术骨干。26项创新研究项目均获得了中华口腔医学会颁发的“中华口腔医学会口腔医学创新研究奖”。

6 第二届国际牙科研究学会泛亚洲太平洋联盟会议暨第一届国际牙科研究学会亚洲太平洋地区会议在武汉召开

2009年9月22～24日，第二届国际牙科研究学会泛亚洲太平洋联盟会议暨第一届国际牙科研究学会亚洲太平洋地区会议在武汉召开。该次会议是中国及亚太地区口腔医学领域的最高峰会，来自亚太地区最著名的口腔医学专家在会议中展示了他们的最新研究成果，这将对整个中国的口腔医学研究、口腔医疗事业及口腔医学教育的发展产生积极的推动作用，同时也将促进世界口腔医学界的交流和新的研究成果的传播与应用（会议具体介绍请见本栏目“2009年在中国召开的国际和全国性口腔医学学术会议”部分）。

7 第六届中国医师奖颁奖大会在北京隆重举行

2009年11月13日，第六届中国医师协会中国医师奖颁奖大会在北京人民大会堂隆重举行。原全国人大常委会彭珮云副委员长、全国政协张榕明副主席、卫生部、民政部、解放军总后卫生部、武警部队卫生部及中国医师协会领导出席会议并向来自全国各省、市、自治区和解放军、武警部队及新疆生产建设兵团的获奖医师表示祝贺并颁奖，颁奖大会由中国医师协会常务副会长兼秘书长杨镜教授主持。

第六届中国医师协会医师奖经各地医师协会和各省、市卫生行政部门及解放军总后卫生部、武警部队卫生部、新疆生产建设兵团的评选推荐，并经中国医师协会初评、终评委员会评定，这次中国医师奖共评选出92名获奖医师。

口腔医学界第六届获奖医师有：北京大学口腔医院林野，解放军总医院刘洪臣，中山大学光华口腔医学院凌均棨，中国医科大学口腔医学院王玉新，第二炮兵总医院口腔科李志轫。他们的先进事迹请见本卷《人物》栏目。

8　“微笑列车”在华十年贡献奖颁奖大会暨《微笑列车中国十年》特刊出版新闻发布会在京举行

2009年11月17日，由美国“微笑列车”基金会和中华慈善总会主办的“微笑列车”在华十年贡献奖颁奖大会暨《微笑列车中国十年》特刊出版新闻发布会在北京国家会议中心隆重举行。全国人大常委会原副委员长何鲁丽，全国政协常委、中国宋庆龄基金会副主席张文康，民政部副部长窦玉沛，卫生部项目官员，中华慈善总会会长范宝俊，副会长彭玉、张道诚、朱焘，美国“微笑列车”基金会中国区总监薛揄，中华口腔医学会副会长黄洪章出席大会。来自全国各省、市、自治区的获奖个人、机构代表以及媒体代表等共200余人出席了大会。大会授予103个单位“微笑列车”唇腭裂修复慈善项目突出贡献组织奖；授予175名个人“微笑列车”唇腭裂修复慈善项目突出贡献天使奖；授予136名个人“微笑列车”唇腭裂修复慈善项目突出贡献奉献奖；授予137名个人“微笑列车”唇腭裂修复慈善项目突出贡献支持奖；授予26名唇腭裂患者“微笑列车”唇腭裂修复慈善项目自强奋发奖。

为总结微笑列车开展十年来的经验和成绩，“微笑列车”项目推出了《微笑列车中国十年》纪念专刊。专刊全面、真实地展示了“微笑列车”项目开展十年来取得的成绩及发展历程，反映受益人生活和命运的巨大变化，同时也通过“微笑列车”这一成功案例，反映出中国慈善事业的成长之路。

9　国际牙医师学院中国区成立大会暨2009年新院士（FELLOW）授予仪式在成都举行

2009年11月20日，国际牙医师学院（ICD）中国区成立大会暨2009年新院士授予仪式在成都娇子国际会议中心成功举行。会议由ICD中国区秘书长陈谦明教授主持，ICD当选主席Manfred Seidemann教授、ICD日本区主席Tsuyoshi Saito教授、中华口腔医学会副会长栾文民教授、ICD国际区理事Yeo Jin Fei教授、ICD香港分区主席Ling John Yu Kong医师分别致辞，并对国际牙医师学院中国分部成功升级为中国区（第13分区）表示热烈祝贺。ICD中国区主席周学东教授报告了近年来ICD中国区的工作，对大家长期以来对ICD中国区的支持表示诚挚的感谢。

成立大会后，举行了2009年国际牙医师学院中国区新院士（FELLOW）授予仪式，来自全国各地的45位优秀口腔医学工作者获此殊荣，成为国际牙医师学院院士（FICD）。Manfred Seidemann教授作了ICD历史和现状的专题演讲。Manfred Seidemann教授、栾文民教授、周学东教授为新当选院士颁发了院士证书和金钥匙。

10　四川大学华西口腔医学院王智博士学位论文荣获2009年全国优秀博士论文

2009年9月17日，中华人民共和国教育部、国务院学位委员会教研[2009]号文“教育部 国务院学位委员会关于批准2009年全国优秀博士学位论文的决定”公布了2009年全国优秀博士学位论文名单，批准98篇学位论文为全国优秀博士学位论文，363篇学位论文为全国优秀博士学位论文提名论文。文件中讲到，评选全国优秀博士学位论文是提高研究生培养质量，鼓励创新，促进高层次创新人才脱颖而出的重要措施。

2009年全国优秀博士学位论文获得者名单中，四川大学华西口腔医学院王智博士名列其中，导师陈谦明教授，论文题目《口腔黏膜癌变相关分子蛋白组学分析及RACK1蛋白表达验证和功能研究》（编号2009060）。

2009年在中国召开的国际和全国性口腔医学学术会议

"重生行动"——唇腭裂国际研讨会

时间:2009年1月8~9日

地点:北京市

主办单位:中华人民共和国民政部和李嘉诚基金会

会议内容提要:民政部社会福利和慈善事业促进司张世峰副司长,李嘉诚基金会罗慧芳博士,"重生行动"医疗专家组组长李玉光教授,中华口腔医学会王渤秘书长出席开幕式并分别致辞。国内外知名唇腭裂专家以及包括20家项目承办医院在内的医疗机构代表出席了开幕式。开幕式由"重生行动"项目办公室王柏发副主任主持。

学术研讨会上,国际知名唇腭裂专家Dr. Barry H. Grayson以"单双侧唇腭裂的鼻-牙槽矫治和术前鼻小柱延长"为题发表了演讲,并与代表进行现场交流。Dr. Anthony Wolfe的演讲题目是"分期旋转推进术式修复双侧完全唇裂的研究进展",并带来了手术实况影像资料与参会代表分享。Dr. Richard Redett进行了"单侧唇裂修复:Fisher改良下三角瓣法"、"Pierre Robin序列征患儿的气道管理及喂养"的演讲。田薇教授"腭裂语音康复治疗"的演讲带来语音康复训练的先进经验。香港康复会的伍杏修先生和香港医院管理局的黄莉莉女士分别介绍了香港唇腭裂临床护理,患者自我管理,心理、预防等工作,强调以患者为本开展服务工作,为提升重生项目的康复服务质量提供了有益借鉴。代表国内唇腭裂学界高水平的26名专家、医护人员以及社会学者进行了28篇演讲,包括手术、麻醉、语训、心理、公益项目管理、义工参与等方面,共同探讨分享了唇腭裂医疗康复与社会救助的应用和实践。

牙齿颜色识别与美学再现专题研讨会

时间:2009年3月7~8日

地点:北京市

主办和承办单位:中华口腔医学会口腔修复学专业委员主办,北京大学口腔医院承办

参会代表人数:256人

收到论文篇数:121篇

会议内容提要:会议邀请了来自德国莱比锡大学Holger A. Jakstat教授、美国罗切斯特大学任延方教授、日本岩手医科大学的石橋寛二教授和德国Vita公司Nigel Ramsey技师,他们就有关牙齿颜色方面研究的最新发展进行特邀讲演。会议还邀请了国内的18位致力于牙齿颜色方面研究的专家进行专题演讲。研讨会内容涉及牙齿美学修复中牙齿颜色的精确识别和美学再现的各个方面,会议主要以专题演讲为主。国内外从事该方面研究的专家介绍了他们的研究成果和实践经验。通过广泛讨论,提高了广大口腔医师对牙齿颜色识别及美学再现的能力。

该次专题研讨会展示了我国在牙齿颜色研究方面取得的成果,促进了我国牙齿颜色与牙齿美学修复方面工作进一步开展。研讨会得到了全国广大口腔医师、技师等的广泛关注,中华口腔医学会王兴会长亲临大会并致辞。

第六届国际口腔健康与艾滋病学术研讨会

时间:2009年4月21~24日

地点:北京市

主办单位:北京大学口腔医学院、中国疾病控制中心性病与艾滋病中心、口腔疾病研究国家重点实验室(四川大学)等

参会代表人数:300人

收到论文篇数:100 篇

会议内容提要:来自 37 个国家和地区的微生物学家、流行病学专家及从事口腔医学、传染病学以及流行病控制的医生、学者汇聚一堂,各抒己见,互相交流。会议的主题是:口腔和艾滋病——全球性的挑战。卫生部副部长陈啸宏、国际 AIDS 指导委员会主席 Stephen Challacombe、美国加州大学 Greenspan 教授、北京大学常务副校长柯杨、中华口腔医学会王兴会长出席了开幕式并致辞,国内各大口腔医学院校的院长参加了会议。

会议形式为全体会议、工作组研讨、壁报展示和教育项目四部分,内容包括艾滋病的微生物学、相关免疫学、流行病学和临床研究以及艾滋病患者口腔病变的相关研究,主要议题为 HIV 与艾滋病的基础及临床研究、中国艾滋病的研究、艾滋病与口腔。临床研究证明,口腔病变是艾滋病患者的一个显著特征,口腔健康与艾滋病已经成为一个重要的课题,越来越引起全球范围的关注。专家表示,与艾滋病有关的口腔疾病已经成为国际范围内一个重要的公共卫生问题,口腔保健的缺乏严重影响艾滋病人的全身健康和生活质量。

第四次全国涎腺疾病学术会议

时间:2009 年 4 月 24 ~ 26 日

地点:辽宁省沈阳市

主办和承办单位:中华口腔医学会口腔颌面外科专业委员会涎腺疾病学组主办,中国医科大学口腔医学院承办

参会代表人数:121 人

收到论文篇数:108 篇

会议内容提要:来自全国各地的专家、代表 121 人出席了会议,中华口腔医学会王渤秘书长和中国医科大学副书记王林松教授到会祝贺。中华口腔医学会副会长俞光岩教授主持开幕式,中华口腔医学会口腔颌面外科专业委员会涎腺疾病学组组长王松灵教授致开幕词,中国医科大学口腔医学院路振富院长致欢迎词。

大会特邀中国医科大学风湿免疫学专家杨娉婷教授和影像学专家李亚明教授做专题报告,题目分别为“舍格伦综合征与临床免疫”和“核医学的涎腺影像新进展”,加强了与其他学科的交流。来自北京大学、四川大学、上海交通大学、第四军医大学、武汉大学、首都医科大学、吉林大学、中国医科大学、中山大学等口腔医学院校的专家作了专题讲座。该次会议首次尝试了临床典型病例汇报研讨这种形式,多位专家就展示病例根据自身经验,进行了诊断分析,提出治疗建议,并进行了较充分的交流和讨论。为进一步提高我国涎腺疾病的诊断水平,统一相关描述术语,规范诊治程序和术后疗效评估等做了有益的尝试。代表们认为,建立全国多中心联合系统性研究,申办国际涎腺大会等,是涎腺疾病学组将来工作的重点。

国际种植学会(ITI)学术研讨会

时间:2009 年 4 月 26 日

地点:广东省深圳市

主办和承办单位:国际种植学会中国分会主办,深圳阳光医院承办

参会代表人数:近 200 人

会议内容提要:北京协和医院口腔种植中心主任宿玉成教授,南方医科大学附属口腔医院院长章锦才教授、副院长周磊教授,上海交通大学附属第九人民医院赖红昌教授等口腔种植界的专家及来自全国各地近 200 位代表参加了此次会议。讨论了近年来在口腔种植领域临床实践所取得的新成果、新进展和发展方向,并对口腔种植的各种典型案例进行了共识性研讨。

研讨会围绕种植体植入、牙周炎患者的种植修复、种植牙风险几大内容,通过与会专家的主题演讲、ITI 种植器械展示、专家嘉宾交流对接等多种组织模式,精心打造了口腔种植产业的权威发布平台、国际对接平台,对拉动我国医疗行业口腔领域的发展、促进 ITI

国际交流合作等诸多方面发挥了重要作用。

第十九届国际口腔颌面外科学术会议暨第 8 届中国口腔颌面外科会议

时间:2009 年 5 月 23 ~ 27 日

地点:上海市

主办和承办单位:国际口腔颌面外科医师协会(IAOMS)主办,中华口腔医学会口腔颌面外科专业委员会、上海交通大学医学院附属第九人民医院和香港口腔颌面外科医师协会承办

参会代表人数:1 503 人

收到论文篇数:702 篇

会议内容提要:该次会议是国际口腔颌面外科医师协会首次在中国举办的国际口腔颌面外科学术会议,也是中国口腔颌面外科界迄今为止规模最大的一次盛会。来自世界各地 76 个国家和地区的 1 503 名代表参加了会议,其中国外代表人数 1 058 名。IAOMS 现任主席、香港大学口腔医学院 Nabil Samman 教授,中国工程院院士邱蔚六教授,上海交通大学副校长朱正纲教授,上海市卫生局局长徐建光教授出席开幕式并致辞。

来自世界各地的 93 位口腔颌面外科著名专家做了精彩的专题报告。会议收到论文内容荟萃了口腔颌面外科创伤、肿瘤临床和基础研究、正颌外科、种植外科、唇腭裂外科、颞下颌关节外科、颅颌面外科、组织工程、再生医学、数字医学等众多领域、学科的丰硕研究成果。大会官方语言为英语,会议交流形式多样,采用主题报告、专题发言、小会发言、壁报交流、专题讨论等方式,使与会代表能充分了解和交流国际口腔颌面外科及相关学科的发展动向。各位代表畅所欲言,各抒己见,共同探讨了口腔颌面外科领域的最新进展和相关问题。

全国第六届口腔种植学术会议

时间:2009 年 7 月 17 ~ 19 日

地点:江西省南昌市

主办和承办单位及主持人:中华口腔医学会口腔种植专业委员会主办,南昌大学附属口腔医院承办,主持人叶平

参会代表人数:423 人

收到论文篇数:154 篇

会议内容提要:来自美国、日本、韩国等国家以及中国内地 29 个省、市、自治区和中国香港及台湾的口腔专家代表参加了此次会议。

江西省政协副主席郑小燕教授,南昌大学副校长兼医学院党委书记、院长高国兰教授,江西省卫生厅关晏民副厅长出席开幕式并致辞祝贺。中华口腔医学会会长王兴教授、王渤秘书长出席会议并讲话。口腔种植专业委员会主任委员林野教授,南昌大学附属口腔医院院长朱洪水教授先后致欢迎辞。

会议特邀美国、中国香港和台湾地区的 6 位专家为大会作演讲,内容涉及种植美学修复,CAD-CAM 技术在种植修复中的应用,颧骨种植体在牙颌面修复中的应用等前沿热点问题。大会组委会在收到的稿件中选出 57 篇稿件作为大会发言,内容涉及口腔种植基础研究以及口腔种植临床研究如外科、修复临床及技工加工制作,关于影像学诊断技术在种植中的重要性也均有涉及。代表们围绕近几年口腔种植学的发展和取得的成果进行了广泛的交流讨论。

首届世界大学联盟口腔医学论坛

时间:2009 年 8 月 3 ~ 5 日

地点:江苏省南京市

主办和协办单位:世界大学联盟和南京大学主办,中华口腔医学会、南京大学医学院口腔医学院、英国利兹大学口腔医学院、江苏省医学会口腔分会等协办

参会代表人数:300 人

收到论文篇数:120 篇

会议内容提要:来自英国、美国、法国、中国内地和香港地区的 25 所大学、28 所口腔医学院(系)、30 多家国内口腔专科医院的专家学者参加了会议,共同探讨“牙髓治疗与组织

工程学”。这是世界大学联盟首次在中国举办医学及生物学国际学术交流活动。大会由南京大学医学院院长高千主持。世界大学联盟首席运营官 Louise Heery，江苏省政协主席、南京市副市长许仲梓，中华口腔医学会会长王兴，江苏省教育厅、省医学会，南京市卫生局、科技局，南京大学、南京大学医学院等有关领导出席论坛开幕式。

王兴会长在致辞中指出，此次在南京召开的口腔医学论坛，将为南京大学口腔医学院与世界大学联盟在科学研究、医学教育、学术交流、技术合作等方面搭建一个良好的平台，将进一步推动双方口腔医学研究和教育事业的发展。该次论坛举办学术讲座、研究生论坛、国际合作研究组讨论会、课堂示范教学、临床前教学培训、产学研沙龙酒会等多种形式的学术活动共 11 场，35 篇论文在会议上交流。会议期间，举行了“南京大学利兹大学口腔医学合作中心”揭牌仪式，并签署了南京大学、英国利兹大学口腔医学院科研、教学和研究生培养方面的框架性全面合作交流协议。

全军口腔颌面损伤救治及修复新技术培训班

时间:2009 年 8 月 20 ~21 日

地点:四川省成都市

主办和承办单位及主持人:全军口腔医学专业委员会主办，成都军区机关第一门诊部承办，主持人刘洪臣

参会代表人数:93 人

会议内容提要:此次培训班共有来自全军各战区 62 个单位 93 名代表参加。开幕式由全军口腔医学专业委员会副主任委员、解放军总医院口腔医学中心主任刘洪臣教授主持，总后卫生部副部长陈新年少将出席了开幕式，全军口腔医学专业委员会主任委员、第四军医大学口腔医学院院长赵铱民教授致开幕词，陈新年副部长在会上作了重要指示。培训班共邀请了 11 位我军知名专家讲学。各位专家从不同的专业角度介绍了口腔颌面部外伤治疗、急诊处理方法、火器伤治疗、颌骨缺损修复及口腔修复治疗新进展，参加培训的全体代表受益匪浅。举办此次专题培训班的目的是将先进技术在全军范围内推广和普及，提高我军各医疗单位在颌面部外伤救治及修复治疗等方面的技术水平，更好地为部队官兵服务，提高部队战斗力。

2009 年全国口腔麻醉学术年会

时间:2009 年 8 月 21 ~23 日

地点:辽宁省大连市

主办和承办单位:中华口腔医学会口腔麻醉学专业委员会主办，大连市口腔医院承办

参会代表人数:221 人

收到论文篇数:240 篇

会议内容提要:大会邀请了大连市卫生局徐立新局长，中华口腔医学会王渤秘书长，江苏省麻醉医学研究所所长曾因明教授，《中华麻醉学杂志》总编彭云水教授，上海复旦大学医学院蒋豪教授，上海交通大学医学院朱也森、王祥瑞、徐美英教授等著名专家进行专题学术讲座。

会议以知识更新讲座、学术论文报告和临床病例讨论等相结合的形式进行了学术交流，共有 38 位学者进行了大会发言。来自全国 27 个省、市、自治区的代表们共同探讨了口腔麻醉学领域的相关研究动态和诊疗策略，如创伤性脑损伤患者的围术期管理，围术期肺保护的进展，麻醉药对未成熟大脑的损伤作用等新技术的应用，老年人麻醉用药，口腔颌面外科手术困难气道的管理策略等。交流内容涉及口腔麻醉学的基础理论及临床研究、口腔颌面及头面部临床麻醉的经验总结、困难气道的处理及新技术研讨等方面。这些论文从不同方面反映了近年来我国口腔颌面外科麻醉的新进展。

会议期间，还召开了全体委员会议，讨论了学科发展问题和 2010 年的世界华人齿科大会的参与要求，增补了部分常委、委员和青

年委员。

首届全国口腔医疗发展论坛暨2009中国(济南)口腔种植与美容修复新技术研讨会

时间:2009 年 9 月 4 ~5 日

地点:山东省济南市

主办和承办单位:中华口腔医学会主办,济南市牙医协会承办

参会代表人数:500 余人

会议内容提要:来自德国、韩国、中国内地和台北的知名专家云集济南,中华口腔医学会民营口腔工作委员会刘泓虎执行主委出席会议,济南市科协副主席张洪先出席会议并讲话。会议由济南市牙医协会会长李玉超主持。

会议采取专题报告形式,内容为义齿种植新技术、牙齿美容新技术、牙体牙髓和口腔院所经营管理与发展等专题。会议特邀韩国首尔灿齿科医院朴喜燦院长、原台北市牙医师公会葛建埔理事长、德国纽卡斯尔牙学院闫卓群博士、中华口腔医学会韩亮副秘书长、北京大学口腔医院门诊部综合科刘峰主任、武汉大学口腔医院牙体牙髓科彭彬主任等国内外著名专家做报告。

第八次全国口腔颌面-头颈肿瘤外科学术研讨会

时间:2009 年 9 月 10 ~12 日

地点:山东省威海市

主办和承办单位:中华口腔医学会口腔颌面外科专业委员会口腔颌面 - 头颈肿瘤外科学组主办,山东大学口腔医学院承办,威海市立医院协办

收到论文篇数:234 篇

参会代表人数:226 人

会议内容提要:中华口腔医学会会长王兴教授,国际口腔颌面外科医师协会主席、香港大学牙学院 Nabil Samman 教授出席会议并讲话,威海市委、市政府、市卫生局领导,中华口腔医学会口腔颌面外科专业委员会口腔颌面 - 头颈肿瘤外科学组组长张陈平教授、名誉组长温玉明教授,山东大学口腔医学院院长杨丕山教授等出席了开幕式。山东大学口腔医学院徐欣教授主持开幕式,张陈平教授为大会致开幕词。

会议论文内容荟萃了口腔颌面 - 头颈肿瘤外科、缺损组织的修复重建、肿瘤内科、综合序列治疗以及基础研究等领域、学科的研究成果。大会邀请上海交通大学长江学者王铸钢教授、中国科学院遗传与发育生物学研究所戴建武博士、山东省济南市脑科医院李光华院长 3 位相关学科专家作了演讲。62 位代表就邻近瓣与颌面部重建、股前外侧皮瓣应用、肿瘤基础、颌骨重建与种植修复、肿瘤临床等 5 个专题做报告。上海交通大学口腔医学院张陈平教授,四川大学华西口腔医学院,中国医科大学口腔医学院等单位的代表分别进行了病例报告,大会最后组织了治疗规范与病例讨论。经过主题、专题报告及讨论, 与会代表就一些问题达成了共识。

口腔种植治疗并发症的预防与处理专题研讨会

时间: 2009 年 9 月 17 ~ 18 日

地点: 天津市

主办和承办单位及主持人:中华口腔医学会口腔种植专业委员会主办,北京大学口腔医学院承办,主持人林野

参会代表人数:500 余人

收到论文篇数:102 篇

会议内容提要:会议形式为特邀发言。来自口腔种植专业委员会的 13 位常委,针对口腔种植过程中可能出现的外科、修复、美学等并发症进行了深入探讨。并针对以下具体题目从不同侧面结合具体病例阐述并发症的发生与防治:上颌前牙区种植并发症及其预防,上颌后部种植的并发症及处理,牙种植修复常见的风险及处理,种植修复失败病例的原因分析,种植义齿修复后出现的问题与处理对策,人工骨植骨术后继发感染的处理,严重牙槽骨再造复合种植修复的相关问题处

理，二次入路的上颌窦底提升植骨术，种植体周围骨吸收的原因探讨及对策，种植体折断原因分析，口腔种植美学并发症的预防和处理，种植失败区域再种植的问题与对策。

2009国际暨第十届全国头颈肿瘤大会

时间:2009年9月18~21日

地点:天津市

主办和承办单位:中国抗癌协会头颈肿瘤外科专业委员会主办，天津医科大学附属肿瘤医院与香港中文大学共同承办

收到论文篇数:400余篇

参会代表人数:500余人

会议内容提要:来自欧洲、美洲、澳洲、非洲，中国内地、香港、澳门及台湾地区的500余名国内外专家学者参加了此次大会，中国抗癌协会理事长、天津医科大学附属肿瘤医院院长郝希山院士，上海交通大学附属第九人民医院邱蔚六院士，天津医科大学副校长姚智教授，国内知名头颈肿瘤专家李树玲、屠规益、韩德民、唐平章、张志愿教授等出席会议并发言，中国抗癌协会头颈肿瘤外科专业委员会副主任委员兼秘书长、天津医科大学附属肿瘤医院副院长高明教授主持会议。

大会主题为“功能性外科与疗效”，副题为“头颈部肿瘤综合治疗与基础研究”，会议口号为:One field One heart。会议内容涵盖头颈外科、耳鼻咽喉科、口腔颌面外科、头颈部肿瘤的放化疗、生物治疗、基础研究、流行病学研究及护理学研究等方面，会议形式包括大会专题演讲、分会发言以及论文提交。代表们在头颈外科、耳鼻咽喉科、口腔颌面外科、头颈部肿瘤的放化疗、生物治疗、基础研究、流行病学及护理学研究等领域展开广泛交流，共同总结经验，探讨头颈肿瘤治疗的新思路。

第五届世界方丝弓大会

时间:2009年9月18~20日

地点:陕西省西安市

主办和承办单位及主持人:世界方丝弓大会研究会主办，第四军医大学口腔医学院承办，主持人丁寅

参会代表人数:400人

收到论文篇数:80篇

会议内容提要:来自全国各大口腔院校和私人开业牙医，蒙古、韩国、日本、美国、澳大利亚及中国香港的正畸医生和学生组团参加了该次大会。

大会的主题为“方丝弓矫治与骨性错殆”。内容涉及正畸治疗技术发展的临床和基础研究的相关领域。大会共邀请了来自美国、日本、韩国、法国、德国、意大利、泰国、阿根廷和中国内地及香港的40位正畸专家进行特别讲演。学术会上，与会专家针对正畸学理论发展和临床实践深入、方丝弓矫治技术不断改进和完善等相关主题，对近年来口腔正畸学领域取得的进展进行了广泛交流。

第二届国际牙科研究学会泛亚洲太平洋联盟会议暨第一届国际牙科研究学会亚洲太平洋地区会议

时间:2009年9月22~24日

地点:湖北省武汉市

主办和承办单位及主持人:国际牙科研究学会泛亚洲太平洋联盟(IADR PAPF)、中华口腔医学会、IADR中国分会主办，武汉大学口腔医学院承办，主持人边专

参会代表人数:823人

收到论文篇数:760篇

会议内容提要:来自日本、韩国、澳大利亚、马来西亚、印度尼西亚、泰国、菲律宾、新加坡等国家以及中国内地、香港和台湾地区的800余名代表参加了会议。卫生部副部长尹力、湖北省副省长郭生练及武汉大学校长顾海良、IADR中国分会主席樊明文教授等莅临会议开幕式并分别致辞。出席开幕式的还有卫生部疾病预防控制局副局长孔灵芝和口腔卫生处夏刚处长，湖北省卫生厅、科技厅、教育厅、武汉市卫生局领导，中华口腔医学会王兴会长，中国工程院邱蔚六院士及各兄弟

院校领导。外宾有 IADR 主席 David Williams，IADR 亚太地区总部代表，日本、韩国、东南亚、澳大利亚-新西兰分会主席等。

大会特邀 6 位国内外知名专家为大会作专题演讲，并进行了 12 场次专业分会场口头报告交流以及为期两天的壁报交流。会议还举办了海外华人学者论坛、矿化组织研究研讨会等。会议收到论文中，作为口头发言的有 120 余篇，作为壁报展示的有 630 余篇。2009 年正值 IADR 中国分会成立 10 周年，该次会议举办的同时，亚太联盟内的各分会也举办各自的年会并举行了 4 场次 Travel Awards。

第八届全国口腔颌面医学影像学专题研讨会

时间：2009 年 9 月 27 ~ 30 日

地点：四川省成都市

主办和承办单位：中华口腔医学会口腔颌面放射专业委员会主办，四川大学华西口腔医学院承办

参会代表人数：50 余人

会议内容提要：来自北京、上海、四川、西安、广州等各兄弟院校和全国其他医院的口腔颌面影像学专家及医师参加了会议。

会议由四川大学华西口腔医学院放射科王虎教授主持，中华口腔医学会副会长、四川大学华西口腔医院院长周学东教授致欢迎词，中华口腔医学会放射专业委员会名誉主任委员马绪臣教授、中华口腔医学会放射专业委员会主任委员张祖燕教授出席会议并发言。中华口腔医学会放射专业委员会副主任委员余强教授以及华西口腔医院放射科雷荀灌教授出席开幕式。此次大会讨论热点为螺旋 CT 及锥体束 CT 在口腔颌面医学影像学方面的应用研究。

第七次全国唇腭裂学术会议

时间：2009 年 10 月 8 ~ 10 日

地点：江苏省南京市

主办和承办单位：中华口腔医学会口腔颌面外科专业委员会唇腭裂学组主办，南京医科大学附属口腔医院承办

参会代表人数：250 余人

收到论文篇数：180 余篇

会议内容提要：来自全国各省、自治区、直辖市以及台湾长庚医院颅颜中心的代表参加了会议。南京医科大学党委书记陈国钧出席开幕晚宴并讲话，陈琪校长在开幕式上致欢迎辞，中华口腔医学会会长王兴教授、副会长俞光岩教授、张志愿教授，江苏省医院协会唐维新副会长等领导到会并讲话。

会议全面展示了自第六次全国唇腭裂学术会议以来的新进展，会议内容涉及唇腭裂病因和病理机制的研究、遗传学研究、临床治疗研究、治疗效果评价、语音治疗及评价、术前术后正畸、心理研究、专科护理以及婴幼儿麻醉等唇腭裂序列治疗等方面。该次会议为代表们提供了与国际先进治疗中心近距离接触的机会，他们根据各自单位的实际工作情况，踊跃发言、热烈讨论，达到了相互学习、共同提高的目的。

会议期间，举行了唇腭裂学组换届会议，北京大学口腔医学院马莲教授当选新一届学组组长。

全国第三次牙体牙髓病学临床技术研讨会

时间：2009 年 10 月 22 ~ 25 日

地点：重庆市

主办和承办单位：中华口腔医学会牙体牙髓病学专业委员会主办，武汉大学口腔医学院、重庆医科大学口腔医学院承办

参会代表人数：330 人

收到论文篇数：329 篇

会议内容提要：来自全国 27 个省、市、自治区的代表参加了会议，中华口腔医学会副会长边专教授主持开幕式，中华口腔医学会名誉会长樊明文教授、王渤秘书长、牙体牙髓病学专委会主任委员梁景平教授及重庆医科大学副校长黄爱龙教授、重庆卫生局副局长周英杰、重庆医科大学口腔医学院邓锋院长出席开幕式并致辞。

该次会议论文荟萃了龋病与牙体修复技术、牙髓病学与根管治疗技术、基础研究、非龋性疾病等领域的研究成果。会议采取大会特邀发言、专题发言、病案报告、分会场交流等方式。武汉大学口腔医学院樊明文教授、上海交通大学口腔医学院刘正教授、北京大学口腔医学院沈曙铭研究员做特邀报告;北京大学口腔医学院高学军教授、上海交通大学口腔医学院梁景平教授、武汉大学口腔医学院边专教授、中山大学光华口腔医学院凌均棨教授、四川大学华西口腔医院李继遥教授、第四军医大学口腔医学院倪龙兴教授做了专题报告;73 位代表分别进行了分组交流。研讨会首次尝试设置病案报道,有 7 位医师报告了临床典型病例并进行共同探讨。

第六次全国口腔修复学学术会议

时间:2009 年 10 月 26 ~ 28 日

地点:上海市

主办和承办单位:中华口腔医学会口腔修复学专业委员会主办,上海交通大学医学院附属第九人民医院承办

参会代表人数:700 余人

收到论文篇数:384 篇

会议内容提要:中华口腔医学会王兴会长、王渤秘书长出席了开幕式。该次会议充分反映了目前我国口腔修复领域的学术水平,内容涵盖固定义齿、可摘局部义齿、全口义齿、种植义齿、颌面缺损等修复技术以及口腔修复材料、美学修复、牙漂白、生物力学、口腔微生态学等诸多方面的最新进展。

大会采用专题讲座、大会发言和壁报交流等形式进行了学术交流。北京大学口腔医学院张震康、冯海兰、徐军教授,第四军医大学口腔医学院赵铱民教授,四川大学华西口腔医学院巢永烈、朱智敏教授,上海交通大学口腔医学院张富强教授,解放军总医院刘洪臣教授,武汉大学口腔医学院王贻宁教授以及国际口腔修复学会主席、韩国口腔修复学会主席、亚洲口腔修复学会前任主席 Sang-Wan Shin 教授,日本口腔修复学会副主席、国际口腔修复学会前主席、亚洲口腔修复学会前主席 Kiyoshi Koyano 教授,以色列 Yuval Wind 教授等国内外著名专家做了学术报告,展示了口腔修复临床治疗与科研的最新成果。大会评选出 12 份优秀壁报。

会议期间召开了口腔修复学专业委员会换届大会,上海交通大学口腔医学院张富强教授当选为第四届口腔修复学专业委员会主任委员。

第八次全国口腔医学计算机应用学术研讨会

时间:2009 年 10 月 31 日 ~ 11 月 1 日

地点:海南省海口市

主办和承办单位及主持人:中华口腔医学会口腔医学计算机专业委员会主办,海口市人民医院、海南省口腔医学中心和北京大学口腔医学院口腔计算机应用中心承办;主持人吕培军

参会代表人数:75 人

收到论文篇数:18 篇

会议内容提要:来自全国 21 个省、市、自治区的代表参加了此次会议。会议分为两个专题:首先由北京大学口腔医学院王勇教授、第四军医大学口腔医学院高勃教授、首都医科大学口腔医学院张栋梁副主任医师及南京医科大学口腔医学院严斌副主任医师分别就 2009 年各自院校毕业研究生在“口腔医学计算机应用”研究方面的毕业论文做总结报告。第二专题涵盖了以计算机技术为核心,在口腔颌面外科、口腔修复、口腔正畸方面的应用研究。解放军总医院张海钟,上海交通大学口腔医学院张诗雷、孙健,第四军医大学口腔医学院吴国峰等,北京大学口腔医学院刘怡等,大连市口腔医院刘明丽,首都医科大学鲁莉,Materialise 公司赵雪岩工程师做了专题报告,参会代表对报告中所涉及的问题与专家进行了交流探讨。

该次会议充分反映了口腔医学计算机应用研究涉及口腔修复、口腔正畸、口腔种植、

口腔颌面外科等学科，且涉及口腔医学与工程技术交叉学科，具有较强的专业特点，越来越多地被口腔医学同行关注和研究。

2009 全国儿童牙齿外伤研讨会

时间：2009 年 10 月 31 日

地点：北京市

主办单位和主持人：北京大学口腔医院儿童口腔科，主持人葛立宏

参会代表人数：120 人

收到论文篇数：16 篇

会议内容提要：来自国内各口腔医学院校的 70 多名口腔医学教授和各级口腔医师，其中包括多位中华口腔医学会儿童口腔专业委员会委员参加会议。中华口腔医学会儿童口腔医学专业委员会主任委员葛立宏首先致辞。会上，来自北京大学口腔医院、首都医科大学附属北京口腔医院、上海第九人民医院、第四军医大学口腔医院、武汉大学口腔医院、中山大学附属口腔医院、同济大学口腔医院等多个院校的牙齿外伤领域的专家分别就外伤后的牙髓问题、外伤后美容修复、冠根折及根折、牙齿再植及断冠粘接等 4 个专题进行了 10 场专题发言，与会代表就相关问题进行了热烈的讨论。

第四届亚洲牙齿外伤学术会议

时间：2009 年 11 月 1 日

会议地点：北京市

主办和承办单位及主持人：亚洲牙齿外伤学会主办，北京大学口腔医学院承办，主持人葛立宏

参会代表人数：150 人

收到论文篇数：50 篇

会议内容提要：来自日本、韩国、泰国和中国等亚洲国家的 31 名专家学者就牙齿外伤的分类、诊断和复杂牙齿外伤的处理等内容进行专题演讲。这是北京大学口腔医学院承办的第二次亚洲牙齿外伤学术会议，扩大了与亚洲各国牙外伤学界的学术交流，促进亚洲牙外伤学术水平的提高，并以此向国内介绍最新的牙外伤学的新进展，提高我国牙外伤的诊断治疗和基础研究水平。

第九届全国口腔正畸学术会议

时间：2009 年 11 月 2 ~ 5 日

地点：海南省三亚市

主办和承办单位及主持人：中华口腔医学会口腔正畸专业委员会主办，首都医科大学口腔医学院和海南省口腔医学会承办，北京大学口腔医学院协办，主持人许天民、白玉兴

参会代表人数：1 028 人

收到论文篇数：580 篇

会议内容提要：来自中国内地、香港、澳门和台湾省，美国、希腊、墨西哥等国家和地区的专家学者出席会议。卫生部口腔卫生处夏刚处长，中华口腔医学会王兴会长、王渤秘书长，世界正畸联盟主席 Athanasios E. Athanasiou 教授等出席开幕式并致辞。论文壁报展示 213 篇，大会邀请了 6 位世界顶级口腔正畸领域的专家作专题演讲，其中有世界正畸联盟（WFO）的现任主席和下任主席、Tweed 基金会的执行主席等。此外香港、澳门、台湾的正畸协会主席均参加了该次盛会。

会议首次采用主题演讲为主、结合壁报展示的新模式进行学术交流。大会还邀请了 30 名口腔正畸学专家做专题报告，报告内容多为对近年正畸研究热点的概要总结，创新性发现、临床指导等。严重颌骨畸形的正骨-正颌联合治疗等 50 个专题进行大会发言交流。会议期间举办了 6 场会前、会中学习班和培训班，还举办了第三届全国口腔正畸研究生优秀病例评比大赛、全国口腔正畸科科主任论坛以及全国口腔正畸护理论坛等活动。此外《中华口腔正畸学杂志》第一届编委会和中华口腔医学会口腔正畸专业委员会全体委员大会也在会议期间召开。

第十二次全国副省级城市口腔医学学术研讨会

时间：2009 年 11 月 4 ~ 6 日

地点:山东省济南市

主办和承办单位:全国副省级城市口腔医学协作组主办,济南市口腔医院承办

参会代表人数:200 余人

收到论文篇数:200 余篇

会议内容提要:来自济南、青岛、西安、武汉、哈尔滨、沈阳、长春、成都、大连、南京、杭州、厦门、深圳、广州、宁波 15 个副省级城市的代表参加了会议。会议旨在通过各地口腔新技术、新业务的交流,提高全国口腔临床医师的治疗水平。

会议交流论文概括了口腔医学领域的各个方面。全国副省级城市口腔医学协作组组长王逎谦教授、中华口腔医学会副会长栾文民教授、卫生部口腔卫生处夏刚处长出席开幕式并讲话,口腔医学协作组副组长倪龙兴教授主持开幕式。

第四军医大学口腔医学院倪龙兴、胡开进教授,南京大学口腔医学院葛久禹教授,哈尔滨医科大学口腔医学院牛玉梅教授,解放军总医院储冰峰教授,四川大学华西口腔医学院宫苹教授等 15 名代表进行了大会发言。

第四届亚洲口腔颌面病理学学术会议暨第八届全国口腔病理学术会议

时间:2009 年 11 月 6 ~ 7 日

地点:北京市

主办和承办单位及主持人:中华口腔医学会口腔病理学专业委员会和四川大学口腔疾病研究国家重点实验室主办,中国国际科技会议中心承办,主持人高岩

收到论文篇数:125 篇

参会代表人数:150 余人

会议内容提要:来自中国内地和中国台湾、日本、韩国、马来西亚、斯里兰卡等 50 余所口腔医学院校及研究机构的代表参加了会议。中华口腔医学会王兴会长、北京大学口腔医学院徐韬院长、四川大学研究生院陈谦明院长作为特邀嘉宾出席了会议,王兴会长和徐韬院长在开幕式上发表了讲话。

大会分为专题讲座、大会发言、壁报展示三部分,会议语言为英文。北京大学口腔医学院李铁军教授等 12 位来自亚洲不同国家和地区的国际知名的口腔病理学专家进行了专题讲座,内容包括口腔临床病理、基础病理学研究中的多个热点问题,代表了国际上该研究领域的最近进展。参会论文内容涉及口腔组织病理学科研、临床、教学、技术等各个领域。该届会议展示了亚洲口腔病理学界近年来在临床病理诊断、基础病理研究等方面的最新成果及研究进展,促进了国内口腔病理学界与其他国家和地区的学术交流,也有助于全国口腔病理工作者之间的合作与交流。

会议期间,还召开了中华口腔医学会口腔病理学专业委员会工作会议。

2009 第一届海峡两岸三地家庭牙医学研讨会

时间:2009 年 11 月 6 ~ 13 日

地点:台湾省台北市

主办和协办单位:台湾家庭牙医学会、台北医学大学口腔医学院主办,中华口腔医学会全科口腔医学专业委员会、口腔黏膜病专业委员会、香港家庭牙医协会等协办,主持人郑信忠理事长

参会代表人数:800 余人

会议内容提要:该次研讨会有台湾、香港和内地代表 800 余人参加。中华口腔医学副会长孙正、台北医学大学邱文达校长等出席了研讨会。中华口腔医学会口腔黏膜病专业委员会、口腔中西医结合专业委员会、全科口腔医学专业委员会、民营口腔工作委员会共 160 余位口腔医师参加了此次会议。孙正教授在会上做了“大陆口腔医学的现状与发展”的专题报告。会议就现代牙科疼痛管理、最新牙科技术和牙科经营管理等专题进行了广泛的研讨。

2009 年全国口腔医学新材料研究研讨会

时间:2009 年 11 月 20 ~ 22 日

地点:广东省广州市

主办和承办单位及主持人:中华口腔医学会口腔材料专业委员会主办,南方医科大学口腔医学院承办,主持人吴补领

参会代表人数:120人

收到论文篇数:84篇

会议内容提要;中华口腔医学会王兴会长、口腔材料专业委员会主任委员赵信义,广东省口腔医学会黄洪章会长,南方医科大学胡伟副校长、口腔医学院吴补领院长等出席大会开幕式并讲话。大会邀请了来自美国的6位专家做特邀报告,国内37位代表做了大会报告。报告主题为:新型口腔材料的研究;口腔材料的性能测定与评价;口腔材料的生物相容性评价;口腔材料的临床研究。会议收到论文内容涵盖了口腔材料学的基础与临床的各个方面,展现了口腔材料学的最新进展与发展趋势。

会议期间,中华口腔医学会口腔材料专业委员会召开了工作会议,委员们就进一步开展工作的设想,下一次学术会议举办的时间地点,加强产学研结合,促进专委会发展等问题进行了深入的讨论。

该次研讨会为广大从事及涉及口腔材料研究、开发与应用的专业人士及研究生提供了一次了解和研讨口腔材料研究新进展的良好机会。

瓷修复工艺技术专题研讨会

时间:2009年11月25~29日

地点:福建省厦门市

主办和承办单位:中华口腔医学会口腔修复工艺学专业委员会主办,厦门市口腔医院承办

收到论文篇数:68篇

参会代表人数:120人

会议内容提要:来自全国各地的代表、受邀的内地修复学专家和台湾的口腔修复工艺学专家参加了会议。会议邀请了姚江武教授、郭川竹博士做专题报告,报告内容分别为瓷颜色和CAD-CAM修复技术。24篇论文进行了会议交流,论文内容为口腔瓷修复工艺技术的新技术、新方法、新进展,口腔瓷修复工艺技术的应用经验,总结报告,口腔瓷修复材料学研究。会议成功地展现了近年来我国各地在瓷修复工艺技术方面所做的工作,会议交流中对近代瓷修复新技术进行了多方位的探讨,为我国现阶段瓷修复工艺技术的发展起到了良好的促进作用。

会议期间,召开了口腔修复工艺学专业委员会全体委员会议并同期举办了第十五届亚太地区齿科技工士协议会。

2009年在中国举办的口腔设备器械展览会暨技(学)术交流会

2009年第十四届华南国际口腔医疗器材展览会暨技术研讨会

时间:2009年2月26日~3月1日

地点:广东省广州市

主办和承办单位:广东省科技厅主办,广东省对外科技交流中心、广东省牙病防治指导中心等承办研讨会

会议内容提要:会议在广州市海珠区琶州保利世贸博览馆举办。展览面积26 000 m^2,展位1 300个,参展公司503家。其中中国公司414家,国外公司99家。来自世界先进的口腔医疗设备和材料在展会上展示,展会参观人数3万人次。

展会期间举办了儿童口腔医学、牙体牙髓病学、牙周病学、口腔颌面整形外科、口腔修复学、口腔种植学、口腔正畸学、预防口腔

医学、口腔信息化管理、口腔专科医院文化建设等 82 场学术讲座专场，同时举办了牙体牙髓、正畸、修复等专业的典型病例专家点评以及口腔诊所管理论坛和香港牙科专场、粤闽台牙科学术专场等。研讨会听众 3 600 人。依托展会举办的会议有中华口腔医学会常务理事会、中国口腔医院院长论坛、全国中小型口腔医院管理与发展论坛、广东省口腔医学会民营口腔学术大会、牙科工业先进制造论坛、中国・东盟牙科工业先进制造论坛等。

第十四届中国国际口腔设备材料展览会暨技术交流会

时间：2009 年 6 月 10 ~ 13 日

地点：北京市

主办单位：卫生部国际交流与合作中心、中华口腔医学会、北京大学口腔医学院主办

会议内容提要：该届展会在北京市中国国际展览中心举办。来自 18 个国家和地区的 540 余家企业参展，其中德国、日本、韩国、美国的 70 多家企业以国家展团形式参展；展出面积 28 000 m^2。展品涵盖口腔器械、设备、材料、保健品等。国际最先进的产品、技术和质优价廉的中国产品同台展示。据初步统计，此次展会观众总人数 62 858 人（其中国外观众 2 842 人），102 451 人次。

展会期间举办了先进适用的学术、技术交流活动 31 场，涉及专题 64 个。其中北京口腔医学新进展报告会、第十届德国口腔医疗专题讲座、根管治疗疑难问题系列讲座、正畸治疗新技术学习班、2009 口腔医师论坛、2009 亚太牙科工业峰会以及各企业新产品、新技术交流会都为国内外最先进的专业知识和技能。

2009 中国国际口腔医学大会暨器材设备展览会

时间：2009 年 9 月 16 ~ 18 日

地点：天津市

主办和承办单位：中华口腔医学会主办，中国国际科技会议中心以及天津市口腔医学会承办

会议内容提要：2009 年 9 月 16 日上午，在天津滨海国际会议中心举办了隆重、热烈的开幕式。出席开幕式的领导有全国政协常委、天津市政协副主席张大宁，科技部副部长、中国科学技术协会书记，天津市卫生局局长，中华口腔医学会、全国各口腔专科医院、各医学院校领导，天津市口腔医学会会长张连云，天津市卫生局副局长、南开大学附属口腔医院院长王建国，天津医科大学口腔医学院院长高平代表会议组织机构参加了开幕式。天津市政协张大宁副主席代表天津市致贺词，张连云会长致欢迎词。

大会共举办专业学术培训活动、学术研讨会、工作会议、讲座、论坛、企业展示、大众科普讲堂等学术交流活动 40 余场。在大会期间有近 10 家企业也举办了技术讲座。

大会还举办了多项大型活动：大会重点活动口腔医学创新报告会，中华口腔医学会-香港大学牙医学院青年人才奖（临床研究）、登士柏评奖，中华口腔医学会-香港大学牙医学院青年人才奖（基础研究）“益达奖学金”的评奖活动，“健康口腔 微笑中国”全国口腔健康教育演讲比赛，第九届贺利氏杯技工大赛决赛也在大会期间举办。中华口腔医学会还组织了“采购团合作 共赢 学会 - 企业手拉手”活动。

会议期间，中华口腔医学会还举办了多个工作会议。来自全国各地的 5 000 余名专业人员参观了器材设备展览，大会的展示面积超过 8 000 m^2，展位 200 余个。

第十三届中国国际口腔器材展览会暨学术研讨会

时间：2009 年 10 月 28 ~ 31 日

地点：上海市

主办和承办单位：中国国际科技会议中心、上海交通大学医学院附属第九人民医院主办，上海交通大学口腔医学院、同济大学口腔医学院、上海市口腔病防治院和上海展星

展览服务有限公司承办

参会代表人数:1 500 余人

收到论文篇数:58 篇

会议内容提要:中华口腔医学会名誉会长张震康教授、中华口腔医学会会长王兴教授、中国国际会议中心名誉主任吴甘美女士、德国牙科工业协会秘书长 Dr. Markus Heibach、上海市卫生局徐建光局长、上海交通大学医学院院长朱正纲教授及中国卫生部疾病预防控制局口腔卫生处夏刚处长等为展会剪彩,全国各大口腔医学院(医院)院长、专家、教授等 250 余名嘉宾出席了开幕式。

为期四天的该届口腔器材展览会是历届口腔器材展览会中层次最高、规模空前的一届。展览会场馆面积达 24 000 m^2,共有参展厂商 500 多家,设展台 1 000 多个。同期举行的第十三届中国国际口腔学术研讨会共邀请国内外著名口腔医学专家 89 位,分学术研讨会、口腔种植论坛、WORKSHOP 培训等多个专场进行。此外,有 58 位参会代表的论文在 DenTech China 2009 现场以壁报形式交流。

第十一届东北国际口腔设备及材料展览会暨东北国际口腔学术交流会

时间:2009 年 3 月 26 ~29 日

地点:辽宁省沈阳市

主办和协办单位:中国国际贸易促进委员会辽宁省分会主办,北方工商业展览有限公司承办,辽宁省口腔医学会、中国医科大学口腔医学院协办

会议内容提要:该届展览在沈阳辽宁工业展览馆举行,展会展出面积近 9 000 m^2,参展商数量近 350 个,比上届增长 25%,观众数量达 21 200 人次。大会邀请了北京大学口腔医学院、四川大学华西口腔医学院、第四军医大学口腔医学院、中国医科大学口腔医学院、大阪齿科大学等国内外院校的多位知名专家学者进行学术讲座。东北国际口腔展迄今共成功举办 11 届,在推动东北地区口腔技术进步,促进学术交流等方面发挥了巨大作用。

第八届中国西部口腔医学学术会议暨第八届中国西部国际口腔设备及材料展览会

时间:2009 年 4 月 27 ~29 日

地点:四川省成都市

主办和承办单位:中国西部口腔医学协作组主办,四川大学华西口腔医学院和医讯中心承办

会议内容提要:会议邀请了全国著名的专家学者,对口腔医学领域中各科临床实用新技术和新进展做专题报告,专家对临床疑难病案进行会诊、解析点评、问题答疑。代表们就口腔临床技术、管理、经营等方面的问题进行了交流和探讨。同期举办的还有第 8 届中国西部国际口腔设备及材料展览会、口腔颌面锥形束 CT 临床应用与装备研讨会、海峡两岸口腔医业发展论坛、中日齿科保存联合会学术会等。西部口腔医学学术会及展览会作为西部地区最具规模的口腔专业学术会议和展览会,已连续举办了七届,已成为越来越多的口腔专业人员、口腔器材产销的厂商进行学习、交流和产品购销的重要场所。一年一度的口腔医学学术会议和口腔设备器材展览会搭建了口腔新技术交流与口腔器材购销的平台,也将促进中国西部口腔医学事业的不断发展。

2009 年召开的地方性口腔医学学术会议

第十次四川省口腔医学学术会议

时间:2009 年 2 月 5 ~7 日

地点:四川省南充市

主办和承办单位:四川省口腔医学会、四川省医学会口腔专业委员会主办,南充市医学会口腔医学专业委员会、川北医学院口腔

医学系、南充市中心医院承办

参会代表人数:300余人

收到论文篇数:143篇

会议内容提要:四川大学华西口腔医学院赵志河教授等省内9位知名专家做了专题演讲,内容涵盖口腔颌面外科、修复科、正畸科、口腔内科、口腔种植、口腔修复工艺及管理等学科领域的前沿,使与会代表受到很大启发,受到临床医生的好评。

该次会议交流论文较全面地反映了近年来四川省在口腔医学基础研究和临床工作中取得的成就,展现了各方面研究的新进展。特别是汶川特大地震抗震救灾有关的论文、维和部队医院口腔科的建设及工作论文尚属首次,多数文章的质量较高。

广东省口腔医学会第一次民营口腔学术大会

时间:2009年2月24~25日

地点:广东省广州市

主办单位:广东省医院协会口腔医院管理分会主办

参会代表人数:近500人

收到论文篇数:83篇

会议内容提要:来自广东省民营口腔界代表及福建、江西、湖南广西等省的民营口腔医生近500人参会。会议主题为“交流、友谊、发展”。开幕式上,中华口腔医学会王兴会长到会祝贺,广东省口腔医学会黄洪章会长致词,广东省卫生厅黄小玲书记光临会议并讲话。

会议从收到征文中,评出优秀论文20篇获大会奖励,安排大会发言15人,会议特邀国内外5位知名专家进行专题讲座。

首届海峡两岸口腔医业发展论坛

时间:2009年4月26~28日

地点:四川省成都市

主办和承办单位:中国医师协会口腔医师分会民营口腔工作组主办,四川大学华西口腔医学院承办

参会代表人数:100余人

会议内容提要:来自海峡两岸的口腔界同行参加了会议。中国医师协会口腔医师分会栾文民会长在致辞中讲到:此次会议意义重大,两岸口腔界正面临着前所未有的历史机遇与挑战。如何抓住机遇、抵御危机、开拓新路、共创发展,实现大中华口腔医业的繁荣,共谋两岸口腔医业发展之策是此次会议的主题。会议专题为口腔医疗市场开发、移动式种植牙医疗团队的建设探索、数字化义齿加工与数字化植牙新趋势、老年口腔医学、口腔医疗服务中心的微机管理、口腔医学与人文等。海峡两岸口腔界专家进行了专题讲演,同行之间进行了经验交流。

第二届北京口腔种植学术会暨第八届中日口腔种植研讨会

时间:2009年5月29~30日

地点:北京市

主办和承办单位:北京口腔医学会口腔种植专业委员会和日本福冈齿科大学口腔种植科主办,北京口腔医院种植中心承办

参会代表人数:92人

会议内容提要:来自日本、北京、河北、山西和内蒙等地的代表参加了此次会议。会议邀请了美国、韩国以及日本的多名口腔种植学专家进行专题讲演。中华口腔医学会口腔种植专业委员会副主任委员施斌教授、专业委员会常委徐欣和王慧明教授、同济大学口腔医院王佐林教授等专家进行专题发言。该次会议围绕目前种植领域的临床热点问题和科研进展进行了研讨。会议中应用中、日语同声翻译以方便参会人员听取报告,这在国内地方性学术会议中尚属首次。

2009口腔颌面外科专业委员会口腔颌面-头颈肿瘤内科协作组高层论坛

时间:2009年8月28~30日

地点:吉林省延边朝鲜族自治州延吉市

主办和承办单位:中华口腔医学会口腔颌面外科专业委员会口腔颌面-头颈肿瘤内科协作组主办,延边大学医学院附属医院

承办

会议内容提要：在首先召开的协作组工作会议上，协作组组长郭伟教授向全体成员报告了肿瘤内科协作组成立以来的工作情况，与会者分别就口腔颌面－头颈肿瘤内科的现状、扩大多中心临床研究的设想、加快推广一些最新学术成果、提高临床工作的规范化水准、规划协作组的发展方向等议题畅所欲言，广泛地交流了意见。会议确定 2010 年将以继续教育高级学习班的形式举办学术交流活动，为全体成员尽快了解学科发展新动态，及时更新知识提供平台。会议还讨论审议了拟增选成员名单，并报送专业委员会批准。

在随后的学术交流活动中，协作组专家分别就口腔颌面-头颈肿瘤治疗的现状和进展、放射粒子在头颈部肿瘤治疗中的应用、口腔修复膜在口腔临床的应用、如何开展口腔颌面-头颈部肿瘤的基础研究等方面进行了演讲。

吉林大学白求恩医学院（原白求恩医科大学）成立七十周年学术报告会

时间：2009 年 9 月 25 日

地点：吉林省长春市

主办和承办单位及主持人：吉林省口腔医学会主办，吉林大学口腔医学院承办，主持人欧阳喈

参会代表人数：100 人

收到论文篇数：8 篇

会议内容提要：会议邀请了张震康教授、邱蔚六院士、樊明文教授、周学东教授、王松灵教授、孙宏晨教授、Bjorn Klinge 教授等国内外知名专家学者做学术报告。他们分别对根管系统、龋病发生的生态学理论与防治、先进三维导航技术在颌面缺损中的应用、牙齿组织工程及再生研究进展、口腔特异性矿化组织破坏机制与再生研究及口腔种植相关技术研究进展等内容进行了演讲和病例展示。与会代表就有关问题展开了进一步讨论。

东北三省第十次口腔医学学术会议

时间：2009 年 9 月 26 ~ 27 日

地点：吉林省长春市

主办和承办单位及主持人：吉林省口腔医学会主办，吉林大学口腔医学院承办，主持人周延民

参会代表人数：260 人

收到论文篇数：680 篇

会议内容提要：大会邀请了日本东京医科齿科大学、北京大学口腔医学院、武汉大学口腔医学院、中国医科大学、哈尔滨医科大学、吉林大学等国内外口腔医学院校的知名专家做专题报告，来自东北三省约 260 名口腔学术会议代表中，80 名代表在大会上进行学术交流。吉林省科协主席刘淑莹、中华口腔医学王渤秘书长、吉林大学副校长兼研究生院院长吴振武教授、黑龙江省口腔医学会会长王迺谦教授、辽宁省口腔医学会会长路振富教授、吉林省口腔医学会会长周延民教授等出席了开幕式并发言。

广西口腔医学会第十三次口腔医学学术会议

时间：2009 年 10 月 16 ~ 19 日

地点：广西壮族自治区北海市

主办和承办单位及主持人：广西口腔医学会主办，广西医科大学口腔医学院承办，北海市人民医院协办，主持人陈文霞

参会代表人数：240 人

收到论文篇数：143 篇

会议内容提要：参加本次会议的有来自北京、四川、湖北的口腔医学专家学者及广西 14 个地市的口腔医学工作者、口腔器材企业界的代表。广西医科大学口腔医学院院长周诺、北海市医学会会长黄家智、北海市人民医院院长钟宇华应邀出席大会开幕式并向大会致辞。大会特邀四川大学华西口腔医学院石冰教授和李龙江教授、北京大学口腔医学院周彦恒教授、武汉大学口腔医学院彭彬教授、广西医科大学口腔医学院周诺教授等专家做专题学术报告。会议形式以专题讲座、大会

交流、病例专题讨论等方式进行。会议收到论文内容为口腔医学领域的基础、临床研究、口腔医学教育、新技术、新经验、疑难病例报告、口腔医学美容学、医院感染、预防及诊所管理等。

陕西省口腔医学会第一届学术交流年会

时间:2009 年 10 月 17 ~ 18 日

地点:陕西省汉中市

主办和承办单位:陕西省口腔医学会主办,汉中市口腔医院承办

参会代表人数:260 人

收到论文篇数:167 篇

会议内容提要:中华口腔医学会王兴会长、汉中市人民政府胡润泽市长、汉中市卫生局魏金海局长应邀出席了这次大会,来自全省口腔医学界的 260 位代表参加了大会。在开幕式上,胡润泽市长代表汉中市政府致辞。陕西省口腔医学会赵铱民会长分析了陕西省口腔医学事业的发展现状及面临的问题,报告了陕西省口腔医学会成立以来所做的工作,并为陕西省口腔医学会今后的工作方向作了部署。

王兴会长在会上作了题为“口腔健康与生命质量”的演讲。第四军医大学口腔医院、西安交通大学和宝鸡市口腔医院的 7 位专家教授就口腔修复学、颌面外科学、种植学、正畸学、牙体牙周学、口腔护理学等专业进行了专题报告。此外,从征文中选出的 25 位优秀论文的作者进行了大会交流。该届学术年会论文内容有临床病例总结,还有基础研究和临床新技术应用等。陕西省口腔医学会副会长、西安交通大学口腔医学院院长周洪教授在闭幕式上作了总结性发言。

湖南省第十届口腔医学学术年会

时间:2009 年 10 月 30 日 ~ 11 月 1 日

地点:湖南省岳阳市

主办和承办单位及主持人:湖南省医学会口腔医学专业委员会主办,岳阳市第一人民医院承办,主持人蒯新春

参会代表人数:217 人

收到论文篇数:157 篇

会议内容提要:大会邀请了首都医科大学附属北京口腔医院侯本祥教授、武汉大学口腔医学院李祖兵教授出席会议并进行大会发言。来自湖南省各个地区的口腔专业医务人员共 217 人参加会议。湖南省医学会口腔医学专业委员会主任委员蒯新春教授主持开幕式。

大会收到论文内容涵盖口腔科学各个领域,包括基础研究、临床经验总结、口腔预防及推广、医院管理、口腔医学教育、口腔护理等。并主要就股前外侧游离皮瓣的制备及应用、口腔黏膜下纤维化治疗的新理念、桩冠治疗修复等进行了广泛而深入的探讨。

该次研讨会给湖南省口腔医师提供了交流临床经验及学习新技术的平台,既是对近两年湖南省口腔医学事业工作的总结,又为湖南省口腔医学事业将来的发展提供了新的契机。

2009 年广东省口腔颌面外科学术年会

时间:2009 年 11 月 5 ~6 日

地点:广东省珠海市

主办和承办单位及主持人:广东省口腔医学会口腔颌面外科专业委员会主办,中山大学附属第五医院承办,主持人曾融生

参会代表人数:263 人

收到论文篇数:243 篇

会议内容提要:来自广东省各级医院的口腔颌面外科专家、代表参加了会议。中华口腔医学会口腔颌面外科专业委员会前任主任委员张志愿及现任主任委员俞光岩教授,广东省口腔医学会黄洪章会长,广东省口腔医学会口腔颌面外科专业委员会副主任委员张志光等出席了开幕式,黄洪章教授致开幕词,大会论文内容涵盖口腔颌面外科各个专业方向。大会特邀北京大学口腔医学院俞光岩教授做“功能性腮腺外科”专题报告。廖贵清、曾融生、丁学强、刘曙光教授等 6 位省内

专家进行了专题发言，另有 16 位代表进行大会发言。经过热烈讨论，与会代表就当前热点问题达成了广泛共识。

会议期间，进行了广东省口腔医学会口腔颌面外科专业委员会换届选举，廖贵清教授任第二届口腔颌面外科专业委员会主任委员。

第七次重庆市口腔学术研讨会

时间：2009 年 11 月 12～14 日

地点：重庆市

主办和承办单位及主持人：重庆市医学会主办，重庆医科大学附属口腔医院承办，主持人邓锋

参会代表人数：200 人

收到论文篇数：137 篇

会议内容提要：来自第三军医大学 3 所附属医院，重庆医科大学 4 所附属医院以及其他市级医院、区县医院和私立口腔医疗机构的从业人员及在读研究生 200 余人参加了学术研讨会。

会议共收到征文近 150 篇，其中来自于两所医科大学的 7 所附属医院的征文近 130 篇，来自其他市级、各区县医院及私立口腔医疗机构的征文 20 篇。包括来自两所大学附属医院的专家和区县医院以及私立口腔机构的代表 38 人次进行了大会演讲，同时有 30 份壁报进行了展示。该次学术研讨会的专题讲座及大会发言内容充分体现了重庆市的整体口腔医疗水平，同时为全市口腔医务人员提供了交流平台，为基层口腔医疗工作者提供了良好的学习机会。

福建省口腔医学会第八次口腔医学学术年会

时间：2009 年 11 月 17～19 日

地点：福建省福州市

主办和承办单位及主持人：福建省口腔医学会主办，福建医科大学口腔医学院承办，主持人闫福华

参会代表人数：350 人

收到论文篇数：89 篇

会议内容提要：会议期间，召开了福建省口腔医学会第二次全省会员代表大会，进行了福建省口腔医学会换届选举，福建医科大学附属口腔医院闫福华教授再次当选为第二届理事会会长。

同期召开了福建省第八次口腔医学会学术年会。中华口腔医学会、福建省卫生厅、福建省科学技术协会、福建省民政厅、福建医科大学、福建省医学会等领导出席大会并讲话。会议邀请了武汉大学口腔医学院、香港大学牙医学院、四川大学华西口腔医学院、南京医科大学口腔医学院、大连医科大学口腔医学院等多名专家进行大会主题发言及分会场学术讲座，共有 89 篇学术论文参与会议交流。

短　讯

▲全国口腔卫生工作研讨会在广州召开

2009 年 2 月 28 日，卫生部疾病预防控制局在广州市主持召开了全国口腔卫生工作研讨会。参加研讨会的领导有卫生部疾病预防控制局孔灵芝副局长、口腔卫生处夏刚处长，广东省卫生厅黄飞副厅长等。全国各省、市、自治区卫生厅（局）疾控处，疾控中心有关负责人，有关口腔专业机构、学会和牙病防治基金会的部分专家近 100 人参加了会议。

黄飞副厅长在大会上致辞，卫生部疾控局孔灵芝副局长就当前口腔工作面临的形势和任务作了重要讲话，他特别强调要认真组织实施好首次中西部地区儿童口腔疾病综合干预试点项目，并积极探索出适合当地的口腔卫生工作模式。夏刚处长对 2008 年全国口腔卫生工作做了总结，并对 2009 年的口腔

卫生工作作了部署。

会议期间，总结交流了部分省、市、自治区、直辖市口腔卫生工作的经验，研讨了2009年的口腔卫生工作。最后，会议针对“中西部地区儿童口腔疾病综合干预项目”的运作、技术操作规范等对与会代表进行了培训。

▲全国百名口腔健康卫士表彰大会在广州举行

2009年2月28日，由中国牙病防治基金会及中华口腔医学会共同举办，广东省牙病防治指导中心承办的全国百名口腔健康卫士表彰大会在广州举行，表彰为我国口腔疾病防治事业做出突出贡献的口腔卫生工作骨干和基层口腔预防工作者。中国牙病防治基金会理事长王陇德出席会议，出席大会的领导还有卫生部疾病预防控制局孔灵芝副局长、卫生部疾病预防控制局张立副巡视员、广东省卫生厅黄飞副厅长。全国百名口腔健康卫士、中国牙病防治基金会理事会会议代表、全国口腔卫生工作研讨会会议代表等约200人参加了会议。

中国牙病防治基金会副理事长兼秘书长俞光岩教授主持会议。中华口腔医学会王兴会长宣读表彰公告和名单。有关领导向“口腔健康卫士”称号获得者颁发奖杯和证书。王陇德理事长在大会上作了重要讲话。

▲“口腔健康促进与口腔医学发展西部行”广西口腔临床修复技术培训班在南宁举办

2009年3月14～15日，由中华口腔医学会主办，广西医科大学口腔医学院、广西口腔医学会、贺利氏古莎齿科有限公司承办的广西口腔临床修复技术培训班在南宁举办。该培训班旨在通过宣传教育、健康促进等活动，建立口腔疾病防治网络，培训基层口腔医务人员，开展口腔健康教育和促进工作，推广群众能够承受的、适合基层开展的口腔预防保健适宜技术，280人参加了培训。

培训班邀请了北京大学口腔医学院孙凤教授、上海交通大学口腔医学院张富强教授、第四军医大学口腔医学院陈吉华教授等国内知名口腔修复学专家进行修复技术授课，讲授了固定修复的牙体预备和精细印模、覆盖义齿修复——各种紧密附着体、现代陶瓷粘接技术及临床应用、CAD-CAM全瓷修复技术等，对培养基层口腔医疗技术骨干和提高广西口腔修复技术水平起到积极的推动作用。

▲中华口腔医学会预防口腔医学专业委员会口腔健康教育学组成立

2009年3月26日，中华口腔医学会预防口腔医学专业委员会口腔健康教育学组在北京成立并召开了口腔健康教育学组第一次工作会议。学组全体成员参加会议，还邀请了国内知名的健康教育专家和卫生部的领导出席会议。预防口腔医学专业委员会主任委员胡德渝教授宣读了中华口腔医学会对成立口腔健康教育学组的批复，并介绍了成立口腔健康教育学组的背景和学组的工作任务。

▲第五次全国口腔医院文化管理学组工作会议在合肥举行

2009年4月8日，由安徽医科大学口腔医学院承办的第五次全国口腔医院文化管理学组工作会议在合肥举行。来自全国各大口腔医学院校和口腔医院的领导、专家及代表参加了会议。会议由全国口腔医院文化管理学组组长、第四军医大学口腔医院刘满虎副政委主持。与会人员围绕践行科学发展观，构建和谐医院文化这个主题，进行了深入广泛的交流和讨论。

▲ *International Journal of Oral Science*（*IJOS*）创刊

经中华人民共和国新闻出版总署批准，由中华人民共和国教育部主管，四川大学主办的口腔医学专业英文学术期刊 *International Journal of Oral Science* 于2009年3月创刊，这是中国第一本具有国际标准刊号（ISSN）和国内统一刊号（CN）的口腔医学专业英文学术期刊（季刊）。*IJOS* 主办单位邀请了美国、英国、法国、德国等10个国家的21名专家和中国香港的2名专家以及北京大学、清华大学、四川大学、上海交通大学、第四军医大学、首都医科大学的10名教授组成专业水平一流并具广泛代表性的编委会,周学东教授、Page Caufield教授(美国)、王存玉(美国)共同担任主编。*International Journal of Oral Science*的创刊搭建了中国口腔医学研究走向世界的桥梁,提供了国际交流的平台,必将为全球口腔医学事业的繁荣和发展做出积极贡献。

▲全国第四次口腔微生物译名讨论会在成都举行

2009年4月16日,全国第四次口腔微生物译名讨论会在四川大学华西口腔医学院举行。来自上海交通大学、首都医科大学、武汉大学、中山大学和四川大学的几十位专家学者出席了讨论会。会议由中华口腔医学会牙体牙髓病学专业委员会主任委员梁景平教授主持。四川大学华西口腔医学院院长周学东教授致辞并简要回顾了译名讨论会的发展历史以及取得的成绩。

讨论会分为口腔微生物译名专题讨论和微生物研究新进展专题演讲两个部分。口腔微生物译名专题讨论由武汉大学边专教授主持,华西口腔医学院肖丽英教授以“伯杰氏系统细菌学手册与细菌分类”为题,讲解了伯杰氏系统细菌学手册研究概况,上海交通大学黄正蔚副研究员做了“对口腔微生物译名的几点看法”报告,与会专家学者经讨论,对一些有争议的问题初步达成共识。

微生物研究新进展专题演讲由北京大学孟焕新教授主持。四川大学基础与法医学院贾文祥教授做了“细菌生物被膜的研究进展”报告。武汉大学边专教授、中山大学凌均棨教授、北京大学郭丽宏副教授和第四军医大学苏凌云副教授分别做了相关报告。

▲岳松龄教授从医执教60周年暨90华诞庆祝会

2009年4月16日,来自全国各大高校的90多位专家学者以及岳松龄教授的学生们汇聚华西,庆贺岳松龄教授从医执教60周年暨90华诞。出席庆祝会的嘉宾有中华口腔医学会会长王兴教授,中国工程院院士、上海交通大学口腔医学院邱蔚六教授,第四军医大学专家组成员史俊南教授,武汉大学口腔医学院名誉院长樊明文教授和边专院长,中华口腔医学会牙体牙髓病学专业委员会主任委员、上海交通大学梁景平教授等中国知名口腔医学专家。

华西口腔医学院党委书记吴亚菲教授代表学院致贺词。王兴会长代表中华口腔医学会、全国口腔医学工作者向岳老表达深深的敬意和感谢并祝福岳老健康长寿;邱蔚六院士回忆岳老早年授课时的生动场景并表示祝愿,九旬高龄的史俊南教授则讲述了当年与岳老同学同行的种种趣事。嘉宾们回顾了与岳老的交往,向岳老致以最真挚的祝福。岳老的学生、中国首位龋病学博士、华西口腔医学院院长周学东教授用珍贵的老照片对岳老的成长、成才、成师过程作了深情讲述。

▲中国口腔医学博物馆开馆

2009年4月16日,由四川大学华西口腔医学院创建的中国口腔医学博物馆在该院1925年始建的文物级建筑老行政楼正式开馆。来自全国各地口腔医学界的近百位知名口腔专家学者成为首访嘉宾。他们在一段段珍贵历史记忆的展品面前频频驻足,流连忘返,慨然题词赠予博物馆,对博物馆丰富而独特的口腔医学藏品、设计思路和内容等交口称赞。中国口腔医学博物馆馆名由中国著名革命家、文学家、书法家马识途题写。博物馆共3层,内设世界厅、华夏厅、林则厅、华西厅、教学厅、杰出校友厅、起源厅、复原诊室和华西风情厅,将珍贵的历史以展板、照片、实物等形式陈列开来,展现出一副明晰的画卷。

▲《中国口腔医学年鉴》第12届编委会暨*International Journal of Oral Science*创刊揭牌仪式在成都举行

2009年4月17日,《中国口腔医学年

鉴》第12届编委会全体委员会议暨*International Journal of Oral Science*创刊揭牌仪式在成都举行。来自全国各地的100多位《年鉴》编委和特邀嘉宾出席了会议。四川大学华西口腔医学院院长、《中国口腔医学年鉴》编辑委员会主任委员周学东教授主持会议并致欢迎词。

周学东主任委员代表《中国口腔医学年鉴》编辑委员会对《中国口腔医学年鉴》整体工作做了总结，回顾了《中国口腔医学年鉴》编委会的成长过程。周学东教授还通报了《中国口腔医学年鉴》第11届编委会工作及第12届编委会组建情况。最后，周学东教授介绍了《中国口腔医学年鉴》2008年卷编辑出版工作情况。《中国口腔医学年鉴》的第一任主任委员王翰章教授、中华口腔医学会会长王兴教授、到会的现任副主任委员以及名誉主任委员都分别发言。

随后，周学东教授、中华医学会总编游苏宁编审、四川省新闻出版局段建玲副局长分别对*International Journal of Oral Science*创刊致辞。最后，举行了隆重的揭牌仪式，周学东教授和游苏宁编审为*International Journal of Oral Science*揭牌。

▲王翰章教授90华诞暨从医执教60周年庆祝会

2009年4月17日，来自全国各地口腔医学界百余名专家学者齐聚华西，庆祝王翰章教授90华诞暨从医执教60周年。出席庆祝会的嘉宾有中华口腔医学会王兴会长，中国工程院邱蔚六院士，第四军医大学专家组成员史俊南教授，武汉大学口腔医学院名誉院长樊明文教授，中华口腔医学会副会长张志愿、赵铱民、边专、黄洪章教授，前来参加庆祝会的还有国内30余所口腔医学院系、口腔医院的院长和系主任。

四川大学华西口腔医学院院长周学东教授深情致辞表示祝愿。王兴会长代表中华口腔医学会和全国口腔医学工作者向王老表达深深的敬意和感谢并真诚祝福王老健康长寿；邱蔚六院士对往事作了回忆，由衷感谢王老的谆谆教诲之恩；各兄弟院校和单位代表也纷纷向王翰章教授祝寿。王翰章教授的弟子、华西口腔医学院副院长石冰教授对王翰章老师的求学、从医、教书育人等经历进行了图文并茂的介绍，突出了王老师对口腔医学界的巨大贡献和多才多艺。

▲中华口腔医学会代表团参加亚太地区牙科大会

2009年5月6～10日，应香港牙医学会梁世民会长的邀请，中华口腔医学会代表团在王兴会长带领下参加了在香港举行的第31次亚太地区国际牙科大会，并在与会期间随同卫生部疾控局口腔卫生处夏刚处长一行访问了香港卫生署牙科服务部门和香港牙医管理委员会。牙科大会内容包括国际著名牙医师的专题讲座、研讨会、讲习班、自由投稿的壁报展示、壁报奖评选和口腔设备器材展览会等活动。注册参会的人数超过1 400人。参会期间，代表团和香港牙医学会、香港卫生署牙科服务部门、香港大学牙医学院、台湾牙科界学术团体、马来西亚牙科医学会等团体和个人进行了广泛的意见交流。并对即将在厦门举行的2010年首届全球华人口腔医学大会进行宣传。

▲天津市口腔医学会民营医疗机构专业委员会成立动员大会暨民营口腔联合发展座谈会召开

2009年5月8日，天津市口腔医学会民营医疗机构专业委员会成立动员大会暨民营口腔联合会发展座谈会在天津召开。参加该次会议的民营口腔医务工作者有100多位，会议邀请了美籍华人纽约口腔开业医师余博士做了题为“美国私人开业牙医现状和诊所管理”的报告。天津市口腔医学会副会长、天津医科大学口腔医院高平院长和天津市口腔医学会副会长、天津市口腔医院王建国院长出席了该次大会并分别讲话。天津市口腔医学会会长、天津医科大学党委书记张连云教授委托高平教授表达了对会议的支持。欣爱齿口腔门诊部郭平川院长代表筹委会做了“天津市民营口腔医疗机构的现状和发展”的动员报告。报告分析了目前天津市民营口腔机构的现状,面临的问题和不足,提出了发展目标,并制定出下一步的工作计划。会议对组织章程、结构、入会要求等作了说明并进行讨论。

▲2009年口腔医学新进展研讨会在长沙召开

2009年5月15～16日,由中南大学口腔医学院举办的2009年口腔医学新进展研讨会在湖南省长沙市召开。中南大学副校长李桂源教授,中华口腔医学会名誉会长、北京大学口腔医院名誉院长张震康教授,中华口腔医学会会长王兴教授,湘雅医院党委书记唐友云教授和院长陈方平教授,中华口腔医学会牙周病学专业委员会名誉主任委员、著名牙周病学专家曹采方教授,北京大学口腔医学院和武汉大学口腔医学院的专家出席会议。来自湖南、江西、海南等省口腔医学专业医务人员、口腔医学院校教师和学生200余人参加会议。

▲上海市口腔医学会成立大会在上海召开

2009年5月20日,上海市口腔医学会成立大会在上海交通大学医学院附属第九人民医院召开。上海市社团管理局徐乃平副局长、上海市科协王晓东秘书长、上海市医学会颜世杰副会长、中国工程院邱蔚六院士、中华口腔医学会王兴会长、上海交通大学医学院有关领导等到会并致词祝贺,华东六省一市口腔医学会会长或代表应邀出席成立大会。

会议由上海交通大学口腔医学院冯希平副院长及沈刚教授主持。周曾同教授汇报了上海市口腔医学会成立筹备情况。上海市社团管理局徐乃平副局长宣读上海市民政局、社会团体管理局准予筹备成立上海市口腔医学会的批复,邱蔚六院士和王兴会长为上海市口腔医学会揭牌。会上,邱蔚六院士当选为上海市口腔医学会顾问委员会主任,张志愿、刘俊教授当选名誉会长,周曾同教授任第一届理事会会长。

会议特邀3位著名专家做学术报告,来自上海市各级医院口腔科、口腔专科医院、诊所的200余名口腔医生、教师和学生参加了大会。

▲中华口腔医学会口腔颌面外科专业委员会换届大会暨第四届第一次全委会在上海召开

2009年5月23日,中华口腔医学会口腔颌面外科专业委员会换届大会暨第四届第一次全委会在上海国际会议中心召开。中华口腔医学会领导,中华口腔医学会口腔颌面外科专业委员会顾问、新老委员、青年委员出席会议,各学组(协作组)组长列席会议。会议由中华口腔医学会学术部牛春华主持,中华口腔医学会王兴会长、王勃秘书长,邱蔚六院士、王大章、刘宝林、张志愿、俞光岩等教授出席会议。

张志愿教授做第三届口腔颌面外科专业委员会工作报告,王兴会长发表讲话。经投票选举,产生了新一届专业委员会,北京大学口腔医学院俞光岩教授当选为主任委员。最后,俞光岩教授进行就任致辞。口腔颌面外科专业委员会副主任委员赵怡芳教授和秘书郑家伟教授分别汇报了专业委员会的工作。会上选举了第三届华佗奖获奖人。会议决定全国口腔颌面外科学术会议于2011年在南京举行,由南京大学口腔医学院承办。

▲邱蔚六院士获国际口腔颌面外科医师协会杰出会士奖

2009年5月23～27日,第19届国际口腔颌面外科学术会议在上海召开。中国工程院院士、口腔颌面外科专家邱蔚六,因其对口腔颌面外科事业的杰出贡献,在该次大会上荣获国际口腔颌面外科医师协会颁发的口腔颌面外科杰出会士奖。这也是目前世界口腔颌面外科领域的最高荣誉奖项。此前全球只有4人获得该奖项，邱蔚六院士为中国口腔颌面外科争得了巨大荣誉。

▲2009中国口腔医(学)院信息化建设专题研讨会在北京召开

2009年6月8日，由北京大学口腔医学院主办的2009中国口腔医(学)院信息化建设专题研讨会在北京大学口腔医学院召开，来自全国50多个口腔医学院校的100余名代表参会。北京大学医学部李鹰副主任出席会议并讲话，中华口腔医学会王兴会长和北京大学口腔医学院徐韬院长出席会议并分别致辞。来自全国口腔医学界的领导、专家和专业技术人员就口腔医(学)院的信息化建设的经验、思路和热点问题进行了广泛交流。会议由北京大学口腔医学院院办胡文杰主任主持。

▲中国医师协会口腔医师分会第二届第二次全委会工作会议在北京召开

2009年6月9日，中国医师协会口腔医师分会第二届第二次全体委员工作会议在北京召开，口腔医师分会会长、副会长、委员等75人参加了会议。会议由中国医师协会口腔医师分会副会长兼总干事林野教授主持，中国医师协会口腔医师分会会长栾文民教授对2007年换届以后的第二届委员会的工作做总结，另就口腔医师分会常务委员增补、各项工作开展情况、《杰出口腔医师奖评选章程》、委员会工作纪律等有关事项进行讨论并形成相关决议。中华口腔医学会会长王兴教授出席会议，并就中华口腔医学会近两年开展的全国口腔工作情况向口腔医师分会全体委员做了报告。

▲2009年口腔医(学)院院长和系主任联席会议在北京召开

2009年6月9～11日，2009年口腔医(学)院院长和系主任联席会议在北京召开，68位来自全国各口腔医(学)院的院长、系主任和北京大学口腔医院部分科主任、专家参加了此次会议。会议由卫生部国际交流与合作中心、中华口腔医学会、北京大学口腔医学院主办，北京大学口腔医学院承办。会议主题为“口腔医学创新研究”。北京大学口腔医学院李铁军教授主持开幕式，卫生部国际交流与合作中心李洪山主任、中华口腔医学会王兴会长、北京大学口腔医学院徐韬院长先后致辞。科技部科研条件与财务司王伟中司长、中华口腔医学会张震康名誉会长应邀出席会议并分别做了题为“创新方法与自主创新”和“我国口腔医学创新研究的思考”专题报告，徐韬教授以创新研究为核心内容进行了“打破学科间壁垒”的专题发言。随后与会代表竞相发言，阐述各自对口腔医学创新研究的认识和思考。

▲首届口腔专业护士培训课程师资培训会在北京举办

2009年6月10日，由中华口腔医学会与北京大学医学网络教育学院共同举办的首届口腔专业护士培训课程师资培训会在北京大学医学部会议中心开幕。来自北京大学口腔医院、首都医科大学附属北京口腔医院、武汉大学口腔医院、天津市口腔医院、上海口腔病防治院、南京大学附属口腔医院、吉林大学附属口腔医院、河北医科大学附属口腔医院、重庆医科大学附属口腔医院、乌鲁木齐市口腔医院、福建医科大学附属口腔医院等11家口腔专科医院的护理部主任、护士长共38人参会。

▲第六届口腔医师论坛在北京举办

2009年6月11日，由卫生部国际交流与合作中心、中国医师协会口腔医师分会主办，北京大学口腔医学院承办的第六届口腔医师论坛在北京中国国际展览中心举办。卫生部国际交流与合作中心李洪山主任、中国医师协会口腔医师分会会长栾文民教授等参加会议并致词。

该次论坛邀请了卫生部医疗服务监督管理司张宗久司长、香港大学牙医学院副院长金力坚教授、美国西北牙周病和牙种植中心主任毛尔加博士等分别就口腔医师执业中的监督与管理、医师执业中牙周病风险的认识与控制、民营口腔医师与病人沟通之技巧等内容做了专题报告。该次会议参会代表160余人,来自全国20个省、市、自治区,其中1/4代表为全国各级口腔医疗机构院长、医师及职能部门负责人,3/4代表系民营口腔医疗机构负责人及医生。

▲2009年全国"爱牙日"活动主题和宣传口号

2009年6月11日,中华人民共和国卫生部办公厅(卫办疾控发〔2009〕97号)发出了关于开展全国"爱牙日"活动的通知,在附件中公布了2009年全国"爱牙日"宣传口号和主题信息。摘录如下:

一、活动主题

维护口腔健康,提高生命质量。

二、宣传口号

(一)维护口腔健康,增进全身健康。

(二)爱牙护齿保健康,生命质量有保障。

(三)拥有健康口腔,笑容和谐美丽。

(四)口腔健康是人类文明的标志。

(五)口腔不健康,发音影响大。

(六)早晚刷牙,饭后漱口,牙齿健康。

(七)定期进行口腔健康检查,定期洗牙,远离口腔疾病。

(八)窝沟封闭保护牙齿。

三、主题信息(略)

▲全国高等学校口腔医学专业研究生卫生部规划教材主编会议在宜昌召开

2009年6月23~25日,全国高等学校口腔医学专业研究生卫生部规划教材主编人会议在湖北省宜昌市召开。出席会议的有全国高等医药教材研究会口腔医学教材建设评审委员会委员,拟任口腔研究生教材主编,人民卫生出版社夏泽民副总编辑、第二编辑部窦天舒主任、刘红霞副编审等25人参加了会议。

会议由窦天舒主任主持。口腔医学教材建设评审委员会主任委员樊明文教授对各位专家的到来表示热烈的欢迎,并对口腔研究生规划教材的编写工作寄予了厚望。人民卫生出版社夏泽民副总编辑对口腔研究生教材提出了总体要求。刘红霞副编审就口腔研究生规划教材的策划调研、论证分析工作作了汇报,并对口腔研究生教材提出具体要求。随后,15位研究生教材主编分别介绍各自的写作构想和编写大纲,与会专家们就每本书的内容定位、交叉和全书字数等问题逐一进行了讨论。最后,樊明文主任委员对会议情况进行了总结。

▲全国首届口腔健康教育师资培训班在武汉举行

2009年7月2~3日,由卫生部疾病预防控制局支持,中华口腔医学会、中国口腔清洁护理用品工业协会、中国牙病防治基金会主办,武汉大学口腔医学院承办的全国首届口腔健康教育师资培训班在武汉市举行,各省选派代表约80人参加了培训。该培训班是"微笑中国"全国口腔健康教育项目的重要组成之一。

在培训班上,北京大学公共卫生学院钮文异教授联系自身实践讲演了如何当好健康传播者,北京昭光健康传播研究所陈冬牛所长演讲了健康科普讲座原则与实践,国家疾病预防控制中心咨询委员会首席专家戴光强教授介绍了21世纪健康保健新概念——生活保健化、保健生活化,武汉大学口腔医学院台保军教授讲解如何落实"微笑中国"口腔健康教育活动计划,上海交通大学口腔医学院副院长冯希平教授讲解"微笑中国"口腔健康教育课程要点。与会代表还在华中科技大学附属幼儿园对亲子口腔健康教育活动进行了现场观摩。

▲中国口腔医疗服务能力研究项目培训班在昆明举办

2009年7月15~17日,由中华口腔医学会主办,云南省口腔医学会、昆明医学院附属口腔医院承办的中国口腔医疗服务能力研究项目培训班在昆明举办。举办该培训班旨在了解我国不同地区口腔医疗服务能力状况，完成卫生部“中国口腔医疗服务能力研究”项目。来自全国各省、自治区、直辖市的口腔医学会、口腔医院的领导及专业人员 29 人参加了此次培训。

中华口腔医学会丁笑乙副秘书长介绍了中国口腔医疗服务能力研究项目实施方案，中国医科大学口腔医学院张颖主任、程睿波医师介绍了“中国口腔医疗服务能力研究”项目资料收集部分在辽宁省试点的情况，并对项目调查表和计算机录入软件、统计方法等作了详细的讲解。培训班采用专家报告与学员互动相结合的形式进行。

▲南京大学医学院口腔医学院正式成立

2009 年 7 月 19 日，南京大学举行了隆重而热烈的南京大学医学院口腔医学院成立揭牌庆典仪式。南京大学党委书记洪银兴、南京市副市长许仲梓教授、中国工程院院士邱蔚六教授、南京市卫生局党委书记陈礼海、南京市卫生局局长陈天明等领导出席了揭牌庆典。南京市口腔医院院长胡勤刚教授被聘为南京大学口腔医学院院长，我国著名口腔颌面外科专家、中国工程院院士邱蔚六教授受聘为南京大学医学院口腔医学院名誉院长。胡勤刚院长在讲话中指出，南京大学医学院口腔医学院的成立，搭建了一个高层次的学科平台，既可吸引国内外口腔医学精英，加快学科建设，更可紧紧依靠学校的强势学科，培养和造就一批优秀人才，促进口腔医学的快速发展。

▲北京口腔医学会正畸专业委员会成立大会在北京召开

2009 年 7 月 31 日，经北京口腔医学会批准，北京口腔医学会口腔正畸专业委员会在北京召开了成立大会。成立大会由北京口腔医学会秘书长白玉兴教授主持。经选举产生了北京口腔医学会第一届口腔正畸专业委员会，白玉兴教授当选为主任委员。

北京医学会学术会务部高天雨主任到会祝贺并进行了指导。会上，中华口腔医学会口腔正畸专业委员会主任委员许天民教授讲话，并介绍了国内外正畸学术发展动态。最后，北京口腔医学会王邦康会长进行总结发言，新当选的主任委员白玉兴教授就专业委员会今后工作的设想和规划与各位委员进行了交流。

▲全国口腔医学研究生规划教材编委会在成都召开

2009 年 8 月 7 日，全国口腔医学研究生规划教材编委会在成都四川大学华西口腔医学院召开。来自全国各院校龋病学、正颌外科学、口腔修复学、口腔生物化学 4 个专业的 54 位专家出席了会议。开幕式上，华西口腔医学院院长周学东教授致欢迎辞，卫生部口腔医学教材评审委员会主任委员樊明文教授与人民卫生出版社刘红霞副编审分别讲话。

龋病学、正颌外科学、口腔修复学、口腔生物化学 4 个专业组分别召开了专题教材编委会。与会专家们就每本书的编写思想、内容定位、学科交叉和全书字数等问题逐一进行了讨论。会议在教材编写原则、内容、风格、编写进度上达成了共识。

▲江西省口腔医学会成立大会在南昌召开

2009 年 8 月 10 日，江西省口腔医学会成立大会在南昌召开。中华口腔医学会王兴会长，四川省口腔医学会会长、四川大学华西口腔医院周学东院长，江西省科协副主席梁纯平，南昌大学医学院党委副书记易敬林等领导出席会议并分别致贺词。来自江西省口腔医学领域的专家学者近 200 人参加了会议。王兴会长和南昌大学口腔医学院朱玉芬教授为江西省口腔医学会揭牌。大会开幕式由南昌大学附属口腔医院院长朱洪水教授主持。

朱玉芬教授代表筹备组向大会做了江西省口腔医学会成立的筹备报告，江西省民间组织管理局局长罗良意局长宣读了《关于同意筹备成立江西省口腔医学会的批复》，省科协学会部部长孙卫民部长宣读了《关于同意召开江西省口腔医学会成立大会的批复》。

会议选举产生了由51人组成的第一届理事会和19人组成的常务理事会，并选举产生了江西省口腔医学会会长、副会长等。同时，会议还进行了学术交流。

▲全国口腔材料和器械设备标准化技术委员会第五届第一次工作会议在贵阳召开

2009年8月19～21日，全国口腔材料和器械设备标准化技术委员会（SAC/TC99）第五届第一次工作会议在贵州省贵阳市召开。国家标准化管理委员会工业标准二部电气与消费品处刘军卫处长出席了会议。参加会议的还有生产企业、境外生产企业经销代理机构、科研院所、监督检验部门、临床单位、高等院校、行业协会等共56个单位86名代表。

该次会议上，第五届SAC/TC99技术委员会成立。开幕式由第五届副主任委员郑刚研究员主持。国家标准化管理委员会刘军卫处长宣读了国家标准化管理委员会 标委办综合函[2009]55号文件“关于第五届全国口腔材料和器械设备标准化技术委员会换届及组成方案的复函”。第五届主任委员为四川大学张兴栋院士。

▲“口腔健康与生命质量”专家论坛在北京举行

2009年8月25日，卫生部疾病预防控制局与中华医学会、中华口腔医学会、中华预防医学会和中国牙病防治基金会在京联合举办了“口腔健康与生命质量”专家论坛。中国牙病防治基金会王陇德理事长，中华医学会祁国明副会长、中华口腔医学会名誉会长张震康、卫生部疾病预防控制局齐小秋局长出席论坛开幕式并致辞。会议特邀国内口腔疾病、心血管疾病、呼吸道疾病、糖尿病、妇幼卫生、儿童发育、营养、美容及心理健康领域的权威专家做报告。在报告中，专家们阐述了口腔健康与全身健康及生命质量的重要关系。来自临床医学、口腔医学、预防医学的100多位专家出席了该次论坛。

齐小秋局长在讲话中指出，口腔健康是世界卫生组织确定的人体健康十大标准之一，口腔卫生工作涉及我国广大群众的身体健康，做好口腔卫生工作是践行“以人为本、科学发展”的具体体现。王陇德理事长阐述了口腔疾病已成为严重危害我国广大群众身体健康和生活质量的重要公共卫生问题，因此普及口腔保健知识、促进全身健康、提高生命质量是提高国民健康水平、建设和谐社会的重要内容。中华口腔医学会王兴会长进行主题发言，他认为口腔健康是人类社会进步文明的标志，口腔疾病与全身健康关系密切，因此口腔医学的深入研究将为许多重要全身疾病的早期诊治提供新的手段，全社会应重视口腔健康，提高生命质量。北京大学口腔医学院徐韬院长最后做总结发言。

▲赵铱民少将当选国际牙科联盟国防力量牙科勤务分会和世界军事牙科大会执委会主席

2009年8月30日～9月2日，2009年世界军事牙科大会在新加坡国际会展中心隆重举行。会上，赵铱民少将全票当选国际牙科联盟国防力量牙科勤务分会主席和世界军事牙科大会执委会主席，任期3年。这是亚洲人自该组织成立以来第一次当选这一重要职务，标志着我国我军在国际军事口腔医学领域已具有较强的话语权和较大的影响力。

▲曾祥龙教授获英国爱丁堡皇家外科学院荣誉院士（牙科）称号

2009年9月4日，我国著名正畸学专家、北京大学口腔医学院曾祥龙教授应英国爱丁堡皇家外科学院邀请，前往英国爱丁堡参加颁奖典礼并接受该学院授予的荣誉院士（牙科）证书。英国爱丁堡皇家外科学院是国际著名的医学院，曾祥龙教授是继傅民魁教授之后第二位获爱丁堡皇家外科学院荣誉院士的中国内地正畸学者。

▲南开大学医学院口腔医学系成立

2009 年 9 月 14 日，南开大学医学院新生入学典礼暨口腔系成立大会在天津举行。

南开大学校长饶子和，天津市卫生局党委书记王贺胜，中华医学会名誉会长张震康、副会长俞光岩，北京大学口腔医学院院长徐韬，香港大学牙医学院副院长金力坚，南开大学附属口腔医院院长王建国，南开大学医学院院长向荣等出席了仪式并祝贺南开大学口腔系的成立。饶子和和王贺胜共同为南开大学医学院口腔系揭牌。向荣宣读了南开大学关于成立临床医学系和口腔医学系的通知和任命状，王建国任医学院口腔医学系主任。

▲中华口腔医学会全科口腔医学专业委员会成立大会暨第一次学术年会在天津召开

2009 年 9 月 15 ~ 17 日，中华口腔医学会全科口腔医学专业委员会成立大会暨第一次学术年会在天津召开。会议由中华口腔医学会主办，天津医科大学第二医院和北京大学第三医院承办。中华口腔医学会王兴会长、王渤秘书长出席了此次会议。来自全国各省、市、自治区以及解放军部队医院的 80 位候选委员及候选青年委员参加了会议。会上，选出常务委员 20 名，并选举北京大学第三医院口腔科李伟力教授为主任委员。

全科口腔医学专业委员会的成立，为以综合医院口腔科为主体的全科口腔医师搭建了一个互相交流、学习、研讨的平台，将在基层全科口腔医师的技术培训、诊疗行为规范、转诊程序建立等方面发挥积极作用，全面提升基层全科口腔医师的临床诊疗水平。

中华口腔医学会全科口腔医学专业委员会第一次学术年会在此期间召开，中华口腔医学会栾文民副会长、王渤秘书长等出席了会议并讲话。来自全国各大综合医院的 220 余名代表参加了此次学术交流会议。全国各大综合医院以及解放军部队医院的口腔医学专家教授就全科口腔医学进行了全方位的学术交流。此外，台湾家庭牙医协会郑信忠会长及来自台湾的葛建埔教授在会上做了学术报告。

▲首届全国口腔医师演讲大赛在天津落幕

2009 年 9 月 16 日，由中华口腔医学会主办、卫生部疾病预防控制局支持，中美史克承办，以“关注牙本质敏感”为主题的首届全国口腔医师演讲大赛决赛在天津隆重举办并圆满落幕。此次活动旨在进一步提高我国口腔专业人士和大众对牙本质敏感问题的认识，提升全民口腔健康意识。整个比赛历时一个月，经过预赛和决赛的层层选拔及激烈竞争，来自全国 12 个城市的百余位口腔医师展示了他们的学识和口腔健康宣传大使的风采。

▲中国口腔护理工作发展论坛在天津举办

2009 年 9 月 17 日，中国口腔护理工作发展论坛在天津举办。来自全国 16 个省、市、自治区的 75 位代表参会。中华口腔医学会栾文民副会长到会并致词。该届护理论坛共进行了 3 个专题讲座：北京大学口腔医院护理部李秀娥主任的“口腔护理的现状和发展展望”，北京大学口腔医院谭建国主任的“从医生角度看护理的重要性”，中山大学光华口腔医院护理部陈佩珠主任的“四手操作在口腔护理中的重要性”。各位代表各抒己见，对口腔专科护士将来的发展和定位以及与国外先进技术的接轨途径等问题提出了自己的看法。此次论坛为口腔专科医院、综合医院口腔科、民营口腔诊所的口腔专科护士提供了一个良好的交流沟通平台。

会议期间，中华口腔医学会和北京大学网络教育学院共同开展的口腔专科护士培训项目实习医院授牌仪式隆重举行。中华口腔医学会王渤秘书长与网络学院院长助理夏阳到会致词并向 24 家基地代表授牌。

▲中华口腔医学会口腔镇静镇痛专家组工作会议在天津召开

2009 年 9 月 18 日，中华口腔医学会镇静镇痛专家组工作会议在天津召开。该次会议的主要内容是首届中华口腔医学会镇静镇痛专家组成立，编写《口腔镇静镇痛临床技术规范、操作指南》。中华口腔医学会王渤秘书长，丁笑乙副秘书长出席了会议。

会议组织编写的《口腔镇静镇痛临床技术规范、操作指南》主要是规范口腔治疗中笑氧混合气体镇静技术的临床应用、出台相应的操作指南并制定相关的该技术的管理规范。保证氧化亚氮和氧气（氧化亚氮/氧混合气体）吸入镇静技术在我国口腔医学领域的安全有效地开展。参会专家统一意见，同意将该标准文件上报中华口腔医学会和卫生相关管理部门审批。

▲吉林省口腔医学会成立暨第一次会员代表大会在长春召开

2009年9月25日，吉林省口腔医学会第一次会员代表大会在长春市召开。吉林省卫生厅厅长隋殿军，卫生部疾控局口腔卫生处处长夏刚，中华口腔医学会王兴会长、王渤秘书长，中华口腔医学会副会长、中国医师协会口腔医师分会主任委员栾文民，吉林省科协、省民政厅有关领导，黑龙江省口腔医学会王遒谦会长，辽宁省口腔医学会路振富会长等嘉宾出席会议。会议由省医学会副会长兼秘书长琴钢主持。会上，省民政厅民间组织管理局于铁群宣读了准予筹备成立吉林省口腔医学会的批复，隋殿军厅长、夏刚处长、王兴会长、王渤秘书长为吉林省口腔医学会揭牌。隋殿军厅长、马晓春部长、王兴会长分别代表省卫生厅、省科协、中华口腔医学会讲话，对口腔医学会的成立表示祝贺，并对学会工作提出了殷切希望。

大会审议通过了《吉林省口腔医学会章程》（草案）等文件，选举产生了学会第一届理事会、常务理事会。经过选举，吉林大学口腔医学院周延民教授当选为口腔医学会会长。

▲"口腔健康与口腔医学发展西部行"项目在宁夏启动

2009年10月16日，由中华口腔医学会主办，卫生部疾病预防控制局、卫生部医政司支持，高露洁棕榄中国有限公司协办的"口腔健康促进与口腔医学发展西部行"活动在银川市举行启动仪式。

中华口腔医学会会长王兴、副会长张志愿、副秘书长丁笑乙，宁夏回族自治区政府副秘书长李文华、卫生厅厅长刘天锡，高露洁棕榄公司专业市场总监李强等领导出席启动仪式并讲话。各级领导、专家、口腔医务工作者等共500余人出席了启动仪式。中华口腔医学会王兴会长向宁夏卫生厅授予"口腔医学发展西部行"旗帜。王兴会长、李文华副秘书长、刘天锡厅长及李强总监共同推杆启动"口腔健康与口腔医学发展西部行"项目。

▲2009年口腔医学新进展专题学术报告会在昆明举行

2009年10月23～24日，昆明医学院口腔医学院迎来了建院30周年华诞，学院举行了2009年口腔医学研究新进展学术报告会，邀请了国内外多名知名专家进行专题讲座。口腔医学院院长丁仲鹃主持会议并致开幕词。围绕口腔颌面外科学、修复和种植学的最新研究方向和诊疗技术，举办了多场报告会。四川大学华西口腔医学院宫苹教授主讲口腔种植治疗的过去与未来，北京大学口腔医学院李铁军教授介绍了牙源性肿瘤的WHO新分类，解放军301医院口腔医学中心刘洪臣教授讲解老年口腔医学相关临床问题，第四军医大学口腔医学院陈吉华教授讲授全瓷修复技术，泰国玛希隆大学牙学院院长Panjit教授和大家讨论口腔骨组织工程相关问题，北京大学口腔医学院俞光岩教授讲授涎腺肿瘤的诊断与治疗。云南省各兄弟院校口腔医生、口腔医学院教职工和研究生200余人参加会议。

▲"口腔健康与口腔医学发展西部行"项目在云南省启动

2009年10月24日，由中华口腔医学会主办，卫生部疾病预防控制局支持，云南省口腔医学会、昆明医学院附属口腔医院、广州高露洁棕榄(中国)有限公司承办的“口腔健康与口腔医学发展西部行”项目启动仪式在昆明市举行。云南省教育厅、卫生厅,昆明医学院等领导出席启动仪式并分别致词。云南省政协副主席陈勋儒宣布“口腔健康促进与口腔医学发展西部行”活动在云南正式启动,中华口腔医学会俞光岩副会长、王渤秘书长等出席启动仪式并讲话。俞光岩副会长在讲话中介绍了西部行项目的目的和意义并向云南省口腔医学会授予“口腔医学发展西部行”旗帜。

启动仪式上,中华口腔医学会向云南 6 个目标地区 27 所医院捐赠了一批新的口腔医疗设备,并在昆明医学院附属口腔医院举办了为期两天的“牙周基础治疗规范化培训班”,来自全省各地近 200 名医生参加了培训。

▲国际口腔种植学会(ITI)中国分会换届会议在上海举行

2009 年 10 月 29 日,国际口腔种植学会(ITI)中国分会在上海举行换届工作会议。经投票选举,同济大学口腔医学院院长王佐林教授当选为第二届 ITI 中国分会主席。国际口腔种植学会(ITI)是口腔种植领域最具影响力的国际性组织,由各国著名口腔种植学家组成,致力于口腔种植学的科研、教学和临床培训工作。目前,国际口腔种植学会在全球 40 个国家和地区成立了分会,为各国口腔种植学者搭建相互交流学习的平台,进一步传播口腔种植领域的临床先进经验和学术前沿成果,推动口腔种植学的发展。

▲周学东教授当选国际牙医师学院中国区主席

2009 年 11 月 3 日,国际牙医师学院 2009 年国际理事会在日本东京召开,会议审议通过了中国分部的升级申请,中国正式成为国际牙医师学院的第 13 个分区。四川大学华西口腔医学院院长周学东教授当选为中国区主席和国际理事。中国分部的成功升级和周学东教授成为国际理事为中国口腔医学事业搭建起了高水平的国际交流平台。

▲2009 年“日进杯”口腔工艺技术展评暨全国口腔职业教育论坛在宁波举办

2009 年 11 月 7 日,由中华口腔医学会、中华口腔医学会口腔修复工艺学专业委员会和口腔修复学专业委员会主办,宁波天一职业技术学院承办,日进齿科材料有限公司协办的口腔工艺技术展评暨口腔职业教育论坛在宁波举行。口腔医学教育专业委员会主任委员王松灵教授,口腔修复学专业委员会主任委员张富强教授,口腔修复工艺学专业委员会主任委员周敏女士等 13 名专家以及来自全国 40 所中高等院校口腔专业的主管领导、教研室主任、师生代表、义齿生产企业代表和日进齿科材料有限公司领导等共 230 余人出席会议。

来自全国 32 所院校,共 114 名学生参加展评。经评委评分,最终牙体雕刻组第一名由厦门医学高等专科学校吴良安获得,全口义齿组第一名由开封卫校薛永彬获得,团体第一名则由开封卫校夺得。

组委会邀请的北京大学口腔医学院郭传瑸、上海交通大学口腔医学院徐侃、日本大阪齿科大学末濑一彦教授 3 位知名专家分别做了“口腔医学生的综合素质教育”、“中国口腔修复工艺学的教育问题和对策”、“日本口腔技师的技术教育”专题演讲,优秀论文奖获得者进行了大会论文交流。

▲丁鸿才教授 95 寿辰暨从医从教 68 周年庆祝大会

2009 年 11 月 13 日,第四军医大学口腔医学院为我国著名口腔医学家、口腔医学教育家丁鸿才教授举行 95 寿辰暨从医从教 68 周年庆祝大会。第四军医大学戴旭光政委、政治部殷志红主任,中华口腔医学会名誉会长张震康教授,北京大学口腔医学院徐韬院长,武汉大学口腔医学院边专院长,西安交通大学口腔医学院周洪院长到会祝贺。戴旭光政委在讲话中代表学校和全校师生员工，对丁老的健康长寿表达了美好祝福和真诚祝愿，对丁鸿才教授为我军、我国口腔医学事业的发展做出的卓越贡献表示衷心的感谢和崇高的敬意。张震康、徐韬、边专教授等向大会致辞，第四军医大学口腔医学院赵铱民院长讲话，颌面外科学教研室刘彦普主任代表科室、吴军正教授代表学生发言，王利民政委主持大会。庆祝会上，毛天球教授介绍了丁鸿才教授从医从教的辉煌历程。口腔医院李宜阳副院长、刘满虎副政委代表医院向丁鸿才教授赠送医院为丁教授精心印刷的《齿界鸿才》纪念册和制作的个人塑像。

▲第 23 届华东(含部分西南地区)口腔医学院(系)教学研讨会在南宁召开

2009 年 11 月 24 日，第 23 届华东(含部分西南地区)口腔医学院(系)教学研讨会在广西南宁召开。会议由广西医科大学口腔医学院承办，来自 11 所华东及部分西南地区口腔医学院(系)的主管教学院长、教学管理人员和骨干教师等 48 人参加了会议。

研讨会上，张志愿教授首先以“科教兴院，以人为本”为题，介绍了上海交通大学口腔医学院的人才培养工作；张建中副院长以“口腔医学教育改革的总体目标”为题，向与会者阐述了上海交通大学口腔医学院计划进行的课程体系改革方案。南京医科大学口腔医学院徐艳副院长、山东大学口腔医学院葛少华副院长、安徽医科大学唐旭炎副院长、广西医科大学口腔医学院周诺院长分别做了专题报告。同济大学口腔医学院潘可风教授回顾了华东(含部分西南地区)口腔医学院(系)教学研讨会的历史，各院校讨论了目前口腔医学教学中存在的困惑和问题。

▲四川省医师协会口腔医师专科委员会成立大会暨第一届学术交流会在绵阳召开

2009 年 11 月 26～28 日，四川省医师协会口腔医师专科委员会成立大会暨第一届学术交流会在绵阳市召开。来自全省各地 300 余位口腔医务工作者参加了大会。会议选举产生了以周学东教授为主任委员的四川省医师协会第一届口腔医师专科委员会。

随后，召开了四川省医师协会口腔医师专科委员会第一届学术交流会。周学东教授等 7 位专家教授做了专题报告，与会代表参观了绵阳市口腔医院，并赴北川地震灾区开展了口腔卫生宣教活动。

▲广东省医院协会口腔医疗管理分会口腔科医疗质量管理研讨会在江门召开

2009 年 11 月 26～28 日，由广东省医院协会口腔医疗管理分会主办，广东省口腔医院、江门市口腔医院承办的口腔科医疗质量管理研讨会在江门市召开，广东省口腔医院章锦才院长主持会议。参会代表 128 人，收到论文 27 篇。会议邀请了广东省卫生厅副厅长廖新波和北大口腔医院医务处沈曙铭处长分别主讲新医政与公立医院标准化管理在医院全面质量管理中的实施及应用；同时安排 19 位来自全省各地口腔医院、口腔科和民营诊所的专家，就口腔医疗机构的医疗质量规范管理及口腔各专科的质量监控，如何提高医疗质量、服务水平等热门议题作专题演讲。会议为推动广东省口腔医疗事业的发展起到积极作用。

▲首届全球华人口腔医学大会暨 2010 中国国际口腔医学大会第一次筹备会议在厦门召开

2009 年 12 月 5 日，首届全球华人口腔医学大会暨 2010 中国国际口腔医学大会组织委员会第一次筹备会议在厦门市国际会展中心召开。参会人员有大会组委会主席、副主席，中华口腔医学会各专业委员会主任委员，我国香港、澳门和台湾及海外口腔医学学术团体会长等 60 余人。与会者充分肯定了会议前期策划，同时提出了许多中肯的意见。根据这些意见和建议，并结合大会的实际情况，就 5 个问题达成共识。另外，与会者还对如何做好大会促进宣传工作、提高大会影响力、搞好会务工作及各项活动等都提出了非常好的建议和意见。

▲江苏省医院协会口腔医院分会2009年年会暨第四届现代口腔医院管理论坛在南京举办

2009年12月12日，由江苏省医院协会口腔医院分会主办的2009年年会暨第四届现代口腔医院管理论坛在南京举办。来自全省13个市72所口腔医院、门诊诊所和综合性医院口腔科的166位从事医院管理的成员参加了年会和论坛。卫生部疾病预防控制局口腔卫生处处长夏刚、江苏省医院协会副会长兼秘书长卢晓玲参加了该次论坛。

卢晓玲副会长主持会议并讲话。口腔卫生处夏刚处长做了“我国口腔卫生工作面临的主要问题和今后的工作思路”专题报告。口腔医院分会主任委员王林教授报告了卫生部委托中华口腔医学会进行的调研课题中“江苏口腔医疗服务能力”的调研结果。

▲粤港口腔学术交流广州演讲会成功举办

2009年9月27日，由香港牙医学会和广东省口腔医院联合主办的粤港口腔学术交流广州演讲会在广东省口腔医院举办。香港牙医学会梁世民医生和香港牙医管理委员会主席左伟国医生率香港牙医学会代表团一行12人到访并参会。会议首先由广东省口腔医院章锦才院长致欢迎词，香港牙医学会梁世民会长对东道主的盛情邀请表示感谢。双方一致希望加强联系，为粤港两地口腔医学学术繁荣昌盛助力。

该次演讲会由陈维国、刘炽佳、杨伟杰3位香港执业牙医作演讲。题目分别为“镍钛根管预备及三维根充技术”、“香港牙医管理委员会许可试非香港受训——牙医所需通过的注册考试”、“植齿学的最新进展”。广州地区约100名口腔医学专业听众参会。

▲《中华医学百科全书·口腔医学卷》主编和副主编会议在上海举行

2009年12月26日，《中华医学百科全书·口腔医学卷》主编和副主编会议在上海举行，标志着《中华医学百科全书·口腔医学卷》的编纂工作正式启动。来自国内各大口腔医学院校的院长和著名口腔医学专家，《中华医学百科全书》副总编辑张玉森、工作委员会学科秘书邓明俊等17人出席会议，主编邱蔚六院士因病未能出席会议，会议由张志愿教授主持。王兴会长代表中华口腔医学会讲话，他认为编纂《中华医学百科全书·口腔医学卷》是口腔医学界的一件大事，一定要在思想上高度重视，行动上恪尽职守，按照要求，高质量地完成《口腔医学卷》的撰写任务。

张玉森副总编在发言中强调了《中华医学百科全书·口腔医学卷》出台背景和编写的重要性，简要介绍了编写流程、口腔医学的框架、词条设置，强调词条的规范性和代表性。接着，各位副主编就口腔医学卷分卷的设置构想，分章的题目、涵盖内容和主编人选一一进行了讨论，对一些分章进行了修改、补充、合并和归类，初步统一了思想，明确了认识和工作流程，并就分章的框架达成了共识。

▲2009年度全国唇腭裂专家培训学术交流会在京召开

2009年12月21日，中华口腔医学会与美国“微笑列车”基金会联合主办、解放军第二炮兵总医院承办的“2009年度全国唇腭裂专家培训学术交流会”在北京召开。“微笑列车”中国首席项目官员薛揄、卫生部医政司综合处主管张睿，中华口腔医学会副会长栾文民、中华慈善总会副秘书长常寒婴等出席会议并讲话。

马莲教授等国内国际著名的唇腭裂专家对来自全国各地的“微笑列车”基金会项目合作医院的医生进行了培训，培训内容主要涉及唇腭裂修复及麻醉等各类相关手术内容。与此同时，成功完成了四台难度很大的唇腭裂手术示范。通过各位专家的讲解与手术示范，将大大提升参加培训医生的医疗技术，并通过他们向全国传播，使更多的唇腭裂患儿受益。

▲《中国医学文摘·口腔医学》更名为《口腔生物医学》

经国家新闻出版总署批准,《中国医学文摘·口腔医学》自2010年起,更名为《口腔生物医学》。主管单位:江苏省教育厅;主办单位:南京医科大学。编辑部设在南京医科大学口腔医学院。

《口腔生物医学》将及时报道国内外口腔生物医学研究的最新进展和相关成果。栏目主要包括:口腔生物医学基础研究的论著、专家述评、导师论坛、综述、译文等。国内公开发行CN 32-1813/R,邮发代号:28-64,季刊,每期于季末25日出版。

中国口腔医学院(系)科技成果获奖和获科研基金资助简况

本栏目收录范围主要为中华人民共和国各部委、省(自治区)、直辖市和中国人民解放军军级以上单位授予的口腔医学科技成果奖(表1)及资助的科研基金项目(表2),收录时限为2009年。

表1　2009年度我国口腔医学院系、口腔医院科技成果获奖一览表

获奖项目名称	获奖单位	获奖人员	奖励名称与等级	授奖部门
龋病牙髓病的基础与临床研究	武汉大学口腔医学院	樊明文　边　专　彭　彬　范　兵　陈　智　郭继华　杜民权　许庆安　聂　敏　宋亚玲	国家科学技术进步奖二等奖	中华人民共和国国务院
口腔正畸牙移动生物力学机制基础及临床应用的系统化研究	四川大学华西口腔医学院	赵志河　白　丁　王　军　赖文莉　陈扬熙　罗颂椒　周继祥等	高等学校科学研究优秀成果奖科学技术进步奖一等奖	中华人民共和国教育部
涎腺肿瘤功能性外科治疗	北京大学口腔医学院	俞光岩　马大权　高　岩　彭　歆　郭传瑸　黄敏娴　孙开华等	高等学校科学研究优秀成果奖科学技术进步奖二等奖	中华人民共和国教育部
****************(涉密)	第四军医大学口腔医学院	金　岩	军队科学技术进步奖一等奖	解放军总后勤部卫生部
嵌抱式种植系统同期修复战创伤性颌骨骨折和牙缺失的研究	解放军总医院口腔医学中心	张海钟　刘洪臣　张　彤　王东胜　杨德圣	军队科学技术进步奖二等奖	解放军总后勤部卫生部
龋病发生机制及临床研究	四川大学华西口腔医学院	周学东　胡　涛　李继遥　刘天佳　胡德渝　岳松龄　吴红崑等	中华医学科技奖二等奖	中华医学会
西帕依固龈液的应用研究	新疆医科大学	哈木拉提·吾甫尔　赵　今　季志红	中华医学科技奖二等奖	中华医学会

续表 1

获奖项目名称	获奖单位	获奖人员	奖励名称与等级	授奖部门
口腔颌面部血管瘤与脉管畸形的基础与临床研究	上海交通大学、武汉大学口腔医学院 山东省临沂市肿瘤医院	张志愿　赵怡芳 周国瑜　郑家伟 秦中平　范新东 赵吉宏等	上海市科学技术进步奖一等奖	上海市人民政府
骨性反𬌗及其相关畸形的基础与临床研究	第四军医大学口腔医学院	段银钟	陕西省科学技术进步奖一等奖	陕西省人民政府
组织工程技术用于治疗牙周疾病的实验与临床研究	福建医科大学附属口腔医院	闫福华　骆　凯 林敏魁　詹　曦 郑瑜谦	福建省科学技术奖二等奖 福建医学科技奖二等奖	福建省人民政府 福建省医学会
转化生长因子-β在颞颌关节髁突软骨细胞应力信号转导中作用的实验研究	昆明医学院口腔医学院	李　松	云南省自然科学奖二等奖	云南省人民政府
维吾尔药西帕依固龈液研制	新疆医科大学	哈木拉提·吾甫尔 斯拉夫　赵　今 季志红	新疆维吾尔自治区科学技术进步奖二等奖	新疆维吾尔自治区人民政府
直丝弓矫治器的临床应用	新疆医科大学一附院 乌鲁木齐市口腔医院	米丛波　范雪兰 郭　宏　葛晓玲 沈　强　赵　玺 李　伟	新疆维吾尔自治区科学技术进步奖三等奖	新疆维吾尔自治区人民政府
口腔黏膜癌前损害发病机制的应用基础研究	中山大学附属口腔医院	程　斌　夏　娟 洪　筠　杨灵澜 陶小安　陈小华	广东省科学技术奖三等奖	广东省人民政府
口腔扁平苔藓的病因与治疗	宁夏医科大学口腔医学院	漆　明	宁夏回族自治区科学技术进步奖三等奖	宁夏回族自治区人民政府
口腔健康与体内营养状况之间关系的研究	广西医科大学口腔医学院	曾晓娟　黄　华 邓汉辉　吴　卫 刘鸿雁	广西科学技术进步奖三等奖	广西壮族自治区人民政府
人滞留乳牙中破骨细胞活化因子 RANKL 的免疫组织化学研究	哈尔滨医科大学口腔医学院	刘英群	黑龙江省政府奖三等奖	黑龙江省人民政府
大蒜素对根尖周病影响的研究	中南大学口腔医学院	谢晓莉　刘斌杰 尹晓敏　吴颖芳 刘　虹　唐瞻贵 方厂云　阙国鹰	湖南医学科技奖二等奖 湖南省科学技术进步奖三等奖	湖南医学科技奖奖励委员会 湖南省人民政府
增强 IgA 应答抗成人牙周炎 DNA 疫苗的实验研究	山东大学口腔医学院	杨丕山　姜广水 郭红梅　于亦明	山东省科学技术进步奖二等奖	山东省科技厅
下颌前伸矫治器的研制及其作用机制的研究	浙江大学口腔医学院	谷志远　冯剑颖 詹　静　孙　平 黄吉娜　曹征旺 应　红	浙江省科学技术进步奖二等奖	浙江省科技厅
放线共生放线杆菌黏附性及其生物学研究	吉林大学口腔医学院	黄　洋　李　毅 李海英　杨　涛 姜　秋	吉林省科学技术进步奖三等奖	吉林省科技局

续表1

获奖项目名称	获奖单位	获奖人员	奖励名称与等级	授奖部门
大鼠类风湿性关节炎骨保护素的基因表达研究	吉林大学口腔医学院	韩　冰　邹永魏　骆国志　韩　雪　顾晓琪	吉林省科学技术进步奖三等奖	吉林省科技局
多曲方丝弓及摇椅弓配合垂直牵引矫治开殆的光弹性研究及应用	吉林大学口腔医学院	胡　敏　刘　磊　张丽雯　吴　宏　王　芳	吉林省科学技术进步奖三等奖	吉林省科技局
涎腺癌嗜神经性的基础研究与临床处理	中国医科大学口腔医学院	孙长伏　郭　澍　韩思源　卢　利　尚德浩　刘法昱　王秋旭	辽宁省科学技术进步奖三等奖	辽宁省科学技术奖励委员会
以面貌美学为基础的正畸治疗标准的研究	中国医科大学口腔医学院	侯志明　代　昕　赵震锦　薛　明　洪岩松　刘文艳	辽宁省科学技术进步奖三等奖	辽宁省科学技术奖励委员会
磁吸引力 Twin-block 矫治技术的临床应用研究	南昌大学附属口腔医院	吴建勇　刘　剑　李志华等	江西省科技进步奖三等奖	江西省科技厅
牙科纳米复合核瓷材料的研制	温州医学院附属口腔医院	麻健丰　何　帅　刘传通　张大风　李洪庆	浙江省高等学校科研成果奖三等奖	浙江省教育厅
肋骨-软骨移植重建髁突的内镜辅助手术与开放手术的应用研究	滨州医学院口腔系	杨佑成	山东高校优秀科研成果奖三等奖	山东省教育厅
劈裂牙齿粘接再植新技术	哈尔滨医科大学附属第四医院	毕良佳	医疗卫生新技术应用奖一等奖	黑龙江省卫生厅
冠－根向无压力预备技术在根管预备中的应用	南京大学医学院附属口腔医院	葛久禹　谢思静　孙卫斌	江苏省医学新技术引进奖一等奖	江苏省卫生厅
电生理技术在颈清术中颈丛测定及术后肩功能评估中的应用	南京大学医学院附属口腔医院	唐恩溢　杨旭东　蒲玉梅	江苏省医学新技术引进奖二等奖 南京市医学新技术引进奖一等奖	江苏省卫生厅 南京市卫生局
Sommerlad 腭帆提肌重建术修复腭裂的临床研究	南京大学医学院附属口腔医院	鲁　勇　胡勤刚　王志勇	江苏省医学新技术引进奖二等奖	江苏省卫生厅
游离上臂外侧皮瓣在口腔颌面部缺损修复中的应用	南京医科大学口腔医学院	袁　冶　吴煜农　江宏兵	江苏省医学新技术引进奖二等奖	江苏省卫生厅
纤维状和铸瓷全冠联合修复前牙残根残冠	南京医科大学口腔医学院	夏　露　陈亚明	江苏省医学新技术引进奖二等奖	江苏省卫生厅
钛镍形状记忆合金与不锈钢复合矫治丝	吉林大学口腔医学院	朱宪春　孙新华	中国商业联合会科学技术奖一等奖	中国商业联合会
补肾方剂治疗糖尿病牙周炎的实验研究	河北医科大学口腔医学院	武明轩　杨冬茹　王　洁　马　哲　李淑娟	河北医学科技奖二等奖	河北省医学会
脱细胞真皮基质修复硬腭裸露骨面的实验研究	滨州医学院口腔系	杨佑成	山东省医学科技奖三等奖	山东省医学会

续表1

获奖项目名称	获奖单位	获奖人员	奖励名称与等级	授奖部门
应用组织工程方法修复缺损面积的动物实验研究	遵义医学院口腔学院 四川大学华西口腔医学院	黄桂林 李龙江 李学英 赵洪伟 宋 琦	贵州省医学科技奖三等奖	贵州省医学会
变异链球菌产酸耐酸毒力因子遗传多态性分析	遵义医学院口腔学院 四川大学华西口腔学院	杨德琴 刘天佳 亓庆国 庄 姮 刘建国	贵州省医学科技奖二等奖	贵州省医学会
应用GTR膜与人工骨、bFGF等生物材料治疗牙周骨缺损的研究	大连大学医学院口腔系	曲晓娟 赵秀兰 张卫民 吕玉贤 朱建华 刘为国 王颖等	大连市科学技术进步奖二等奖	大连市人民政府
茶多酚与银杏叶提取物防治牙周病和复发性口腔溃疡的研究	遵义医学院口腔学院 首都医科大学北京朝阳医院	刘建国 梁文红 程 茜 张 剑 郭玉苏	遵义市科学技术进步奖二等奖	遵义市人民政府
牙周传递载体的构建及促牙周组织再生的应用	遵义医学院口腔学院	刘 琪 葛 颂 高 丽	遵义市科学技术进步奖二等奖	遵义市人民政府
中心体异常与口腔黏膜癌变	贵阳医学院口腔系 四川大学华西口腔医学院	蔡 杨 李秉琦 杨 宏 卢 虹 于燕妮 柳咏发	贵阳市科学技术进步奖二等奖	贵阳市人民政府
重组柞蚕溶菌酶基因对口腔变异链球菌的作用	大连市口腔医院	王 丹	大连市科学技术进步奖三等奖	大连市人民政府
计算机技术在口腔医学中的临床应用研究	南京大学医学院附属口腔医院	俞 青 胡勤刚 戴 宁 华 芳 刘 清	南京市科学技术进步三等奖	南京市科技局
牙体广泛缺损与修复的生物力学研究	南京医科大学口腔医学院	陈亚明 孙亚洲	南京市科学技术进步奖三等奖	南京市科协
Tip-Edge Plus矫治技术快速纠正骨性Ⅱ类深覆殆	南京大学医学院附属口腔医院	李 煌 季 彤 彭雪娇	南京市医学新技术引进奖二等奖	南京市卫生局

表2 2009年度我国口腔医学院系、口腔医院获科研基金资助一览表

项目名称	项目负责人	单位	基金来源及名称	批准号或编号	资助金额（万元）
牙发生发育分子机理及牙齿再生研究	田卫东	四川大学	国家重点基础研究发展计划（973计划）	2010CB944800	2 400.00
颅颌面外科精确治疗机器人系统	郭传瑸	北京大学	国家高技术研究发展计划(863计划)	2009AA045201	1 673.00
齿科用氧化锆基可切削陶瓷材料的研发	王 勇	北京大学	国家高技术研究发展计划(863计划)	2009AA03Z422	100.00
口颌系统的力触觉模型	许天民	北京大学	国家高技术研究发展计划(863计划)	2009AA01Z312	92.00

续表 2

项目名称	项目负责人	单位	基金来源及名称	批准号或编号	资助金额（万元）
5.12 地震伤情数据采集及信息整理分析研究	田卫东	四川大学	国家高技术研究发展计划（863 计划）子课题	2008AA022501	70.00
口腔修复体个性化设计与快速加工设备的研制	吕培军	北京大学	“十一五”国家科技支撑计划项目	2009BAI81B02	1 480.00
口腔修复体个性化设计与快速加工设备的研制——口腔颌面修复体个性化设计、加工技术及临床应用评估	汤 炜	四川大学	“十一五”国家科技支撑计划分题	2009BAI81B03	88.00
炎症对牙髓干细胞分化功能和修复功能的影响	张成飞	北京大学	科技部国际合作计划	2009DFA32950	80.00
低温等离子体生物学效应及其医学应用研究	周彦恒	北京大学	科技部国际合作计划	2009DFB30370	257.00
口腔扁平苔藓免疫遗传易感位点全基因组关联分析及功能验证	陈谦明	四川大学	国家自然科学基金重点项目	30930100	185.00
遗传性牙龈纤维瘤病致病基因的克隆与致病机理研究	边 专	武汉大学	国家自然科学基金重点项目	30930099	175.00
牙冠发育相关 miRNAs 调控关键基因的机制研究	周学东	四川大学	国家自然科学基金自由申请项目	30973324	32.00
牙髓干细胞迁移-分化时相特征及其“交互对话”研究	胡 涛	四川大学	国家自然科学基金自由申请项目	30973322	31.00
牙龈卟啉单胞菌对血管内皮细胞黏附功能的影响及其信号调控	吴亚菲	四川大学	国家自然科学基金自由申请项目	30973323	31.00
间质液压与口腔鳞癌细胞恶性演进及相关分子机制的研究	李龙江	四川大学	国家自然科学基金自由申请项目	30973345	31.00
RNAi 调控 OPG/RANK/RANKL 偶联系统对类骨磷灰石的影响	罗 恩	四川大学	国家自然科学基金自由申请项目	30973346	31.00
下颌牵张成骨区牙移动的分子调控与生物力学机制研究	汤 炜	四川大学	国家自然科学基金自由申请项目	30973347	31.00
一种新的脂肪细胞生长因子的分离鉴定和功能研究	田卫东	四川大学	国家自然科学基金自由申请项目	30973348	31.00
牙周膜肌成纤维细胞在正畸牙移动力学传导中作用机制的研究	白 丁	四川大学	国家自然科学基金自由申请项目	30970705	32.00
HMGN2 分子抗乙型肝炎病毒作用的研究	冯 云	四川大学	国家自然科学基金自由申请项目	30972764	30.00
启动材料固有骨诱导性的关键微结构及机制研究	包崇云	四川大学	国家自然科学基金自由申请项目	30970728	32.00
ORAOV1 调控口腔黏膜癌变机制及以 ORAOV1 为靶标防治口腔黏膜癌变的应用基础研究	江 潞	四川大学	国家自然科学基金青年科学基金	30901676	21.00

续表2

项目名称	项目负责人	单位	基金来源及名称	批准号或编号	资助金额(万元)
牙髓细胞整合应激反应介导的树脂毒性作用机制	王凤明	四川大学	国家自然科学基金青年科学基金	30901677	20.00
Notch 信号通路对脂肪干细胞成骨分化的调控及其分子机制研究	敬　伟	四川大学	国家自然科学基金青年科学基金	30901688	20.00
端粒酶新蛋白——TCAB1 基因沉默对口腔鳞状细胞癌的治疗作用及分子机制研究	李　燕	四川大学	国家自然科学基金青年科学基金	30901689	20.00
淋巴结中 LEC 分泌 CCL2 促进舌癌细胞定居与增殖的分子机制研究	张　壮	四川大学	国家自然科学基金青年科学基金	30901690	20.00
多聚磷酸盐对 FGF23/FGFRs 的分子调控以及在牙周再生中的作用研究	袁　泉	四川大学	国家自然科学基金青年科学基金	30901696	20.00
力学刺激诱导下通过重演骨发育过程实现大面积骨缺损修复	谭理军	四川大学	国家自然科学基金青年科学基金	30900287	22.00
腭裂患者音位特征提取及其神经心理机制研究	李　杨	四川大学	国家自然科学基金青年科学基金	30900391	20.00
应力微环境下 MSCs 成软骨分化过程中凋亡机制的研究	李　娟	四川大学	国家自然科学基金青年科学基金	30900286	22.00
炎症刺激和正畸力双重作用下微种植体周围组织变化研究	唐　甜	四川大学	国家自然科学基金青年科学基金	10902075	21.00
调节涎腺功能的新因子脂联素在正常和舍格伦综合征涎腺中的作用及机制研究	吴立玲	北京大学	国家自然科学基金自由申请项目	30973316	31.00
牙菌斑生物膜相容性基因的筛选	郭丽宏	北京大学	国家自然科学基金自由申请项目	30973317	30.00
原发性舍格伦综合征唾液/血液自身抗体及差异蛋白表达研究	华　红	北京大学	国家自然科学基金自由申请项目	30973318	31.00
S100A8 基因多态性对牙周炎患者钙结合蛋白的表达和功能的影响	孟焕新	北京大学	国家自然科学基金自由申请项目	30973319	34.00
A 型肉毒毒素对大鼠涎腺分泌功能影响机制的研究	蔡志刚	北京大学	国家自然科学基金自由申请项目	30973336	31.00
慢性疼痛脊髓小胶质细胞的可塑性变化	傅开元	北京大学	国家自然科学基金自由申请项目	30973337	31.00
Podoplanin 在口腔癌前病变癌变过程中表达特点及作用机制的研究	高　岩	北京大学	国家自然科学基金自由申请项目	30973338	31.00
4-1BBL-B7-H3 口腔癌瘤苗调节 NKT、γδT 细胞非特异性抗瘤免疫	杨宏宇	北京大学	国家自然科学基金自由申请项目	30973339	32.00

续表 2

项目名称	项目负责人	单位	基金来源及名称	批准号或编号	资助金额（万元）
釉原蛋白 A + 4 复合富血小板血浆在炎症牙髓修复中的作用	姜 婷	北京大学	国家自然科学基金自由申请项目	30973353	31.00
CryAB 融合蛋白表达系统的构建以及对软骨细胞增殖分化影响的研究	周彦恒	北京大学	国家自然科学基金自由申请项目	30973360	31.00
牙源性角化囊性瘤中 Hedgehog 信号通路的组成性激活及阻断性治疗的实验研究	孙丽莎	北京大学	国家自然科学基金青年科学基金	30901680	20.00
低剂量葛根素和锌对去势大鼠牙槽骨骨强度的协同改善作用及其机制	李斌斌	北京大学	国家自然科学基金青年科学基金	30901671	20.00
基于原代人脂肪基质细胞构建即刻应用型生物骨	刘云松	北京大学	国家自然科学基金青年科学基金	30901693	20.00
Wnt 信号抑制因子 Dickkopf-1 在牙周炎致病机制中的作用	欧阳翔英	北京大学	国家自然科学基金自由申请项目	30940083	10.00
镍钛形状记忆合金有机纳米结构化表面的研究	聂 琼	北京大学	国家自然科学基金自由申请项目	50943044	9.00
粪肠球菌活的非可培养状态与根管再感染关系初探	梁景平	上海交通大学	国家自然科学基金自由申请项目	30973321	31.00
TGF-β1 介导的纤维萎缩机制在颌骨放射性骨坏死形成中的作用机制研究	何 悦	上海交通大学	国家自然科学基金自由申请项目	30973341	31.00
Nell-1 过表达促进软骨发育成熟和组织工程再生的研究	蒋欣泉	上海交通大学	国家自然科学基金自由申请项目	30973342	34.00
MAL 基因在口腔鳞状细胞癌发生中作用的研究	陈万涛	上海交通大学	国家自然科学基金自由申请项目	30973343	34.00
口腔鳞癌发生发展中 GDF15 与 p53、ERK1/2 信号通路作用关系的研究	钟来平	上海交通大学	国家自然科学基金自由申请项目	30973344	31.00
张应力作用下颅底软骨联合的差异蛋白质组学研究	沈 刚	上海交通大学	国家自然科学基金自由申请项目	30973363	31.00
正畸应力调控骨质疏松大鼠骨髓基质干细胞骨向分化的机制	房 兵	上海交通大学	国家自然科学基金自由申请项目	10972142	42.00
牙龈卟啉单胞菌毒力相关性多糖生物合成基因的研究	刘大力	上海交通大学	国家自然科学基金青年科学基金	30901672	20.00
基于多数字化信息采集的颌面部缺损赝复体系的研究	熊耀阳	上海交通大学	国家自然科学基金青年科学基金	30901694	20.00
核心结合因子在正畸应力诱导大鼠骨髓基质干细胞骨向分化中的作用及调控机制	江凌勇	上海交通大学	国家自然科学基金青年科学基金	30901698	20.00
Caspase 酶在动态牵张应变诱导人牙周膜细胞凋亡中作用的研究	胥 春	上海交通大学	国家自然科学基金青年科学基金	30900282	19.00

续表 2

项目名称	项目负责人	单位	基金来源及名称	批准号或编号	资助金额（万元）
Nucleolin 介导 EMMPRIN 信号传递并参与小鼠下颌磨牙牙胚形态发生机制的研究	谢　明	上海交通大学	国家自然科学基金青年科学基金	30900848	20.00
α7nAChR-ERK1/2 信号通路在吸烟相关性牙周炎发生发展中作用及机制研究	王小竞	第四军医大学	国家自然科学基金自由申请项目	30973315	31.00
翼外肌牵张成骨在创伤性颞下颌关节强直发生中的作用研究	胡开进	第四军医大学	国家自然科学基金自由申请项目	30973332	32.00
牙种植体扭转振动模态与骨结合之间关系的基础研究	李德华	第四军医大学	国家自然科学基金自由申请项目	30973333	31.00
自体牙囊细胞复合 β-磷酸三钙生物陶瓷修复牙周组织缺损以及牙齿移动的研究	金作林	第四军医大学	国家自然科学基金自由申请项目	30973358	31.00
蛋白质磷酸酶-1 在成骨细胞力学信号转导 NF-κB 通路中调节作用的研究	李永明	第四军医大学	国家自然科学基金自由申请项目	30970697	32.00
具有抗肿瘤活性的九节龙皂苷的结构修饰与构效关系研究	王晓娟	第四军医大学	国家自然科学基金自由申请项目	30973623	31.00
牵张成骨中交感神经/内皮细胞复合体调控间充质干细胞动物实验研究	王　磊	第四军医大学	国家自然科学基金青年科学基金	30901685	20.00
牙本质源 MMPs 在牙本质粘接界面退变过程中的作用及机制研究	张　凌	第四军医大学	国家自然科学基金青年科学基金	30901695	20.00
下颌髁突软骨细胞自身合成雌激素对其生物学特性的影响	于世宾	第四军医大学	国家自然科学基金青年科学基金	30901699	20.00
MEPE 蛋白质裂解活化在牙本质形成以及相关疾病中的作用和机制研究	王捍国	第四军医大学	国家自然科学基金青年科学基金	30901674	20.00
Notch 信号负调节因子在牙根发育启动中的作用研究	邢向辉	第四军医大学	国家自然科学基金青年科学基金	30901675	20.00
基因工程技术进行纯钛表面改性的基础研究	马　威	第四军医大学	国家自然科学基金青年科学基金	50901088	20.00
渐进性咬合紊乱所致大鼠下颌髁突改建活动中干细胞活动规律的研究	施松涛	第四军医大学	国家自然科学基金青年科学基金	30928028	20.00
新生儿唇腭裂表面三维形态发育规律及数字化术前矫治理论的研究	吴国锋	第四军医大学	国家自然科学基金青年科学基金	30900327	21.00
基于细胞三维共培养技术的人工重组微环境在牙周组织再生中的应用研究	杨振华	第四军医大学	国家自然科学基金青年科学基金	30900316	22.00
大麻素受体 CB2 在机械牵张力介导的牙周膜细胞成骨分化中的作用及其调控机制	钱　红	第四军医大学	国家自然科学基金青年科学基金	30900285	21.00

续表 2

项目名称	项目负责人	单位	基金来源及名称	批准号或编号	资助金额（万元）
膨胀式种植体多目标优化分析及其在骨质疏松条件下固位原理的生物力学研究	孔　亮	第四军医大学	国家自然科学基金青年科学基金	30900284	22.00
蛋白多糖 HSPG 人工神经移植物在面神经再生过程中作用的研究	王彦亮	第四军医大学	国家自然科学基金青年科学基金	30900300	19.00
脊髓 Wnt-β-catenin 信号通路参与神经病理性痛慢性化的机制	每晓鹏	第四军医大学	国家自然科学基金青年科学基金	30901400	21.00
B7-H1/PD-1 信号对口腔扁平苔藓 T 细胞活化的负性调控效应研究	周　刚	武汉大学	国家自然科学基金自由申请项目	30973311	31.00
基因工程改性变异链球菌替代疗法防龋研究	樊明文	武汉大学	国家自然科学基金自由申请项目	30973312	31.00
EMMPRIN 与重度牙周炎宿主易感性	李成章	武汉大学	国家自然科学基金自由申请项目	30973313	31.00
NALP3 炎性体信号通路与牙周炎的发生发展	汪昌宁	武汉大学	国家自然科学基金自由申请项目	30973314	31.00
淋巴结内转移前壁龛在舌癌淋巴结转移过程的作用及发生机制	张文峰	武汉大学	国家自然科学基金自由申请项目	30973329	31.00
巨噬细胞及其细胞极性漂移在血管瘤消退中的作用	赵怡芳	武汉大学	国家自然科学基金自由申请项目	30973330	31.00
涎腺镜辅助下慢性阻塞性涎腺炎致病机制的实验研究	程　勇	武汉大学	国家自然科学基金自由申请项目	30973331	31.00
Cadherin-11 在正畸牙骨质动态平衡机制中的多通路稳定作用	贺　红	武汉大学	国家自然科学基金自由申请项目	30973357	32.00
第二届国际牙科研究学会（IADR）泛亚洲太平洋联盟（PAPF）会议	樊明文	武汉大学	国家自然科学基金青年科学基金	30910303065	8.00
自体滑膜间充质干细胞复合透明质酸治疗颞下颌关节紊乱病的实验研究	蔡恒星	武汉大学	国家自然科学基金青年科学基金	30901683	20.00
HAS2 调控 HMW-HA 抑制 TMD 滑膜血管生成的实验研究	李　健	武汉大学	国家自然科学基金青年科学基金	30901684	20.00
Nrf 2/Keap1 通路在口腔癌发病中作用的实验研究	孙　正	首都医科大学	国家自然科学基金自由申请项目	30973325	31.00
牙周致病菌在腹主动脉瘤发展中的作用机制及相关药物治疗的研究	王冬青	首都医科大学	国家自然科学基金青年科学基金	30901678	20.00
联合转导 AdCMVhAQP1 和 AdCMVhNKCC1 重建涎腺放射损伤分泌功能研究	祁森荣	首都医科大学	国家自然科学基金青年科学基金	30901692	20.00
电化学 ELISA 检测法诊断正畸牙根吸收研究	沙海亮	首都医科大学	国家自然科学基金青年科学基金	30901700	20.00

续表2

项目名称	项目负责人	单位	基金来源及名称	批准号或编号	资助金额（万元）
牙本质胶原纤维网塌陷与结构重建的生物矿化研究	顾新华	浙江大学	国家自然科学基金自由申请项目	30973350	31.00
多孔纯钛种植体表面非病毒载体介导的bFGF/BMP2基因薄层的组装、性能和生物学评价	何福明	浙江大学	国家自然科学基金自由申请项目	30973351	31.00
体内生物发生器诱生血管化组织工程化人髁突的探索	刘雁鸣	浙江大学	国家自然科学基金青年科学基金	30901686	20.00
Cadherin-11在颞下颌关节滑膜衬里重构中的作用及调控机制研究	吴梦婕	浙江大学	国家自然科学基金青年科学基金	30901687	20.00
白假丝酵母菌生物膜耐药滞留菌的临床意义与相关信号传导途径的筛选	亓庆国	山东大学	国家自然科学基金自由申请项目	30973310	31.00
FHL2信号路径对牙本质形成的调控作用研究	王效英	山东大学	国家自然科学基金青年科学基金	30901673	20.00
Gsα突变基因的RNA干扰和正常基因转入对骨纤维异常增殖症骨髓基质干细胞的影响	张东升	山东大学	国家自然科学基金自由申请项目	30973328	8.00
放射诱导启动子介导PUMA基因沉默与AQP基因表达防治放射性口干的实验研究	余东升	中山大学	国家自然科学基金自由申请项目	30973340	31.00
离子植入影响生物骨陶瓷材料降解性能的实验研究	陈卓凡	中山大学	国家自然科学基金自由申请项目	30973355	31.00
唾液腺肿瘤细胞自噬性死亡的诱导及调控机制研究	苏宇雄	中山大学	国家自然科学基金青年科学基金	30901682	20.00
变异链球菌ComCDE密度感应系统对变链素V调控机制的研究	凌均棨	中山大学	国家自然科学基金自由申请项目	30973320	31.00
颞下颌关节滑液循环与腔内三维流场的动态仿真研究	张志光	中山大学	国家自然科学基金自由申请项目	10972242	32.00
Bmil和其他表观遗传学调节分子在介导甲状旁腺素相关肽抗衰老中的作用	苗登顺	南京医科大学	国家自然科学基金中加合作项目	30911120486	45.00
PC1在上颌快速扩大机械生物信号转导中的调控机制	王　林	南京医科大学	国家自然科学基金自由申请项目	30973361	31.00
改良的双相磷酸钙用于牙周再生的实验研究及再生后正畸牙移动的可行性分析	时　函	同济大学	国家自然科学基金青年科学基金	30901697	20.00
儿茶素与牙科铸造合金金属离子的络合反应及生物学效应	苏俭生	同济大学	国家自然科学基金自由申请项目	30970726	32.00
金雀异黄素治疗阻塞性睡眠呼吸暂停低通气综合征的实验研究	刘月华	同济大学	国家自然科学基金自由申请项目	30973362	31.00

续表 2

项目名称	项目负责人	单位	基金来源及名称	批准号或编号	资助金额（万元）
成肌细胞细胞骨架力学响应机制的实验研究	李志华	南昌大学	国家自然科学基金地区科学基金	30960425	24.00
牙周致病菌 LPS 对组织特异性单核/吞噬细胞及相应组织的致病机制研究	闫福华	福建医科大学	国家自然科学基金自由申请项目	30973326	31.00
TGF-beta 1 调控成釉细胞 MMP-20 基因转录活性的分子机制研究	高玉光	潍坊医学院	国家自然科学基金自由申请项目	30973327	31.00
基于分子识别的原位仿生矿化再生修复牙硬组织的模拟研究	李　红	暨南大学	国家自然科学基金	30870612	33.00
BMP-2 基因修饰 MSCs 复合生物衍生骨材料构建组织工程化骨促进下颌骨牵张成骨的实验研究	周　诺	广西医科大学	国家自然科学基金地区科学基金	30960421	24.00
MRN 复合体在涎腺细胞放射性 DNA 双链断裂修复中的作用及机制研究	王代友	广西医科大学	国家自然科学基金地区科学基金	30960420	24.00
蜂胶缓释对牙周炎/种植体周围炎作用及其机制研究	丁仲鹃	昆明医学院	国家自然科学基金地区科学基金	30960424	24.00
蛋白激酶 c-δ 信号通路在热诱导口腔鳞癌细胞凋亡中的作用及机制	何永文	昆明医学院	国家自然科学基金地区科学基金	30960422	24.00
S-D 大鼠单侧髁突骨折及髁突颈部分截除致应力改变对髁突生长发育影响的实验研究	李　松	昆明医学院	国家自然科学基金地区科学基金	30960426	23.00
新基因 mcpr1 在腭裂形成中对腭突间充质细胞增殖与凋亡的调控研究	轩东英	广东省口腔医院	国家自然科学基金青年科学基金	30901691	20.00
有机－无机杂化材料在颌面赝复中的应用研究	邵龙泉	南方医科大学	国家自然科学基金自由申请项目	50973045	35.00
龋病病因的牙菌斑微生物连续流动态假说	杨德琴	遵义医学院	国家自然科学基金地区科学基金	30960419	24.00
移植骨髓间充质干细胞再生修复唇腭裂组织的研究	肖　晶	大连医科大学	国家自然科学基金自由申请项目	30973349	31.00
氟离子注入钛种植体生物相容性和抗菌性能研究	马国武	大连医科大学	国家自然科学基金自由申请项目	30970732	8.00
苯肾上腺素调控颌下腺细胞 Nampt 基因表达的 RasGRP1/JNK/AP-1 通路研究	向　彬	大连大学	国家自然科学基金自由申请项目	30973335	28.00
基于疼痛外周机制制定正畸疼痛优化治疗方案的实验研究	周　洪	西安交通大学	国家自然科学基金自由申请项目	30973359	31.00
氟化物对釉基质蛋白酶的表达及活性的影响	阮建平	西安交通大学	国家自然科学基金自由申请项目	30972558	30.00

续表2

项目名称	项目负责人	单位	基金来源及名称	批准号或编号	资助金额(万元)
黄芩苷抑制牙槽骨吸收的作用途径和药理机制研究	苟建重	西安交通大学	国家自然科学基金	30940092	10.00
人工复合式口腔牙龈黏膜的构建及抗感染研究	陈莉莉	华中科技大学	国家自然科学基金自由申请项目	30970740	35.00
HA(002)晶面结合肽引导HA定向矿化的研究	毛　靖	华中科技大学	国家自然科学基金自由申请项目	30970751	35.00
前牵引上颌骨的生物力学研究	张　彤	解放军总医院	国家自然科学基金	30940084	10.00
多通路候选基因单体型与唇腭裂风险的相关性研究	宋　涛	中国医学科学院	国家自然科学基金青年科学基金	30901569	20.00
胰岛素受体和胰岛素样生长因子-Ⅰ受体在糖尿病患者种植术牙槽骨结合中的作用	刘洪臣	解放军总医院	国家自然科学基金自由申请项目	30973354	8.00
钛镍记忆合金牵张器增高犬牙槽嵴中血供重建与新骨生成的实验研究	肖红喜	解放军总医院	国家自然科学基金青年科学基金	30901681	19.00
联合应用单磷酸酰脂质(MPL)的WapA防龋DNA疫苗增强黏膜免疫反应的效应及其机制研究	李洪娇	第二军医大学	国家自然科学基金青年科学基金	30901679	21.00
釉质仿生牙体修复材料的模型构建	李全利	安徽医科大学	国家自然科学基金自由申请项目	30973352	31.00
骨折愈合过程中降钙素基因相关肽对成骨细胞信号通路调控的实验研究	谭颖徽	第三军医大学	国家自然科学基金自由申请项目	30973334	31.00
单体水解和胶原降解的联合效应影响牙本质粘接耐久性的机制	肖玉鸿	成都军区昆明总医院	国家自然科学基金自由申请项目	30973356	31.00
慢性牙周炎与冠心病相关性动物模型建立及抗炎干预治疗研究	张源明	新疆医科大学	国家自然科学基金地区科学基金	30960135	26.00
TGF-β3与牙髓干细胞在动物面神经损伤修复中的应用研究	木合塔尔·霍加	新疆维吾尔自治区人民医院	国家自然科学基金地区科学基金	30960423	24.00
脐血间充质干细胞牙向分化潜能研究	刘　磊	四川大学	高等学校博士学科点专项科研基金	20090181110057	6.00
Wnt/β-catenin信号通路参与涎腺腺样囊性癌上皮间充质转化的研究	陈　宇	四川大学	高等学校博士学科点专项科研基金	20090181110059	6.00
间质液压与涎腺腺样囊性癌恶性表型及相关分子机制的研究	李龙江	四川大学	高等学校博士学科点专项科研基金	20090181110082	6.00
Rho信号通路对牙髓细胞迁移和分化的影响及其与MAPK通路间的串话研究	胡　涛	四川大学	高等学校博士学科点专项科研基金	20090181110089	6.00
脂肪干细胞成骨分化过程中Notch通路的作用机制研究	敬　伟	四川大学	高等学校博士学科点专项科研基金新教师基金	20090181120119	3.60

续表2

项目名称	项目负责人	单位	基金来源及名称	批准号或编号	资助金额（万元）
FDC-SP参与维持牙周膜结构及生理功能的机制研究	魏　娜	四川大学	高等学校博士学科点专项科研基金新教师基金	20090181120025	3.60
正畸应力/Msx2对间充质干细胞体外分化及破骨诱导的作用机制	刘　钧	四川大学	高等学校博士学科点专项科研基金新教师基金	20090181120031	3.60
miRNA调控SATB1及其在腺样囊性癌恶性表型中的作用	高　宁	四川大学	高等学校博士学科点专项科研基金新教师基金	20090181120034	3.60
淋巴结中LEC分泌CCL2促进舌癌细胞定居与增殖的分子机制研究	张　壮	四川大学	高等学校博士学科点专项科研基金新教师基金	20090181120036	3.60
壳聚糖生物驻极体膜的促成骨作用机制研究	屈依丽	四川大学	高等学校博士学科点专项科研基金新教师基金	20090181120049	3.60
趋化因子受体CCR7参与小胶质细胞活化和慢性疼痛机制研究	傅开元	北京大学	高等学校博士学科点专项科研基金	20090001110098	6.00
一体化玻璃纤维桩核CAD-CAM技术的研究	王新知	北京大学	高等学校博士学科点专项科研基金	20090001110099	6.00
牙种植体骨感知现象外周神经机制的生理基础研究	林　野	北京大学	高等学校博士学科点专项科研基金	20090001110101	6.00
个体化舌侧矫治技术滑动法关闭间隙矫治力学的三维有限元分析研究	周彦恒	北京大学	高等学校博士学科点专项科研基金	20090001110056	6.00
基于数字化诊断模板的计算机自动化头影测量研究	韩　冰	北京大学	高等学校博士学科点专项科研基金新教师基金	20090001120123	3.60
金雀异黄素治疗阻塞性睡眠呼吸暂停低通气综合征的实验研究	刘月华	同济大学	高等学校博士学科点专项科研基金	20090072110031	6.00
Tapasin在口腔鳞癌细胞系和肿瘤组织样本中的表达差异与机制研究	张志愿	上海交通大学	高等学校博士学科点专项科研基金	20090073110067	6.00
多因子抑制剂联合抑制颞下颌关节囊内粘连形成的实验研究	杨　驰	上海交通大学	高等学校博士学科点专项科研基金	20090073110068	6.00
牙龈卟啉单胞菌多糖生物合成基因与其临床毒力特性关系的研究	刘大力	上海交通大学	高等学校博士学科点专项科研基金新教师基金	20090073120096	3.60
颞下颌关节病滑液中软骨早期破坏的蛋白酶类表达	龙　星	武汉大学	高等学校博士学科点专项科研基金	20090141110065	6.00
滑膜干细胞治疗颞下颌关节紊乱病的实验研究	蔡恒星	武汉大学	高等学校博士学科点专项科研基金新教师基金	20090141120043	3.60

续表 2

项目名称	项目负责人	单位	基金来源及名称	批准号或编号	资助金额（万元）
钛种植体表面成骨基因涂层的制备及成骨活性研究	杨国利	浙江大学	高等学校博士学科点专项科研基金新教师基金	20090101120137	3.60
Nell-1 信号路径对牙本质形成的调控作用研究	王效英	山东大学	高等学校博士学科点专项科研基金新教师基金	20090131120059	3.60
HIF-1α 介导的慢性低氧反应在阻塞性睡眠呼吸暂停低通气综合征形成机制中的作用	蔡　谦	中山大学	高等学校博士学科点专项科研基金新教师基金	20090171120074	3.60
放疗期间鼓室注射地塞米松对豚鼠放射性内耳损伤的保护作用研究	李　鹏	中山大学	高等学校博士学科点专项科研基金新教师基金	20090171120082	3.60
赤藓糖醇对牙菌斑生物膜及牙体再矿化影响机制的研究	简裕涛	中山大学	高等学校博士学科点专项科研基金新教师基金	20090171120104	3.60
唾液腺肿瘤细胞自噬性死亡的诱导及调控机制研究	苏宇雄	中山大学	高等学校博士学科点专项科研基金新教师基金	20090171120105	3.60
骨髓间充质干细胞再生修复唇腭裂组织的基础研究	肖　晶	大连医科大学	高等学校博士学科点专项科研基金	20092105110006	6.00
OPG 基因修饰的组织工程化复合物修复自体牙周组织缺损的实验研究	闫福华	福建医科大学	高等学校博士学科点专项科研基金	20093518110002	6.00
绝经后骨质疏松症及其治疗药物对牙周组织再生影响实验研究	骆　凯	福建医科大学	高等学校博士学科点专项科研基金新教师基金	20093518120003	3.60
调控牙本质涎磷蛋白(dspp)基因细胞特异性表达的蛋白质组分析	高　杰	南方医科大学	高等学校博士学科点专项科研基金新教师基金	20094433120004	3.60
脂肪干细胞脂向分化机制及在颌面部组织再生中的研究	林云锋	四川大学	全国优秀博士学位论文作者专项基金资助项目	200977	66.00
Wnt 在牙齿发育过程中的信号转导及与 BMP/Shh 的串话	叶　玲	四川大学	教育部新世纪人才支持计划 A 类	NECT-10-0577	50.00
牙菌斑生物膜中革氏链球菌 ADS 作用机制的分子生物学研究	刘娅玲	四川大学	教育部新世纪人才支持计划 B 类	NECT-10-0567	50.00
纳米纤维增强增韧齿科树脂复合材料研制	邓旭亮	北京大学	教育部新世纪人才支持计划	NCET-08-0011	50.00
粘接面的表面处理对口腔修复氧化锆陶瓷强度的影响	王　航	四川大学	教育部留学回国人员科研启动基金	20091001-9-4	2.00
MicroRNAs 在 Twist 调控口腔鳞癌转移中的作用	梁新华	四川大学	教育部留学回国人员科研启动基金	20098-8-2	2.00
舌鳞状细胞癌转移淋巴结中淋巴管内皮细胞的分子特征研究	潘　剑	四川大学	教育部留学回国人员科研启动基金	20091341-11-6	3.00

续表 2

项目名称	项目负责人	单位	基金来源及名称	批准号或编号	资助金额（万元）
尼古丁与牙龈卟啉单胞菌内毒素协同作用对内皮细胞功能的影响	安 娜	北京大学	教育部留学回国人员科研启动基金	教外司留【2009】1341 号	3.00
脂氧素 A4 在糖尿病慢性牙周炎中的炎症调控作用	高 丽	北京大学	教育部留学回国人员科研启动基金	教外司留【2009】1342 号	4.00
下颌偏斜患者中颞下颌关节紊乱病发病的功能性因素的探讨及其相关性特征分析	李江宁	首都医科大学	教育部留学回国人员科研启动基金	-	3.00
小型猪单侧腮腺放射损伤和导管栓塞损伤研究	单兆臣	首都医科大学	教育部留学回国人员科研启动基金	-	3.00
应用 Micro-CT 进行牙种植术后并发症的颌骨解剖学研究	金光春	滨州医学院	教育部留学回国人员科研启动基金	-	3.75
吸烟协同口腔微生物诱发口腔癌分子机制的研究	陈万涛 张志愿	上海交通大学	教育部聘请外籍教师重点资助	_	5.95
吸烟的戒断反应对口腔种植体预后的影响	满 毅	四川大学	国际种植学会	09RS-01	32.00
美育活动在构建和谐社会中的文化作用研究	郑广宁	四川大学	四川省科技厅软科学项目	2009ZR0074	1.00
机械刺激下骨细胞白介素 6 的表达机制研究	李小玉	四川大学	四川省科技支撑计划	2009FZ0062	10.00
天丝中药对牙酸蚀磨损的减摩耐磨及组织强化的基础研究	黎 红	四川大学	四川省科技支撑计划	2009FZ0065	10.00
脂肪干细胞脂向分化 miRNA 差异表达研究	郑晓辉	四川大学	四川省科技支撑计划	2009FZ0074	10.00
抑制纯钛牙种植体周骨吸收的二磷酸盐涂层的研制	梁 星	四川大学	四川省科技支撑计划	2009SZ0138	5.00
基于新型生物医用多孔钛材料的口腔骨内种植体的研发	龙 洁	四川大学	四川省科技支撑计划	2009SZ0139	10.00
MSCs 移植对再植牙牙周重建的影响	王 军	四川大学	四川省科技支撑计划	2009SZ0159	10.00
功能殆正畸治疗对咬合和颞下颌关节影响的前瞻性随机对照研究	白 丁	四川大学	四川省科技支撑计划	2009SZ0164	10.00
以机械门控性离子通道为靶点的药物干预调控骨代谢的研究	沈颉飞	四川大学	四川省科技支撑计划	2009SZ0171	5.00
miRNAs 调控牙冠发育关键基因的机制研究	周学东	四川大学	四川省科技支撑计划	2009SZ0191	30.00
先天性腭裂发病及其早期干预性预防的应用研究	郑 谦	四川大学	四川省科技支撑计划	2009SZ0197	10.00
基于 SPRI 的宫颈癌、口腔癌早期诊断技术研究	丁 一	四川大学	四川省科技支撑计划	2009SZ0202	10.00

续表 2

项目名称	项目负责人	单位	基金来源及名称	批准号或编号	资助金额（万元）
口腔社区医疗服务信息系统建设与应用	楼白雁	四川大学	四川省应用基础研究项目	2009JY0041	5.00
深低温保存对大鼠牙周膜细胞及牙移植的影响	王艳民	四川大学	四川省卫生厅科研课题	90304	1.00
口腔科师资培训课题	王晓毅	四川大学	四川省卫生厅科研课题	90306	3.00
非编码 RNA 在肿瘤发生发展过程中作用的研究	王　智	四川大学	霍英东基金	122030	$2.00
虚拟现实在正畸诊断与矫正设计中的应用研究	张晓芸	北京大学	北京市自然科学基金	4092049	12.00
先天缺牙致病基因 *PAX9* 新突变的发现及功能差异研究	郑树国	北京大学	北京市自然科学基金	7092112	12.00
牙齿发育异常的病因机制及蛋白质功能研究	冯海兰	北京大学	北京市自然科学基金	7092113	12.00
寡发酵链球菌糖代谢生化机制的研究	岳　林	北京大学	北京市自然科学基金	7102163	11.00
牙周软组织维生素 D 代谢与牙周炎的关系	孟焕新	北京大学	北京市自然科学基金	7102164	11.00
全数字化中性区全口义齿的基础理论与方法探讨	孙玉春	北京大学	北京市科技新星 A 类	2008A009	8.00
嗜酸乳杆菌和青春双歧杆菌牙周病生态防治作用研究	冯希平	上海交通大学	上海市市科委基础研究重点项目	09JC1408900	30.00
硼酸铝晶须-纳米 ZrO_2 颗粒复合增强抗菌牙科树脂的研究	张修银	上海交通大学	上海市市科委基础研究重点项目	09JC1409000	30.00
牙龈卟啉单胞菌内毒素损伤血管内皮细胞机制的实验研究	梁景平	上海交通大学	上海市市科委基础研究重点项目	09JC1409100	25.00
功能梯度牙种植体优化设计与数字微滴喷射成型的研究	熊耀阳	上海交通大学	上海市自然基金	09ZR1416600	10.00
颅颌面生长发育的影响因素及功能性矫治的生长改良效应——双胞胎样本的研究	嵇国平	上海交通大学	上海市市科委（医学引导）	09411964900	10.00
磷酸钙及硅酸钙材料表面纳米化修饰对口腔组织干细胞的作用及其在组织再生中的应用	蒋欣泉	上海交通大学	上海市市科委（纳米专项）	0952nm04000	50.00
个体化三维钛网和计算机导航技术在复合性眼眶骨折治疗中的应用	何冬梅	上海交通大学	上海市浦江计划（D）	09PJD016	20.00
头颈部肿瘤放疗对口腔生态系的干扰机制初探	黄正蔚	上海交通大学	上海市市科委启明星计划	09QA403700	15.00
钛种植体材料表面形貌及表面自由能对功能性骨结合的影响机制研究	赖红昌	上海交通大学	上海市市科委（生药重点）	09411955000	20.00

续表2

项目名称	项目负责人	单位	基金来源及名称	批准号或编号	资助金额（万元）
采用改性膦腈作为新型义齿软衬材料的研究	郑元俐	上海交通大学	上海市市科委（生药重点）	09411954700	20.00
齿科新型美学氧化锆陶瓷的研制及临床应用研究	张富强	上海交通大学	上海市市科委（生药重点）	09411954600	45.00
抗癌新药新藤黄酰乙氧乙胺的临床前研究	陈万涛	上海交通大学	上海市市科委（生药重点）	09431902200	50.00
CpGODN 激活免疫对兔舌鳞癌放疗效果的影响	李彬彬	上海交通大学	上海市教委	10YZ34	8.00
颗粒蛋白前体参与调节炎症反应的机制研究	陶　疆	上海交通大学	上海市教委	10YZ33	8.00
口腔颌面肿瘤防治的临床与基础研究	张志愿	上海交通大学	上海高校创新团队建设	-	150.00
基于分子药理诊断的口腔鳞癌个体化靶向治疗研究	陈万涛	上海交通大学	上海市领军人才（市人力资源和社会保障局）	-	15.00
导航外科在颌面骨轮廓整形中的应用研究	王旭东	上海交通大学	上海市卫生局	2009077	4.00
基于人工神经网络模型的老年口腔癌患者外科临床决策分析	季　彤	上海交通大学	上海市卫生局	2009076	4.00
RelyXUnicem 在 CEREC3 全瓷系统的应用基础研究	翁维民	上海交通大学	上海市卫生局	2009074	4.00
计算机辅助口腔颌面部动静脉畸形非线性血流动力学研究	苏立新	上海交通大学	上海市卫生局青年基金	2009Y045	自筹
* * * * * * * * * * * * * * * * *（涉密）	赵铱民	第四军医大学	军队重点课题	08Z029	120.00
* * * * * * * * * * * * * * * * *（涉密）	倪龙兴	第四军医大学	军队科技攻关课题	08G104	50.00
* * * * * * * * * * * * * * * * *（涉密）	王勤涛	第四军医大学	军队科技攻关课题	08G105	50.00
* * * * * * * * * * * * * * * * *（涉密）	赵信义	第四军医大学	军队“十一五”面上项目	09MA010	7.00
* * * * * * * * * * * * * * * * *（涉密）	赵铱民	第四军医大学	军队“十一五”面上项目	09MA014	40.00
干细胞技术预构建三维组织工程骨重建复杂骨缺损的基础与应用研究	刘彦普	第四军医大学	陕西省 13115 重大项目	2009ZDXG-74	50.00
钙离子信号对功能刺激下软骨增殖凋亡影响的研究	王军琳	第四军医大学	陕西省自然科学基础研究计划项目	2009JM4019	4.00
中药五倍子防治牙周病的分子机制研究	王　艳	第四军医大学	陕西省自然科学基础研究计划项目	2009JQ4001	8.00

续表2

项目名称	项目负责人	单位	基金来源及名称	批准号或编号	资助金额（万元）
老年人牙齿根面进展龋与静止龋菌斑生物膜的微观形态学、细菌学差异研究	沙鑫家	第四军医大学	陕西省科学技术研究与发展计划项目	2009K01-73	6.00
齿科可切削氧化锆陶瓷材料研究	何惠明	第四军医大学	陕西省科学技术研究与发展计划项目	2009K01-87	5.00
医疗器械研究——三维牵张治疗颌骨缺损的应用研究	商洪涛	第四军医大学	陕西省科学技术研究与发展计划项目	2009K14-01	3.00
组织工程实验研究——复合口腔黏膜固有层多能干细胞的组织工程角膜的研制与应用	李　媛	第四军医大学	陕西省科学技术研究与发展计划项目	2009K14-03	5.00
骨病研究——超声综合治疗颌骨放射性骨坏死的临床研究	胡晓光	第四军医大学	陕西省科学技术研究与发展计划项目	2009K17-01	3.00
骨病研究——重组人骨保护素的研发及其促进难治性根尖周炎骨组织修复的研究	孙汉堂	第四军医大学	陕西省科学技术研究与发展计划项目	2009K17-01	3.00
口腔颌面疾病研究——口腔颌面部鳞癌综合序列治疗的随机对照前瞻性研究	张　圃	第四军医大学	陕西省科学技术研究与发展计划项目	2009K17-03	10.00
口腔颌面疾病研究——新型壳聚糖温敏凝胶用于牙周组织再生的实验研究	马志伟	第四军医大学	陕西省科学技术研究与发展计划项目	2009K17-03	4.00
口腔颌面疾病研究——体外构建大块组织工程骨个性化重建犬下颌骨节段性缺损的研究	程晓兵	第四军医大学	陕西省科学技术研究与发展计划项目	2009K17-03	3.00
口腔颌面疾病研究——活性复合钛基种植体的构建及生物学特性研究	魏建华	第四军医大学	陕西省科学技术研究与发展计划项目	2009K17-03	3.00
牙病防治研究——氟斑牙和氟骨症遗传特征的研究	段小红	第四军医大学	陕西省科学技术研究与发展计划项目	2009K17-06	3.00
牙病防治研究——侵袭性牙周炎易感者的早期诊断	赵蕊妮	第四军医大学	陕西省科学技术研究与发展计划项目	2009K17-06	3.00
牙病防治研究——SDF-1/CXCR4在大鼠牙本质-牙髓损伤修复过程中的作用研究	张　莹	第四军医大学	陕西省科学技术研究与发展计划项目	2009K17-06	3.00
中药补肾固齿丸抑制牙槽骨吸收的作用及机制研究	邓再喜	第四军医大学	陕西省中医药课题	Lc41	自筹
中药五倍子牙周缓释凝胶的应用基础研究	张　莹	第四军医大学	陕西省中医药课题	Jc55	0.50
热融挤出技术在中药难溶性成分提取中的应用	王晓娟	第四军医大学	陕西省中医药课题	Zy29	1.00
充填材料与牙体硬组织表/界面的三维微纳米技术分析及应用研究	闫　萍	武汉大学	湖北省卫生厅科研一般项目	JX4B26	5.00

续表 2

项目名称	项目负责人	单位	基金来源及名称	批准号或编号	资助金额（万元）
颞下颌关节紊乱病无创伤性诊断的临床研究	龙　星	武汉大学	湖北省卫生厅科研一般项目	JX4B27	5.00
牙龈细胞中金属硫蛋白对重金属离子的解毒机制的研究及酚类解毒药物的筛选	王　革	武汉大学	湖北省医学临床研究中心项目	JX4D05	5.00
聚乙烯导管支架在慢性阻塞性涎腺炎治疗中的应用研究	程　勇	武汉大学	湖北省医学临床研究中心项目	JX4D06	5.00
TSLP 激活 Th2 细胞分化在牙周病炎性免疫反应中的作用	董维理	武汉大学	湖北省卫生厅科研指导性研究项目	JX4C43	3.00
定位腺样囊性癌浸润前沿的分子探针的研究与开发	陈新明	武汉大学	武汉市科技攻关计划	200960323137	15.00
抗龋齿蛋黄球蛋白(IgY)原料及美加净泡泡娃儿童安全防蛀牙膏的抗龋机制研究和抗龋功效验证	江千舟	武汉大学	上海白猫股份有限公司	20090001	15.00
义齿清洁泡腾片对体外染色菌斑清除效果的检测研究	王贻宁	武汉大学	中美天津史克制药有限公司	20090002	11.00
中西部地区儿童口腔疾病综合干预试点项目	杜民权	武汉大学	中国牙病防治基金会	20090003	3.00
牙膏临床实验	杜民权	武汉大学	北京宝洁技术有限公司	20090004	9.18
Wnt/DKK 在正畸骨改建中对成骨细胞和破骨细胞的双向调节作用	黄声富	武汉大学	与桂林医学院合作项目	20090005	0.80
腺相关病毒介导 VEGF 复合无机骨加速牙齿移动的研究	徐　辉	首都医科大学	北京市自然科学基金	3102015	11.00
Prx1/NF-κB 通路在烟草诱导的口腔癌中的作用	汤晓飞	首都医科大学	北京市自然科学基金	7102065	11.00
草莓对口腔癌化学预防作用的研究	孙　正	首都医科大学	北京市自然科学基金	7102066	11.00
腺病毒联合转导人 AQP1 和 NKCC1 重建涎腺功能	祁森荣	首都医科大学	北京市自然科学基金	7102067	11.00
新型含氟正畸托槽防止固定正畸矫治中牙脱矿的研究	厉　松	首都医科大学	北京市自然科学基金	7102068	11.00
牙周源性牙髓炎的细菌学研究	侯本祥	首都医科大学	北京市自然科学基金	7102069	11.00
增生平提取物水相对实验性口腔癌预防作用的研究	关晓兵	首都医科大学	北京市自然科学基金	7102070	11.00
乳牙牙髓干细胞介导牙本质再生的研究	郑　颖	首都医科大学	北京市科技新星计划 A 类	2009A51	8.00
牙周感染对动脉硬化性心血管疾病的作用及机制研究	王冬青	首都医科大学	北京市科技新星计划 B 类	2009B41	30.00

续表 2

项目名称	项目负责人	单位	基金来源及名称	批准号或编号	资助金额（万元）
新型氧化锆陶瓷预成根管桩的临床应用研究	张振庭	首都医科大学	北京市科技计划项目	Z090500017700-00	20.00
流动性口腔健康科普展厅建设	孙　正	首都医科大学	北京市科普项目	Z090210003609-24	25.00
抗氧化蛋白 Prx1 介导的缺氧在口腔癌中的作用	汤晓飞	首都医科大学	北京市教委科技发展计划面上项目	KM2010100250-21	15.00
三氧化二砷结合放疗对口腔癌治疗作用的研究	张辛燕	首都医科大学	北京市优秀人才专项资助	2009D00301200-000002	5.00
牙龈卟啉单胞菌蛋白酶对牙周膜干细胞生长的影响及其分子机制的研究	张凤秋	首都医科大学	北京市优秀人才专项资助	2009D00301200-0001	5.00
修复牙周组织缺损生物活性复合膜材料的研制	林崇韬	吉林大学	吉林省科技厅	20090446	5.00
Lf/nHA/Co 复合材料在牵张成骨中的应用研究	张　莉	吉林大学	吉林省科技厅	20090437	4.00
仿真锂牙科微晶玻璃材料的研制与性能研究	刘晓秋	吉林大学	吉林省科技厅	20090451	4.00
纳米载银无机抗菌剂对室温固化 PMMA 材料抗菌及机械性能影响的研究	王晓容	吉林大学	吉林省科技厅	20090462	4.00
IL-1β 诱导前后牙髓细胞蛋白质组的差异意义	张颖丽	吉林大学	吉林省科技厅	200905178	4.00
IL-18 对人舌鳞状细胞癌治疗作用的探讨	韩　冰	吉林大学	吉林省科技厅	200905176	4.00
钛合金表面形成微-纳米双级孔结构及细胞生物学研究	孟维艳	吉林大学	吉林省科技厅	200905175	4.00
韦荣菌中耐酸相关基因 *ffh*、*fhs*、*dltcc* 的检测	张志民	吉林大学	吉林省科技厅	200905177	4.00
交通事故致颌面部损伤机制及防护的理论和实验研究	刘春丽	吉林大学	吉林省交通厅	2009-1-13	33.00
泡沫状 HDPE/SiC 仿生人工骨制备技术研究	吴　琳	中国医科大学	“十一五”863 计划新材料技术领域专题课题（科技部）	2009AA03Z421	30.00
辽宁省中小城镇及农村地区成人牙本质敏感流行病学调查	张　颖	中国医科大学	中华口腔医学会科研项目子课题	-	5.00
微创拔牙及拔牙创位点保存技术的临床与基础研究	邓春富	中国医科大学	辽宁省医学重点专科建设项目	200808	20.00
辽宁省口腔卫生人力资源现状调查与分析研究	路振富	中国医科大学	辽宁省医学重点专科建设项目	200809	20.00
微创正颌外科的临床研究	卢　利	中国医科大学	辽宁省科学技术计划项目	2008225029	10.00

续表2

项目名称	项目负责人	单位	基金来源及名称	批准号或编号	资助金额（万元）
牙周炎与糖尿病相关关系的研究	潘亚萍	中国医科大学	辽宁省科学技术计划项目	2009225001-1	15.00
老年人常见口腔疾病的综合防治研究	张晓芳	中国医科大学	辽宁省科学技术计划项目	2009225001-2	10.00
PI3K/AKT/mTOR/4EBP-1信号通路与正畸牙移动	刘　奕	中国医科大学	辽宁省科学技术计划项目	2009225010-27	3.00
种植体表面粗化影响成骨细胞Cdc42信号转导通路的研究	赵震锦	中国医科大学	辽宁省科学技术计划项目	2009225010-29	3.00
低弹性模量种植体对周围骨组织应力分布及骨结合强度影响的研究	赵宝红	中国医科大学	辽宁省自然科学基金	20092093	5.00
OTX1与遗传性骨性反殆的关系及其对成骨细胞功能的影响	田玉楼	中国医科大学	辽宁省自然科学基金	20092100	5.00
全颞下颌关节置换稳定性的实验研究	周　青	中国医科大学	辽宁省自然科学基金	20092108	5.00
分泌型天冬氨酸蛋白酶与口腔黏膜白色病损的关系	张　英	中国医科大学	辽宁省自然科学基金	20092115	5.00
舌鳞癌骨桥蛋白的表达及转移机制研究	秦兴军	中国医科大学	辽宁省自然科学基金	20092136	5.00
维生素D和牙龈卟啉单胞菌在人牙周细胞中的相互作用	唐晓琳	中国医科大学	辽宁省博士科研启动基金	20091117	3.00
应用内皮细胞生长因子膜受体抑制剂治疗血管瘤的实验研究	王绪凯	中国医科大学	辽宁省教育厅高等学校科研项目	2009A747	6.00
Notch信号通路在牙髓发育和损伤修复中的作用	陈　旭	中国医科大学	辽宁省教育厅高等学校科研项目	2009A750	6.00
PI3K通路影响CCR7高表达头颈部鳞癌转移的实验研究	孙长伏	中国医科大学	辽宁省教育厅高等学校科研项目	2009A755	6.00
表面磷酸三钙修饰对AZ31B镁合金在动物体内降解行为影响的实验研究	艾红军	中国医科大学	辽宁省教育厅高等学校科研项目	2009A767	4.00
大鼠颞下颌关节疼痛模型的建立与谷氨酸受体作用的研究	李　波	中国医科大学	辽宁省教育厅高等学校科研项目	2009A779	6.00
Vitapex抑制P.e内毒素诱导成骨细胞炎症因子表达及其调控机制的研究	仇丽鸿	中国医科大学	沈阳市科学技术计划项目	1091175-1-04	10.00
人工全颞下颌关节的研制和开发	周　青	中国医科大学	沈阳市科学技术计划项目	1091136-9-00	10.00
种植牙上颌窦提升术的殆学研究与应用	王佐林	同济大学	上海市科委医学重点项目	09411955100	45.00
纳米氟磷灰石复合成新型牙种植体的研制及临床应用研究	马　健	同济大学	上海市科委医学重点项目	09411954900	35.00

续表2

项目名称	项目负责人	单位	基金来源及名称	批准号或编号	资助金额（万元）
HIF-1α在舌鳞状细胞癌中的表达及组蛋白去乙酰化酶抑制剂对HIF-1α表达影响的分子机制研究	康非吾	同济大学	上海市科委启明星计划	09QA1406400	15.00
气体信号分子硫化氢在正畸牙根吸收中的作用	华咏梅	同济大学	上海市科委面上项目	09411962400	10.00
用基因芯片生物信息学方法寻找口腔鳞癌分子生物标志、验证及功能分析	何　园	同济大学	上海市科委面上项目	09411965900	10.00
OSAHS患者计算机辅助下颌定位及口腔矫治器疗效预测系统的临床应用研究	刘月华	同济大学	上海市科委面上项目	09411966200	10.00
甲基丙烯酸偶联二氧化钛/PMMA基托的机械，自洁抗菌性能	陶建祥	同济大学	上海市科委纳米专项	0952nm05000	15.00
计算机辅助咬合重建改善老年人咀嚼功能的临床研究	刘　丽	浙江大学	浙江省科技厅一般项目	2009C33115	15.00
成、破骨基因中多孔纳米缓释微球的制备及对正畸牙移动调控的生物学效应评价	施洁珺	浙江大学	浙江省自然科学基金	Y2090009	5.00
颞下颌关节滑膜组织受力改建过程Cadherin11/FGF通路的分子调控机制研究	吴梦婕	浙江大学	浙江省自然科学基金	Y2090262	8.00
牙科综合治疗台水路管道微生物膜清除方法的研究	俞雪芬	浙江大学	浙江省医药卫生科学研究基金计划	2009A133	3.00
不对称正畸力对颞下颌关节髁突HIF及其相关通路表达的影响	吴梦婕	浙江大学	浙江省医药卫生优秀青年科技人才专项基金计划	2009QN018	3.00
钛表面含辛伐他汀药物涂层的制备及其对骨质疏松症大鼠种植体骨结合作用的研究	杨国利	浙江大学	浙江省医药卫生优秀青年科技人才专项基金计划	2009QN019	3.00
直丝弓矫治系统托槽轴倾度设计与牙根平行度的相关性研究	林新平	浙江大学	浙江省医药卫生科学研究基金计划	2009A134	3.00
三维软硬组织正畸-正颌联合手术三维模拟预测系统的开发	施洁珺	浙江大学	浙江省医药卫生科学研究基金计划（B类）	2009B102	自筹
钛/瓷间引入溶胶-凝胶中间层加强钛瓷结合的应用研究	刘啸晨	浙江大学	浙江省教育厅	ZC200803873	1.00
地黄提取物梓醇对牙周细胞的保护作用初探	于　光	浙江大学	浙江省教育厅	Y200803889	1.00
数字化口腔解剖教学系统的构建	朱赴东	浙江大学	浙江省教育厅	Y200804155	1.00
HIF-1α通路在口腔鳞状细胞癌发生中的作用	李松英	浙江大学	浙江省教育厅	Y200804637	1.00

续表 2

项目名称	项目负责人	单位	基金来源及名称	批准号或编号	资助金额（万元）
运动员口腔疾病的相关因素研究	彭春梅	浙江大学	浙江省体育局科研项目	浙体科［2009］134 号-17	2.00
五倍子对口腔种植体表面生物膜作用的研究	俞雪芬	浙江大学	浙江省中医药 B 类	2009CB051	自筹
在涎腺作 CCL28 基因转移增强防龋疫苗免疫保护作用的实验研究	姜广水	山东大学	山东省科技攻关计划	2009GG10002021	15.00
核基质蛋白 SATB2 在牙周组织结构重建中的作用	孙钦峰	山东大学	山东省科技攻关计划	2009GG10002052	18.00
肌肉卫星细胞应答胰岛素样生长因子-1 作用机制的研究	郭 杰	山东大学	山东省自然科学基金	2009ZRB019QX	4.00
BMP-2 和 SATB2 在诱导 ASCs 成骨分化特异性及牙周组织再生中作用研究	葛少华	山东大学	山东省自然科学基金	2009ZRB019CJ	5.00
一氧化碳释放分子对炎性环境下牙龈成纤维细胞黏附分子的调控作用	宋 晖	山东大学	山东中青年科学家奖励基金	BS2009SW057	4.00
白色念珠菌生物膜滞留菌的临床意义与相关细胞信号传导途径的筛选	亓庆国	山东大学	山东中青年科学家奖励基金	BS2009YY010	4.00
牙周病修复治疗评价体系的建立与临床应用	汲 平	山东大学	山东省卫生厅	2009HQ030	1.10
牙体修复性纳米羟基磷灰石复合材料的研制及其生物学评价	王青山	滨州医学院	山东省自然科学基金	Y2008C159	3.00
牙菌斑生物膜群落基因构成与龋病的关系研究	凌均棨	中山大学	广东省自然科学基金	9151007601000-003	5.00
骨髓基质细胞预防颌骨放射性骨坏死的实验研究	曾融生	中山大学	广东省自然科学基金	9151051501000-050	5.00
Oct-4 基因转染对牙髓干细胞“干性”的调控作用研究	韦 曦	中山大学	广东省自然科学基金	91510089010001-11	5.00
PUMA 基因沉默联合 AQP 基因转染防治放射性口干的实验研究	余东升	中山大学	广东省自然科学基金	9151503101000-015	5.00
唾液腺肿瘤细胞自噬性死亡的诱导及调控机制研究	苏宇雄	中山大学	广东省自然科学基金	9451008901002-644	3.00
磁性附着体静磁场对牙周组织影响的实验研究	赵 煜	中山大学	广东省自然科学基金	9451008901002-232	3.00
口腔颌面部疼痛与全身性疼痛及精神因素的相关性	郑 军	中山大学	广东省自然科学基金	9451008901002-455	3.00
低磷酸化维甲酸受体(RAR)α 靶向治疗口腔鳞癌的研究	王安训	中山大学	广东省自然科学基金	9151008901000-035	3.00
microRNA 调控舌鳞癌生长和转移的实验研究	李劲松	中山大学	广东省自然科学基金	9151008901000-201	5.00

续表 2

项目名称	项目负责人	单位	基金来源及名称	批准号或编号	资助金额（万元）
干预 TGF-β1/MMP-2 通路抑制腺样囊性癌侵袭转移及其机制	张　彬	中山大学	广东省自然科学基金	9151008901000-041	5.00
生物化屏障膜的研制及其引导牙周组织再生的实验研究	陈建洪	中山大学	广东省自然科学基金	9151064101000-100	3.00
口腔鳞癌淋巴转移潜能的分子分型研究	侯劲松	中山大学	广东省科技计划	2009B050700024	18.00
流体剪切力作用下骨改建调控的研究	付　强	中山大学	广东省科技计划	2009B050700027	18.00
携 BMP-7 基因的病毒载体复合支架的研制及对牙髓损伤修复作用研究	林正梅	中山大学	广东省科技计划	2009B090300465	20.00
水果多酚物质提取纯化技术及应用研究	陶　谦	中山大学	广东省科技计划	2009B020312007	20.00
可注射、可降解电活性仿生骨修复材料结合非侵入性电刺激促进骨缺损修复研究	滕　伟	中山大学	广东省科技计划	2009B030801117	4.00
ECC 菌斑生物膜白色念珠菌基因型分析及致龋能力研究	赵　玮	中山大学	广东省科技计划	2009B030801183	3.00
根尖生物膜的微生物鉴定及胞外基质结构研究	徐　琼	中山大学	广东省科技计划	2009B030801115	3.00
正畸殆重建与口颌系统功能解剖的相关性研究	蔡　斌	中山大学	广东省科技计划	2009B030801153	5.00
不同形式正畸快速牙移动过程中 RAP 在牙槽骨中表达的研究	曹　阳	中山大学	广东省科技计划	2009B030801182	3.00
颌骨内置式三维牵引器的研制及动物实验	王剑宁	中山大学	广东省科技计划	2009B030801116	5.00
纤维桩核-瓷全冠修复体系列力学模型的建立及实验研究	张新春	中山大学	广东省科技计划	2009B030801141	3.00
中风患者口腔白色念珠菌基因分型及其在动物模型的致病因素的研究	竺海伟	中山大学	广东省科技计划	2009B030801079	3.00
抗原提呈细胞对念珠菌共同抗原的识别和免疫应答机制	胡　雁	中山大学	广东省科技计划	2009B060700095	3.00
靶向 hTERT 干扰介导口腔鳞癌细胞凋亡与 Fas 通路的关系及其协同抑癌效应	侯劲松	中山大学	广东省科技计划	2009B060700096	3.00
颞下颌关节紊乱病调压治疗的临床研究	匡世军	中山大学	广东省科技计划	2009B030801200	3.00
遮色瓷与透明瓷比例对瓷贴面色泽的影响	范丹妮	中山大学	广东省科技计划	2009B080701049	2.00

续表 2

项目名称	项目负责人	单位	基金来源及名称	批准号或编号	资助金额（万元）
靶向 cdc6 慢病毒载体 RNAi 治疗舌癌的研究	冯崇锦	中山大学	广东省科技计划	2009B308901181	5.00
癌基因 iASPP 在舌癌细胞中的表达及其增殖抑制作用的实验研究	陈　宇	中山大学	广东省科技计划	2009B080701009	12.00
可调控慢病毒载体 hTERT 靶向 RNAi 系统构建和治疗舌鳞癌的实验研究	陈　丹	中山大学	广东省科技计划	93020	自筹
血管病变早期诊断及不同干预模式研究	冉　炜	中山大学	广东省科技计划	2009B060700030	3.00
颧眶颌复合体骨折整复外科计算机辅助设计系统的建立和应用研究	陈松龄	中山大学	广东省科技计划	2009B050700025	20.00
上下颌骨内埋伏前牙的研究及治疗	黎炽彬	中山大学	广东省科技计划	2009B060700043	3.00
辛伐他汀局部给药缓释制剂的研制及其对牙槽骨重建的作用	杨军英	中山大学	广东省科技计划	2009B060700042	3.00
计算机辅助颌面外科手术设计与导向系统的开发应用研究	郭　冰	中山大学	广东省科技计划	2009B030801097	5.00
基于 CT 图像和面向知识管理的牙种植修复医疗辅助设计系统	连克乾	中山大学	广东省科技计划	2008B010400007	9.00
RNAi 沉默 STAT3 基因抗人涎腺囊性癌实验研究	杨朝晖	中山大学	广东省科技计划	2009B080800027	2.00
倾斜磨牙作为 PAD 基牙的生物力学及临床研究	郑美华	中山大学	广东省科技计划	2009B080701062	10.00
社区人群牙周病防治综合干预模式的研究	吴　坚	中山大学	广东省科技计划	2009B030801134	3.00
从骨代谢平衡角度研究氨磷汀对颌骨电离辐射损伤的保护作用及其机制	房思炼	中山大学	广东省科技计划	2009B030801186	3.00
唾液腺肿瘤细胞自噬性死亡的诱导及调控	苏宇雄	中山大学	广东省卫生厅医学科研基金	2009221	1.00
麻醉预处理减轻再灌注损伤的作用及机制研究	吴　志	中山大学	广东省卫生厅医学科研基金	2009224	0.50
牙周韧带相关蛋白 PLAP-1 在牙移动过程中的表达及其作用研究	吴莉萍	中山大学	广东省卫生厅医学科研基金	2009223	1.00
LIM 矿化蛋白-1 基因修饰的牙周膜细胞修复牙周组织缺损的研究	俞少杰	中山大学	广东省卫生厅医学科研基金	2009225	0.50
中风患者口腔白色念珠菌基因分型及其在动物模型的致病因素研究	竺海伟	中山大学	广东省卫生厅医学科研基金	2009226	0.50

续表 2

项目名称	项目负责人	单位	基金来源及名称	批准号或编号	资助金额（万元）
基于立体视觉的三维数字化牙颌模型构建技术研究	艾　虹	中山大学	广东省教育厅产学研结合项目	2009B090300464	20.00
绿原酸预防放射性猛性龋的试验动物模型研究	林家成	中山大学	广东省中医药局项目	2009162	0.50
微重力环境对人牙髓干细胞在三维支架上增殖及分化影响的研究	牛玉梅	哈尔滨医科大学	黑龙江省自然科学基金	-	4.00
骨髓间充质干细胞诱导牙骨质再生的研究	袁　杰	哈尔滨医科大学	黑龙江省自然科学基金	-	4.00
腺病毒载体介导 mda-7/IL-24 转基因治疗头颈部鳞癌的机制	李吉辰	哈尔滨医科大学	黑龙江省留学归国基金	-	5.00
促红细胞生成素及下游信号通路在成釉细胞瘤中的表达意义研究	尹晓东	哈尔滨医科大学	黑龙江省青年自然科学基金	-	3.00
牙周病与冠心病相关性研究	林　江	哈尔滨医科大学	黑龙江省青年自然科学基金	QC2009C103	4.00
环孢素联合脂多糖对牙周组织再生影响的应用研究	姚丽艳	福建医科大学	福建省科技计划重点项目	2009Y0019	10.00
海洋贻贝提取高性能黏接剂的应用研究	林　实	福建医科大学	福建省科技计划重点项目	2009N0034	15.00
反复熔铸对镍铬烤瓷合金生物相容性和抗腐蚀性能影响的研究	程　辉	福建医科大学	福建省自然科学基金面上项目	2009J01139	5.00
高浓度过氧化氢漂白剂对人牙釉质表面的影响	苏柏华	福建医科大学	福建省自然科学基金面上项目	2009J01140	4.00
口腔诊室病原微生物及医师手卫生监测及防护研究	李大兰	福建医科大学	福建省自然科学基金面上项目	2009J01141	2.00
全冠边缘适合性和固位力影响因素的研究	章少萍	福建医科大学	福建省自然科学基金面上项目	2009J01142	2.00
牙周致病菌 LPS 对组织特异性单核/吞噬细胞的致病机制研究	李艳芬	福建医科大学	福建省自然科学基金青年人才项目	2009J05064	3.00
固定义齿修复前后基牙最大殆力	程　辉	福建医科大学	福建省卫生厅医学创新课题	2009-CX-12	4.00
成人前牙反殆矫治前后颞下颌关节和翼外肌形态结构改变的 MRI 研究	石　勰	福建医科大学	福建省卫生厅青年科研课题	2009-1-42	1.00
汉语普通话腭裂患者病理性语音和异常构音模式的诊断与评估研究	施星辉	南京医科大学	江苏省基础研究计划自然科学基金项目	BK2009346	8.00
不同部位牙髓干细胞自我分化潜能的研究	于金华	南京医科大学	江苏省基础研究计划自然科学基金项目	BK2009347	8.00

续表 2

项目名称	项目负责人	单位	基金来源及名称	批准号或编号	资助金额（万元）
SATB2 在颌骨间充质细胞特征性成骨分化中的调控机制	江宏兵	南京医科大学	江苏省高校自然科学基础研究计划项目	09KJB320003	3.00
年龄对牙龈卟啉单胞菌内毒素诱导的细胞耐受的影响	孙　颖	南京医科大学	江苏省高校自然科学基础研究计划项目	09KJD320001	2.00
生物反馈法治疗磨牙症的临床研究	顾卫平	南京医科大学	江苏省卫生厅医学科研项目	H200939	4.00
牙龈卟啉单胞菌促发动脉粥样硬化的临床基础研究	孙卫斌	南京大学	人事部留学回国人员科技活动项目	人社厅函[2009]416 号	3.00
DC 疫苗联合 siRNA-VEGF 抗血管形成治疗口腔鳞癌的研究	王志勇	南京大学	江苏省自然科学基金项目	BK2009043	8.00
人乳头状病毒在口腔癌前病变与鳞癌中的表达及意义	黄晓峰	南京大学	江苏省卫生厅科研项目	H200944	4.00
现代牙髓治疗国际论坛	胡勤刚	南京大学	南京市科技发展计划	200901055	16.00
基于 16S rRNA 基因序列分析动脉粥样硬化斑块中微生物信号与牙周感染的关系	孙卫斌	南京大学	南京市科技发展计划	200901085	10.00
Ⅲ类矫形力刺激髁突软骨细胞改建的差异磷酸化蛋白谱分析	李　煌	南京大学	南京市科技发展计划	200905011	5.00
口腔修复 CAD-CAM 系统咬合调整关键技术研究	俞　青	南京大学	南京市科技发展计划	200905012	5.00
利用光催化技术的自洁抗菌型义齿材料的研究	孟翔峰	南京大学	南京市留学回国人员科技活动项目	人社厅函[2009]416 号	2.00
纯钛种植体表面飞秒激光制备负载 Ca/P 盐的图案化结构	李长义	天津医科大学	天津市自然科学基金面上项目	09JCYBJC13900	10.00
新型种植体材料纳米羟基磷灰石/纳米碳管块体的研制	王　蔚	天津医科大学	天津市高等学校科技发展基金项目	20080128	3.00
颞下颌关节滑膜炎开口痛及 Lidocaine 镇痛的中枢定位研究	张　娟	天津医科大学	天津市高等学校科技发展基金项目	20080129	3.00
张应力诱导骨髓间充质干细胞骨向分化的差异蛋白组学分析	付　刚	重庆医科大学	重庆市科委自然科学基金	CSTC，2009BB5-400	1.50
正畸前牙压入移动的生物力学机制及 Micro-CT 三维形态学实验研究	张　翼	重庆医科大学	重庆市科委自然科学基金	CSTC，2009BB5-263	3.00
竹红菌素光敏剂介导 apoptin 基因转染诱导人舌癌细胞凋亡及机制研究	高　志	重庆医科大学	重庆市科委自然科学基金	CSTC，2009BB5-078	3.00
公益性专科医院 CRM 设计研究	吴小红	重庆医科大学	重庆市科委软科学项目	CSTC，2009CE9-168	2.00

续表2

项目名称	项目负责人	单位	基金来源及名称	批准号或编号	资助金额（万元）
涎腺多形性腺瘤种植性生长机制的探讨	王　洁	河北医科大学	河北省自然科学基金项目	C2009001046	7.50
H-ras联合c-Myc基因沉默及对涎腺腺样囊性癌增殖抑制作用的研究	于利洁	河北医科大学	河北省自然科学基金项目	C2010000451	4.50
涎腺腺样囊性癌嗜神经性生长的实验研究	王　洁	河北医科大学	河北省科学技术研究与发展指令计划	09276101D-33	4.50
滋阴活血方药对糖尿病大鼠牙周组织TNF-α和MMP-3表达的影响	刘　庆	河北医科大学	河北省教育厅科学研究计划项目	Z2009130	自筹
中药续骨方在牵张成骨过程中的药代动力学研究	任贵云	河北医科大学	河北省卫生厅医学科学研究重点课题指令计划	20090172	0.50
矫治器治疗睡眠呼吸暂停综合征的动物实验及临床应用研究	卢海燕	河北医科大学	河北省卫生厅医学科学研究重点课题指令计划	20090171	0.50
蛋白聚糖在造釉细胞瘤中表达与分布的研究	李向军	河北医科大学	河北省卫生厅医学科学研究重点课题指令计划	20090170	0.50
纳米陶瓷与普通陶瓷的色彩学研究	郭长军	河北医科大学	河北省卫生厅医学科学研究重点课题指令计划	20090052	0.80
口腔医护人员职业暴露情况调查及防护对策研究	徐彦彬	河北医科大学	河北省卫生厅医学科学研究重点课题指导计划	20090539	自筹
犬快速牙移动牙周组织RANKL和BMP-2表达研究	马文盛	河北医科大学	河北省卫生厅医学科学研究重点课题指导计划	20090538	自筹
HBIC种植钛与上部结构不同合金间腐蚀性能研究	李雅娟	河北医科大学	河北省卫生厅医学科学研究重点课题指导计划	20090537	自筹
shRNA沉默c-Myc对涎腺腺样囊性癌增殖的影响	于利洁	河北医科大学	河北省卫生厅医学科学研究重点课题指导计划	20090540	自筹
左归丸对实验性骨质疏松大鼠牙周炎的影响	李春年	河北医科大学	河北省卫生厅中医、中西医结合科研指导计划	2009107	自筹
新型桩核/冠修复技术的基础研究与临床应用	胡书海	大连医科大学	辽宁省科技厅科技计划项目	2009225009-4	3.00
Ras/Raf/Mek/Erk信号传导途径与口腔上皮癌多药耐药性发生的相关性及在逆转耐药中的应用	董　岩	大连医科大学	辽宁省教育厅高等学校科研计划项目	2009A208	3.00
玻璃纤维桩的粘接特性研究	胡书海	大连医科大学	辽宁省教育厅高等学校科研计划项目	2009A191	2.00

续表 2

项目名称	项目负责人	单位	基金来源及名称	批准号或编号	资助金额（万元）
MMP-8 在去势大鼠牙周炎模型中表达的研究	朱建华	佳木斯大学	黑龙江省教育厅面上项目	11541353	2.00
新型纳米羟基磷灰石根充糊剂优越性的实验研究	王健平	佳木斯大学	黑龙江省卫生厅	2009-364	自筹
油溶纳米蜂胶液联合两种根充糊剂的实验研究及临床观察	许　颖	佳木斯大学	黑龙江省卫生厅	2009-365	自筹
微弧氧化处理的钛合金种植体的实验研究	李德超	佳木斯大学	黑龙江省卫生厅	2009-366	自筹
nHA 与 nHA-PA66 盖髓的对比实验研究	杨清岭	佳木斯大学	黑龙江省卫生厅	2009-367	自筹
双磷酸盐对破骨细胞分化及牙种植体骨结合影响的研究	戚孟春	华北煤炭医学院	河北省科技厅科技攻关课题	08276101D-73	3.00
双磷酸盐对破骨细胞分化、黏附影响机制的研究	戚孟春	华北煤炭医学院	河北省教育厅科学研究计划项目	2008322	2.00
烤瓷支架用生物合金激光焊接实验和临床应用研究	梁锐英	华北煤炭医学院	河北省教育厅	–	1.00
大黄壳聚糖温敏凝胶治疗牙周病的实验研究	彭　伟	华北煤炭医学院	河北省中医药管理局	2009056	0.40
应用组织芯片技术检测涎腺肿瘤 survivin 表达研究	梁永强	华北煤炭医学院	唐山市科技攻关项目	08130204A-1-2	0.50
唐山市中老年人口腔疾病现况调查及流行趋势危险因素分析	彭　伟	华北煤炭医学院	唐山市科技攻关项目	09130202A-3-24	0.50
内皮抑素联合紫杉醇抑制舌癌 Tca8113 体内和体外实验的研究	白宇宏	华北煤炭医学院	唐山市科技攻关项目	09130202A3-10	0.50
烤瓷支架用生物合金激光焊接实验和临床应用研究	赵艳萍	华北煤炭医学院	唐山市科技攻关项目	–	0.50
不同骨代谢率的研究	张　彬	华北煤炭医学院	唐山市科技攻关项目	–	0.40
牙龈卟啉单胞菌对内皮细胞黏附功能的影响及信号调控	邓　辉	温州医学院	浙江省教育厅	Y200803098	1.00
具有基因缓释功能的骨组织工程复合材料的研究	刘劲松	温州医学院	浙江省教育厅	Y200804029	1.00
层层自组装牙种植体表面生物化修饰的研究	李全利	安徽医科大学	安徽省高校自然科学研究项目重点课题	KJ2009A169	4.00
先天性唇腭裂的流行病学研究及致病基因筛选	王元银	安徽医科大学	安徽省高校自然科学研究项目重点课题	KJ2009A037	4.00
牙周膜干细胞和脂肪干细胞在牙周组织再生中成骨能力的比较研究	徐　燕	安徽医科大学	安徽省科技厅自然科学基金项目	90413146	5.00

续表2

项目名称	项目负责人	单位	基金来源及名称	批准号或编号	资助金额（万元）
仿生构建可降解诱导性口腔颌面部骨修复材料的研究	周　健	安徽医科大学	安徽省科技厅省级实验室项目	-	10.00
基于IgY的被动免疫用于慢性牙周炎和婴幼儿腹泻的防治	徐　燕	安徽医科大学	安徽省科技厅省级实验室项目	-	5.00
亲水性化学活化处理喷砂酸蚀钛表面对成骨细胞黏附行为的影响	何家才	安徽医科大学	安徽省高校自然科学研究项目重点课题	KJ2009A056Z	自筹
即刻种植与前牙美学修复的研究	叶　平	南昌大学	江西省科技厅科技支撑计划	-	2.00
铸造三臂卡环在适用过程中基牙及牙周膜的应力分析	胡小萍	南昌大学	江西省科技厅科技支撑计划	-	1.50
涉及下牙槽神经管阻生齿拔除新方法的研究	戴　群	南昌大学	江西省科技厅科技支撑计划	-	1.50
儿童牙科畏惧症的防治研究	黄　彦	南昌大学	江西省科技厅科技支撑计划	-	2.00
成肌细胞细胞骨架力学响应机制的实验研究	李志华	南昌大学	江西省自然科学基金项目	-	1.50
牙周膜牵引成骨及其机制的研究	吴润发	南昌大学	江西省自然科学基金项目	-	1.50
纳米氧化锆种植牙基台研发与应用研究	杨建军	青岛大学	青岛市科技局	-	10.00
常见牙周致病菌对羧甲基壳聚糖降解作用的研究	徐全臣	青岛大学	青岛市科技局	KZJ-26	1.00
血管内皮生长因子糖尿病合并亚周炎患者牙龈组织中的表达	郭留云	郑州大学	河南省卫生厅	-	2.00
河南省口腔重大疾病的流行现状及临床联合干预研究	曹选平	郑州大学	河南省卫生厅	-	2.00
即刻负载后支抗微植体-骨界面的实验及临床研究	张月兰	郑州大学	河南省卫生厅	-	2.00
上颌第一磨牙桩核冠的三维重建和可视化研究	邱晓霞	郑州大学	河南省卫生厅	-	2.00
悬钩子甙对变异链球菌致龋作用影响的实验研究	楚金普	郑州大学	河南省卫生厅	-	2.00
薄弱根管重塑后桩核冠修复的生物学研究及临床应用	陈　蕾	中南大学	湖南省自然科学基金面上项目	09JJ3029	2.00
iNOS在口腔黏膜纤维化癌变过程中的表达研究	彭解英	中南大学	湖南省科技厅	2009JT1051	2.00
口腔扁平苔藓病变部位T淋巴细胞凋亡障碍及神经酰胺对凋亡的影响	高义军	中南大学	湖南省发改委	-	5.00

续表2

项目名称	项目负责人	单位	基金来源及名称	批准号或编号	资助金额（万元）
口腔扁平苔藓病变部位T淋巴细胞凋亡降解及神经酰胺对凋亡的影响	尹晓敏	中南大学	湖南省卫生厅	B2009004	0.80
湖南省唇裂患儿术后继发牙列畸形的调查与对策研究	肖立伟	中南大学	湖南省卫生厅	B2009018	0.80
丹参对口腔黏膜下纤维性变的微血管改变的影响研究	彭解英	中南大学	湖南省中医药管理局	2009067	1.00
从免疫角度探讨益气养阴活血方对舌鳞癌S-D大鼠的作用机制	尹　乒	中南大学	湖南省中医药管理局	2009052	2.00
湖南省咀嚼槟榔习惯调查	凌天牖	中南大学	高雄医学大学港澳台基金课题	-	3.40
辛伐他汀纳米复合骨支架材料的研究	胡　飞	广东省口腔医院	广东省自然科学基金	9151008901000-028	5.00
慢性牙周炎与冠状动脉粥样硬化相关性的研究	赵红宇	广东省口腔医院	广东省自然科学基金	9151026003000-003	3.00
新基因*mcpr*1在腭裂形成中对腭突间充质细胞增殖与凋亡的调控研究	轩东英	广东省口腔医院	广东省自然科学基金	9451026003003-833	3.00
流体切应力下RGD肽自组装纯钛种植体材料表面细胞黏附稳定性研究	陈奕帆	广东省口腔医院	广东省卫生厅	B2009027	1.00
新型纳米复合纤维支架与人牙周膜细胞相容性的体外实验研究	管冬华	广东省口腔医院	广东省卫生厅	B2009029	1.00
胶原标识的TNF-α抑制剂PTX治疗种植体周围炎骨吸收的实验研究	徐淑兰	广东省口腔医院	广东省卫生厅	A2009099	1,00
口腔专科医院门诊病人满意度量表研制和信度及效度评价	林文红	广东省口腔医院	广东省卫生厅	B2009030	1.00
断冠再接抗折强度的临床及实验研究	刘　阗	广东省口腔医院	广东省卫生厅	A2009094	自筹
骨挤压式上颌窦提升术的计算机力学分析研究	刘晓芳	广东省口腔医院	广东省卫生厅	A2009095	自筹
量子点修饰的靶向siRNA基因沉默Survivin，bcl-2对口腔鳞癌的影响	王治平	广东省口腔医院	广东省卫生厅	A2009097	自筹
糖尿病性牙周炎动物模型中的细胞凋亡及相关信号通路研究	轩东英	广东省口腔医院	广东省卫生厅	A2009100	自筹
齿科高强度可切削渗透陶瓷渗透玻璃料及颜色的研究	杨晓喻	广东省口腔医院	广东省卫生厅	A2009102	自筹
牙槽骨压缩减骨技术治疗严重骨性上颌前突的基础研究和临床开发应用	刘从华	广东省口腔医院	广东省社会发展基金	2009B080701032	10.00

续表2

项目名称	项目负责人	单位	基金来源及名称	批准号或编号	资助金额（万元）
骨髓间充质干细胞移植在放射性颌骨坏死治疗中的应用	刘曙光	广东省口腔医院	广东省社会发展基金	2009B030801241	5.00
植入扭矩对牙种植体骨结合影响的动物实验研究	徐世同	广东省口腔医院	广东省社会发展基金	2009B030801259	3.00
TGF-β3选择性诱导乳牙干细胞形成牙体组织的研究	任　飞	广东省口腔医院	广东省社会发展基金	2009B030801253	3.00
mtHSP70/HSV-tk双基因真核共表达重组沙门菌靶向抗实体瘤及机制研究	曾曙光	广东省口腔医院	广东省社会发展基金	2009B030801264	5.00
肿瘤微环境内 $CD4^+CD25^+$ 调节性T细胞在舌鳞癌免疫逃逸中的作用	王治平	广东省口腔医院	广东省社会发展基金	2009B060700058	3.00
齿科氧化锆陶瓷材料的颜色调控和色度学研究	邵龙泉	南方医科大学	广东省自然科学基金	9151051501000-072	3.00
基于中国数字人切片数据的数字牙三维建模及虚拟牙髓治疗系统的开发	张　宇	南方医科大学	广东省医学科学技术研究基金	WSTJJ20081115-4401111976052-48817	2.00
环氧化酶2抑制剂阻断口腔黏膜白斑恶变的研究	李伟忠	南方医科大学	广东省科技计划项目	2009B060700053	3.00
乳牙牙髓干细胞修复腭裂骨缺损动物模型建立及应用研究	陈　柯	南方医科大学	广东省科技计划项目	2009B060300006	15.00
BMP-2基因修饰MSCs复合生物衍生骨促进下颌骨牵张成骨的实验研究	周　诺	广西医科大学	广西科技厅科学基金重点项目	桂科自0991013	40.00
SATB1在口腔恶性肿瘤中的表达及与预后关系的研究	巫家晓	广西医科大学	广西科技厅科学基金	桂科自0991114	4.00
鸡胚腭裂模型的建立及叶酸对腭裂发生过程中RA信号分子系统的调控	孙晋虎	广西医科大学	广西科技厅科学基金	桂科自0991118	4.50
口腔颌面部鳞癌综合序列治疗前瞻性相关研究	周　诺	广西医科大学	广西科技攻关与新产品试制	桂科攻0993003A-16	25.00
重组shRNA质粒抑制NGF，VEGF在腺样囊性癌中表达的研究	农晓琳	广西医科大学	广西卫生厅	桂卫重200927	3.00
叶酸对腭裂发生过程中RA信号分子系统的调控	孙晋虎	广西医科大学	广西卫生厅	桂卫重200928	3.00
拔牙患者牙科焦虑症的药物干预	施小彤	广西医科大学	广西卫生厅	桂卫重200929	3.00
龈下刮治对牙周组织的损伤的研究	曾启新	广西医科大学	广西卫生厅	桂卫Z2009173	自筹
改性磷酸钙骨水泥对萎缩牙槽嵴增量的研究	廖红兵	广西医科大学	广西教育厅	200911MS27	2.00

续表 2

项目名称	项目负责人	单位	基金来源及名称	批准号或编号	资助金额（万元）
不同口腔修复材料表面形成细菌生物膜差异的研究	苏晓晖	广西医科大学	广西教育厅	200911LX41	自筹
促进牙本质再矿化的纳米材料及应用技术研究	谢方方	广西医科大学	广西教育厅	200911LX44	自筹
舌侧矫治系统力学性能的三维数字化模拟分析	黄　跃	泸州医学院	四川省卫生厅	090200	1.00
IGF-I 与 Wnt/β-catenin 信号通路在糖尿病颌骨骨质疏松的作用研究	郭　玲	泸州医学院	四川省卫生厅	090201	1.00
弯曲根管运用不同根管器械预备后根管应力分布情况及牙根强度的三维有限元分析研究	徐　皑	泸州医学院	四川省卫生厅	090202	自筹
Toll 样受体 2 在人牙髓组织中的表达	周丽珍	泸州医学院	四川省卫生厅	090203	自筹
滑动法与关闭曲法对牙根吸收影响的比较研究	黄素华	泸州医学院	四川省卫生厅	090204	自筹
棉酚抑制头颈部癌细胞生长及去甲基化作用的实验研究	吴　勇	昆明医学院	云南省科技厅应用基础研究基金	2009CD207	15.00
超级吸水树脂用于口腔软组织增量技术的应用基础研究	林云红	昆明医学院	云南省科技厅应用基础研究基金	2009CD208	15.00
干燥综合征患者口腔念珠菌的负荷及生物基因分型研究	丁　芸	昆明医学院	云南省科技厅应用基础研究基金	2009ZC094M	5.00
脂肪干细胞向成牙本质细胞分化的初步研究	李　萍	遵义医学院	贵州省科技厅自然科学基金	黔科合 J 字【2009】2203 号	3.50
过量氟对釉基质表达影响的研究	顾　瑜	遵义医学院	贵州省科技厅自然科学基金	黔科合 J 字【2009】2204 号	3.50
IGF-1 调节正畸牙移动的原理	孙　莉	遵义医学院	贵州省科技厅自然科学基金	黔科合 J 字【2009】2310 号	3.00
PDGF 对大鼠正畸牙牙周组织改建调节作用机制的研究	刘建国	遵义医学院	贵州省科技厅自然科学基金	黔科合 J 字【2009】2177 号	3.50
TGF-β1 基因转染骨髓间充质干细胞治疗兔颞下颌关节骨关节炎的实验研究	满　城	遵义医学院	贵州省科技厅自然科学基金	黔科合 J 字【2009】2311 号	3.00
唾液腺干祖细胞的自组装和形态发生及分化研究	黄桂林	遵义医学院	贵州省教育厅重点项目	黔科教 20090112	8.00
Th17Tregs 与口腔扁平苔藓患者发病相关性的研究	梁文红	遵义医学院	贵州省教育厅一般项目	黔科教 20090149	6.00
烤瓷合金对机体细胞毒性的实验研究	韦纪英	遵义医学院	贵州省卫生厅基金项目	gzwkj2009-1-014	0.40
RhIGF-1 对大鼠正畸牙移动过程中破骨细胞 FAK 和 PYK 表达的影响	徐宇红	遵义医学院	贵州省卫生厅基金项目	gzwkj2009-1-015	0.40

续表2

项目名称	项目负责人	单位	基金来源及名称	批准号或编号	资助金额（万元）
Th17与口腔扁平苔藓患者发病相关性的研究	梁文红	遵义医学院	贵州省卫生厅基金项目	gzwkj2009-1-071	自筹
Fast/Fast1在燃煤型氟斑牙模型小鼠成釉细胞中的表达变化	张　剑	遵义医学院	贵州省卫生厅青年人才基金项目	gzwkj2009-2-002	0.50
新型长效中药牙周病防治软膏(三黄固齿软膏)的研制和开发	苟建重	西安交通大学	陕西省13115重大专项	2009ZDKG-77	70.00
口腔颌面疾病研究——腓骨复合组织瓣在下颌骨缺损功能性重建中的临床应用	郅克谦	西安交通大学	陕西省科技发展计划项目	2009K17-03	10.00
神经系统疾病研究——长期心理应激时三叉神经运动核内谷氨酸及其受体的改变对咀嚼肌紧张性调节的影响	逯　宜	西安交通大学	陕西省科技发展计划项目	2009K18-02	4.00
肿瘤防治技术研究——靶向Survivin、Bcl-2siRNA对舌癌基因治疗的研究	饶国洲	西安交通大学	陕西省科技发展计划项目	2009K12-01	3.00
口腔颌面疾病研究——口腔种植体辛伐他汀载药涂层诱导骨形成相关研究	李晓红	西安交通大学	陕西省科技发展计划项目	2009K17-03	3.00
牙周防治研究——自体牙髓干细胞治疗重度牙周病的应用研究	李　昂	西安交通大学	陕西省科技发展计划项目	2009K17-06	3.00
基于疼痛外周机制制定正畸疼痛优化治疗方案的实验研究	朱永进	西安交通大学	陕西省自然科学基金	2009JQ4007	4.00
类细胞外基质软骨三维力学刺激培养模型的构建	邹　蕊	西安交通大学	陕西省自然科学基金	2009JM4026	2.00
陕西省中小城镇及农村地区成人牙本质敏感流行病学调查	阮建平	西安交通大学	中华医学会	-	5.00
重离子治癌关键科学技术问题研究	刘　斌	兰州大学	国家重点基础研究发展计划子课题	2010CB834202	40.00
口腔抗菌生物材料的制备及摩擦学研究	刘　斌	兰州大学	中国科学院化学物理所国家重点实验室基金	0808	10.00
bFGF基因修饰BMSC复合异种煅烧骨修复颌骨缺损的实验研究	何惠宇	新疆医科大学	新疆维吾尔自治区高校科研计划项目	XJEDU2009I22	5.50
全下颌种植覆盖总义齿的三维有限元分析研究	米娜瓦尔	新疆医科大学	新疆维吾尔自治区高校科研计划项目	XJEDU2009555	2.00
维药没食子对口腔致龋细菌及牙体矿化的作用	赵　今	新疆医科大学	新疆维吾尔自治区自然科学基金	2009211A14	7.00
四种维药对HIV感染患者口腔念珠菌抑制作用的基础研究	李泽惠	新疆医科大学	新疆维吾尔自治区自然科学基金青年科学基金	2009211b21	7.00

续表 2

项目名称	项目负责人	单位	基金来源及名称	批准号或编号	资助金额（万元）
IRF6 基因与唇腭裂发病机制的研究	黄永清	宁夏医科大学	教育部“春晖计划”项目	Z2008-1-75020	2.00
宁夏儿童龋病高危人群风险因素分析及其防治模式研究	刘　英	宁夏医科大学	宁夏高等教育科学研究项目	(2009)193 号	0.60
多基因协同促进难愈合的创伤免疫研究	吴　洋	第二军医大学长征医院	上海市自然科学基金	1410600	10.00
复方奥硝唑甲磺酸培氟沙星缓释牙栓的临床应用研究	刘鲁川	第三军医大学附属大坪医院	重庆市科技攻关课题	CSTC2009AC5019	10.00

2009 年度中国口腔医学院校科技成果获奖项目简介

一、国家科学技术进步奖二等奖

武汉大学口腔医院樊明文教授负责的“龋病牙髓病的基础与临床研究”获 2009 年国家科学技术进步奖二等奖。

自 1990 年以来，樊明文教授的项目组对致龋菌变异链球菌的传播与定植规律、龋病的免疫预防及牙髓病的规范治疗等方面进行了长期的研究，针对龋病牙髓病的病因和不同病变阶段加以干预，达到有效防治该类疾病，最大限度保存患牙的目的；针对龋病、牙髓病不同阶段，研究龋病致病菌的传播特点和免疫预防龋病的规律。首次揭示变链菌水平传播特点和规律，证实 DNA 免疫防龋的可行性，建立免疫防龋新方法并探索免疫机制。创立适合我国人牙髓解剖特征的治疗措施，建立并推广符合中国国情的根管治疗规范；提出 C 形根管临床分型和影像学诊断标准，设计出治疗方案。该项目成果提升了国内牙髓病临床与科研水平，推动了我国牙体牙髓病学的发展。所建立的现代根管治疗规范在全国 22 所口腔医院及口腔科推广应用，创造了显著的社会和经济效益。

二、教育部高等学校科学技术进步奖一等奖

由四川大学华西口腔医学院赵志河教授负责的课题“口腔正畸牙移动生物力学机制基础及临床应用的系统化研究”获 2009 年度教育部高等学校科学技术进步奖一等奖。

赵志河教授领导的课题组建立了完整的颅面骨三维有限元分析模型，研发了“四点弯曲细胞力学装置”和“模式应力-细胞体外培养实验装置”，建立了正畸生物力学研究高精度平台。确定了牙齿阻力中心，应力分布和位移趋势，成功设计开发出更适合国人牙齿外形、牙根应力分布、牙齿咬合等特点且拥有自主知识产权的“HX 直丝弓托槽”，目前在临床得到广泛使用。解决了上颌前牵引矫形力牵引方向问题，研究成果写入了 2003 年版普通高等教育“十五”国家级规划教材《口腔正畸学》。深入探讨了牙移动过程中多种效应细胞的力学响应机制，深入探讨了多种效应细胞对力学刺激的响应，并对牙周炎、骨质疏松等特殊环境下正畸力学刺激下骨转化平衡的影响进行了系统的研究，丰富了正畸牙

移动理论。该项目 2001—2008 年共发表论文 46 篇，被 SCI、EI 收录 18 篇。研究成果得到 24 所全国知名口腔医学院或医院国内同行的高度评价。课题组迄今举办全国性正畸提高班和学术会议 12 次，在全国各地讲学，培养了近 500 名正畸医师，有力地促进项目成果在国内的推广，产生了良好的社会和经济效益。

三、2009 年度上海市科学技术进步奖一等奖

上海交通大学医学院附属第九人民医院张志愿教授负责的课题组完成的“口腔颌面部血管瘤与脉管畸形的基础与临床研究”项目荣获 2009 年度上海市科学技术进步奖一等奖。

20 世纪 80 年代以前，国内外对血管瘤和脉管畸形的分类、命名和治疗一直比较混乱，治疗方法不统一，各种方法的疗效比较缺乏可比性，学术界难以进行交流，基础研究也停滞不前。有鉴于此，张志愿教授带领课题组成员与武汉大学口腔医学院、山东省临沂市肿瘤医院密切合作，经过多年基础研究和临床实践，在许多方面取得了突破。1）率先提出并实施综合序列治疗口腔面颈部巨大静脉畸形，使治疗有效率提高到 75%。2）创用无水乙醇介入栓塞和（或）手术治疗口腔颌面部软组织动静脉畸形，无水乙醇或无水乙醇加弹簧圈双介入栓塞治疗颌骨动静脉畸形，治愈率达 58%。3）首创手术翻瓣激光治疗面颈深部静脉畸形 517 例，治愈率达 62.8%，使面神经和重要组织结构得以保全。4）首创激光光源与光敏剂相匹配的光动力治疗理论，采用氪激光光动力治疗微静脉畸形，IV 级疗效近 80%。5）首次采用 Tet-on 系统，成功建立条件化 MT 转基因小鼠血管瘤动物模型，论文发表于国际权威杂志 *Transgenic Research* 上。6）制定了国内外首部口腔颌面部血管瘤和脉管畸形治疗指南，发表在国际权威杂志 *Head Neck* 上，为血管瘤和脉管畸形的临床诊治提供了操作标准与依据。

四、陕西省科学技术进步奖一等奖

由第四军医大学口腔医学院段银钟教授负责的课题“骨性反𬌗及其相关畸形的基础与临床研究”获 2009 年度陕西省科学技术进步奖一等奖。

该项长达 10 年的临床研究，成功治疗 3 860例反𬌗病例，使患者免除了手术的痛苦，达到了满意的疗效。该研究突破了前人的传统观点，促进了正畸学科的发展与进步，提出了治疗骨性反𬌗的新规范。研究成果在国内外专业期刊上发表学术论文 80 余篇，其中 SCI 国际论文 15 篇。论文被引用 146 次，参加国内外学术会议 16 次，相关研究成果写入主编的 2 部专著中。培养硕士、博士研究生 15 名，在全军、全国举办各类学习班 22 次，听众达 3 000 余人。该成果在 24 所医院推广应用，显著地提高了骨性反𬌗的矫治疗效，同时也获得了显著的经济与社会效益。

出版动态

本栏目收录的图书目录为我国内地口腔医学或相关学科教师、医师所编（著、译）并公开出版发行的口腔医学专业图书和视听教材，时限自 2009 年 1 ~ 12 月。按书名的首字汉语拼音字母顺序排序。

TIP-EDGE PLUS 直丝弓正畸（第 2 版）
原　　著　（美）Richard Parkhouse
主　　译　房兵
出　　版　世界图书出版公司

出版日期　2009年12月
开　　本　16开
页　　数　199页
定　　价　180.00元

Tweed-Merrifield定向力矫治技术图谱(第2卷)
编　　著　(韩)金一奉
主　　译　陈文静
出　　版　东南大学出版社
出版日期　2009年9月
开　　本　12开
字　　数　369千字
页　　数　217页
定　　价　160.00元

2010口腔医学技术(士)模拟试卷及解析(第2版)(2010年度卫生专业技术资格考试试卷袋)(全国初中级卫生专业技术资格统一考试指定辅导用书)
主　　编　邵龙泉　王彦亮
出　　版　人民军医出版社
出版日期　2009年11月
开　　本　16开
字　　数　466千字
页　　数　298页
定　　价　49.00元

2010口腔医学(中级)模拟试卷及解析(第2版)(2010年度卫生专业技术资格考试试卷袋)(全国初中级卫生专业技术资格统一考试指定辅导用书)
主　　编　吴补领　高杰
出　　版　人民军医出版社
出版日期　2009年11月
开　　本　16开
字　　数　466千字
页　　数　298页
定　　价　49.00元

拔牙位点种植——各种治疗方案(第3卷)[国际口腔种植学会(ITI)口腔种植临床指南]
原　　著　DBuser
主　　译　宿玉成
出　　版　人民军医出版社
出版日期　2009年11月
开　　本　16开
字　　数　414千字
页　　数　204页
定　　价　300.00元

错𬌗畸形的矫治方法(CD-ROM)(卫生部医学CAI课件)
主　　编　周洪
制作单位　西安交通大学附属口腔医院
出　　版　人民卫生电子音像出版社
出版日期　2009年12月
定　　价　160.00元

腭裂语音治疗学
主　　编　李宁毅
出　　版　人民卫生出版社
出版日期　2009年3月
开　　本　16开
字　　数　361千字
页　　数　234页
定　　价　60.00元

儿童唇腭裂序列治疗手册
主　　编　姜萍
出　　版　人民卫生出版社
出版日期　2009年2月
开　　本　16开
字　　数　150千字
页　　数　104页
定　　价　49.00元

儿童口腔医学
原　　著　(美)Jimmy R. Pinkham等
主　　译　葛立宏
出　　版　人民卫生出版社
出版日期　2009年3月
开　　本　16开
字　　数　1 015千字
页　　数　643页
定　　价　156.00元

儿童龋病(DVD)(卫生部医学视听教材)

主　　编　李笑梅
制作单位　第二军医大学
出　　版　人民卫生电子音像出版社
出版日期　2009年8月
定　　价　48.00元

国家口腔执业助理医师资格考试——全真模拟试卷(3套装)(2009年)
编　　著　牛光良　冯培明　刘钢等
出　　版　人民军医出版社
出版日期　2009年7月
开　　本　16开
字　　数　143千字
页　　数　86页
定　　价　21.00元

国家医师资格考试口腔执业医师过关冲刺3000题(附解析)(2010年国家医师资格考试用书)
主　　编　高平
出　　版　北京大学医学出版社
出版日期　2009年12月
开　　本　16开
字　　数　632千字
页　　数　413页
定　　价　49.90元

国家医师资格考试口腔执业助理医师过关冲刺2000题(附解析)(2010年国家医师资格考试用书)
主　　编　邓嘉胤
出　　版　北京大学医学出版社
出版日期　2009年12月
开　　本　16开
字　　数　385千字
页　　数　248页
定　　价　31.00元

国家医师资格考试模拟试卷——口腔执业医师(2009最新修订版)
编　　写　医师资格考试专家组
出　　版　人民卫生出版社
出版日期　2009年1月
开　　本　16开
字　　数　680千字
页　　数　445页
定　　价　48.00元

国家医师资格考试模拟试卷——口腔执业医师(2010最新修订版)
编　　写　医师资格考试专家组
出　　版　人民卫生出版社
出版日期　2009年12月
开　　本　16开
字　　数　688千字
页　　数　415页
定　　价　51.00元

国家医师资格考试模拟试卷——口腔执业助理医师(2009最新修订版)
编　　写　医师资格考试专家组
出　　版　人民卫生出版社
出版日期　2009年1月
开　　本　16开
字　　数　359千字
页　　数　229页
定　　价　26.00元

国家医师资格考试模拟试卷——口腔执业助理医师(2010最新修订版)
编　　写　医师资格考试专家组
出　　版　人民卫生出版社
出版日期　2009年12月
开　　本　16开
字　　数　350千字
页　　数　248页
定　　价　33.00元

国家医师资格考试模拟试题解析——口腔执业医师(2009最新修订版)
编　　写　医师资格考试指导用书专家组
出　　版　人民卫生出版社
出版日期　2009年1月
开　　本　16开
字　　数　512千字
页　　数　315页
定　　价　35.00元

国家医师资格考试模拟试题解析——口腔执业医师(2010最新修订版)
编　　写　医师资格考试指导用书专家组
出　　版　人民卫生出版社
出版日期　2009年12月
开　　本　16开
字　　数　448千字
页　　数　276页
定　　价　42.00元

国家医师资格考试模拟试题解析——口腔执业助理医师(2009最新修订版)
编　　写　医师资格考试指导用书专家组
出　　版　人民卫生出版社
出版日期　2009年1月
开　　本　16开
字　　数　352千字
页　　数　213页
定　　价　28.00元

国家医师资格考试模拟试题解析——口腔执业助理医师(2010最新修订版)
编　　写　医师资格考试指导用书专家组
出　　版　人民卫生出版社
出版日期　2009年12月
开　　本　16开
字　　数　290千字
页　　数　188页
定　　价　29.00元

国家医师资格考试 实践技能考试一本过关——口腔执业医师(2009最新修订版)
编　　写　医师资格考试专家组
出　　版　人民卫生出版社
出版日期　2009年3月
开　　本　16开
字　　数　431千字
页　　数　272页
定　　价　39.00元

国家医师资格考试 实践技能考试一本过关——口腔执业助理医师(2009最新修订版)
编　　写　医师资格考试专家组
出　　版　人民卫生出版社
出版日期　2009年3月
开　　本　16开
字　　数　310千字
页　　数　186页
定　　价　35.00元

国家医师资格考试 实践技能考试一本过关——口腔执业助理医师(2010最新修订版)
编　　写　医师资格考试专家组
出　　版　人民卫生出版社
出版日期　2009年12月
开　　本　16开
字　　数　483千字
页　　数　294页
定　　价　36.00元

国家医师资格考试 实践技能应试指南——口腔执业医师(2010最新修订版)
编　　写　医师资格考试指导用书专家组
出　　版　人民卫生出版社
出版日期　2009年12月
开　　本　16开
字　　数　222千字
页　　数　129页
定　　价　20.00元

国家医师资格考试 实践技能应试指南——口腔执业助理医师(2010最新修订版)
编　　写　医师资格考试专家组
出　　版　人民卫生出版社
出版日期　2009年12月
开　　本　16开
字　　数　168千字
页　　数　97页
定　　价　20.00元

国家医师资格考试 习题精选与答案解析——口腔执业医师(2009最新修订版)
编　　写　医师资格考试专家组
出　　版　人民卫生出版社
出版日期　2009年1月
开　　本　16开

字　　数　750 千字
页　　数　487 页
定　　价　49.00 元

国家医师资格考试 习题精选与答案解析——口腔执业助理医师(2009 最新修订版)
编　　写　医师资格考试专家组
出　　版　人民卫生出版社
出版日期　2009 年 1 月
开　　本　16 开
字　　数　385 千字
页　　数　239 页
定　　价　28.00 元

国家医师资格考试 医学综合笔试应试指南——口腔执业医师(2009 最新修订版)
编　　写　医师资格考试指导用书专家组
出　　版　人民卫生出版社
出版日期　2009 年 1 月
开　　本　16 开
字　　数　1 866 千字
页　　数　1 157 页
定　　价　118.00 元

国家医师资格考试 医学综合笔试应试指南——口腔执业医师(2010 最新修订版)
编　　写　医师资格考试指导用书专家组
出　　版　人民卫生出版社
出版日期　2009 年 12 月
开　　本　16 开
字　　数　1 690 千字
页　　数　1 044 页
定　　价　119.00 元

国家医师资格考试 医学综合笔试应试指南——口腔执业助理医师(2009 最新修订版)
编　　写　医师资格考试指导用书专家组
出　　版　人民卫生出版社
出版日期　2009 年 1 月
开　　本　16 开
字　　数　1 107 千字
页　　数　683 页
定　　价　78.00 元

国家医师资格考试 医学综合笔试应试指南——口腔执业助理医师(2010 最新修订版)
编　　写　医师资格考试指导用书专家组
出　　版　人民卫生出版社
出版日期　2009 年 12 月
开　　本　16 开
字　　数　958 千字
页　　数　591 页
定　　价　88.00 元

颌骨囊肿刮治术(DVD)(卫生部医学视听教材)
制　　作　滨州医学院
出　　版　人民卫生电子音像出版社
出版日期　2009 年 1 月
定　　价　48.00 元

颌面颈部肿瘤影像诊断学
主　　编　余强　王平仲　石慧敏
出　　版　世界图书出版公司
出版日期　2009 年 5 月
开　　本　16 开
页　　数　425 页
定　　价　180.00 元

基于呼吸及口周肌功能的正畸临床治疗
原　　著　(日)近藤悦子
主　　译　白玉兴　杨力　赵弘
出　　版　人民军医出版社
出版日期　2009 年 8 月
开　　本　16 开
字　　数　456 千字
页　　数　276 页
定　　价　280.00 元

开髓术(DVD)(卫生部医学视听教材)
主　　编　王英
制作单位　第四军医大学口腔医学院
出　　版　人民卫生电子音像出版社
出版日期　2009 年 12 月
定　　价　48.00 元

可摘局部义齿修复学(口腔医学精粹丛书)
主　　编　张富强
出　　版　世界图书出版公司

出版日期 2009 年 1 月
开 本 大 16 开
字 数 405 千字
页 数 252 页
定 价 160.00 元

口腔病患者宜忌 150 条(常见病宜忌丛书)
主 编 沈霖德 陈栋
出 版 上海第二军医大学出版社
出版日期 2009 年 8 月
开 本 大 32 开
字 数 195 千字
页 数 220 页
定 价 17.00 元

口腔材料学(第 2 版)(全国高职高专卫生部规划教材)
主 编 王荃
出 版 人民卫生出版社
出版日期 2009 年 5 月
开 本 16 开
字 数 250 千字
页 数 167 页
定 价 20.00 元

口腔工艺技术概论(第 2 版)(全国高职高专卫生部规划教材)
主 编 吕广辉
出 版 人民卫生出版社
出版日期 2009 年 5 月
开 本 16 开
字 数 188 千字
页 数 118 页
定 价 19.00 元

口腔工艺技术实践教程
主 编 宋玉兰
出 版 军事医学科学出版社
出版日期 2009 年 10 月
开 本 16 开
字 数 856 千字
页 数 542 页
定 价 55.00 元

口腔固定修复工艺技术(第 2 版)(全国高职高专卫生部规划教材)
主 编 李长义
出 版 人民卫生出版社
出版日期 2009 年 5 月
开 本 16 开
字 数 361 千字
页 数 233 页
定 价 29.00 元

口腔固定修复中的美学重建(第 1 卷)·美学分析:进行口腔美学修复治疗的系统步骤
原 著 (意)Mauro Fradeani
主 译 王新知
出 版 人民军医出版社
出版日期 2009 年 7 月
开 本 大 16 开
字 数 565 千字
页 数 345 页
定 价 288.00 元

口腔颌面-头颈部手术麻醉
主 编 邓琴南 张彬 张宗旺
出 版 人民卫生出版社
出版日期 2009 年 8 月
开 本 16 开
字 数 785 千字
页 数 492 页
定 价 98.00 元

口腔颌面外科临床手册(第 3 版)(全国高等学校配套教材,供口腔医学类专业用)
主 编 张志愿 沈国芳
出 版 人民卫生出版社
出版日期 2009 年 2 月
开 本 大 32 开
字 数 570 千字
页 数 696 页
定 价 39.00 元

口腔颌面外科学(中级)(2010 全国卫生专业技术资格考试指导)
主 编 全国卫生专业技术资格考试专家

委员会
出　　版　人民卫生出版社
出版日期　2009年11月
开　　本　16开
字　　数　766千字
页　　数　468页
定　　价　85.00元

口腔颌面外科学精选模拟习题集(2009全国卫生专业技术资格考试习题集丛书)
主　　编　黄洪章　廖贵清
出　　版　人民卫生出版社
出版日期　2009年1月
开　　本　16开
字　　数　310千字
页　　数　216页
定　　价　23.00元

口腔颌面外科学精选模拟习题集(2010全国卫生专业技术资格考试习题集丛书)
主　　编　黄洪章　廖贵清
出　　版　人民卫生出版社
出版日期　2009年11月
开　　本　16开
字　　数　320千字
页　　数　205页
定　　价　36.00元

口腔颌面外科学、影像学、病理学与口腔内科学(英国影印版教材)
主　　编　(英)Paul Coulthard
Keith Horner
Philip Sloan
Elizabeth D Theaker
出　　版　北京大学医学出版社
出版日期　2009年1月
开　　本　16开
字　　数　565千字
页　　数　272页
定　　价　65.00元

口腔颌面种植的骨增量技术
主　　编　王远勤　唐尤超
出　　版　人民军医出版社
出版日期　2009年11月
开　　本　16开
字　　数　260千字
页　　数　307页
定　　价　138.00元

口腔颌面种植修复学
主　　编　张志勇
出　　版　世界图书出版公司
出版日期　2009年11月
开　　本　大16开
字　　数　478千字
页　　数　299页
定　　价　180.00元

口腔护理学(第2版)(复旦博学·护理系列)
主　　编　赵佛容
出　　版　复旦大学出版社
出版日期　2009年8月
开　　本　16开
字　　数　547千字
页　　数　344页
定　　价　46.00元

口腔护理学学习指导与习题
主　　编　赵佛容
出　　版　复旦大学出版社
出版日期　2009年7月
开　　本　大32开
字　　数　78千字
页　　数　87页
定　　价　8.00元

口腔疾病(名医与您谈疾病丛书)
主　　编　李刚
出　　版　中国医药科技出版社
出版日期　2009年4月
开　　本　16开
字　　数　168千字
页　　数　223页
定　　价　28.00元

口腔疾病和口腔保健知识问答(知名医学专家

进农家丛书）
主　　编　王兴
出　　版　科学出版社
出版日期　2009年6月
开　　本　大32开
字　　数　173千字
页　　数　149页
定　　价　16.00元

口腔检查操作技术（DVD）（执业医师资格考试辅导）
制作单位　解放军卫生音像出版社
出　　版　解放军卫生音像出版社
出版日期　2009年12月
定　　价　58.00元

口腔解剖生理学图谱（双语版）（“十一五”规划精品课程教材，供口腔医学专业用）
主　　编　付升旗
出　　版　世界图书出版公司
出版日期　2009年3月
开　　本　大16开
页　　数　206页
定　　价　49.00元

口腔科疾病并发症鉴别诊断与治疗（临床并发症丛书）
主　　编　雷志敏
出　　版　科学技术文献出版社
出版日期　2009年2月
开　　本　16开
字　　数　328千字
页　　数　232页
定　　价　29.00元

口腔科精要（临床精要丛书）
主　　编　王林　张怀勤
出　　版　江苏科学技术出版社
出版日期　2009年1月
开　　本　32开
字　　数　400千字
页　　数　554页
定　　价　34.00元

口腔科速查手册（临床速查丛书）
主　　编　李冰　武秀萍
出　　版　江苏科学技术出版社
出版日期　2009年9月
开　　本　大32开
字　　数　300千字
页　　数　449页
定　　价　36.50元

口腔科学（中国医师协会全国专科医师培训规划教材，供专科医师培训用）
主　　编　栾文民　王兴
出　　版　人民卫生出版社
出版日期　2009年2月
开　　本　16开
字　　数　616千字
页　　数　403页
定　　价　48.00元

口腔科学全真模拟试卷（人机对话版）（2009卫生专业职称考试冲关捷径）
主　　编　卫生专业技术资格考试专家委员会
出　　版　人民军医出版社
出版日期　2009年1月
开　　本　16开
字　　数　317千字
页　　数　152页
定　　价　39.00元

口腔科学与口腔医学技术试题解析（职称考试试题解析丛书）
主　　编　楼北雁　罗云　王敏
出　　版　人民军医出版社
出版日期　2009年1月
开　　本　小16开
字　　数　168千字
页　　数　140页
定　　价　30.00元

口腔科学住院医师手册（临床住院医师培训系列丛书）
主　　编　蒯新春

出　　版　科学技术文献出版社
出版日期　2009 年 1 月
开　　本　大 32 开
字　　数　1 114 千字
页　　数　1 123 页
定　　价　75.00 元

口腔临床护理操作流程
主　　编　高玉琴
出　　版　辽宁科学技术出版社
出版日期　2009 年 9 月
开　　本　16 开
字　　数　200 千字
页　　数　118 页
定　　价　18.00 元

口腔临床免疫学实验技术
主　　编　陈万涛
出　　版　上海交通大学出版社
出版日期　2009 年 9 月
开　　本　16 开
字　　数　287 千字
页　　数　202 页
定　　价　25.00 元

口腔内科(口腔全科医师实用技术手册)
主　　编　潘亚萍
出　　版　辽宁科学技术出版社
出版日期　2009 年 3 月
开　　本　大 32 开
字　　数　228 千字
页　　数　235 页
定　　价　25.00 元

口腔内科学(2010 全国卫生专业技术资格考试指导)
主　　编　全国卫生专业技术资格考试专家委员会
出　　版　人民卫生出版社
出版日期　2009 年 11 月
开　　本　16 开
字　　数　760 千字
页　　数　504 页
定　　价　83.00 元

口腔内科学精选模拟习题集(全国卫生专业技术资格考试习题集丛书)
主　　编　凌均棨　林正梅
出　　版　人民卫生出版社
出版日期　2009 年 1 月
开　　本　16 开
字　　数　380 千字
页　　数　245 页
定　　价　29.00 元

口腔内科学精选模拟习题集(2010 全国卫生专业技术资格考试习题集丛书)
主　　编　凌均棨　林正梅
出　　版　人民卫生出版社
出版日期　2009 年 11 月
开　　本　16 开
字　　数　391 千字
页　　数　248 页
定　　价　36.00 元

口腔黏膜病组织病理(CD-ROM)
制　　作　暨南大学
出　　版　人民卫生电子音像出版社
出版日期　2009 年 1 月
定　　价　100.00 元

口腔外科小手术操作指南
原　　著　(美)Kail R. Koerner
主　　译　胡开进
出　　版　世界图书出版公司
出版日期　2009 年 5 月
开　　本　16 开
字　　数　580 千字
页　　数　237 页
定　　价　148.00 元

口腔微生物学(普通高等教育“十一五”国家级规划教材)
主　　编　钟启平
出　　版　人民卫生出版社
出版日期　2009 年 5 月
开　　本　16 开

字 数 392千字
页 数 257页
定 价 34.00元

口腔小手术图解——基础与实践(口腔开业医师、全科医师、初中级医师必备手册)
原 著 (英)David A. McGowan
主 译 陈江 林珊
出 版 福建科学技术出版社
出版日期 2009年1月
开 本 16开
页 数 130页
定 价 48.00元

口腔修复(口腔全科医师实用技术手册)
主 编 艾红军
出 版 辽宁科学技术出版社
出版日期 2009年3月
开 本 大32开
字 数 190千字
页 数 195页
定 价 22.00元

口腔修复工艺学(口腔医学长学制)
主 编 韩科 彭东
出 版 北京大学医学出版社
出版日期 2009年12月
开 本 16开
字 数 750千字
页 数 450页
定 价 55.00元

口腔修复学(2010全国卫生专业技术资格考试指导)
主 编 全国卫生专业技术资格考试专家委员会
出 版 人民卫生出版社
出版日期 2009年11月
开 本 16开
字 数 680千字
页 数 448页
定 价 76.00元

口腔修复学精选模拟习题集(全国卫生专业技术资格考试习题集丛书)
主 编 李彦 赵克
出 版 人民卫生出版社
出版日期 2009年1月
开 本 16开
字 数 340千字
页 数 240页
定 价 27.00元

口腔修复学精选模拟习题集(2010全国卫生专业技术资格考试习题集丛书)
主 编 李彦 赵克
出 版 人民卫生出版社
出版日期 2009年11月
开 本 16开
字 数 361千字
页 数 235页
定 价 33.00元

口腔修复学、正畸学与儿童口腔医学(第2版)(英国影印版教材)(口腔医学基本要点丛书)
主 编 (英)Peter Heasman
出 版 北京大学医学出版社
出版日期 2009年1月
开 本 大16开
字 数 745千字
页 数 359页
定 价 75.00元

口腔药理学与药物治疗学(口腔医学精粹图书)
主 编 肖忠革 周曾同
出 版 世界图书出版公司
出版日期 2009年3月
开 本 大16开
字 数 656千字
页 数 416页
定 价 150.00元

口腔医师实践技能应试指导(含助理医师)(2009国家执业医师资格考试用书)
编 写 《口腔医师实践技能应试指导》专家组
出 版 中国协和医科大学出版社

出版日期　2009年1月
开　　本　16开
字　　数　250千字
页　　数　164页
定　　价　30.00元

口腔医师应试习题集(2009国家执业医师资格考试用书)
编　　写　《口腔医师应试习题集》专家组
出　　版　中国协和医科大学出版社
出版日期　2009年1月
开　　本　16开
字　　数　970千字
页　　数　626页
定　　价　78.00元

口腔医师应试指导(2009国家执业医师资格考试用书)
编　　写　《国家执业医师资格考试应试指导》专家编写组
出　　版　中国协和医科大学出版社
出版日期　2009年1月
开　　本　16开
字　　数　1 500千字
页　　数　986页
定　　价　106.00元

口腔医学(第2版)(全国高等医学院校教材)(普通高等教育"十一五"国家级规划教材)
主　　编　姬爱平
出　　版　北京大学医学出版社
出版日期　2009年8月
开　　本　16开
字　　数　322千字
页　　数　149页
定　　价　20.50元

口腔医学(综合)(2010全国卫生专业技术资格考试指导)
主　　编　全国卫生专业技术资格考试专家委员会
出　　版　人民卫生出版社
出版日期　2009年11月
开　　本　16开
字　　数　700千字
页　　数　444页
定　　价　69.00元

口腔医学技术(士、师、中级)(2010全国卫生专业技术资格考试辅导)
编　　写　全国卫生专业技术资格考试专家委员会
出　　版　人民卫生出版社
出版日期　2009年11月
开　　本　16开
字　　数　651千字
页　　数　396页
定　　价　70.00元

口腔医学技术精选模拟习题集(全国卫生专业技术资格考试习题集丛书)
主　　编　林雪峰　付强
出　　版　人民卫生出版社
出版日期　2009年1月
开　　本　16开
字　　数　310千字
页　　数　214页
定　　价　24.00元

口腔医学技术精选模拟习题集(2010全国卫生专业技术资格考试习题集丛书)
主　　编　林雪峰　付强
出　　版　人民卫生出版社
出版日期　2009年11月
开　　本　16开
字　　数　308千字
页　　数　198页
定　　价　29.00元

口腔医学技术全真模拟试卷(人机对话版)(2009卫生专业职称考试冲关捷径)
编　　写　卫生专业技术资格考试专家委员会
出　　版　人民军医出版社
出版日期　2009年1月
开　　本　16开

字　　数　267千字
页　　数　128页
定　　价　35.00元

口腔医学(综合)精选模拟习题集(2010全国卫生专业技术资格考试习题集丛书)
主　　编　朱亚琴
出　　版　人民卫生出版社
出版日期　2009年11月
开　　本　16开
字　　数　350千字
页　　数　240页
定　　价　29.00元

口腔医学美学(第2版)(全国高职高专卫生部规划教材)
主　　编　潘可风
出　　版　人民卫生出版社
出版日期　2009年5月
开　　本　16开
字　　数　332千字
页　　数　203页
定　　价　29.00元

口腔医学职业规划和就业指导(高等学校教材供口腔医学专业用)
编　　著　李刚
出　　版　人民卫生出版社
出版日期　2009年4月
开　　本　16开
字　　数　320千字
页　　数　203页
定　　价　24.00元

口腔正畸病例集
主　　编　傅民魁　卢海平　罗卫红　刘　怡
出　　版　人民卫生出版社
出版日期　2009年7月
开　　本　大16开
字　　数　878千字
页　　数　464页
定　　价　199.00元

口腔正畸学(中级)(适用专业口腔正畸学)
编　　写　全国卫生专业技术资格考试专家委员会
出　　版　人民卫生出版社
出版日期　2009年11月
开　　本　16开
字　　数　675千字
页　　数　408页
定　　价　76.00元

口腔正畸学精选模拟习题集(全国卫生专业技术资格考试习题集丛书)
主　　编　王大为
出　　版　人民卫生出版社
出版日期　2009年1月
开　　本　16开
字　　数　300千字
页　　数　212页
定　　价　23.00元

口腔正畸学精选模拟习题集(2010全国卫生专业技术资格考试习题集丛书)
主　　编　王大为
出　　版　人民卫生出版社
出版日期　2009年11月
开　　本　16开
字　　数　310千字
页　　数　212页
定　　价　36.00元

口腔执业医师考试历年真题精解(2009版)(国家医师资格考试用书)
主　　编　国家医师资格考试用书编委会
出　　版　上海科学技术出版社
出版日期　2009年3月
开　　本　16开
字　　数　950千字
页　　数　558页
定　　价　85.00元

口腔执业医师全真模拟试卷(2套装)(2009)(国家执业医师资格考试医学综合笔试)
编　　著　毛钊

出　　版　人民军医出版社
出版日期　2009 年 6 月
开　　本　16 开
字　　数　370 千字
页　　数　102 页
定　　价　35.00 元

口腔执业(助理)医师实践技能考试通关宝典(2009 + 含光盘)
主　　编　荣丽
出　　版　化学工业出版社
出版日期　2009 年 4 月
开　　本　16 开
字　　数　247 千字
页　　数　191 页
定　　价　36.00 元

口腔执业医师(助理医师)通关宝典——技能考试实战模拟(第 2 版)(2009 国家执业医师资格考试推荐用书)
主　　编　刘洪臣　李鸿波
出　　版　人民军医出版社
出版日期　2009 年 1 月
开　　本　16 开
字　　数　214 千字
页　　数　133 页
定　　价　35.00 元

口腔执业医师(助理医师)通关宝典——实践技能(第 2 版)(2009 国家执业医师资格考试推荐用书)
主　　编　刘洪臣　李鸿波
出　　版　人民军医出版社
出版日期　2009 年 1 月
开　　本　16 开
字　　数　187 千字
页　　数　119 页
定　　价　39.00 元

口腔执业助理医师过关必做 2000 题(2009)(国家执业医师资格考试辅导系列)
编　　写　《中华医学学习网》执业医师资格考试辅导专家组
出　　版　中国石化出版社
出版日期　2009 年 2 月
开　　本　16 开
字　　数　283 千字
页　　数　182 页
定　　价　25.80 元

口腔执业助理医师考前押题模拟试卷(2009 年国家执业医师资格考试试卷袋)
主　　编　马金凤
出　　版　人民军医出版社
出版日期　2009 年 5 月
开　　本　16 开
字　　数　275 千字
页　　数　175 页
定　　价　39.00 元

口腔执业助理医师资格考试——历年真题解析及全真模拟试题(2009 版)
编　　著　专家编写组
出　　版　北京科学技术出版社
出版日期　2009 年 3 月
开　　本　16 开
字　　数　450 千字
页　　数　172 页
定　　价　25.00 元

口腔执业助理医师全真模拟——思路、规律与拓展(第 2 版)(2009 国家执业医师资格考试)
主　　编　赵之国
出　　版　人民军医出版社
出版日期　2009 年 3 月
开　　本　16 开
字　　数　505 千字
页　　数　269 页
定　　价　45.00 元

口腔种植的软组织美学
原　　著　Sclar
主　　译　戈怡　陈德平
出　　版　人民军医出版社
出版日期　2009 年 6 月
开　　本　大 16 开

页　　数　307 页
定　　价　320.00 元

口腔种植修复基础与临床
主　　编　姜宝岐　兰晶　徐欣
出　　版　山东大学出版社
出版日期　2009 年 8 月
开　　本　大 32 开
字　　数　297 千字
页　　数　368 页
定　　价　30.00 元

口腔助理医师考试指南(2009 国家执业医师资格考试用书)
主　　编　《口腔助理医师考试指南》专家编写组
出　　版　中国协和医科大学出版社
出版日期　2009 年 2 月
开　　本　16 开
字　　数　1 200 千字
页　　数　828 页
定　　价　87.00 元

口腔助理医师应试习题集(2009 国家执业医师资格考试用书)
主　　编　《口腔助理医师应试习题集》专家编写组
出　　版　中国协和医科大学出版社
出版日期　2009 年 1 月
开　　本　16 开
字　　数　580 千字
页　　数　381 页
定　　价　50.00 元

口外支抗矫治器(DVD)(卫生部医学视听教材)
主　　编　邵玶
制　　作　哈尔滨医科大学
出　　版　人民卫生电子音像出版社
出版日期　2009 年 6 月
定　　价　48.00 元

颅颌面骨骼手术入路精要(第 2 版)
原　　著　Edward Ellis Ⅲ
　　　　　Michael F. Zide
主　　译　张益　张杰　孙勇刚
出　　版　人民卫生出版社
出版日期　2009 年 1 月
开　　本　大 16 开
字　　数　454 千字
页　　数　229 页
定　　价　110.00 元

临床全口义齿复诊学
编　　著　郭天文
出　　版　第四军医大学出版社
出版日期　2009 年 3 月
开　　本　16 开
字　　数　130 千字
页　　数　105 页
定　　价　60.00 元

面部局部解剖学(DVD)(卫生部医学视听教材)
主　　编　郑金华
制作单位　哈尔滨医科大学
出　　版　人民卫生电子音像出版社
出版日期　2009 年 9 月
定　　价　48.00 元

破译口腔密码 做自己的口腔医生
编　　著　张元坚
出　　版　人民军医出版社
出版日期　2009 年 1 月
开　　本　小 16 开
字　　数　160 千字
页　　数　154 页
定　　价　25.00 元

前牙美学修复及全瓷修复体设计
编　　著　骆小平
出　　版　安徽科学技术出版社
出版日期　2009 年 11 月
开　　本　16 开
字　　数　269 千字
页　　数　160 页
定　　价　120.00 元

龋病的诊断与治疗(CD-ROM)(卫生部医学 CAI 课件)

主　　编　陆群
制作单位　第四军医大学
出　　版　人民卫生电子音像出版社
出版日期　2009年5月
定　　价　160.00元

全瓷修复技术(口腔临床操作技术丛书)
主　　编　万乾炳
出　　版　人民卫生出版社
出版日期　2009年10月
开　　本　16开
字　　数　260千字
页　　数　157页
定　　价　75.00元

全口义齿技工学(供三年制高等职业教育口腔医学技术专业用)
主　　编　周超苏
出　　版　苏州大学出版社
出版日期　2009年4月
开　　本　16开
字　　数　220千字
页　　数　178页
定　　价　30.00元

社区口腔卫生服务实用技术(口腔临床操作技术丛书第1辑)
主　　编　王伟健
出　　版　人民卫生出版社
出版日期　2009年9月
开　　本　16开
字　　数　206千字
页　　数　125页
定　　价　60.00元

实验口腔医学(第2版)
主　　编　章魁华　于世凤
出　　版　人民卫生出版社
出版日期　2009年7月
开　　本　16开
字　　数　863千字
页　　数　547页
定　　价　96.00元

实用拔牙技术
主　　编　雷成家
出　　版　湖北科学技术出版社
出版日期　2009年11月
开　　本　大32开
字　　数　113千字
页　　数　144页
定　　价　11.00元

实用补牙技术
主　　编　万新辉
出　　版　湖北科学技术出版社
出版日期　2009年11月
开　　本　大32开
字　　数　110千字
页　　数　140页
定　　价　11.00元

实用口腔颌面颈部手术图谱
主　　编　王国义　阎俊新　邹建平
出　　版　军事医学科学出版社
出版日期　2009年9月
开　　本　16开
字　　数　430千字
页　　数　310页
定　　价　70.00元

实用口腔科学(第3版)
主　　编　张震康　俞光岩
出　　版　人民卫生出版社
出版日期　2009年6月
开　　本　大16开
字　　数　2 820千字
页　　数　1 160页
定　　价　175.00元

实用口腔微生物学图谱
主　　编　肖丽英　肖晓蓉
出　　版　人民卫生出版社
出版日期　2009年12月
开　　本　16开
字　　数　323千字
页　　数　179页

定　　价　96.00 元

实用口腔微生物学与技术

主　　编　周学东

出　　版　人民卫生出版社

出版日期　2009 年 6 月

开　　本　16 开

字　　数　685 千字

页　　数　414 页

定　　价　90.00 元

实用口腔种植学

主　　编　耿威

出　　版　人民军医出版社

出版日期　2009 年 11 月

开　　本　16 开

字　　数　488 千字

页　　数　252 页

定　　价　258.00 元

实用镶牙技术

主　　编　徐东选

出　　版　湖北科学技术出版社

出版日期　2009 年 11 月

开　　本　大 32 开

字　　数　270 千字

页　　数　345 页

定　　价　20.00 元

石膏牙雕刻训练教程(DVD 上、下)(卫生部医学视听教材)

主　　编　王美青

制作单位　第四军医大学

出　　版　人民卫生电子音像出版社

出版日期　2009 年 6 月

定　　价　96.00 元

树脂修复经典案例

主　　编　樊明文

出　　版　人民军医出版社

出版日期　2009 年 6 月

开　　本　16 开

字　　数　150 千字

页　　数　106 页

定　　价　97.00 元

王翰章口腔颌面外科手术学

主　　编　王翰章

出　　版　科学技术文献出版社

出版日期　2009 年 4 月

开　　本　16 开

字　　数　611 千字

页　　数　355 页

定　　价　59.00 元

微种植体支抗正畸临床应用

编　　著　(韩)景熙文等

主　　译　王震东　陈文静

出　　版　东南大学出版社

出版日期　2009 年 7 月

开　　本　16 开

字　　数　360 千字

页　　数　207 页

定　　价　160.00 元

下颌骨重建的基础与临床

主　　编　张陈平　(澳)Nabil Samman

出　　版　上海科技教育出版社

出版日期　2009 年 9 月

开　　本　大 16 开

字　　数　600 千字

页　　数　269 页

定　　价　200.00 元

新编口腔颌面部综合征

主　　编　廖建兴　冯殿恩等

出　　版　同济大学出版社

出版日期　2009 年 12 月

开　　本　16 开

字　　数　611 千字

页　　数　368 页

定　　价　88.00 元

牙齿健康计划

原　　著　(韩)房满爀

主　　译　金景姬等

出　　版　吉林科学技术出版社

出版日期　2009 年 8 月

开　本　16开
字　数　200千字
页　数　200页
定　价　25.00元

牙颌畸形矫治的适应证——病例展示
编　著　邵金陵
出　版　世界图书出版西安公司
出版日期　2009年11月
开　本　16开
页　数　161页
定　价　105.00元

牙科博览
主　编　赵铱民　李世俊
出　版　人民卫生出版社
出版日期　2009年6月
开　本　小16开
字　数　210千字
页　数　196页
定　价　65.00元

牙科 光固化机 第1部分：石英钨卤素灯（中华人民共和国医药行业标准）
编　写　中国标准出版社
出　版　中国标准出版社
出版日期　2009年11月
开　本　大16开
字　数　32千字
页　数　14页
定　价　21.00元

牙科临床规范化操作图谱（口腔临床操作技术丛书第1辑）
主　编　余擎
出　版　人民卫生出版社
出版日期　2009年9月
开　本　16开
字　数　260千字
页　数　166页
定　价　75.00元

牙科设备 给排管路的连接（中华人民共和国医药行业标准）
编　写　中国标准出版社
出　版　中国标准出版社
出版日期　2009年11月
开　本　大16开
字　数　6千字
页　数　2页
定　价　14.00元

牙科手机 第1部分：高速气涡轮手机（中华人民共和国医药行业标准）
编　写　中国标准出版社
出　版　中国标准出版社
出版日期　2009年11月
开　本　大16开
字　数　16千字
页　数　6页
定　价　16.00元

牙科诊所管理——策略与方法
主　编　欧尧　石考龙
出　版　辽宁科学技术出版社
出版日期　2009年11月
开　本　小16开
字　数　230千字
页　数　208页
定　价　30.00元

牙髓病学（第5版）（世界经典医学名著译丛）
主　编　（美）John I. Ingle
　　　　Leif K. Bakland
主　译　倪龙兴　余擎
出　版　世界图书出版公司
出版日期　2009年3月
开　本　大16开
字　数　1 559千字
页　数　818页
定　价　280.00元

牙外伤
主　编　龚怡
出　版　人民卫生出版社
出版日期　2009年5月
开　本　16开

字　　数　241千字
页　　数　162页
定　　价　69.00元

牙种植学的SAC分类(第2卷)[国际口腔种植学会(ITI)口腔种植临床指南]

原　　著　DBuser
主　　译　宿玉成
出　　版　人民军医出版社
出版日期　2009年11月
开　　本　16开
字　　数　333千字
页　　数　160页
定　　价　260.00元

牙种植学的负荷方案:牙列缺损的负荷方案(第2卷)[国际口腔种植学会(ITI)口腔种植临床指南]

原　　著　(瑞士)D. Wismeijer
　　　　　D. Buser　U. Belser
主　　译　宿玉成
出　　版　人民军医出版社
出版日期　2009年10月
开　　本　16开
字　　数　330千字
页　　数　170页
定　　价　280.00元

眼耳鼻咽喉口腔科疾病药疗食疗全书(实用药疗食疗丛书)

主　　编　彭清华　旷惠桃
出　　版　湖南科学技术出版社
出版日期　2009年9月
开　　本　大32开
页　　数　464页
定　　价　29.50元

眼耳鼻咽喉和口腔科护理学(全国医药高职高专规划教材)(供护理及相关医学专业用)

主　　编　范珍明
出　　版　中国医药科技出版社
出版日期　2009年8月
开　　本　16开
字　　数　500千字
页　　数　214页
定　　价　27.00元

医师资格考试大纲——口腔执业医师(2009全新修订版)

编　　写　卫生部医师资格考试委员会
　　　　　国家医学考试中心
出　　版　人民卫生出版社
出版日期　2009年1月
开　　本　16开
字　　数　153千字
页　　数　88页
定　　价　16.00元

医师资格考试大纲——口腔执业医师(2010年版)

编　　写　卫生部医师资格考试委员会
　　　　　国家医学考试中心
出　　版　人民卫生出版社
出版日期　2009年12月
开　　本　16开
字　　数　153千字
页　　数　88页
定　　价　17.00元

医师资格考试大纲——口腔执业助理医师(2009全新修订版)

编　　写　卫生部医师资格考试委员会
　　　　　国家医学考试中心
出　　版　人民卫生出版社
出版日期　2009年1月
开　　本　16开
字　　数　96千字
页　　数　54页
定　　价　14.00元

医师资格考试大纲——口腔执业助理医师(2010年版)

编　　写　卫生部医师资格考试委员会
　　　　　国家医学考试中心
出　　版　人民卫生出版社
出版日期　2009年12月

开　　本　16开
字　　数　96千字
页　　数　54页
定　　价　15.00元

岳松龄现代龋病学
主　　编　岳松龄
出　　版　科学技术文献出版社
出版日期　2009年4月
开　　本　16开
字　　数　598千字
页　　数　347页
定　　价　58.00元

中华口腔科学 基础·总论卷(第2版)
主　　编　王翰章　周学东
出　　版　人民卫生出版社
出版日期　2009年1月
开　　本　大16开
字　　数　3 417千字
页　　数　1 340页
定　　价　265.00元

中华口腔科学 口内·修复卷(第2版)
主　　编　王翰章　周学东
出　　版　人民卫生出版社
出版日期　2009年1月
开　　本　大16开
字　　数　2 880千字
页　　数　1 132页
定　　价　238.00元

中华口腔科学 口外·正畸卷(第2版)
主　　编　王翰章　周学东
出　　版　人民卫生出版社
出版日期　2009年1月
开　　本　大16开
字　　数　3 417千字
页　　数　1 340页
定　　价　269.00元

中国口腔医学年鉴(2008年卷)
主　　编　周学东
出　　版　四川科学技术出版社
出版日期　2009年9月
开　　本　16开
字　　数　570千字
页　　数　380页
定　　价　73.00元

中西医结合诊治口腔黏膜疾病
编　　著　林仲民　林楠　王颖
出　　版　新华出版社
出版日期　2009年8月
开　　本　32开
字　　数　156千字
页　　数　232页
定　　价　18.80元

阻生牙拔除术(口腔临床操作技术丛书第1辑)
主　　编　刘磊
出　　版　人民卫生出版社
出版日期　2009年9月
开　　本　16开
字　　数　262千字
页　　数　164页
定　　价　53.00元

（薛玉萍）

文献法规

本栏目收录了 2009 年中华人民共和国教育部和卫生部发布的有关通知、文件等。

国务院学位委员会 教育部关于印发《学位授予和人才培养学科目录设置与管理办法》的通知

学位[2009]10 号

各省、自治区、直辖市学位委员会、教育厅(教委),新疆生产建设兵团教育局,有关部门(单位)教育(人事)司(局),中国人民解放军学位委员会,中共中央党校学位评定委员会,各学位授予单位:

为规范和加强学科专业的设置与管理,进一步发挥学科专业目录在学位授予、人才培养和学科建设中的指导作用,特制订《学位授予和人才培养学科目录设置与管理办法》。现将该办法印发给你们,请遵照执行。

附件:学位授予和人才培养学科目录设置与管理办法

国务院学位委员会

中华人民共和国教育部

二○○九年二月二十五日

学位授予和人才培养学科目录设置与管理办法

第一章　总则

第一条　为进一步发挥学科专业目录(以下简称学科目录)在人才培养和学科建设中的指导作用,规范学科专业的设置与管理,依据《中华人民共和国学位条例》和《中华人民共和国高等教育法》,制订本办法。

第二条　学科目录适用于学士、硕士、博士的学位授予与人才培养,并用于学科建设和教育统计分类等工作。

第三条　学科目录分为学科门类、一级学科(本科教育中称为“专业类”,下同)和二级学科(本科专业目录中为“专业”,下同)三级。学科门类和一级学科是国家进行学位授权审核与学科管理、学位授予单位开展学位授予与人才培养工作的基本依据,二级学科是学位授予单位实施人才培养的参考依据。

第四条　学科目录实行分层管理,采取规定性与自主性相结合、相对稳定与动态调整相结合的管理机制。

第二章　学科门类的设置与调整

第五条　学科门类是对具有一定关联学科的归类。其设置应符合学科发展和人才培养的需要,并兼顾教育统计分类的惯例。

第六条　学科门类的设置应保持相对稳定。如需调整(包括增设、更名、撤销,下同),按照以下程序进行:

(一)由国务院学位委员会办公室根据学科发展、人才培养和教育统计分类的要求提出调整方案;

(二)广泛征求学位授予单位和专家意见;

(三)报国务院学位委员会会同教育部批

准后，编制成学科门类目录。

第三章　一级学科的设置与调整

第七条　一级学科是具有共同理论基础或研究领域相对一致的学科集合。一级学科原则上按学科属性进行设置，须符合以下基本条件：

（一）具有确定的研究对象，形成了相对独立、自成体系的理论、知识基础和研究方法；

（二）一般应有若干可归属的二级学科；

（三）已得到学术界的普遍认同。在构成本学科的领域或方向内，有一定数量的学位授予单位已开展了较长时间的科学研究和人才培养工作；

（四）社会对该学科人才有较稳定和一定规模的需求。

第八条　一级学科的调整每 10 年进行一次，调整程序为：

（一）一定数量学位授予单位或国家有关部门提出调整动议，并依据本办法第七条的规定提出论证报告；

（二）国务院学位委员会相关学科评议组对调整动议和论证报告进行评议，提出评审意见；

（三）国务院学位委员会办公室根据论证报告、专家评审意见提出调整方案；

（四）国务院学位委员会办公室将调整方案再次征求学位授予单位和专家意见；

（五）报国务院学位委员会会同教育部批准后，编制成一级学科目录。

第四章　二级学科的设置与调整

第九条　二级学科是组成一级学科的基本单元。二级学科设置应符合以下基本条件：

（一）与所属一级学科下的其他二级学科有相近的理论基础，或是所属一级学科研究对象的不同方面；

（二）具有相对独立的专业知识体系，已形成若干明确的研究方向；

（三）社会对该学科人才有一定规模的需求。

第十条　授予硕士、博士学位和培养研究生的二级学科，原则上由学位授予单位依据国务院学位委员会、教育部发布的学科目录，在一级学科学位授权权限内自主设置与调整。

（一）二级学科目录每 5 年编制一次。由教育部有关职能部门在对现有二级学科的招生、学位授予和毕业生就业等情况进行统计分析的基础上，将已有一定数量学位授予单位设置的、社会广泛认同的、且有较大培养规模的二级学科编制成二级学科目录。

（二）学位授予单位根据国家经济和社会发展对人才的需求，结合本单位学科建设目标和人才培养条件，按本一级学科学位授权权限，可在二级学科目录内，自主设置与调整本一级学科下的二级学科。

（三）学位授予单位按本一级学科学位授权权限，在二级学科目录外，自主增设（含更名，下同）二级学科，须符合本办法第九条的规定，并遵循以下基本程序：

1. 根据经济和社会发展的需要，学科发展和本单位人才培养条件，提出二级学科的增设方案，并进行必要性、可行性论证；

2. 聘请 7 人以上（含 7 人）的外单位（应为博士学位授予单位）的同行专家对增设方案进行评议；

3. 学位授予单位应在规定的时间内，将二级学科设置论证方案、参加评议的专家名单、评议意见等材料在指定的信息平台进行公示，接受同行专家及其他学位授予单位为期 30 天的质询；

4. 学位授予单位根据公示结果，经本单位学位评定委员会审核并表决通过后，做出增设二级学科的决定，并将增设的二级学科名单及公示材料、公示结果报教育部有关职能部门备案；

5. 学位授予单位撤销已增设的二级学科，须经本单位学位评定委员会审核，表决通过后，做出撤销二级学科的决定，报教育部有关职能部门备案。

学位授予单位在同一一级学科下，自主增设二级学科目录外二级学科的数量一般不超过 2 个。

（四）各学位授予单位在二级学科目录内和二级学科目录外自主设置的二级学科名单，须在指定的信息平台向社会公布。

（五）交叉学科须按照学位授予单位在二级学科目录外自主增设二级学科的程序进行设置，挂靠在所交叉的学科中基础理论相近的一级学科下进行教育统计。

第十一条　授予学士学位和培养本科生的二级学科目录由教育部有关职能部门依据国务院学位委员会、教育部发布的学科目录，每 10 年编制一次。高等学校依据高等学校本科专业设置的有关规定申请增设新专业，由教育部备案或审批后统一向社会公布。

第五章　管理与职责

第十二条　国务院学位委员会、教育部作为学科目录设置和管理的决策机构，其职责是：

（一）制定学科目录的设置与管理办法；

（二）统筹规划全国的学科目录设置与调整工作；

（三）批准学科门类、一级学科的设置与调整方案，定期发布学科目录。

第十三条　教育部有关职能部门作为学科目录设置和管理的执行机构，其职责是：

（一）按照发布的学科目录对学位授予单位的人才培养工作进行宏观管理；

（二）收集和发布学科相关信息，组织学科设置与调整的论证工作，引导和规范学科设置；

（三）负责二级学科自主设置（或设置）的备案审查（或审批），定期编制二级学科目录；

（四）承办国务院学位委员会、教育部涉及学科目录的其他相关工作。

第十四条　学位授予单位在学科目录设置与管理中的职责是：

（一）依据学科目录，实施学位授予和人才培养工作；

（二）依据本办法制订本单位二级学科、交叉学科设置的原则、要求和程序；

（三）按规定报送招生、学位授予和毕业生就业等信息；

（四）根据学科发展趋势，提出学科设置建议。

第六章　附则

第十五条　本办法由国务院学位委员会负责解释。

第十六条　专业学位的学位授予和人才培养学科目录设置与管理办法另行制订。

第十七条　教育部有关职能部门应依据本办法制订二级学科自主设置的实施细则。

第十八条　本办法自公布之日起施行。

教育部 财政部关于立项建设 2009 年国家级教学团队的通知

教高函［2009］18 号

各省、自治区、直辖市教育厅（教委）、财政厅（局），新疆生产建设兵团教育局、财务局，有关部门（单位）教育司（局）、财务司（局），解放军总参谋部军训和兵种部，教育部直属各高等学校：

根据《教育部财政部关于实施高等学校本科教学质量与教学改革工程的意见》（教高〔2007〕1 号）的总体安排，经各地推荐，专家评审，现确定北京大学“普通化学本科主干基础课教学团队”等 305 个教学团队为 2009 年国家级教学团队（名单见附件）。现就项目建设有关事项通知如下：

一、各地、各高等学校要按照《教育部关于进一步深化本科教学改革 全面提高教学质量的若干意见》（教高〔2007〕2 号）和《教育部关于全面提高高等职业教育教学质量的若干意见》（教高〔2006〕16 号）的要求，做好教学团队的建设工作。通过国家级教学团队的建设，改革教学内容和方法，开发教学资源，促进教学研讨和经验交流，推进教学工作的传、帮、带和老中青相结合，提高中青年教师的教学水平；探索教学团队在组织架构、运行机制、监督约束机制等方面的运行模式，为兄弟院校培训教师提供可推广、借鉴的示范性经验。鼓励高校和地方教育行政部门建设校级、省级教学团队。

二、中央财政将安排每个团队 30 万元专项资金（军队院校团队除外），资助国家级教学团队在学校先行建设的基础上，进一步开展教学研究、编撰出版教材、培养中青年教师、接受教师进修等工作。各国家级教学团队应按照财政部、教育部的《高等学校本科教学质量与教学改革工程专项资金管理暂行办法》（财教［2007］376 号），合理安排项目经费，专款专用。

三、请各有关高等学校组织专家对国家级教学团队提出的“今后建设计划”进行论证，编制今后三年的建设任务书（任务书模板可在国家级教学团队主页 http://jxtd.zlgc.org/上下载）。任务书一式两份，其中一份留学校教务处备案，另一份于 2009 年 10 月 30 日前寄到教育部高等教育司教学条件处，同时向教学条件处提交任务书的电子版（邮箱：gaojs_jxtj@moe.edu.cn）。教学条件处联系电话：010-66096925。

四、国家级教学团队主页上设有教学团队建设模块，作为对立项团队进行宣传、推广、监督、检查、评估的平台。各团队应根据建设任务书中分年度建设计划，及时填报项目建设情况，填报办法见国家级教学团队主页上《关于填报国家级教学团队建设进展信息的通知》。

中华人民共和国教育部
中华人民共和国财政部
二〇〇九年九月十五日

教育部 财政部关于批准 2009 年度国家精品课程建设项目的通知

教高函［2009］21 号

各省、自治区、直辖市教育厅（教委），新疆生产建设兵团教育局，有关部门（单位）教育司（局），解放军总参谋部，部属各高等学校：

为贯彻落实《教育部 财政部关于实施高等学校本科教学质量与教学改革工程的意见》（教高〔2007〕1 号）和《教育部关于进一步深化本科教学改革全面提高教学质量的若干意见》（教高〔2007〕2 号）精神，按照 2009 年度高等学校本科教学质量与教学改革工程项目申报工作要求，经过网络评审、专家会评以及上网公示，决定批准 2009 年度国家精品课程普通高校 650 门、军队院校（含武警）课程 29 门（名单见附件），现予公布。

一、国家精品课程要按规定将课程内容

全部上网，取消登录用户名和密码，向全国免费开放。用户可登录"高等学校本科教学质量和教学改革工程"网（www. zlgc. edu. cn），点击"国家精品课程建设"，或直接登录"全国高等学校精品课程建设工作"网（www. jpkc-net. com），浏览国家精品课程内容和了解全国精品课程建设工作的相关信息。

二、有关高等学校要按照《教育部办公厅关于印发<国家精品课程建设工作实施办法>的通知》（教高厅〔2003〕3 号）和《教育部办公厅关于<国家精品课程建设工作实施办法>补充规定的通知》（教高厅［2004］13 号）要求，进一步加强课程建设，不断改善网络条件，更新和完善课程网上教学资源；及时了解掌握课程教学内容的辐射效果，收集分析用户的反馈意见，统计课程网站的点击率；接受教育部组织的检查。军队院校的国家精品课程由总参谋部负责管理。

三、各级教育行政部门和高等学校要重视"质量工程"的组织实施，进一步巩固教学工作的中心地位，继续加大经费投入并给予政策支持，推进优质资源的建设与共享。高等学校要充分利用国家精品课程的优质资源和建设经验，推进本校课程改革，不断提高教学质量。

四、未经著作权人许可，任何人不得将国家精品课程内容用作商业目的活动。

中华人民共和国教育部

二〇〇九年十月十七日

附件：

1. 2009 年度国家精品课程名单（见本卷教育栏目）

卫生部办公厅关于印发《中国居民口腔健康指南》的通知

中华人民共和国卫生部

卫办疾控发〔2009〕141 号

各省、自治区、直辖市卫生厅局，新疆生产建设兵团卫生局，中国疾病预防控制中心：

为更好贯彻落实《卫生部办公厅关于加强口腔卫生工作的通知》（卫办疾控发〔2007〕196 号）精神，规范医疗卫生机构口腔健康教育工作，帮助我国群众掌握正确的口腔卫生保健知识，养成良好的口腔卫生习惯，我部组织制定了《中国居民口腔健康指南》。现印发给你们，请遵照执行。

二〇〇九年九月七日

中国居民口腔健康指南

口腔是人体的重要组成部分，是消化系统的起端，主要由唇、颊、舌、腭、涎腺、牙和颌骨等所组成，具有咀嚼、吞咽、言语和感觉等功能，并维持着颌面部的正常形态。人的一生中有两副牙齿，一副是乳牙，有 20 颗，一副是恒牙，为 28 ~ 32 颗。

很多因素可干扰口腔健康，妨碍其行使正常功能，使人的外貌形象和社会交往受到影响，此外，口腔疾病还可直接或间接影响全身健康，影响生命质量。为了推动我国居民重视口腔健康、普及口腔保健知识、改善口腔保健行为、提高口腔健康水平，特制定《中国居民口腔健康指南》。《指南》共 55 条，分普通人群篇、孕产妇篇、婴幼儿篇、学龄前儿童篇、学龄儿童篇、老年篇、残疾人篇，供相关人群使用。

普通人群篇

1. 口腔健康是全身健康的基础

口腔健康是全身健康的重要组成部分，2007 年世界卫生组织提出口腔疾病是一个严重的公共卫生问题，需要积极防治。口腔健康包括："无口腔颌面部慢性疼痛、口咽癌、口腔溃疡、先天性缺陷如唇腭裂、牙周（牙龈）疾病、龋病、牙齿丧失以及影响口腔的其他疾病和功能紊乱。"

口腔健康直接或间接影响全身健康。口腔疾病如龋病、牙周疾病等会破坏牙齿硬组织和牙齿周围支持组织，除影响咀嚼、言语、美观等功能外，还会引起社会交往困难和心理障碍。有些微生物长期存在于口腔中，可导致或加剧某些全身疾病如冠心病、糖尿病等，危害全身健康，影响生命质量。

全身疾病对口腔健康的影响也不容忽视，一些全身疾病可能在口腔出现相应的表征。例如糖尿病人抗感染能力下降，常伴发牙周炎、拔牙伤口难以愈合。艾滋病病人早期出现口腔病损，如口腔念珠菌病、毛状白斑、卡波济肉瘤等。

2. 龋病和牙周疾病是危害我国居民口腔健康的两种最常见的疾病

全国口腔健康流行病学调查显示，龋病（俗称虫牙或蛀牙）和牙周疾病（包括牙龈炎和牙周炎）是危害我国居民口腔健康的两种最常见的疾病，治疗起来比较复杂，花费时间和经费也比较多。

龋坏的牙齿硬组织发生颜色、形态和质地的改变，是由于口腔里的某些细菌，利用食物中的糖发酵产酸而逐渐产生的。龋坏早期一般没有疼痛不适的感觉，只有在医生检查时才可发现牙面上有黑点或白斑；进一步发展就可形成龋洞，遇酸、甜、冷、热等刺激时会感到疼痛不适；严重时由冷、热刺激引起的疼痛十分明显；如果得不到及时治疗，最后牙体破坏变成残根、残冠，甚至导致牙齿丧失，造成严重的咀嚼困难，影响身体健康。

牙周疾病是发生在牙齿周围支持组织（牙骨质、牙槽骨、牙龈、牙周膜）的各种疾病。首先是牙龈红肿、触碰时容易出血，如果得不到及时治疗，会出现牙龈萎缩、牙槽骨吸收、牙周袋形成、牙齿松动与移位，有时还会引起牙周溢脓、口腔异味，最后使牙齿脱落或拔除。所以牙周疾病是引起成年人牙齿丧失的主要原因。

上述两大口腔疾病主要是由牙菌斑引起的。因此，通过自我口腔保健和专业口腔保健清除牙菌斑是维护口腔健康的基础。

3. 早晚刷牙、饭后漱口

刷牙能去除牙菌斑、软垢和食物残渣，保持口腔卫生，维护牙齿和牙周组织健康。刷牙清除牙菌斑数小时后，菌斑可以在清洁的牙面上重新附着，不断形成，特别是夜间入睡后，唾液分泌减少，口腔自洁作用差，细菌更容易生长。因此，每天至少要刷牙两次，晚上睡前刷牙更重要。刷牙的同时结合用舌刷清洁舌背部能明显改善口腔异味。饭后漱口可去除口腔内的食物残渣，保持口腔清洁。咀嚼无糖口香糖也可以刺激唾液分泌，降低口腔酸度，有助于口气清新，牙齿清洁。

4. 做到一人一刷一口杯

在同一个家庭里，每个人的年龄不同，身体健康状况不一样，口腔健康状况也各不相同，因而有着不同的口腔保健需求。应该根据各人的不同情况，选用适合各人需要的牙刷和牙膏。若一家人共用一把牙刷和一个漱口杯，可能会引起疾病的相互传播。因此，必须做到一个人一把牙刷和一个口杯，每人分开放置，以避免交互感染。

5. 正确选择和使用漱口液

清水漱口可清除口腔内的食物残渣，但其清除力量微弱，不足以去除牙菌斑。目前市售的一些漱口液添加了某些抗菌消炎物质,有一定的辅助控制牙菌斑、维护口腔健康的作用。如含氟漱口液是一种局部用氟预防龋病的方法,适合在低氟区、适氟区的学校和家庭中使用;洗必泰(氯己定)漱口液能杀灭唾液中和吸附到牙面上的细菌,适于牙周病患者使用;以香精油为主要活性成分的漱口液,有广谱灭菌作用,适合每天使用。还有的漱口液可在患有口炎、唇炎时含漱,起到预防感染、促进伤口愈合的作用。

6. 提倡用水平颤动拂刷法刷牙

水平颤动拂刷法是一种能有效清除龈沟内牙菌斑的刷牙方法。拂刷就是轻轻地擦过,掌握这种刷牙方法,能够帮助清除各个牙面的牙菌斑,同时能有效地去除牙颈部及龈沟内的牙菌斑。具体操作要领为:①手持牙刷刷柄,先将刷头放置于口腔内一侧的后牙牙颈部,刷毛与牙长轴大约呈 45°角,刷毛指向牙根方向(上颌牙向上,下颌牙向下),轻微加压,使刷毛部分进入牙龈沟内,部分置于牙龈上;②以 2 ~ 3 颗牙为一组开始刷牙,用短距离水平颤动的往返动作在同一个部位至少刷 10 次,然后将牙刷向牙冠方向转动,继续拂刷牙齿的唇(颊)舌(腭)面;③刷完第一个部位之后,将牙刷移至下一组 2 ~ 3 颗牙的位置重新放置,注意与第一个部位保持有重叠的区域,继续进行下一个部位的刷牙;④刷上前牙舌面时,将刷头竖放在牙面上,使前部刷毛接触龈缘,自上而下拂刷。刷下前牙舌面时,自下而上拂刷;⑤刷咬合面时,刷毛指向咬合面,稍用力作前后短距离来回刷。

7. 提倡使用保健牙刷,注意及时更换

保健牙刷具有以下特点:①刷头小,以便在口腔内(特别是口腔后部)转动自如;②刷毛排列合理,一般为 10 ~ 12 束长,3 ~ 4 束宽,各束之间有一定间距,既有利于有效清除牙菌斑,又使牙刷本身容易清洗;③刷毛较软,刷毛长度适当,刷毛顶端磨圆钝,避免牙刷对牙齿和牙龈的损伤;④牙刷柄长度、宽度适中,并具有防滑设计,使握持方便、感觉舒适。

刷牙后,牙刷毛间往往粘有食物残渣和细菌,可能导致疾病的传播。刷牙后应用清水冲洗牙刷,并将刷毛上的水分甩干,刷头向上放在口杯中置于通风处。为防止牙刷藏匿细菌,一般应每三个月左右更换一把牙刷。若刷毛发生弯曲或倒伏,会对口腔的软硬组织造成损伤,则需立即更换。

8. 提倡选择牙线或牙间刷辅助清洁牙间隙

牙齿与牙齿之间的间隙称为邻间隙或牙间隙,牙间隙最容易滞留菌斑和软垢。刷牙时牙刷刷毛不能完全伸及牙间隙,如果在每天刷牙的同时,能够配合使用牙线或牙间刷等帮助清洁牙间隙,可以达到彻底清洁牙齿的目的。

牙线是用尼龙线、丝线或涤纶线制成的,它有助于邻面间隙或牙龈乳头处的清洁,特别对平的或凸的牙面最合适。牙间刷的刷头为金属丝,其四周附带有柔软的刷毛,适用于牙龈退缩和牙根外露的患者清除牙间隙处的牙面和根面的牙菌斑。使用时应注意,若龈乳头无退缩、插入有困难时,不要勉强进入,以免损伤牙龈。

9. 根据口腔健康需要选择牙膏,提倡使用含氟牙膏预防龋病

牙膏是辅助刷牙的一种制剂,可增强刷牙的摩擦力,帮助去除食物残屑、软垢和牙菌斑,有助于消除或减轻口腔异味,使口气清新。成人每次刷牙只需用大约 1 克(长度约 1 厘米)的膏体即可。如果在牙膏膏体中加入其他有效成分,如氟化物、抗菌药物、控制牙石和抗敏感的化学物质,则分别具有防龋、减少牙菌斑、抑制牙石形成和抗牙齿敏感的作用。

含氟牙膏有明显的防龋效果,其在世界范围的广泛应用是龋病发病率大幅度下降的主要原因之一。使用含氟牙膏刷牙是安全、有效的防龋措施,特别适合于有患龋倾向的儿童和老年人使用。但应该注意的是:牙膏

不是药，只能预防口腔疾病，不能治疗口腔疾病，有了口腔疾病还是应该及时就医治疗。

10. 科学用氟有利于牙齿和全身健康

氟是人体健康所必需的一种微量元素，摄入适量的氟化物可以减少牙齿的溶解度和促进牙齿的再矿化、抑制口腔微生物生长，预防龋病的发生。氟化物的应用可以分为全身应用和局部应用。全身应用包括：饮水氟化、食盐氟化、牛奶氟化、氟片、氟滴剂；局部应用包括：含氟牙膏、含氟漱口液、局部涂氟、含氟涂料、含氟泡沫、含氟凝胶等。但是人体摄入过量氟也可以导致一些副作用，因此氟化物的推广应用，适合于在低氟地区、适氟地区以及在龋病高发地区的高危人群中进行。

11. 科学吃糖，少喝碳酸饮料

糖是人类的主要营养要素之一，是人体能量的主要来源，是许多食品及饮料的调味剂，同时也是公认的一种引起龋病发生的危险因素。容易引起龋病的主要是蔗糖，其次为葡萄糖、淀粉等。如果经常摄入过多的含糖甜食或饮用过多的碳酸饮料，会导致牙齿脱矿，引发龋病或产生牙齿敏感。

因此，提倡科学吃糖非常重要。吃糖次数越多，牙齿受损机会越大，所以，应尽量减少每天吃糖的次数；少喝碳酸饮料，进食后用清水或茶水漱口，晚上睡前刷牙后不能再进食。

12. 吸烟有害口腔健康

吸烟是引起口腔癌的主要危险因素，90%以上的口腔癌患者是吸烟者。吸烟还是牙周病的主要危险因素之一，吸烟者患牙周病的几率较不吸烟者高出 5 倍。孕妇吸烟或被动吸烟，可以引起胎儿口腔颌面部畸形。吸烟者牙齿表面常常出现褐色烟斑和牙石，引发口腔异味，影响个人外观形象和社会交往。

13. 每年至少进行一次口腔健康检查

龋病和牙周病等口腔疾病常是缓慢发生的。早期多无明显症状，一般常不易察觉，等到出现疼痛等不适症状时可能已经到了疾病的中晚期，治疗起来很复杂，患者也会遭受更大的痛苦，花费更多的费用，治疗效果还不一定十分满意。因此，定期进行口腔健康检查，每年至少一次，能及时发现口腔疾病，早期治疗。医生还会根据情况需要，采取适当的预防措施，预防口腔疾病的发生和控制口腔疾病的发展。

14. 提倡每年洁牙（洗牙）一次

牙菌斑、食物残渣、软垢在牙面上附着沉积，与唾液中的矿物质结合，逐渐钙化形成牙石。牙石表面粗糙，对牙龈造成不良刺激，又有利于新的牙菌斑黏附，是引起牙周疾病的一种促进因素。自我口腔保健方法只能清除牙菌斑，不能去除牙石。因此需定期到医院由口腔科医生进行洁牙，最好每年一次。洁牙是由口腔医生使用洁牙器械，清除龈缘周围龈上和龈下部位沉积的牙石以及牙菌斑。洁牙过程中可能会有轻微的出血，洁牙之后也可能会出现短暂的牙齿敏感，但一般不会伤及牙龈和牙齿，更不会造成牙缝稀疏和牙齿松动。定期洁牙能够保持牙齿坚固和牙周健康。

15. 口腔出现不适、疼痛、牙龈出血、异味等症状应及时就诊

口腔疾病可表现为疼痛或不适的症状。如龋病常表现为遇冷热刺激不适、咬物不适或疼痛；牙髓炎会发生剧烈的自发痛、夜间痛；牙龈炎早期会在刷牙或咬硬物时出现牙龈出血；口腔溃疡伴有患处触碰引发疼痛的感觉；敏感的牙齿在遇到冷、热、酸、甜等刺激时，出现短暂而尖锐的疼痛。口臭 80% ~ 90%是由口腔疾病所致，主要是由于口腔内的厌氧菌通过腐败消化口腔内的滞留物质产生挥发性硫化物导致的。发生以上情况应尽快去具备执业资质的口腔医疗机构诊治。

16. 及时修复缺失牙齿

牙齿具有咀嚼食物、辅助发音和维持面容形态的功能。牙齿缺失易发生咀嚼困难、

食物嵌塞、对殆牙伸长、邻牙倾斜等。前牙缺失还会导致发音不准、面部形态发生变化，全口牙丧失后，咀嚼十分困难，面容明显苍老。

因此，不论失牙多少，都应及时进行义齿修复。修复一般在拔牙 2～3 个月后进行。修复前应治疗余留牙的疾病，必要时对牙槽骨和软组织进行修整，保证修复质量。缺失牙的修复目前主要有活动修复和固定修复（包括固定桥、种植义齿）。具体选择何种修复方法应依据患者的口腔条件和主观要求而定。

17. 选择具备执业资质的医疗机构进行口腔保健和治疗

进行口腔保健和治疗，一定要选择具备执业资质的口腔医疗机构，才能保证好的医疗质量和严格的感染控制。所谓具备执业资质的口腔医疗机构，是指根据《医疗机构管理条例》及《医疗机构管理条例细则》规定，经登记取得《医疗机构执业许可证》的口腔诊所、门诊部、综合医院口腔科以及口腔医院。

在口腔诊疗工作过程中，患者的血液、唾液污染的诊疗器械等均是造成交叉感染的危险因素。具备执业资质的医疗机构具有一套完善的感染控制的管理制度、措施和消毒灭菌设备，确保一人一手机一消毒，可彻底杜绝治疗过程中的交叉感染。而且具备执业资质的医疗机构的口腔医师应当受过口腔医学专业教育和临床医疗技能训练，取得医师资格并经过执业注册，具备解决患者病痛的能力。

孕产妇篇

18. 孕妇的口腔健康影响胎儿健康

有比较充分的证据表明，孕妇患有牙周病可能会导致婴儿早产或出生时低体重。孕妇钙摄入不足会影响胎儿牙齿发育。因此，孕妇的口腔健康水平，全身健康和营养状况，对胎儿、婴儿的口腔健康与全身健康都会产生影响。

19. 计划怀孕时应接受口腔健康检查，治疗口腔疾病

一旦妇女已经怀孕，那么在怀孕早期和晚期接受复杂口腔治疗，会因为紧张和疼痛等因素，增加胎儿流产或早产的风险。

因此，女性在计划怀孕时就应主动接受口腔健康检查，及时发现并处理口腔内的疾病或隐患，避免在怀孕期间可能因为发生口腔急症，而带来的治疗不便和风险。

20. 怀孕 4～6 个月是孕期治疗口腔疾病的最佳时期

怀孕 1～3 个月，口腔治疗一般仅限于处理急症，要避免 X 线照射。怀孕 4～6 个月是孕期治疗口腔疾病的最佳时期，口腔治疗最好在此阶段完成，但也应注意在保护措施下使用 X 线。怀孕 7～9 个月尽可能避免口腔治疗，急症需治疗时，选择不含肾上腺素等收缩血管的药物进行局部麻醉。

21. 孕期和产后更应坚持刷牙、漱口

怀孕时，孕妇体内孕激素水平升高，雌激素水平下降，内分泌发生改变，会使牙龈的易感性增强，容易发生妊娠期龈炎，表现为牙龈充血、肿胀等。孕妇和产妇进食次数增多，食物中糖等碳水化合物的含量大，若不注意保持口腔卫生，很容易导致菌斑的堆积，引发口腔疾病。因此，"坐月子不刷牙"的说法是错误的，孕产妇更应保持正常的口腔卫生习惯，餐后漱口，早晚刷牙等。

婴幼儿篇

22. 口腔健康是婴幼儿正常生长发育的基础

婴幼儿是人生的起始阶段，此时口腔最大的变化是从无牙到长出牙齿。口腔和颅颌面的正常生长发育和牙齿萌出以及维持其正常功能，对婴幼儿一生的口腔健康和全身健康至关重要。维护婴幼儿期的口腔健康有利于均衡摄入营养，养成良好的饮食习惯，保证全身的正常生长发育。婴幼儿期又是学习语言的关键时期，健康、排列整齐的乳牙是孩子

正常发音的生理基础。

23. 从出生开始，家长应为婴幼儿清洁口腔

婴儿出生之后，家长应每天用软纱布为孩子擦洗口腔，可有效预防口腔白色念珠菌感染（俗称“鹅口疮”）。牙齿萌出后，可用纱布或软毛刷轻轻地为孩子擦洗口腔和牙齿。当多颗牙齿萌出后，家长可用指套刷或软毛刷为孩子每天刷牙 2 次，并确保清洁上下颌所有的牙面，特别是接近牙龈缘的部位。

两岁大的孩子会想自己刷牙，但父母应明白这个年龄孩子手的精细运动能力尚未形成，不能真正刷干净牙齿。因此，家长应帮孩子刷牙，每日至少 2 次。

24. 不当的喂养会危害婴幼儿口腔健康

母乳是婴幼儿最好的天然食品，相对于人工喂养，母乳喂养时乳牙患龋病的危险性低。喂奶姿势会影响婴幼儿颌面部的生长发育，最好抱着喂。奶瓶是人工喂养的器具，奶瓶放置过高或过低都可能会造成牙颌畸形。奶瓶喂养时应选用合适的奶嘴，避免孔洞太大，奶液不需吸吮就流出，使婴幼儿咀嚼肌得不到应有的锻炼，不利于口颌的正常发育。

乳牙萌出之后，不要让幼儿长时间含着装有甜奶或甜饮料的奶瓶，尤其不能含奶瓶睡觉，否则会造成婴幼儿龋。1 岁后应尽量减少使用奶瓶，且奶瓶内只能装白水和无糖奶，用杯子或勺喂含糖液体（如甜奶、果汁、蜂蜜水等）。1 岁半到 2 岁应停止使用奶瓶。因为长期用奶瓶喂养，除了容易发生龋病外，还可妨碍孩子咀嚼功能的发育。

25. 莫把病菌口口相传给孩子

唾液是细菌传播的载体。喂养人可以通过把食物嚼碎喂孩子，以及把奶嘴或勺子放到自己口中试温度等方式将口腔中的致病菌传播给孩子。致龋细菌越早传给孩子，孩子越易患龋病。所以看护人应注意喂养卫生，纠正不良的喂养方式，同时关注自身的口腔卫生，避免把致病菌传播给婴幼儿。

26. 注意喂养器具的消毒

奶瓶等婴幼儿喂养器具必须做到消毒灭菌，否则，宝宝吃奶时会将细菌带入婴儿体内，导致腹泻、呕吐，还可引起“鹅口疮”。需要注意的是，消毒后 24 小时内没有使用的奶瓶，仍需重新消毒，以免滋生细菌。

27. 婴幼儿从牙萌出开始，每半年接受一次口腔健康检查和口腔卫生指导

婴幼儿应该在第一颗牙齿萌出后 6 个月内，就由家长带去医院检查牙齿，请医生帮助判断孩子牙齿萌出情况，并评估其患龋病的风险，提供有针对性的口腔卫生指导，如果发现龋病等口腔疾病应及早诊治。此后每半年检查一次牙齿。

学龄前儿童篇

28. 健康完整的乳牙列是恒牙健康的基础

完整健康的乳牙列能够发挥正常的咀嚼功能，可保障恒牙和颌面部骨骼的正常生长发育，有利于孩子准确发音，引导恒牙正常萌出，使儿童获得健康并使用终生的恒牙。

29. 鼓励儿童多吃纤维性食物，增强咀嚼功能

健康的饮食结构和良好的饮食习惯是口腔健康和全身健康的基础，养成良好的饮食习惯会使儿童受益终生。儿童应注意平衡膳食，做到不挑食，特别是多吃蔬菜和新鲜水果等纤维含量高、营养又丰富的食物，这样，既有利于牙齿的自洁作用、不易患龋病，又有利于口腔颌面的生长发育，促使牙齿排列整齐，增强咀嚼功能。

30. 刷牙后睡前不再进食

由于人在睡眠期间口腔运动少，唾液分泌量低，口腔的自洁作用差，如果刷牙后睡前再进食易患龋病和牙龈炎。此外，儿童应养成规律饮食的习惯，除每日三餐外，尽量少吃零食。如果吃零食也应有规律，可在两正餐之间加零食。

31. 儿童学习刷牙,家长应帮助和监督

从 3 ~ 4 岁开始,儿童动手能力和四肢协调性明显增强,家长和幼儿园老师可开始教儿童自己用最简单的“画圈法”刷牙,其要领是将刷毛放置在牙面上,轻压使刷毛屈曲,在牙面上画圈,每部位反复画圈 5 次以上,前牙舌侧需将牙刷竖放,牙齿的各个面(包括唇颊侧、舌侧及咬合面)均应刷到。此外,家长还应每日帮孩子刷牙 1 次(最好是晚上),直到上小学,这样才能保证刷牙的效果。儿童应选用适合自己年龄的儿童牙刷。

32. 帮助孩子尽早戒除口腔不良习惯

儿童口腔不良习惯有:吮指、咬下唇、吐舌、口呼吸等,应尽早戒除,否则会造成上颌前突、牙弓狭窄、牙列拥挤等口颌畸形。如果 3 岁以上的儿童仍存在上述不良习惯,且不能通过劝导而戒除,应及时到医院诊治,通过适当的矫正方法,帮助其戒除不良习惯。对有口呼吸习惯的孩子,应检查其上呼吸道是否通畅,治疗扁桃体肿大、腺样体肥大、鼻甲肥厚等病症,及时纠正口呼吸。

33. 提倡学龄前儿童每 6 个月接受一次口腔健康检查

3 ~ 6 岁是儿童患龋的高峰期。该阶段牙弓开始发生变化,出现牙间隙,为换牙做准备,但易造成食物嵌塞,引发邻面龋。龋病早期治疗时间短、痛苦小、效果好、花费少。所以提倡学龄前儿童每 6 个月接受一次口腔健康检查。在对儿童进行口腔健康检查的同时,医生应提供有针对性的专业口腔健康指导,增强家长和孩子的口腔健康意识。

34. 早期矫治前牙“地包天”(前牙反咬合)畸形

上颌骨发育不足和遗传等先天因素是前牙反咬合的病因,不良的喂奶姿势和儿童的不良习惯也可造成前牙反咬合。前牙反咬合可限制上颌骨发育,导致下颌过度前伸,造成颜面中部三分之一凹陷,明显影响面貌,早期矫治可纠正或减轻面貌改变,取得相对好的治疗效果。乳前牙反咬合的最佳矫治时间为 3 ~ 4 岁。

35. 局部用氟预防乳牙龋病

含氟牙膏具有肯定的预防龋病的作用。学龄前儿童一般都会漱口,并把口腔内的异物吐出,故可用儿童含氟牙膏刷牙,但每次用量为豌豆粒大小,并在家长或老师的监督指导下应用,以防误吞。不要给孩子使用成人牙膏。另外,可在医院和幼儿园接受由专业人员实施的牙齿涂氟,预防龋病。

36. 乳牙龋病应及时治疗

龋病影响儿童口腔和全身健康。龋病最初的表现是牙齿局部变色,一般为黑色,有时在上前牙表现为白垩色改变,进而牙齿表面硬组织剥脱,形成龋洞,直至牙齿完全崩解,脱落。龋病可以引起孩子牙痛,牙龈、面部肿胀,甚至高热等全身症状。龋病长期得不到治疗可造成儿童偏侧咀嚼,双侧面部发育不对称;还可影响恒牙的正常发育和萌出。如果没有健康的牙齿,孩子就不愿吃含纤维多的蔬菜和肉食,造成偏食等不良饮食习惯,影响全身正常生长发育。因此,“乳牙总是要换的,坏了不用治”的看法是错误的。

37. 及时治疗乳牙外伤

乳牙外伤常发生于 2 岁以后的幼儿,多为前牙,一般是由跌倒引起,外伤可能会把牙齿碰松、碰折、碰掉等,乳牙外伤可能会影响以后恒牙的发育和正常萌出,应及时到具备执业资质的医疗机构就诊。

学龄儿童篇

38. 学龄儿童最大的口腔变化是换牙,发现异常应及时就诊

学龄儿童口腔的最大变化是换牙。在此阶段,孩子的 20 颗乳牙会逐渐换成 28 颗恒牙。牙齿替换是一个生理过程,正常的顺序是乳牙先松动脱落,恒牙再萌出。如果乳牙未掉、恒牙已先萌出,新萌出的恒牙常不能顺利进入牙列,造成恒牙排列不齐,此时应尽早

就诊。

39. 积极防治牙齿外伤

参加体育活动和游戏时，儿童最好穿胶底防滑的旅游鞋、运动鞋。在进行滑板、滑轮等高速度、高风险运动时，应戴头盔、牙托等防护用具，减少牙齿受伤的风险。

牙齿是不可再生的硬组织，如果受伤后出现牙龈出血、牙齿裂纹、折断、松动、移位，应立即到医院就诊。

如果整个牙齿脱落了，要尽快找到牙齿，用手捏住牙冠部位用凉开水或自来水冲洗掉牙表面的脏东西，但千万不要刷、刮牙根部，然后将冲洗干净的牙齿放回到牙槽窝中；也可以将牙齿泡在新鲜的冷牛奶、生理盐水或含在口腔内，迅速到医院就诊。牙齿离开口腔的时间越短，再植成功的可能性越大，最好在 30 分钟内治疗。

40. 用窝沟封闭方法预防“六龄牙”(第一恒磨牙)的窝沟龋

“六龄牙”是萌出时间最早的恒磨牙，其咀嚼功能最强大，也最容易发生龋病，甚至造成过早脱落，所以保护儿童的第一恒磨牙很重要。窝沟封闭是预防恒磨牙窝沟龋的最有效方法。其原理是用高分子材料把牙齿的窝沟填平，使牙面变得光滑易清洁，细菌不易存留，达到预防窝沟龋的作用。需要提醒的是窝沟封闭后还应好好刷牙，在进行定期口腔检查时，如果发现封闭剂脱落应重新封闭。

41. 注意防治青少年牙龈炎

青少年牙龈炎表现为刷牙和咬硬物时牙龈出血、牙龈肿胀、口腔异味等，其病因与青春期性激素水平变化有关，更主要的是牙菌斑堆积。所以，预防和治疗青少年牙龈炎最有效的方法是有效刷牙清除牙菌斑。在出现牙龈出血后，应更注意刷牙，可在出血部位稍微多放些牙膏，轻柔地反复多刷几次，并结合使用牙线彻底清除该处牙菌斑。上述方法不能奏效时，应到具备执业资质的医疗机构就诊。

42. 牙齿排列不齐应及时诊治

刚萌出的两颗上前牙之间间隙较大，正常情况下会随着其他前牙的萌出，间隙自动消失。如间隙过大或不能自动关闭，应到医院检查。家长千万不可简单地用橡皮筋“勒小”关闭间隙。通常在 12 岁左右，乳牙完全替换为恒牙。如果存在牙齿排列不齐等咬合畸形，可在此时期进行矫正，易达到良好的治疗效果。需要提醒的是，接受正畸治疗的儿童每餐后均应刷牙以清除菌斑和滞留的食物残屑，建议选择正畸专用牙刷和牙间刷清洁牙齿。

老年篇

43. 幸福的晚年需要健康的牙齿

随着年龄增长，可出现不同程度的老化，包括器官功能减退、基础代谢降低等，并可能存在不同程度和不同类别的慢性疾病。由于生理、心理和社会经济情况的改变，可能使老年人摄取的食物量减少，同时由于体力活动减少等原因，可能使食欲减退，此外由于消化吸收功能减弱，容易发生营养素摄入不均衡，造成营养不良。因此，维护良好的口腔健康对于老年人摄入足量、均衡的营养，从而促进老年人的全身健康是至关重要的。

此外，老年人颌面部骨骼、咀嚼肌、表情肌、软组织等组织器官也会发生一系列退行性变化，加上因口腔疾病导致的牙齿缺失，将会严重影响口腔咀嚼功能、外观形象、发音和社会交往能力。因此，拥有较为完整的牙列，至少保持 20 颗有功能的牙齿，是幸福晚年的重要保证。

44. 人老不掉牙，有牙就要坚持刷

人老掉牙不是必然规律，大多数是由于长期患有龋病、牙周病等口腔疾病造成的。只要预防和控制口腔疾病，掌握科学的口腔保健方法，形成良好的口腔卫生习惯，就可以终生拥有一副健康的牙齿。需要特别提醒的是，只要口腔内存留牙齿，就应按照科学的方法坚持刷牙,没牙也要注意清洁口腔。

45. 积极防治牙根面龋

老年人由于牙龈萎缩,牙根暴露于口腔环境,根面易发生龋坏,称根面龋,是老年人的口腔常见病和多发病。预防根面龋需要做到以下几点:使用含氟牙膏等局部用氟方法、保健牙刷,用正确的方法早晚刷牙;饭后漱口,有条件者可使用漱口液漱口;不吸烟;适当控制各种甜食摄入频率,多吃新鲜蔬菜与瓜果,安排合理膳食,保证微量元素的摄取,增加牙齿抗龋能力。出现了根面龋应及时治疗。

46. 食物嵌塞应及时到医院诊治

食物嵌塞,俗称"塞牙",是老年人最常见的口腔不适之一,其原因主要为长期咀嚼磨耗使得牙齿牙冠发生明显磨损,牙齿形态变得不利于自我清洁;随着年龄增长,原先填满两牙邻面间隙的牙龈乳头萎缩后留下缝隙;缺牙后邻牙倾斜,牙列拥挤或稀疏,邻面龋洞充填未能恢复好接触区等。这样,在咀嚼过程中,食物就会沿水平或垂直方向挤入牙间缝隙,造成塞牙。遇到塞牙情况时,应立即刷牙、漱口或选择使用牙线、牙间刷清理,避免用粗糙牙签剔牙。刷不掉的嵌塞物可用质地较柔软的细牙签轻轻剔出,不可用力过猛过快。反复塞牙者应到医院进行口腔专业治疗。

47. 牙本质敏感应及时到医院诊治

牙本质敏感,俗称"倒牙",主要是指对冷、热、酸、甜等刺激产生的短暂而尖锐的疼痛。其主要原因是由于使用刷毛过硬的牙刷、刷牙用力过大、刷牙方法不正确造成牙颈部釉质缺损,或长期咀嚼过硬食物、夜磨牙导致牙齿磨耗,或牙龈萎缩造成牙本质暴露。对于牙本质敏感的防治,建议:①饭后漱口;②减少酸性食物和饮料的摄入;③进食酸性食物和饮料后不要即刻刷牙,一小时后再刷牙;④选择合格的牙刷,采用正确的刷牙方法,避免刷牙时用力过大;⑤使用抗敏感牙膏,如 4 ~ 8 周后无明显效果,应及时就医。

48. 每天清洁可摘义齿(活动假牙)

戴假牙也要保持清洁卫生,对于配戴活动假牙(可摘义齿)的老年人,应在每次饭后取出活动假牙以软毛牙刷刷洗干净,夜间不戴假牙时应清洗后放置清水中保存,最好使用假牙清洁片帮助清洁。假牙每天摘、刷、泡,晚上做好这一套。

49. 关注口腔黏膜变化,发现异常应及时诊治

老年是口腔黏膜疾病高发的年龄,老年人应该关注口腔黏膜变化,发现口腔内有两周以上没有愈合的溃疡,口腔黏膜有硬结、白色或红色斑块及出现牙痛、牙龈出血等不适症状后要及时就医。如果口腔黏膜长期受到不良刺激或有烟酒不良嗜好,容易发生口腔白斑甚至口腔癌。因此,应早期预防,消除不良刺激和戒除烟酒嗜好,一旦出现疾病症状要及时就诊,做到早发现、早诊断、早治疗。

50. 叩齿可以增进牙周健康

叩齿是我国传统的中医口腔保健方法,每天叩齿 1 ~ 2 次,每次叩齿 36 下,可以促进牙周血液循环、增进牙周组织健康,长期坚持可固齿强身。如果牙齿松动、咬合错乱,叩齿往往会造成牙周组织创伤,不宜做叩齿保健。

51. 每半年去医疗机构做一次口腔健康检查,每年至少洁牙一次

由于老年人口腔解剖生理的特殊性,口腔疾病发展变化速度快,口腔自我修复能力减弱。因此,为老年人提供定期检查、洁治等保健措施对维持口腔健康必不可少。老年人应每半年至少进行一次口腔健康检查,发现问题,及时处理。每年至少洁牙一次。

52. 根据医生建议拔除残根残冠

残根(因龋坏、外伤等因素造成的牙冠缺失及部分牙根缺失)、残冠(因龋坏、磨损等因素造成的牙冠的大部分缺失)可成为全身感染的病灶,往往可引起全身性疾病。因此,老年人应该及时拔除没有治疗价值的残根或残

冠，此外，很松动、无功能的牙齿也需要拔除。牙齿缺失或拔牙 3 个月后，要及时镶牙，保持口腔牙列的完整，恢复口腔的基本功能。

残疾人篇

53. 残疾人更应注意口腔健康

口腔健康是残疾人最基本的需求，残疾人往往由于各种生理、智力障碍及多种社会因素影响，使得他们维护口腔卫生效率不高，口腔健康状况欠佳。因此，他们的口腔健康更需要家庭、医疗保健机构、社会的关心与照顾。亲属或护理人员应适时带他们进行口腔健康检查，及时治疗口腔疾病，保持口腔卫生，维护口腔健康。

54. 应给予残疾人必要的口腔卫生指导和帮助

为了使残疾人能养成良好的口腔卫生习惯，较好地维护口腔健康，口腔专业人员应对残疾人开展口腔卫生指导，亲属或护理人员应给予必要的帮助。对于有生活自理能力的残疾人，应指导其刷牙；对于缺乏生活自理能力的残疾人，亲属或护理人员应在每餐后帮助其清理口腔，每天帮助其刷牙 1 ~2 次。

55. 可选择适宜的口腔清洁用品

根据残疾的程度和残疾人的配合能力，选择清洁口腔的适宜用品，如电动牙刷、漱口水、冲牙器等。应尽量减少黏性与含糖食物的进食次数。在可能的条件下，最好选用局部用氟方法防龋，如每天使用含氟牙膏，或用氟水含漱，或由专业人员使用含氟泡沫、含氟凝胶等。

卫生部办公厅关于印发《口腔预防适宜技术操作规范》的通知

各省、自治区、直辖市卫生厅局，新疆生产建设兵团卫生局：

为更好贯彻落实《卫生部办公厅关于加强口腔卫生工作的通知》（卫办疾控发〔2007〕196 号）精神，指导和规范口腔医务人员开展口腔疾病预防工作，我部组织制定了《口腔预防适宜技术操作规范》，现印发给你们，请遵照执行。

二〇〇九年一月二十三日

附件：口腔预防适宜技术操作规范

口腔预防适宜技术操作规范

（目次略）

前　言

口腔预防适宜技术是指防治龋病和牙周病等口腔常见疾病的技术和方法，具有安全、有效、经济、简便的特点，适于基层口腔专业人员在设备和器械相对简单的条件下应用。

随着口腔预防适宜技术在我国的逐步推广，迫切需要加强口腔卫生医疗机构技术操作的规范化，为此特制定本规范。

口腔预防适宜技术操作规范主要包括局部用氟、窝沟封闭、非创伤性充填（ART）、预防性树脂充填、龈上洁治。口腔专业人员应严格遵循本规范，提供高质量的口腔卫生服务，保护人民群众的口腔健康。

局部用氟

局部用氟是将氟化物直接用于牙表面，通过局部作用预防龋病的技术。局部用氟根据操作方式可以分为个人自我使用和口腔专业人员操作使用两种类型。口腔专业人员操作使用的氟化物浓度相对较高，需要严格按操作规范使用。本规范只介绍口腔专业人员操作使用的局部用氟方法。常用的方法有含氟涂料、含氟凝胶、含氟泡沫三种。

2. 适应证

主要适用于以下人群：

1）学龄前儿童、中小学生；

2）口腔内已经有多个龋齿者；

3）口腔内带有固定矫正器者；

4）牙列拥挤或牙排列不齐者；

5）釉质脱矿或釉质发育有缺陷者；

6）牙龈萎缩，牙根面暴露的中老年人；

7）长期药物治疗导致的口干综合征者；

8）进食甜食频率高且口腔卫生较差者；

9）头颈部进行放射线治疗者；

10）不能进行口腔自我清洁的残障者。

本规范以常见的氟化物剂型、浓度、操作方法和适用人群等（表 1）为例进行说明，其他不同浓度的氟制剂产品可参照执行。

表 1　局部用氟常见的剂型、氟浓度和使用方法

剂型	氟浓度	使用方法	使用时间	适用年龄	使用频率
含氟涂料	2.26% F^-	牙面涂布	待其干燥	2 岁以上	每半年一次
含氟凝胶	1.23% F^-	使用托盘	4 分钟	6 岁以上	每半年一次
含氟泡沫	1.23% F^-	使用托盘	4 分钟	3 岁以上	每半年一次

3. 临床操作方法

含氟涂料

1）器械和材料

器械：口镜、探针、镊子、棉卷、棉签、小毛刷、吸唾装置。

材料：2.26% 的含氟涂料。

2）临床操作

清洁牙面　在使用前清洁牙面，以增强氟化物与牙面的接触，延长氟化物在牙面滞留的时间。

隔湿和干燥　在操作过程中保持牙面干燥，可用吸唾装置，如果没有吸唾装置，也可以用棉卷隔湿代替。

涂布　用小毛刷将含氟涂料直接涂布在所有牙面上，特别是两个牙之间的邻间隙。

时间　自然干燥或者用压缩空气轻吹牙面，直至含氟涂料干燥，使含氟涂料在牙面上形成一层薄膜。

医嘱　2～4 小时内不进食，当晚不刷牙。

含氟凝胶

1）器械和材料

器械：口镜、探针、镊子、棉卷、托盘。

材料：1.23% 的酸性磷酸氟凝胶。

2）临床操作

清洁牙面　在使用前清洁牙面，以增强含氟凝胶与牙面的接触，延长含氟凝胶在牙面上滞留的时间。

涂布　将置有含氟凝胶的托盘放入口中，压入上下牙列，轻轻咬住，使含氟凝胶布满所有的牙面并挤入牙间隙。托盘要与牙列大小相合适，既能覆盖全部牙列，又有足够的深度覆盖到牙颈部，同时要避免托盘过大产生不良刺激。托盘内的含氟凝胶要适量，做到既能覆盖全部牙列又避免含氟凝胶过多使患者感到不适或被吞咽。

体位　操作过程中保持患者的身体前倾，可用吸唾装置或用口杯接住流出的唾液，避免吞咽动作。

时间　让托盘在口内留置 4 分钟，之后取出托盘并拭去残余含氟凝胶，也可以让患者自行吐净口中的凝胶。

医嘱　30 分钟内不漱口、不进食、不喝水。

含氟泡沫

1）器械和材料

器械：口镜、探针、镊子、棉卷、托盘。

材料：1.23% 的含氟泡沫。

2）临床操作

同含氟凝胶的临床操作。

4. 注意事项

在使用不同产品的氟化物之前，要仔细阅读产品说明，严格控制每次的用量。在临床操作过程中应避免儿童发生误吞、误咽。

窝沟封闭

1. 定义

窝沟封闭是指不损伤牙体组织，将封闭材料涂布于牙冠咬合面、颊舌面的窝沟点隙，阻止致龋菌及酸性代谢产物对牙体的侵蚀，以达到预防窝沟龋的方法。窝沟封闭使用的封闭材料称为窝沟封闭剂，有自凝固化和光固化两种。

2. 适应证

窝沟封闭主要应用于乳磨牙、恒磨牙及恒前磨牙。封闭的最佳时机是牙冠完全萌出，龋齿尚未发生的时候，一般乳磨牙在 3 ~ 5 岁，第一恒磨牙在 6 ~ 8 岁，第二恒磨牙在 11 ~ 13 岁时。

有下列情况的牙适合进行窝沟封闭：

1）咬合面、颊面及舌腭面的窝沟点隙深，特别是有可以插入或卡住探针的窝沟（包括可疑龋）；

2）对侧同名牙已经患龋或者有患龋倾向；

3）牙萌出达咬合平面或牙冠窝沟点隙均完全暴露于口腔后。

有下列情况的牙不适合进行窝沟封闭：

1）咬合面无深的窝沟点隙、自洁作用好；

2）牙尚未完全萌出，部分咬合面被牙龈覆盖。

3. 器械和材料

1）器械：口镜、探针、镊子、低速手机、清洁用小毛刷、三用枪、无油空气压缩机、吸唾装置、适量棉卷或棉球、涂布封闭剂的小毛刷，自凝固化窝沟封闭剂需要有调拌刀和调和板/纸，光固化窝沟封闭剂需要配备光固化机、咬合纸、高速手机和钻针。

2）材料：酸蚀剂（常用的是 37% 的磷酸凝胶），窝沟封闭剂。

4. 临床操作方法

1）清洁牙面　在低速手机上装上小毛刷，彻底清洁准备封闭的牙面窝沟部位，然后用水枪充分冲洗。

2）酸蚀　清洁牙面后即用棉卷隔湿，将牙面吹干并保持干燥。用小毛刷或小棉球蘸适量酸蚀剂涂在要封闭的牙面窝沟部位，不要反复涂擦，酸蚀面积一般为牙尖斜面的 2/3。常规用 37% 的磷酸凝胶酸蚀，酸蚀时间为 30 秒，不同产品的酸蚀时间可能有差异，需仔细阅读产品使用说明。酸蚀后用水枪冲洗牙面 10 ~ 15 秒，以确保将残余的酸蚀剂冲洗干净。边冲洗边用吸唾器吸干冲洗液，切忌让患者自行吐出冲洗液，以免酸蚀牙面被唾液污染。

3）干燥　冲洗后立即用棉卷隔湿并吹干牙面，吹干后的牙面应该呈白垩状外观，如果酸蚀后的牙面没有出现这种现象，说明酸蚀程度不够，应重新酸蚀。操作中要确保酸蚀牙面不被唾液污染，如果发生唾液污染，应再冲洗牙面，彻底干燥后重复酸蚀步骤。

4）涂布封闭剂　用小毛刷或专用器械，蘸取适量封闭剂涂布在干燥的牙面上。要使封闭剂充分渗入窝沟点隙中，可用小毛刷引导，注意封闭后的窝沟点隙中不能留有气泡。

5）固化　光固化封闭剂涂布后，立即用光固化灯照射。照射时尽量靠近，但不能接触牙面。照射时间要根据采用的产品类型与可见光源性能决定，一般为 20～40 秒。采用自凝固化封闭剂时，每次封闭前要取等量 A、B 组分调拌混匀。通常调拌 10～15 秒。调拌时要避免产生气泡。自凝封闭剂固化时间一般为 1 分钟。调拌涂布要掌握好时机，在初凝阶段前完成。涂布后不要再污染和搅动。

6）检查　封闭剂固化后，用探针进行全面检查。检查固化程度，有无气泡存在，寻找遗漏或未封闭的窝沟并重新封闭；观察有无过多封闭材料和是否需要去除，如发现问题应及时处理；检查咬合关系，如果封闭剂过厚应调磨。

5. 注意事项

窝沟封闭的防龋效果与封闭剂的保留率直接相关，因此操作必须严格、规范。封闭失败（封闭剂脱落）的主要原因一是酸蚀不充分，牙面干燥后没有呈现白垩状外观，二是唾液或者气枪压缩空气中混有水/油，污染了酸蚀后的牙面，致使封闭剂脱落。影响封闭质量的其他原因还有适应证的选择、临床操作技能等方面。封闭后还应定期（三个月、半年或一年）复查，观察封闭剂保留情况，脱落时应重作封闭。

非创伤性充填（ART）

1. 定义

非创伤性充填（ART）是使用手用器械清除龋坏的牙体组织，然后用粘接、耐压和耐磨性能较好的玻璃离子材料将龋洞充填的技术。

非创伤性充填（ART）具有以下特点：

1）采用手用器械，不需要昂贵的电动牙科设备，可以不受医院条件限制，为居民提供简单龋齿充填治疗；

2）符合现代预防的基本观点。采用有粘接性的玻璃离子材料，只需最少的洞型预备，得以保存较多的健康牙体组织，同时材料中氟离子的释放可使牙体组织再矿化，阻止龋病的发展，兼有治疗和预防效果；

3）操作简单，特别适合在医疗条件相对滞后的地区开展。

2. 适应证

1）适用于医疗设备短缺、没有电动牙科设备的地区；也适用于因为精神或身体原因不能耐受常规牙科治疗的特殊人群，如儿童、老人、患有精神疾病的个体等；

2）对牙的选择有严格适应证。适用于恒牙或乳牙的中小龋洞，能允许手用器械进入，能去净龋坏牙体组织，无牙髓暴露，无可疑牙髓炎的患者。

3. 器械和材料

1）器械：口镜、探针、镊子、ART 专用的大、中、小型挖匙、牙科用斧、雕刻刀、调拌刀、调和刀。

2）材料：充填用的玻璃离子、棉卷、棉球、凡士林、成形片、楔子。

4. 临床操作方法

1）检查、清洁龋坏牙　检查牙龋坏的部位、深度等，判断是否适合作非创伤性充填（ART）。

2）洞型制备　隔湿患牙，使用手用器械去除龋坏牙体组织，略微修整洞型。

3）清洁洞型　用牙本质处理剂清洁洞型，促进玻璃离子材料与牙齿结构间的化学结合。

4）调和材料　按产品说明调和材料，准备充填。

5）充填　用调和刀将材料充填到预备好的洞型中。可配合使用手指，在戴手套的食指上涂少许凡士林，用力按压窝洞和窝沟里的软修复材料（称为指压法），约 30 秒后移开手指，用器械去除多余材料。注意要充填密实，修整边缘与咬合，最后涂凡士林。充填过程中注意隔湿，保持干燥。

6）医嘱　充填结束后 1 小时内不进食。

5. 注意事项

非创伤性充填（ART）修复体可能发生问题的原因及处理：

1）修复体完全脱落　常见原因包括在修复过程中唾液或血液污染；修复材料调和得过稀或过干；腐质和软化牙本质未去净；留有隐裂的釉质薄片断裂。可通过彻底清洁窝洞，用牙本质处理剂处理，按操作步骤重新修复窝洞等方法处理。

2）修复体部分脱落　一般由于修复体过高或放置修复材料期间混有气泡所致。因此，在处理整个牙面和原材料前，先用探针或小号挖匙和湿棉球清洁牙面和/或残留的修复材料。用新混合的玻璃离子材料修复缺损，确保修复体不过高。

3）修复体断裂　最常发生于过高的复面洞修复体。修复的方法主要取决于断裂的位置和断端的动度。如果断端松动能去除，则按照部分脱落修复。如果断端松动不能去除，用非创伤性充填（ART）无法直接修复，则需用电动牙钻做传统治疗。

4）修复体磨损严重　常见原因有患者常吃较硬食物，有磨牙咬牙习惯，修复材料混合得过干或过稀。重新修复要彻底清洁所有牙面和残留的修复体，去除软化牙本质。用牙本质处理剂处理旧玻璃离子和窝洞壁，在旧玻璃离子上重新覆盖一层新材料，按操作步骤完成修复。

5）修复体边缘继发龋　去除腐质和软化牙本质后，按照标准步骤清洁、修复邻近原修复体的新窝洞。

预防性树脂充填

1. 定义

对于早期的窝沟龋，仅去除窝沟处的龋损牙釉质或牙本质，采用酸蚀方法和树脂材料充填方法治疗，并在上面使用窝沟封闭剂来封闭窝沟的方法，称为预防性树脂充填。这是一种窝沟封闭与早期龋充填相结合的预防措施，该方法只去除少量龋坏组织，不做预防性扩展，保留了更多的健康牙体组织。

2. 适应证

凡是有明确患龋迹象的早期窝沟龋，已不适宜窝沟封闭的牙均可做预防性树脂充填。

1）窝沟较深，有患龋倾向（窝沟壁呈不透明、白垩色外观）；

2）早期的小窝沟龋，深度浅，范围小。

禁忌证

预防性充填不适于范围大而深的窝沟龋和复面龋损。

3. 器械和材料

除需要完成窝沟封闭的相应器械和材料外，预防性树脂充填还需要以下器械和材料：

1）器械：小号快速球钻、慢速球钻。

2）材料：黏接剂、流动树脂。

4. 临床操作方法

1）清理窝沟：用小号球钻去除脱矿牙釉质，去除龋坏组织。洞型大小依龋坏范围而定，不做预防性扩展，不要求底平壁直。

2）清洁牙面、冲洗、吹干、隔湿。

3）酸蚀牙面、冲洗、吹干、隔湿。

4）根据洞型的不同深度进行充填：

a. 洞底位于釉质内或者在釉牙骨质界处：直接进行窝沟封闭。

b. 洞底位于牙本质浅层：按照常规树脂充填的方法用流动树脂充填龋洞，其余窝沟点隙酸蚀，用封闭剂封闭。

c. 洞底位于牙本质中层：通常情况下，如果龋坏达到牙本质中层，洞型一般较大，充填后承担的𬌗力大，不是预防性树脂充填的适应证，应该做常规的充填术。但如果龋坏范围小，充填后不会承受较大的𬌗力，可以先用玻璃离子水门汀垫底，之后按照“b”先用流动树脂充填，后进行窝沟封闭。

5)检查咬合关系,必要时进行调殆。

5.注意事项

1)严格选择适应证。如果龋坏范围较大,不能进行预防性树脂充填,需要做常规的龋齿充填术。

2)预防性树脂充填是常规树脂充填和窝沟封闭的结合与发展,因此进行预防性树脂充填应该熟练掌握常规树脂充填和窝沟封闭技术。

龈上洁治

1.定义

使用手用洁治器械和超声波洁牙机去除龈上牙石和菌斑,并用抛光器械将牙面抛光,延迟菌斑和牙石再沉积。

2.适应证

龈上洁治是预防和治疗牙周病、维护口腔健康的一项公共卫生措施。根据每个人的口腔卫生情况及其牙周健康状况,原则上每年进行一次。

有以下情况者不宜做龈上洁治:

1)某些血液病患者,如凝血机制障碍、急性白血病等;

2)患有严重全身系统疾病者;

3)急性坏死溃疡性牙周病患者。

3.器械

洁治器械有手用洁治器和超声波洁牙机两种。手用洁治器包括镰形洁治器和锄形洁治器。超声波洁牙机是一种高效去除牙石的器械,由超声波发生器和换能器(即手机)两部分组成,手机配有不同形状的工作头,以适应清洁不同位置的需要。

4.临床操作方法

手用洁治器

1)洁治前用3%的双氧水含漱一分钟。

2)选择合适的锐利器械,用改良握笔法握持洁治器,以邻近牙齿为支点。

3)将洁治器工作刃端紧贴牙面,以探查的动作到达并放置于牙石的根方,调整洁治器工作面的角度,使洁治器刀刃与牙面呈70~90度角。

4)去除牙石时,先向牙面施加侧向压力,然后以支点为中心的转动力将牙石整体向冠方刮除。

5)将全口牙齿分为六个区段,逐个区段进行洁治。不同区域的牙齿与不同牙面,需要选用不同的器械和体位。

6)完成后配合使用探针检查有无遗漏的牙石。

超声洁牙机

1)洁治前用3%的双氧水含漱一分钟。

2)根据牙石堆积的位置选择合适的工作头。

3)选择合适的输出功率,功率大小根据牙石的厚薄而定,以能将牙石清除为准。

4)调节水量至工作头的顶端产生薄雾且吸唾器能将口内的水吸走为宜。

5)用握笔或者改良握笔法轻持洁治器,将工作头的前端与牙面平行或小于15度角,轻轻接触牙石,通过工作头的超声震动将牙石击碎而脱落。

6)超声洁治后用探针仔细检查有无遗漏的牙石,特别是牙齿邻面,必要时可用手用器械将其清除。

7)对于牙石较多、炎症较重、一次清除难彻底者,有必要进行二次洁治,并可局部上药消炎。

8)洁治后应用橡皮轮抛光牙面,以延迟菌斑牙石的再附着。炎症较重者,洁治和抛光应分次进行。

5.注意事项

手用洁治器

1)操作要有支点,避免损伤口腔软组织;

2)尽量将牙石成块状一次去除,避免层层刮削牙石;

3)每次洁治的部位与上次洁治的部位要有重叠,避免遗漏;

4)患者洁治后可能出现牙齿遇冷不适、

牙根暴露等情况，应向患者解释，必要时进行脱敏。

超声洁牙机

1）操作时工作头的动作要小而轻，并保持不停的移动，可采用垂直、水平或者斜向重叠的动作，禁止将工作头的顶端停留在一点上震动，以免损伤牙面。

2）在传染病活动期的患者，如结核、乙肝抗原阳性、HIV 感染等禁用超声洁牙机，因为它产生的带菌喷雾会造成污染和传播。

3）有呼吸系统疾病的患者，如呼吸抑制，慢性肺病等也不宜使用超声洁牙机，超声治疗中的喷水、喷雾会对患者带来危险。

4）体内装有电子器件的患者，如心脏起搏器等，禁用超声洁牙机洁治。

5）禁用普通超声工作头清洁种植体表面。

6）患者洁治后可能出现牙齿遇冷不适、牙根暴露等情况，应向患者解释，必要时进行脱敏。

卫生部办公厅关于印发《颅颌面畸形颅面外科矫治技术管理规范（试行）》的通知

卫办医政发［2009］192 号

各省、自治区、直辖市卫生厅局，新疆生产建设兵团卫生局：

为贯彻落实《医疗技术临床应用管理办法》，做好颅颌面畸形颅面外科矫治技术审核和临床应用管理，保障医疗质量和医疗安全，我部组织制定了《颅颌面畸形颅面外科矫治技术管理规范（试行）》。现印发给你们，请遵照执行。

二〇〇九年十一月十三日

颅颌面畸形颅面外科矫治技术管理规范（试行）

为规范颅颌面畸形颅面外科矫治技术临床应用，保证医疗安全和医疗质量，制定本规范。本规范为技术审核机构对医疗机构申请临床应用颅颌面畸形颅面外科矫治技术进行技术审核的依据，是医疗机构及其医师开展颅颌面畸形颅面外科矫治技术的最低要求。

本规范所称的颅颌面畸形颅面外科矫治技术是指对先天性的颅颌面畸形、发育性的颅颌面畸形或颅颌面严重复合创伤后继发畸形等进行颅-眶-颌骨切开、复位或整复、植骨及坚固内固定及相关的软组织（包括神经）整复与重建等外科矫正技术。

一、医疗机构基本要求

（一）医疗机构开展颅颌面畸形颅面外科矫治技术应当与其功能、任务相适应。

（二）三级甲等综合医院、口腔医院或整形外科医院，有卫生行政部门核准登记的口腔颌面外科或者整形外科专业诊疗科目，具备计算机 X 线断层摄影（CT）检查装置和重症监护室。

（三）口腔颌面外科。

开展口腔颌面外科（正颌外科）临床诊疗工作 15 年以上，床位不少于 30 张，其技术水平达到三级甲等医院口腔颌面外科专业重点科室要求，在本省（自治区、直辖市）三级甲等医院中处于领先地位。

（四）整形外科。

开展颅颌面整形外科临床诊疗工作 15 年以上，床位不少于 30 张，其技术水平达到三级甲等医院整形外科专业重点科室要求，在本省、自治区、直辖市三级医院中处于领先地位。

（五）重症医学科。

1. 设置符合规范要求，监护病床不少于4张。

2. 符合口腔颌面外科、整形外科专业危重病人救治及监护要求。

3. 配置有多功能监护仪和呼吸机，多功能监护仪能够进行心电、呼吸、血压、脉搏、血氧饱和度监测。

4. 有经过专业培训并考核合格的、具备5年以上重症监护工作经验的专职医师和护士。

（六）其他科室和设备。

设有检验科、放射科等辅助科室，口腔医院应设有口腔正畸科，具有输血条件以及CT等医学影像图像摄取与处理系统。

（七）具有颅颌面畸形颅面外科矫治技术临床应用能力的本院在职医师，有经过颅颌面畸形颅面外科矫治技术相关知识和技能培训并考核合格的、与开展颅颌面畸形颅面外科矫治技术相适应的口腔正畸专业、口腔颌面医学影像专业等其他专业技术人员。

二、人员基本要求

（一）颅颌面畸形颅面外科矫治医师。

1. 取得《医师执业证书》，执业范围为外科专业或口腔专业。

2. 具有10年以上口腔颌面外科或颅颌面整形外科临床诊疗工作经验，并具有副主任医师及以上专业技术任职资格。

3. 经2名以上具有颅颌面畸形颅面外科矫治诊疗技术临床应用能力、具有主任医师专业技术职务任职资格的医师推荐，其中至少1名为外院医师。

（二）其他相关卫生专业技术人员。

1. 具备经过口腔正畸-正颌联合诊疗相关专业系统培训并考核合格的口腔正畸医师。

2. 具备经过颅颌面畸形颅面外科矫治技术诊疗相关专业系统培训并考核合格的相关卫生专业技术人员。

三、技术管理基本要求

（一）严格遵守颅颌面畸形颅面外科矫治技术诊疗技术操作规范和诊疗指南，根据患者病情、可选择的治疗方案、患者经济承受能力等因素综合判断治疗措施，因病施治，合理治疗，严格掌握颅颌面畸形颅面外科矫治术的适应证和禁忌证。

（二）颅颌面畸形颅面外科矫治技术的选择由至少2名具有颅颌面畸形颅面外科矫治技术临床能力的、具有副主任医师及以上专业技术任职资格的医师决定。术者应由具有本技术应用能力的本院医师担任。必要时应当与具有相关资质与执业经历的三级医院神经外科、口腔正畸科的医师合作，并共同制定手术方案、术后治疗与护理计划。

（三）术前应当向患者和家属告知手术目的、手术风险、术后注意事项、可能发生的并发症及预防措施等，并签署手术知情同意书。

（四）建立健全颅颌面畸形颅面外科矫治技术后随访制度，并按规定进行随访、记录。

（五）在完成每例颅颌面畸形颅面外科矫治技术后，都要保留相关信息，建立数据库。

（六）医疗机构每年完成的各类颅颌面畸形颅面外科矫治技术病例不少于50例，无颅颌面畸形颅面外科矫治技术相关的医疗事故发生，死亡率低于1%。

（七）担任颅颌面畸形颅面外科矫治技术的医师，每年应当完成颅颌面畸形颅面外科矫治技术病例不少于20例。

（八）医疗机构和医师按照规定定期接受颅颌面畸形颅面外科矫治技术临床应用能力审核，包括病例选择、手术成功率、严重并发症、死亡病例、医疗事故发生情况、术后病人管理、病人生存质量、随访情况和病历质量等。

(九)其他管理要求。

1. 使用经国家食品药品监督管理部门审批的与本技术诊疗过程相关的各种人体内植入或手术固定用医用耗材。

2. 建立手术医用耗材登记制度,保证手术固定与人体内植入耗材来源可追溯。在颅颌面畸形颅面外科矫治技术病人住院病历中留存手术耗材条形码或者其他合格证明文件。

3. 不得违规重复使用与本技术相关的一次性医用耗材。

4. 严格执行国家物价、财务政策,按照规定收费。

关于加强定制式义齿生产监管的通知

国食药监械[2009]336号

2009年07月06日发布

各省、自治区、直辖市食品药品监督管理局(药品监督管理局):

为保证公众使用定制式义齿的安全、有效,现就加强定制式义齿监管工作通知如下:

一、定制式义齿生产企业应按照《医疗器械质量管理体系用于法规的要求》(YY/T0287-2003),建立与企业相适应的质量管理体系,并保持有效运行;应加强原材料控制,严格按照注册批准的内容生产,不得使用未经注册的义齿材料加工定制式义齿。

二、定制式义齿生产企业应取得《医疗器械生产企业许可证》和《医疗器械产品注册证》。定制式义齿生产企业不得生产未经注册的定制式义齿产品,不得接受无执业资格的医疗机构或个人委托为其加工定制式义齿。

三、医疗机构所属的口腔技工室加工定制式义齿仅供本单位使用,并应按照《医疗器械质量管理体系用于法规的要求》(YY/T0287-2003),建立与其相适应的质量管理体系,保持有效运行;如接受其他医疗机构委托生产定制式义齿应取得《医疗器械生产企业许可证》和《医疗器械产品注册证》。

四、定制式义齿生产企业和医疗机构应加强定制式义齿生产和使用的过程控制,保证定制式义齿生产和使用过程的可追溯性。

五、各级食品药品监管部门要加强对定制式义齿生产企业的监督和检查;严厉打击无《医疗器械生产企业许可证》、《医疗器械产品注册证》加工、生产定制式义齿的违法行为。

六、请各省(区、市)食品药品监管部门就本辖区内定制式义齿生产企业的情况填写“定制式义齿生产企业情况调查表”(见附件),并于2009年8月31日前将调查表以书面和电子邮件形式(以excel表格形式)寄发到国家局医疗器械监管司。调查表可在国家局网站(www.sfda.gov.cn)首页“法规文件”栏目下的“工作文件”子栏目中下载。

联系人:肖忆梅、曹晨光

联系电话:(010)88331149、88331129

电子邮件:xiaoym@nicpbp.org.cn

索 引

H

J

K

L

M

N

O

P

Q

R